Verbum ✻ ENSAYO

LA ESCRITURA MODERNISTA DE VALLE-INCLÁN: ORGÍA DE COLORES

Verbum * ENSAYO

Directores de la colección:
José Manuel López de Abiada
Pío E. Serrano

JOSÉ MANUEL PEREIRO OTERO

La escritura modernista de Valle-Inclán: orgía de colores

EDITORIAL Verbum

Eguilaz, 6-2º Dcha. 28010 Madrid
Apartado Postal 10.084. 28080 Madrid
Teléf.: 91 446 88 41 - Telefax: 91 594 45 59
e-mail: verbum@verbumeditorial.com
www.verbumeditorial.com
I.S.B.N.: 978-84-7962-418-7
Depósito Legal: SE-7019-2007 U.E.
Diseño de cubierta: Pérez Fabo

Fotocomposición: Origen Gráfico, S.L.
Printed in Spain /Impreso en España por
PUBLIDISA

A mis padres, Carlos y Teresa,
y a mis hermanos, María de la Paz, Carlos, Mónica y Vanesa.

A mis tres Luises, el que ya no está, pero siempre me acompaña,
y los otros dos, los que siguen estando y todavía me amparan.

Para María, siempre.

ÍNDICE

Prólogo

"Aquello era una orgía de brillo y color".
"La cabeza del poeta lírico era una orgía de colores y de sonidos".
RUBÉN DARÍO (5: 670 y 5: 700)

"A esta orgía del color que marea y enfebrece, con el movible ir y venir del gentío, se unen los gritos de los vendedores..."
VALLE-INCLÁN (2: 1397)

No creemos desorbitado suponer que cuando Horacio acuña su influyente tópico *ut pictura poesis* en su *Epístola a los Pisones* no pretendía crear el tipo de imagen monstruosa a la que aluden Rubén Darío y Ramón del Valle-Inclán en las citas que encabezan estas palabras[1]. Si bien el poeta latino consignaba en su formulación la idea de la reciprocidad entre las artes, es evidente que los dos escritores modernistas mencionan el color para radicalizar la expresión mientras conjuran un exceso y una saturación sensoriales que dislocan los mecanismos y los parámetros de la retórica clásica[2]. Este libro propone que dicho cambio de paradigma es una de las claves de la poética modernista, en cuanto los cánones retóricos que configuraban y prescribían el modo de hacer literatura hasta finales del siglo XIX se reorganizaron y se modificaron creando una revolución cuyos ecos todavía resuenan en la actualidad.

[1] Las citas de la obra de Darío vendrán de las *Obras completas* publicadas por Afrodisio Aguado. La única excepción son las referencias a *Azul...*, las que provienen de la extraordinaria edición crítica realizada por Julio Saavedra Molina y Edwin K. Mapes en 1939 e incluida en el primer tomo de las *Obras escogidas de Rubén Darío publicadas en Chile* (115-403). Las citas de Valle-Inclán vendrán de la *Obra completa* al menos que se especifique lo contrario, principalmente, en el caso de las *Entrevistas, conferencias y cartas* editadas por Joaquín y Javier del Valle-Inclán, de los testimonios recogidos por Dru Dougherty en *Un Valle-Inclán olvidado: entrevistas, conferencias y cartas* y de los *Artículos completos y otras páginas olvidadas* editado por Javier Serrano.

[2] La expresión que comparten Darío y Valle está muy cercana en sentido a la siguiente extraída del barojiano *Camino de perfección*: "Piaron los pájaros, chirriaron los grillos, rumor confuso de esquías resonó a lo lejos. Era una sinfonía voluptuosa de colores, de olores y de sonidos" (85). La "sinfonía" no llega al efecto disruptivo de la "orgía", aunque puede verse una misma filiación en ambas imágenes debido al énfasis en la sensualidad y, sobre todo, a la aproximación a un efecto sinestésico propiciada por la superposición de lo cromático, lo olfativo y lo sonoro.

El texto modernista aparece impregnado de colores porque es producto directo de una recontextualización de técnicas descriptivas de donde surge esa sensación característica de abigarramiento y claustrofobia, siempre al límite del exceso: hay demasiados objetos, demasiadas texturas y sensaciones que se concentran en el área reducida de la página creando un universo al límite de su plenitud expresiva. Esta exuberancia, prodigalidad y derroche adquieren siempre las propiedades de la voluptuosidad y se aproximan a la desmesurada lujuria de una orgía. Por otra parte, la escritura modernista disecciona el lenguaje tratándolo como material de construcción a través de fragmentaciones, superposiciones y desarticulaciones que cuestionan sus procesos semánticos y potencian sus efectos sonoros. La textualidad del Modernismo se convierte en una especie de fetichismo lingüístico y crea, en definitiva, una escritura que tiene como algunas de sus características fundamentales la búsqueda de la autonomía respecto al referente y el interés por autonombrarse y manifestarse en cuanto objeto artístico. Así, se podría explicar que el Modernismo literario se basa en un doble movimiento: uno expansivo, hacia el exterior, que permite la adaptación y la incorporación de discursos pertenecientes a múltiples disciplinas culturales ya sean artísticas, ya sean políticas o científicas; y, otro retraído, hacia el interior, que se centra en su propia materia de trabajo, es decir, la palabra.

Orgía de colores no va a tratar explícitamente de los intercambios constantes entre las dos hermanas, la Pintura y la Poesía, aunque referencias a la primera en el ambiente en el que Valle-Inclán se mueve son inevitables. Como *Azorín* observaba en *Madrid* (1941) al relacionarlas de nuevo: "El color atrae a los escritores de 1898. Viven esos escritores en un ambiente de pintura" (6: 239)[3]. La principal razón de este límite

---

[3] La relación entre las "artes hermanas" aparece en el clásico libro de Jean H. Hagstrum. Otra lectura la da el libro de Roberto Campo, cuyo primer capítulo toca el tema, para luego centrarse en Ronsard. El tema de *ut pictura poesis* aparece muy bien resumido por Rensselaer Lee. Sobre la dependencia entre la Retórica y la Pintura es indispensable el libro de Jacqueline Lichtenstein. Parece que el primero que se manifestó sobre tal parecido fue Simónides de Ceos (c. 556-467 A.C.), tal y como Plutarco (c. 46-120 D.C.) lo recogió y adaptó diciendo que el baile era poesía muda y la poesía baile hablado (3: 459). De hecho, Plutarco, llevando la contraria a Simónides, afirmaba que la relación entre Pintura y Poesía era menor que la que existía entre la Danza y la Poesía. El medio a través del cual se relacionan la Pintura y la escritura es, por supuesto, el texto o lienzo mismo en el que se inscriben, mientras el fin es la mímesis. Tanto Platón

impuesto ya la ha consignado Foucault al analizar las velazqueñas *Meninas* en *Les mots et les choses*:

> Le rapport du langage à la peinture est un rapport infini. Non pas que la parole soit imparfaite, et en face du visible dans un déficit qu'elle s'efforcerait en vain de rattraper. Ils sont irréductibles l'un à l'autre : on a beau dire ce qu'on voit, ce qu'on voit ne loge jamais dans ce qu'on dit, et on a beau faire voir, par des images, des métaphores, des comparaisons, ce qu'on est en train de dire, le lieu où elles resplendissent n'est pas celui que déploient les yeus, mais celui que définissent les successions de la syntaxe. (25)

Lo cierto es que, a pesar de esa imposibilidad de poner en paralelo el lenguaje cromático de la Pintura y el de la Literatura, solamente podemos domar la singularidad de la primera a través de la insuficiencia y la reducción de la última. Este desequilibrio entre Pintura y escritura parecía haber quedado zanjado en el siglo XVIII a través de obras como *A Philosophical Inquiry into the Origin of Our Ideas on the Sublime and Beautiful* (1757) de Edmund Burke o el *Laooconte* (1766) de Gotthold Ephraim Lessing, en las que se había codificado la diferencia entre ambas enfatizando cómo la percepción espacial predominaba en una, y cómo la traslación temporal prevalecía en la otra[4]. Sin embargo, a fina-

---

(c. 428-c. 347 A.C.), en *La República* (466), y, por supuesto, en *Fedro* (405), como Aristóteles (384-322 A.C.), en su *Poética* (681), insisten en los dos aspectos. Toda la Edad Media y el Renacimiento se hicieron eco de la relación estableciendo un claro paralelismo entre las dos disciplinas artísticas. Generalmente la Poesía siempre salía ganando en la comparación porque contaba a su favor con la presencia de la *Poética* aristotélica en un mundo dominado por el clasicismo greco-latino; además, la posición privilegiada que el *trivium* daba a los fundamentos gramaticales y retóricos incrementaba la distancia que la separaba de su hermana. En cambio, la Pintura permaneció en una posición secundaria, incluso en el caso español relegada al estatus de artesanía, mientras en otras partes de Europa se adaptaron aquellos conceptos que aparecían en la obra aristotélica para transferirlos a su propio campo. De hecho, como señala Curtius, "En el *Quattrocento* florentino, Leon Battista Alberti aconsejó a los pintores que se familiarizaran 'con los poetas y retóricos', quienes podrían darles sugerencias para el hallazgo (*inventio*) y la configuración de temas pictóricos" (1: 120). Ya a finales del siglo XIX Menéndez y Pelayo discutía el tópico horaciano diciendo que se trataba de una "Comparación ligera de la poesía con la pintura [...] interpretada en sentido demasiado lato hasta los tiempos de Lessing, que marcó el primero de los límites de ambas artes, y destruyó este vicioso *tránsito*" (1: 130).

[4] Sobre la recepción en España de estos y otros tratados dieciochescos sobre arte, véase la "Introducción" al tomo tercero de la *Historia de las ideas estéticas en España*

les del siglo XIX, se regresó a las analogías entre las artes, aunque con una diferencia de grado. No solamente Richard Wagner estaba buscando una *Gesamtkunstwerk*, una obra de arte total, en la que las dos hermanas formaran familia con todas las otras, sino que los escritores estaban recodificando los parámetros de la expresión literaria arraigando en el fértil terreno poético abonado por el Romanticismo. De hecho, así lo expresaba el guatemalteco Enrique Gómez Carrillo en 1905:

> El arte literario, en efecto, lejos de acercarse cada día más á las ideas, corre hacia la forma. Es un arte, quizás, el arte por excelencia, el único, en todo caso, que dispone de la línea, del color y del ritmo. Es el arte emocional y sugestivo. Todo lo abarca. Contiene la substancia entera del Universo. (*El Modernismo* 300)

Si en estas interpretaciones la Literatura era considerada como la posibilidad de amalgamar todas las otras artes, la Pintura estaba despejando un camino cromático que, si bien ahondaba en la fidelidad perceptiva de la subjetividad, provocó una revolución en los modos de representación. Santiago Rusiñol hace referencia a este cambio en su "Desde el molino. Impresiones de un viaje a París, en 1894", cuando, al narrar su visita a "El estudio de un puntillista", habla de la fragmentación perceptiva del puntillismo (2: 833) y retrata la frustración de su amigo, al frente de su modelo:

> El pintor la miraba con los ojos entornados, se alejaba del cuadro para verlo a distancia, volvía a acercarse para dar algunas pinceladas, y buscaba en vano en la paleta las íntimas suavidades de color que temblaban en aquella carne color mate amarillento.
>
> Por fin tiró los pinceles, diciendo:
>
> –Yo no sé: hoy esta mujer es azul como un diablo.

(3: 74-79 sobre Burke y 3: 89-98 sobre Lessing). Menéndez y Pelayo también menciona la traducción al español de la *Indagación filosófica sobre el origen de nuestras ideas acerca de lo sublime y lo bello* realizada en 1807 (3: 184). La traducción más antigua de la obra de Lessing en España que hemos podido localizar es *La poesía y las artes plásticas* (Madrid: La España Editorial, s.f. [1897]), pero en francés aparece una traducción en 1802: *Du Laocoon, ou des Limites respectives de la poésie et de la peinture* (Paris: A. A. Renouard, 1802). Sin embargo, existe una realizada en Lima por la Imprenta Masías dos años antes de la publicada en España y titulada *El Laoconte: tratado sobre los límites de la pintura y de la poesía, con aclaraciones incidentales sobre diferentes puntos de la Historia Antigua del Arte.*

> La modelo, sin moverse, bajó los ojos inquieta, a fin de ver si realmente se había vuelto azul como decían.
>
> –Este blanco azulado es, sin duda, el reflejo de la nieve –le dijimos nosotros para darle ánimo. (2: 834)

Esa fineza de la aprehensión, inconcebible en el lenguaje pictórico del clasicismo, busca una mímesis más exacta, más superficial y a la vez, en cuanto transposición fiel, considerablemente más "realista", aunque, por contrapartida, más voluble e irreal, más sujeta a los vaivenes de la percepción. Ese cambio epistemológico desbroza el camino para la experiencia vanguardista mediante la posibilidad de abstraer la sensación e intentar la representación de una imagen subjetiva. De este modo, la propuesta estética del Modernismo implica un discurso creativo irreverente y arrogante, heterodoxo y anarquista, y, sobre todo, inequívocamente moderno. Ésta es una de las razones por la que el uso y, a juzgar por los testimonios de exégetas contemporáneos, el abuso del color en la actividad creativa entre finales del siglo XIX y principios del XX concentra la atención de críticos y de artesanos.

El choque estético entre estas dos concepciones cromáticas, pictóricas, miméticas y epistemológicas queda descrito por Ramón Gómez de la Serna al observar el contraste entre los cuadros de sus contemporáneos y las "estampas" anteriores: "Mujeres de pelo morado y ojeras violeta sobre fondos amarillos daban la sensación del futuro en contra de las estampas color mantón alfombrado viejo y seboso" (*Don Ramón* 106). Ese futuro de la pintura representado por los artistas que Gómez de la Serna cita –Juan Gris, José Gutiérrez Solana, Joaquín Sorolla, Hermen Anglada Camarasa, Ignacio Zuloaga y Santiago Rusiñol– venía a condensarse en su particular uso del color, el cual era un incuestionable indicio de su modernidad.

Valle-Inclán, buen amigo de muchos de los pintores anteriores y buen conocedor de las técnicas de pintura al óleo y sus materiales, se expresa en varias ocasiones acerca de estos cambios en el mundo artístico moderno que afectan no solamente a las cualidades formales de sus representaciones, sino también a los medios materiales disponibles. Por ejemplo, hace referencia a esta situación en el ciclo de artículos "Notas a la exposición de Bellas Artes de 1908" publicado en *El Mundo*. En dicha serie encontramos que el 6 de mayo de ese año, hablando del cuadro *Las tres esposas* de Eduardo Chicharro, escribe: "Contemplando el cuadro del Sr. Chicharro se advierte que las ideas estéticas de este pintor son una nebulosa. Quiere resucitar la tradición de la pintura al temple y emplea colores preparados por la industria" (2: 1500)[5]. Lo cierto es que el siglo XIX es la primera vez en la historia de la Pintura en la que se comienza a fijar la nomenclatura del espectro cromático debido a la necesidad de crear unos estándares de comercialización. Valle, en este sentido, mantiene una relación ambivalente con las consecuencias del progreso, a juzgar por la tensión que observa entre la pintura al temple –marcada por su vínculo a la tradición– y el hecho de que los artistas compren colores producidos en serie. En consecuencia, se manifiesta, en otras ocasiones, con cierta ironía hacia los efectos de esta modernización: "Hoy los pintores, con los colores fabricados por la industria, no tienen un elemento más para expresar las cosas que el que tenía Ghirlandaio" (*Entrevistas* 49). Estas palabras, pronunciadas en una conferencia dada en Buenos Aires en julio de 1910, atestiguan la estrecha relación que se establece entre arte, color y expresión. Aunque solamente tuviéramos esa razón mercantilista para atestiguar el interés en el cro-

[5] El uso de los pigmentos artificiales y su particular brillo ya es, en la práctica, una característica de escuela para los impresionistas. De hecho, los pintores están preocupados por su estabilidad como lo demuestran varias declaraciones de Monet, Van Gogh o Seurat que Gage recoge (*Color and Culture* 223-24). Esta importancia se debe al desarrollo de la química durante la primera mitad del siglo XIX (Keyser 169), ya que, gracias a sus descubrimientos se inventan los tintes artificiales en 1856 (Monhardt 29) y los lápices de colores se empiezan a producir masivamente en 1902 (Py-Lieberman 32). Sobre estos temas consúltense tanto el Capítulo VII de Manlio Brusatin (115-30) como los tres libros escritos por John Gage. El desarrollo de la física moderna influye determinantemente en la sistematización cromática a través del tratado *Optiks* que Isaac Newton publica en 1707 donde se establecen siete colores básicos que se corresponden con las notas de la escala diatónica. A pesar de que Goethe trata un siglo después de desacreditar las investigaciones newtonianas en su *Teoría de los colores* (1810), las conclusiones del físico inglés terminan por imponerse. Sin embargo, pintores como, por ejemplo, Turner conservarán a mano una edición llena de anotaciones del libro de Goethe como un complemento de su actividad pictórica. Para Walter Benjamin el refugio de la Pintura en la singularidad del color y en la potenciación de los efectos cromáticos se debe, principalmente, a la presión ejercida por la fotografía: "With the increasing scope of communications systems, the significance of painting in imparting information is reduced. It begins, in reaction against photography, to stress the color elements in pictures. When impressionism gives way to cubism, painting has created for itself a further domain into which photography cannot, for the time being, follow" (3: 36).

matismo y sus repercusiones en el medio de expresión artístico, sería necesario concluir que la preocupación por los colores alcanza gran parte de las actividades relacionadas con la pintura durante este período. Sin embargo, dicha fascinación e inquietud contemporánea por lo cromático no fue, en absoluto, una prerrogativa exclusiva del arte pictórico puesto que, además, conformó un importante ámbito de reflexión y de aplicación dentro de la literatura[6]. Éste será nuestro objetivo principal en las páginas que siguen.

Un simple vistazo a algunos títulos significativos de estos años así lo demuestra. El nicaragüense Rubén Darío publica su *Azul*... en Chile en 1888. El cubano Julián del Casal publica en 1892 su obra *Nieve* donde se incluye una sección titulada "Cromos españoles". Los mexicanos Manuel Gutiérrez Nájera y Carlos Díaz Dufoo publican la famosa *Revista Azul* entre 1894 y 1896. El mismo Gutiérrez Nájera, el Duque Job, no verá la publicación de *Los cuentos de color de humo* que se publican póstumamente en 1898. Tres años antes, el colombiano José Asunción Silva, en el mismo naufragio de 1895 que se lleva gran parte de su obra, pierde el manuscrito de los *Cuentos negros*. En 1898 el venezolano Manuel Díaz-Rodríguez publica sus *Cuentos de color* y en 1900 Juan Ramón Jiménez su *Almas de violeta* aludiendo tanto a la flor como al color. A esta lista

[6] Dolores Romero López, incluyendo como punto de referencia a Bécquer, y usando obras de Rubén Darío, Juan Ramón Jiménez, Francisco Villaespesa, Manuel Machado, Antonio Machado, Ramón Pérez de Ayala, Valle-Inclán y Unamuno concluye que el color más utilizado en el Modernismo es el azul, seguido de cerca por el blanco y el negro (110-11). Antes de Romero López y antes de que la oposición entre el Modernismo y la generación del 98 se solidificara, un contribuidor al mito generacional traza el vocabulario de color presente en los noventaiochistas Valle-Inclán, Baroja, *Azorín* y Machado (145-55) señalando en todos ellos la consistencia y los paralelismos que enfatizan "sus coloridos con propósito descriptivo, aunque a menudo con nueva interpretación espiritual-simbólica" (145). En sus cómputos los tres colores más utilizados por los noventaiochistas son el blanco, el negro y el amarillo (153). Este erudito, el alemán Hans Jeschke, parece ser el mismo al que se refiere Valle-Inclán, según el testimonio que recoge Francisco Madrid: "Es un espíritu rígido, como buen alemán, y se ha traído clavados en la frente el 9 y el 8 y no hay manera de que comprenda las cosas. Yo le he preguntado, claro, que 'qué cuarto era ese del 98' y por qué era yo un escritor del 98. Será del 98 el escritor que encontró en aquella fecha su definitiva expresión y la reputa a lo largo de los años, pero el escritor que cambia y se renueva y se transforma es del 1898 y del 1928..." (245; véase el mismo fragmento con leves variantes en *Entrevistas* 390 [27 de noviembre de 1928]).

preliminar incluso se podría añadir tangencialmente la anarquista *Revista Blanca* (1898-1904 y 1924-36), cuya primera etapa aglutina a su alrededor escritores de diferentes ideologías.

Como se verá ningún otro aspecto estético del Modernismo genera ni tanta polémica ni tantos ríos de tinta, debido principalmente a su tradicional carácter prescindible, secundario y superficial. Por una parte, los escritores descubren la magia y el hechizo del color, pero, por el otro, el cromatismo propicia una agria polémica a consecuencia de la falta de comprensión de los estamentos culturales que representaban y protegían la estabilidad convencional del sistema artístico. Dicho enfrentamiento tiene sentido desde el momento en que el color, estrictamente hablando, es como una película que se adhiere a los objetos y que, al mismo tiempo, los forma, los conforma y los deforma. Objeto y color son dos entidades que se suelen percibir como características independientes y sin embargo qué sería de la Pintura sin el color. Por otra parte qué es la escritura sino exclusivamente color. Saquémoselo y nos quedaremos en el vacuo vértigo, en la rebosante y silenciosa soledad de la página blanca. En este sentido, tal y como Derrida lo expresa, la condena platónica de la escritura realizada en *La República* es la misma que la condena del color:

> *La République* appelle aussi pharmaka les couleurs du peintre (420 c). La magie de l'écriture et de la peinture est donc celle d'un fard qui dissimule le mort sous l'apparence du vif. Le pharmakon introduit et abrite la mort. Il donne bonne figure au cadavre, le masque et le farde [...] Il transforme l'ordre en parure, le cosmos en cosmétique. La mort, le masque, le fard, c'est la fête qui subvertit l'ordre de la cité, tel qu'il devrait être réglé par le dialecticien et par la science de l'être. (*Dissémination* 163)

De un modo misteriosamente similar el Modernismo generó las mismas cadenas metonímicas que Derrida menciona: la superficie del maquillaje, la esterilidad de la muerte, el desorden del cosmético, la falsedad de la máscara y, sobre todo, el desorden o la anarquía artística y social. Por eso trató de ser expulsado de la república de las letras a través de múltiples estratagemas que van desde la confrontación de los primeros años, decidida y dilucidada a favor del Modernismo a través del advenimiento de la vanguardia, hasta la herencia de dichas hostilidades gracias a la consolidación crítica del noventaiochismo. Curiosamente dicho discurso artístico provocó en la sociedad contemporánea exactamente la misma reacción que Platón dejó consignada en su *República*: el ostracismo del poeta. En el caso del filósofo griego, reconocer e inmediatamente exiliar la actividad poética de la organización social se basaba en un sistema filosófico que concebía el arte como una duplicada degeneración de la idea original, es decir, la copia de una copia, doblemente diferida y separada. Por ese motivo Sócrates advertía que "si se desnudan las obras de los poetas del colorido musical y se las reduce a lo que dicen de sí mismas, creo que sabes el papel que hacen [...] Se parecen a esos rostros que son jóvenes pero no bellos, tal como se los ve cuando han dejado atrás la flor de la juventud" (466). La escritura del Modernismo provocó exactamente el mismo tipo de rechazo que menciona Platón. Su escritura, su música y, principalmente, su color fueron leídos como síntomas de degeneración y de patología ante los cuales solamente existía, como única reacción posible, el vituperio y la marginación social.

La escritura modernista de Valle-Inclán intenta trazar una aproximación a todos estos problemas que giran alrededor del Modernismo, la literatura y el color a través de la obra en prosa de Valle-Inclán, junto a incursiones en la obra de, tomando prestada la imagen de mi maestro Luis T. González del Valle, ese otro gran diablo canonizado: el inmortal Rubén Darío. Aunque inevitablemente se harán referencias también a la poesía, el foco es la prosa, porque el Modernismo borra definitivamente la frontera retórica que existía entre prosa y poesía hasta entonces. Ya lo decía el conocido Emilio Bobadilla, *Fray Candil*, en 1902 al aullar contra estas yuxtaposiciones de los "grafómanos": "¡Qué poetas, qué prosistas! Ya no versifican sino en prosas" (*Grafómanos* 160). No en vano una de las manifestaciones paradigmáticas del Modernismo es *Azul...* de Darío, obra que enarbola no casualmente un color desde su título y que la componen principalmente los "Cuentos en prosa" y los álbumes "En Chile", dejando para la poesía el margen de las composiciones que forman "El año lírico". Más específicamente Andrés González-Blanco admiraba en 1909 que Valle hubiera "introducido en España una prosa nueva, que no es sino la prosa moderna" (*Historia* 784). Con mayor especificidad, Manuel Machado admiraba del escritor el hecho de que ya desde su primera obra, *Femeninas*, "la prosa puede cincelarse como el más pulido verso" (109). Estas ideas curiosamente se repiten una y otra vez en los testimonios contemporáneos afectos, como sucede con Cansinos Assens (1: 115-16), ambiguos, como sucede con Ortega

(1: 26), o francamente negativos, como en el caso de Casares (72). No solamente los coetáneos se rinden ante esta evidencia, sino que, cuando Amado Alonso efectúa su análisis estilístico titulado "El ritmo de la prosa" (301-12), utiliza la *Sonata de Otoño* como *experimentum crucis* y lo complementa con un extenso y pormenorizado análisis de "La musicalidad en la prosa de Valle-Inclán" (313-69).

Desde nuestro punto de vista, la prosa de Valle-Inclán es terreno fértil e idóneo para nuestra propuesta, ya que su relación con el Modernismo ha sido vista simultáneamente como inequívoca y contradictoria. Si bien nadie se ha atrevido a negar la filiación modernista de obras como *Flor de santidad*, según se atraviesa el simbólico umbral cronológico creado por *La lámpara maravillosa* y nos acercamos a *La medianoche* o *Tirano Banderas* la situación se complica notablemente debido a las evidentes relaciones estéticas que estas últimas obras tienen con los proyectos teatrales del esperpento. Nuestra respuesta es que el Modernismo tiene peso específico suficiente para cubrir las aparentes mutaciones dentro del estilo valleinclanesco, sobre todo al perseguir la problemática de la escritura y la representación del cromatismo. Lo que es necesario es seguir teorizando acerca de sus propuestas artísticas. Este libro no es sino una aportación en este sentido.

Ya lo decía Valle en una entrevista que ve la luz en junio de 1913: "Lo que hagan los personajes no me preocupa. Desvélanme la línea y el color" (*Un Valle-Inclán* 50). Si damos crédito a sus palabras, podemos concluir que el afán por plasmar en su escritura los efectos cromáticos resulta un aspecto de enorme importancia para comprender el proceso de elaboración artística del escritor *arousano.* La observación no parece del todo desencaminada sobre todo al tener en cuenta varias referencias que se pueden documentar en otras declaraciones sobre sus propias obras. Por ejemplo, acerca de *Tirano Banderas,* él mismo decía en 1926 que tenía "una sensación casi física de calor, de color y de aroma" (*Un Valle* 163; *Entrevistas* 311) y acerca de *El Ruedo Ibérico,* dos años más tarde, señalaba: "En cuanto a la técnica de esta obra, puede aproximarse a la técnica del puntillismo en pintura. Hay una desarticulación de motivos y una vibración cromática en mi voluntad" (*Un Valle* 178; *Entrevistas* 396)[7]. Esta tendencia a resaltar la preponderancia de las impresiones de

---

[7] El interés que Valle-Inclán demostró por la Pintura se plasmó en diferentes artículos a lo largo de su vida: "Muerte de Enrique Mélida" publicado en 1892 (2: 1372-74),

color es observada también por Ramón J. Sender en su *Valle-Inclán y la dificultad de la tragedia* donde se menciona un dato que nos puede dar una nueva perspectiva acerca del énfasis que la creación valleinclaniana depositaba en los aspectos cromáticos:

> Cuando se ponía a escribir tenía don Ramón todos esos problemas –sobre todo el de la inmovilidad de las masas de color– resueltos. El que haya visto un manuscrito de Valle-Inclán –yo vi el de *Tirano Banderas*– se sorprenderá de no hallar a veces una sola tachadura en una página entera. Es decir, que cuando tenía decidida la estructura por *masas de color* lo demás era *calamo currente*. (107; énfasis en el original)

El hecho de que se refiera específicamente al manuscrito de *Tirano Banderas* no excluye su observación acerca de la importancia del color en cuanto factor primordial de elaboración poética.

El capítulo primero va a estar dedicado a un panorama crítico e histórico de lo que representa el Modernismo dentro de los posibles acercamientos dentro del hispanismo. Para esto será necesario trazar en primer lugar las relaciones que mantiene con el *Modernism* y también con la Modernidad. A continuación, el segundo, se enfocará en una caracterización de la polémica modernista alrededor de la cuestión del color y la sensación cromática, para trazar las líneas maestras de lo que

---

la serie dedicada a la "Exposición de Bellas Artes" de 1908 (2: 1494-512), la dedicada a la Exposición de 1912 (2: 1557-64) y la colaboración "La pintura vasca" de 1919 (*Artículos* 262-66). También contamos con varios críticos que han hablado de las relaciones que la obra valleinclaniana tiene con el arte pictórico contemporáneo. Véase el libro de Eva Llorens –de este último especialmente las páginas 58-61 y 129-33 que tratan específicamente del color– y el artículo de Rodolphe Stembert. La fijación por lo cromático no solamente puede rastrearse en referencias de Valle a la pintura o a su propia obra, sino que puede documentarse también en la recepción. Por ejemplo, en un artículo sobre "Las conferencias de Valle-Inclán" publicado en *El Liberal* el 24 de enero de 1916 se decía de él: "Artista sobre todo, al discurrir como filósofo, y aun como místico, lo hizo en un estilo de pureza y coloración admirables" (*Entrevistas* 161). Otro ejemplo lo podemos hallar en el artículo "Don Ramón de Valle-Inclán lee su tragicomedia *Divinas palabras*" publicado en *El Sol* el 25 de marzo de 1933: "Evidentemente, la fuerza colorista –para las almas o para la naturaleza– de *Divinas palabras* es sorprendente. Sus criaturas... parecen cazadas por el autor para que dancen ante el espectador, auditor una castiza y suculenta sinfonía de colores" (*Entrevistas* 561). Estos testimonios clarifican en la recepción cuáles eran algunos de los valores estéticos que más impresionaban a sus lectores contemporáneos.

entendemos como "escritura modernista". El tercer capítulo se dedicará a *Flor de santidad* y a comprobar el funcionamiento de dicha escritura en la práctica. El siguiente, dedicado a *La lámpara maravillosa*, se enfoca en los valores que anticipan y relacionan el proyecto de Valle con las vanguardias. Estas relaciones estéticas se profundizan en el siguiente capítulo dedicado a *La medianoche* y se concluyen en el análisis de *Tirano Banderas* realizado en el último capítulo.

Excepto el capítulo tercero que apareció en el año 2002, en una versión primitiva y diferente, en el *Anuario Valle-Inclán* que la revista *Anales de la Literatura Española Contemporánea* dedica al autor gallego, el resto de este trabajo tiene como germen muy preliminar mi tesis doctoral defendida en la University of Colorado at Boulder en el año 2001. *La escritura modernista de Valle-Inclán: orgía de colores* ha modificado sensiblemente su predecesor ampliando su argumentación, aportando puntos de vista adicionales y enriqueciendo ese primitivo esbozo con nuevos datos, lecturas y puntos de vista. Agradezco la atenta y cuidadosa lectura de este manuscrito que, junto a otras contribuciones, Paco Plata ha realizado. La amable, benevolente y lúcida dirección de Luis T. González del Valle condujo el proyecto desde sus balbuceos a buen puerto. De hecho, el rumbo marcado por esta insustituible dirección me ha seguido acompañando a lo largo de estos años, proporcionándome una duradera e imborrable estela que cartografía el camino al horizonte.

CAPÍTULO I

Las múltiples heterogeneidades del Modernismo

Siendo una de las primeras lenguas en acuñar el término y comenzar a teorizar acerca del Modernismo, en cuanto actitud ética y estética dentro de la Modernidad, resulta fascinante y al mismo tiempo frustrante comprobar hasta qué punto la interdependencia entre el discurso cultural y el nacionalista del fin de siglo ha conseguido enturbiar la contribución de las letras hispanas tanto a la creación como a la consolidación del paradigma literario y crítico moderno. Lamentablemente, los efectos de dicho olvido son patentes fuera y dentro del hispanismo, tal y como lo demuestra el hecho de que Astradur Eysteinsson abra su libro *The Concept of Modernism* (1990) con la siguiente nota a pie de página:

> This book does not concern itself with the 'modernismo' of South American and Spanish literature. Despite some parallels, the differences between the two concepts are too many to warrant their critical coalescence. Moreover, the use of the concept in Hispanic criticism, while it was established early in the century, has had virtually no influence on the formation of the critical paradigms of modernism that I discuss. (1)

Es importante observar el cuestionable y apurado modo con el que Eysteinsson soluciona una significativa discusión terminológica ocurrida dentro de la tradición que proscribe y de la que legitima. La simplificación en la que incurre al asumir una falsa homogeneidad en ambos conceptos afecta principalmente al Modernismo hispánico, justificando su expulsión en base a dos criterios implícitos. En primer lugar, se apoya en las aparentes diferencias conceptuales que existen entre Modernismo y *Modernism*; y, en segundo, observa que, pese a su temprana elaboración crítica, el Modernismo hispánico no ha influido en el paradigma que él va a describir. Sin embargo, el callejón sin salida al que llega es igualmente revelador: al no poder evitar el reconocimiento de esta contribución histórica, aunque sea marginalmente a pie de página, admite un vínculo en relación a su discurso, al mismo tiempo que lo reprime afirmando la falta de influencia en "su" concepto de *Modernism.* ¿A qué se debe entonces esta referencia al Modernismo hispánico? A primera vista, la incongruencia viene dada por ese aparentemente engañoso y falso cognado que repite una idea expresada en múltiples ocasiones y, como tal, difícil de matizar sin tener en cuenta las diversas facetas que la han formado. De hecho es tal la importancia de este continuo debate acerca de las relaciones entre el Modernismo literario hispánico y el occidental que este capítulo propone una aproximación a las líneas básicas que conforman la heterogeneidad de dicho paradigma crítico, antes de explicitar, en el siguiente, las líneas esenciales de nuestro acercamiento. La intención final no es proponer un ruido más que se una a los dispares sonidos de una orquesta ya de por sí difícil de afinar, sino tratar de encontrar los ritmos compartidos que creen ciertas melodías y que permitan sincronizar en la medida de lo posible las disonancias. En todo caso el estímulo que recoge este capítulo es admitir la fértil y polémica tradición sobre qué ha sido y qué es el Modernismo; un debate que, en sí mismo, demuestra la renovada vigencia y fertilidad de la superposición entre los acercamientos críticos y creativos al hecho estético. Para alcanzar el objetivo de examinar la mencionada heterogeneidad habrá que, en primer lugar, tratar de las relaciones que éste tiene con el *Modernism* y también con el término más amplio de Modernidad. En segundo, habrá que describirlo teniendo en cuenta la tradición crítica del hispanismo y haciendo referencia, inevitablemente, a los varios conflictos que lo han constituido. Desde este punto de vista, es necesario reconocer y también celebrar la extraordinaria riqueza de esta discusión terminológica.

Aunque ya Bernardo Gicovate lo había hecho años antes ("El modernismo y su historia" 225), Octavio Paz, en *Los hijos del limo* (1974), expresó la misma idea de Eysteinsson al hablar del problema que suponía equiparar el Modernismo hispánico con el *Modernism* porque el segundo se refería a lo que la tradición hispana concibe como vanguardias en los años veinte (105). Paz, sin duda alguna, relaciona este término con la literatura de Virginia Woolf, James Joyce o Ezra Pound quienes, junto a muchos otros, forman los cimientos sobre los que se construye la idea del *Modernism* escrito en lengua inglesa, también conocido como *High Modernism* en otras caracterizaciones. Éste es el limitado acercamiento a la cuestión que el volumen editado por Michael Levenson comparte y es, en general, uno de los puntos de vista que más se repiten en ciertas caracterizaciones realizadas por la crítica hispánica. Así, el término *Modernism* aplicado al mundo hispano recogería a los escritores vanguardistas, pero dejaría fuera a Darío y a Valle-Inclán. Esta misma idea de separación la ratifican las palabras de Gonzalo Sobejano, puesto que en su opinión "[La Vanguardia] no significa una prolongación del Modernismo, sino su demolición, no desagradecida aunque tajante" ("Auge" 25). De este modo esta propuesta teórica e historiográfica concibe, pues, las vanguardias como proyectos estéticos diferentes en intención y en intensión a la revolución catalizada y consolidada, entre otros factores, por la itinerancia vital y la síntesis textual elaboradas por Darío.

A través de esta perspectiva, igualmente, se enfatiza que el lenguaje crítico hispano representa una asimetría diferenciadora en relación al lenguaje académico escrito en inglés. En otras palabras, si por una parte el Modernismo aparenta una especificidad terminológica en nuestra historiografía literaria, tambien el *Modernism* aparenta una estabilidad parelela. Al final las diferencias de grado entre ambos proyectos, el modernista y el vanguardista, son tan profundas que crean dos entidades discriminadas y, hasta cierto punto, incomunicadas. El temor principal lo ha enunciado Donald Shaw diciendo que si "se intenta relacionar el 98 y el modernismo con el *Modernism* europeo y norteamericano, surge el peligro de extender el proceso hasta que se pierda toda posibilidad de una definición útil de los dos movimientos" ("El 98" 294). Dejando aparte por ahora la cuestión del noventa y ocho, parece que desde esta perspectiva "Modernismo" nunca podrá traducir la palabra "*Modernism*", y, para traducir el concepto de "vanguardia" haremos bien en decir o "*Modernism*" o, para evitarnos problemas, acudir al francés y decir simplemente "*avant-garde*". Lo cierto es que esta discusión terminológica llega a adquirir unos matices mucho más reveladores al manifestarse explícitamente la dinámica que subyace: el temor a perder una identidad cultural diferente construida a través de los términos críticos y combinada con la oposición entre un discurso percibido como marginal frente a los omnímodos y hegemónicos poderes anglófonos que conspiran en las sombras. La reacción de Carlos Blanco-Aguinaga que citamos a continuación sólo se puede entender desde este punto de vista, a pesar de estar escrita en la lengua de Shakespeare: "We may stubbornly insist on our two meanings of "modernismo" or, like truly neocolonized little lambs we can accept the –for us– new meaning of modernism" (6). Esta resistencia, cuyas dos únicas opciones son la sólida tozudez del rechazo o la pacífica asimilación de los borreguitos, revela cómo las raíces de la dinámica creada entre ambos términos se ha percibido en términos de la "absurda e injustificada colonización de la crítica hispánica" (Santiáñez 118) a través de los discursos teóricos y también como un medio de reclamar una diferencia constitutiva de cierta identidad cultural.

Sin embargo, esta defensa a ultranza de la diferencia olvida que también el término de *Modernism* ha sufrido los significativos cambios que Domingo Ródenas de Moya ha descrito tan eficazmente (*Los espejos* 43-55). Estas modificaciones permiten que estemos afianzando la posibilidad de teorizar un Modernismo de ámbito occidental, ya que, de lo contrario, seguiríamos tratando de mantener viva artificialmente la tradición mencionada por Blanco-Aguinaga. En ésta, el sentido del concepto se había limitado, ya que, por una parte, era un movimiento religioso de finales del siglo XIX y principios del XX que trató de renovar la Iglesia católica; y, por la otra, se caracterizaba a través de unos rasgos temáticos y formales que se pueden encontrar en Rubén Darío y en otros escritores coetáneos. Siguiendo este esquema dual, podríamos prolongar al infinito los mismos miedos que menciona Enrique Gómez Carrillo al dar a la imprenta su segunda edición de *El Modernismo* (1914).[1] El prólogo recoge que el título inicial en 1905 iba a ser *Modernidades* pero que el editor lo cambió al considerarlo incorrecto (7). El miedo que el escritor tenía es que "al ver este título los que no me conocen van a creer que se trata de una obra religiosa" (7). Cuál fue su sorpresa al descubrir meses antes de dar la nueva edición a la imprenta en

---

[1] Para el significado contemporáneo del término, consúltese el artículo de María Pilar Celma Valero, "El modernismo visto por sus contemporáneos" y su libro *La pluma ante el espejo*. También el artículo de Eduardo Chavarri recoge una visión contemporánea de su significado a principios de siglo. Otros estudios que tratan el tema son los de Schulman ("Modernismo") y Roggiano. El clásico artículo de Phillips, "Rubén Darío y sus juicios sobre el modernismo", estudia el uso de la palabra en la trayectoria de Rubén Darío, mientras una evolución histórica la realiza Santiáñez en *Investigaciones literarias* (90-99). Para un acercamiento a la perspectiva adoptada por las críticas en contra, consúltese tanto la ponencia de Martínez Cachero incluida en las *Actas del Congreso Internacional sobre el Modernismo Español e Hispanoamericano* como el libro de Begoña Sáez.

1914 que recientemente en Alemania alguien había escrito sobre su libro como un ejemplo de las nuevas tendencias del catolicismo...[2]

Frivolidades modernistas aparte, es obvio que lo que nosotros entendemos por Modernismo hoy en día es sensiblemente diferente de lo expresado cien años atrás. No solamente porque las etiquetas críticas se modifican con el tiempo al añadirse sucesivos estratos hermenéuticos, sino porque con la lejanía cronológica se nos permite un mayor grado de abstracción. Sin embargo, las palabras de Blanco-Aguinaga no deben tomarse en vano ya que su fondo reconoce implícitamente una ansiedad cultural ante esta discusión. En ella se evidencia tanto el discurso de confrontación entre "nosotros" y "ellos", en cuanto manifestación de la resistencia a una conquista con tintes jerárquicos de subyugación, como también la defensa a ultranza de un particularismo que opta por tener como valor absoluto de identidad y de separación el interdependiente marco nacional-lingüístico. En esta cosmovisión las lenguas no sirven para la comunicación y para el intercambio de ideas, sino que son caracterizadas como factores de división, clasificación y, sobre todo, son índice de soberanía cultural, la que, como toda identidad, no puede traducirse a riesgo de diluir sus discriminadoras esencias metafísicas. Al mismo tiempo, adoptar dicha propuesta inmovilista nos obligaría a aceptar como válida la observación de que los significados de "Modernismo" han quedado esclerotizados en la dualidad que mencionaba Gómez Carrillo y nos haría rezar para que alguien que lea el título de *La escritura modernista* haya pensado no tanto en un tratado sobre el religioso, sino en una aportación crítica sobre el Modernismo estético. Fosilizado el entendimiento en estos criterios historiográficos nuestra elaboración discursiva y nuestra capacidad de comprensión se habrían paralizado y habrían dejado de modificarse, sucediendo con el Modernismo algo que nadie se atrevería a defender, por ejemplo, ni con el Barroco ni

---

[2] Juan Ramón Jiménez ya señalaba tanto en sus apuntes de curso sobre el Modernismo (1, 5, 11-12) como en "Crisis del espíritu en la poesía española contemporánea (1899-1936)" (*Prosas* 214) cómo la crisis religiosa era una de las manifestaciones que caracterizaba el carácter epocal del Modernismo. Véase, además, el artículo de Juan María Laboa, "El modernismo teológico en España" incluido en el número 613 de *Ínsula* que se dedicó al centenario del 98. Por el contrario Gicovate ("El modernismo y su historia" 221) afirmaba que el Modernismo religioso no tenía nada que ver con el literario.

con el Romanticismo. Es decir, se imposibilitaría la capacidad de avanzar nuevas hipótesis de funcionamiento diferentes de las contemporáneas a los creadores, aunque ancladas en sus testimonios coetáneos. También implicaría abandonar la idea de la crítica como metarreflexión, puesto que ésta siempre tiene como fin elaborar un discurso acerca de su objeto de estudio y mantener un diálogo con su propia tradición. Finalmente, supondría admitir una situación que, con sólo observar los múltiples intercambios culturales y transnacionales del fin de siglo, sería a todas luces insostenible. La conclusión sería un letargo heredado por un exceso de tradición y de respeto a las categorías positivistas ya enunciadas.

Adoptar estos presupuestos teóricos nos obligaría a olvidar que los escritores hispanos mantienen permanentes contactos tanto literarios a través de sus publicaciones como vitales en las tertulias madrileñas y en estancias, algunas breves, otras más prolongadas, en la ciudad del Sena. También se pasaría por alto la indudable presencia de editoriales, corresponsales e, incluso, periódicos hispanos publicados en París tal y como Margaret Beeson ha recogido en su bibliografía y han estudiado Silvia Molloy y Adela Pineda. Por otra parte, hay que tener en cuenta que el escritor modernista es consciente de que muchas veces comparte más vínculos vitales con escritores "extranjeros" que con los de su misma lengua o su misma nación, convirtiéndose, muchos de ellos, en el escritor "extra-territorial" que George Steiner describía. Desde este punto de vista, un proyecto como *Los raros* de Darío es en parte una genealogía sincrónica y diacrónica del escritor modernista, pero es además la creación de una comunidad de espíritu transnacional y transhistórico que comparte reacciones similares ante la presión de la Modernidad. La literatura científica del positivismo decimonónico, los Lombroso, Nordau, Gener, Grasset y los Silva Uzcátegui, a los que nos referiremos más adelante y quienes inundaron con sus patologías literarias el mercado contemporáneo a los primeros y subsiguientes atisbos modernistas, también forman otra comunidad, aunque basada en la *koiné* de la ciencia y, al ser traducidos, interpretados, parafraseados por corifeos del antimodernismo como *Clarín*, Ferrari, *Fray Candil*, etc., no hacen más que enfatizar la marginación y, por ende, el sentimiento de apoyo mutuo entre los modernistas más allá de fronteras nacionales o lingüísticas.

El Modernismo nace como discurso marginal en una época en la que el arte de avanzada, el arte que abría nuevos cauces expresivos, tenía conciencia de ser un ejercicio realizado desde la periferia cultural. De ahí surge su característico y cortante filo que sentían tanto liberales como conservadores. Lo más importante, desde nuestro punto de vista, es que en esta dinámica la periferia de la modernización, de la industrialización y de la economía no es la misma que la periferia cultural. De hecho los cenáculos del Parnasianismo, Simbolismo y Decadentismo, a pesar de formar la base del discurso modernista y de haber pasado a formar parte del eje cultural de la historia de las letras occidentales, se desarrollaron al margen, y muchas veces en oposición al París, Capital del siglo XIX, como titulaba Walter Benjamin uno de sus ensayos. La presencia, pues, de una comunidad paralela que superaba las volubles fronteras y las quimeras de las segregaciones entre lenguas, actuó como un verdadero aglutinador pannacional, una suerte de sistema alternativo que, parafraseando a Said (16-24), sustituía los mecanismos biológicos de filiación por los culturales de afiliación. Olvidar esos mecanismos y la importancia de ese proyecto para tratar de crear un canon exclusivista y parcial no aportaría nada nuevo, sino que, por el contrario, hurtaría facetas a la multiplicidad del fenómeno. Al final y por estos motivos, entre otros, será inevitable regresar a las relaciones que nuestro Modernismo mantiene con el contexto europeo de la época, porque así sucedió, y buscar, pese a las apariencias, el tronco común internacional, adoptando una actitud escéptica respecto a las diversas raíces nacionalistas y ramas lingüísticas que lo constituyen.

Para refrendar las consecuencias del énfasis en el particularismo hispano, no hace falta más que consultar la clásica colección de ensayos editada por Malcolm Bradbury y James McFarlane para Penguin Books y descubrir la palpable ausencia de la aportación expresada en español. A pesar de que el apartado de biografías recoge a Juan Ramón Jiménez (624), Federico García Lorca (627) y Miguel de Unamuno (637-38) y de que el volumen, en general, hace mención aquí y acullá del poeta nacido y asesinado en Granada, el Modernismo escrito en español brilla por su ausencia. Se podría argumentar que desde la primera edición de dicho volumen en 1976 hasta el presente la situación ha cambiado, sin embargo, en su selección de diez grandes escritores modernos incluidos en su volumen y su miniserie para la televisión británica realizada a finales de los años 80, nos hallamos con Joseph Conrad, Fyodor Dostoyevsky, T. S. Eliot, Henrik Ibsen, James Joyce, Franz Kafka, Thomas Mann, Luigi Pirandello, Marcel Proust y Virginia Woolf. Nos atrevemos a aventurar que en casi veinte años desde entonces la situación poco ha cambiado debido a esta división fronteriza entre lo hispano y la otredad europea. En lo que nos atañe, es obvio que no nos referimos a la necesidad de reconocimiento por parte de Bradbury, pero, al mismo tiempo, es necesario admitir que hay algo que no está funcionando como debería cuando las principales lenguas europeas están representadas ahí excepto el español. Siendo chovinistas podemos ignorar la cuestión y seguir encerrados en nuestro ruedo hispánico, aunque existe otra opción al tratar de abrir las líneas de diálogo, una tarea que se debería iniciar, en principio y desde nuestro punto de vista, desde el hispanismo. Este diálogo debe dirigirse no a la adopción ciega de un modelo, sino al desarrollo crítico y a la articulación de conceptos que sólo en apariencia son divergentes. No es una tarea simple, ya que la percepción de separación entre Modernismo y *Modernism* continúa vigente:

> El Modernismo del que se trata este libro no se identifica con la renovación poética que tuvo en Rubén Darío su máxima figura en el ámbito hispanoamericano sino que, por el contrario, se refiere al vasto movimiento internacional y cosmopolita que se desarrolló fundamentalmente en el primer tercio del siglo XX y dio sus mejores frutos en los años veinte de entreguerras… (Villanueva, *Valle-Inclán* 9)

De esta forma, se crea una relación interdependiente y opuesta, ya que la distancia y la incomunicación postuladas entre la obra de Rubén Darío y el Modernismo, se acortan al hablar del último y la vanguardia. Complementariamente conviene enfatizar que esa vasta reformulación estética es heredera directa de una renovación del lenguaje, no exclusivamente poético, en cuanto signo caracterizador del Modernismo simbolista y del Modernismo vanguardista, por expresarlo de modo insuficiente, contradictorio e híbrido. Así quedan delimitadas las tres posibles opciones: la tradicional que concibe un “modernismo” como una adaptación hispánica del Simbolismo; otra, más reciente, que lo imagina como una versión también limitada del “*modernism*” en cuanto arte de vanguardia; y una última que indaga las conexiones entre los tres términos englobados bajo el epígrafe de Modernismo. En realidad, por una parte y como ha expresado José Carlos Mainer, "it does not seem that we should exclude Symbolism from any future definition of Modernism that adheres to the aesthetic dimension of the movement" ("1900-1910" 198); además, por la otra y en palabras de Ana Suárez Miramón, "Pese a las diferencias y variantes del Modernismo según los países, hay unos elementos comunes en el mundo hispánico que solamente tienen sentido en su relación con el contexto internacional" (*El Modernismo* 158). De esta forma se trata de construir puentes y abrir líneas de diálogo, en lugar de elevar las aparentes diferencias a categorías absolutas que conviertan la península en ínsula o que proyecten el temible fantasma de la imposición cultural.

Por estos motivos es necesario reconsiderar tanto el discurso del particularismo desnivelado a favor de una pequeña, aunque significativa, parte de la rica y compleja tradición hispánica, como la adopción de una nomenclatura perteneciente a cierta parte de la crítica escrita en inglés que del mismo modo limita la comprensión de esta estética. La falta de un engranaje común la ha descrito Inman Fox al aludir "a las limitaciones que suponía la definición hispánica de la estética modernista" (37), si bien es necesario admitir que la definición anglosajona hasta hace relativamente poco constreñía de modo similar las posibilidades de coalescencia. Para complicar más el panorama, la cuestión de la generación del noventa y ocho no ayudaba demasiado a aclarar la situación. La principal tarea sería, en consecuencia, tratar de imaginar un Modernismo que, sin olvidar la contribución hispana al desarrollo de las pautas artísticas modernas, pueda establecer un diálogo que ponga en un lugar secundario la idea de la identidad nacional basada en la lengua, la cual sistemáticamente falsea la posibilidad de intercambio y distorsiona cualquier punto de vista.

Admitir la validez de dicho "localismo historiográfico" y crítico, tal y como Luis T. González del Valle lo ha caracterizado (*La canonización* 17-20), olvida que el Modernismo es una respuesta única con múltiples formulaciones o "direcciones" en la ya clásica enunciación de Ricardo Gullón. Lo que resulta más extraño es comprobar el sistemático rechazo a una caracterización del Modernismo como un concepto heteróclito, cuando, en la práctica, cualquier término que describe un fenómeno estético –una época o movimiento, aunque desconfiamos de estas palabras– ha pasado y todavía pasa por una continua reevaluación. Es decir, los límites de términos como Renacimiento, Manierismo, Barroco, Neoclasicismo, Romanticismo, etc., cuando no se remiten estrictamente a una cronología anclada en lo histórico e intentan describir una estética basada en elementos más abstractos generan un continuo y saludable debate. A veces se olvida que toda etiqueta artística, crítica y literaria tiene un carácter de por sí compuesto y que tratar de reducirla a una simplicidad aparente es restarle parte de su fuerza discursiva. Además, todo término estético presenta en su interior una temporalidad mestiza en la que se entrecruzan, por una parte, un sentido histórico, anclado en la cronología y en la sincronía de sus manifestaciones; y, por la otra, un sentido ahistórico, en cierto modo esencial, que es producto de un proceso de abstracción. La mezcla de esa doble temporalidad es la que permite hablar de un Neoclasicismo, de una estética barroca en la literatura hispanoamericana del *Boom*, o, incluso, de un Neogótico. Intentar reducir esta multiplicidad equivale a mutilar la riqueza, la dualidad y la heterogeneidad de las disciplinas humanistas. Es decir, que si algo caracteriza al Modernismo es un carácter compuesto y multifacético que se ha resistido a ser descrito en términos simples y unívocos, de ahí que se hayan propuesto, en lugar de caracterizaciones elementales, la búsqueda de "semejanzas de familia" (Santiáñez 121) entre sus diferentes manifestaciones.

Como es sabido, el Modernismo sintetiza y naturaliza diferentes tradiciones y corrientes estéticas del siglo XIX –el Arte por el arte, el Parnasianismo, el Impresionismo, el Simbolismo, el Decadentismo, etc.– fuertemente influidas por el Romanticismo y de complicada diferenciación tanto para los contemporáneos como para nosotros; pero, al realizar este ejercicio de condensación, descubre que esa nomenclatura atomizada se puede integrar en un proyecto estético común y más amplio conformado no por ámbitos opuestos y excluyentes, sino por un diseño complementario, armonizado en la medida de lo posible, aunque reconociendo sus contradicciones internas. Ésa no es otra que la "rara quinta esencia" (Darío, *Obras escogidas* 200) que Juan Valera menciona e identifica en el primero de los artículos acerca de *Azul...* publicado en *El Imparcial* el 22 de octubre de 1888 y luego recogido junto al siguiente en el volumen de las *Cartas americanas* dos años más tarde. En este sentido, y desde múltiples puntos de vista, el Modernismo ha sido construido en cuanto metatérmino tanto artístico y estético, como cultural puesto que en la génesis y caracterización crítica del concepto se mezclan los discursos propiamente estéticos, con los discursos positivistas acerca de la nación, la ciencia y, en concreto, la medicina, como Cardwell ha observado ("Bohemios" 29).

El Modernismo se ve asediado, entonces, por estos y otros discursos contemporáneos configurados por la Modernidad y se ve obligado a responder a estas cuestiones tanto desde obras de carácter teórico como desde las de carácter artístico y, muchas veces, mezclando teoría y praxis en la misma obra. En ese incesante proceso constitutivo, las vanguardias no son sino una consecuencia, ampliación y desarrollo de las guerras libradas durante la conformación del Modernismo hispánico. Por eso, junto a Saúl Yurkievich, es necesario "restablecer la conexión causal entre modernismo y primera vanguardia, es decir reconocer a los poetas modernistas su condición de adelantados" ("Liróforos" 78); y junto a Bella Josef afirmar que "[a]l recobrar la tradición española, el Modernismo es verdadero comienzo. La vanguardia está presupuesta en esa visión" (67). De modo similar y con mayor especificidad, Guillermo Carnero apunta que "el Modernismo exigió al lector, por primera vez desde el Barroco, lo que después iba a considerar Ortega distintivo de la Vanguardia: admitir un discurso que no designa la realidad que el lector conoce previamente, sino que se designa a sí mismo" (17). Estas perspectivas que en apariencia cambian demasiado las reglas del juego, no son tan novedosas ni tan contrarias a las expresadas en los tempraños años del siglo. Ya las había trazado, por ejemplo, en 1901 Ernesto Bark al decir de los artistas:

> La joven España es la vanguardia atrevida del modernismo que precede al cuerpo del ejército reconociendo el terreno, inquietando y molestando continuamente al enemigo y desorganizándole por el cansancio en incesantes escaramuzas que nunca acaben con la derrota porque estos guerrilleros del progreso se yerguen con mayor energía y ardor después de cada descalabro. (70)

En sus palabras no solamente se manifiesta la metáfora militar constitutiva del término "vanguardia" años antes del cataclismo de la Primera Guerra Mundial, sino que también se expresa la labor de confrontación que realizó el Modernismo en nombre del "progreso".[3]

---

[3] Sobre la historia de la metáfora de la vanguardia, véanse los capítulos "El concepto de vanguardia" de Poggioli (17-31) y "La idea de Vanguardia" de Calinescu (103-52). Para el último el Modernismo no debe confundirse con la vanguardia ya que ésta es más radical, más exagerada y descontextualizadora (104-05). Para el primero, es "una de

De forma similar, tanto Matei Calinescu como John Butt han optado por abrir los canales para establecer dicho diálogo con las vanguardias y superar una lectura restringida del Modernismo y del *Modernism.* Éste amplía el concepto de Modernismo, término que englobaría las tendencias europeas artísticas producidas entre finales del siglo XIX y principios del XX y caracterizadas por una orientación post-realista y experimental (39). Aquél, por su parte, subraya que el espíritu sintético, la previamente mencionada "quintaesencia", del Modernismo hispánico es, de hecho, lo que lo puede caracterizar como una categoría que trasciende la limitación de otras etiquetas desintegradoras como Simbolismo o Decadencia (82). Así, en busca de elementos comunes, Calinescu se pregunta retóricamente:

> ¿podemos reducir realmente el modernismo a una moda pasajera, como intentaron hacer sus adversarios a principios de siglo? ¿O, al contrario, debemos intentar establecer el modernismo en una perspectiva más amplia y, en lugar de considerarlo un fenómeno hispano americano o incluso hispano, descubrir en él, además de los numerosos rasgos distintivos, los elementos por medio de los cuales se relaciona con otras culturas occidentales parecidas comprometidas con la aventura de la modernidad? (86)

Como la respuesta afirmativa se desarrolla en las páginas que siguen a dicha pregunta retórica, no insistimos en el asunto, aunque no podemos dejar de señalar que esta orientación no refleja sino el paralelo revisionismo del concepto crítico de *Modernism* presente en los acercamientos teóricos del volumen editado por Malcolm Bradbury previamente mencionado y de los estudios realizados por Marshall Berman, Art Berman y Ricardo J. Quinones.

Los acercamientos mencionados, los que concretamente se articulan con opiniones expresadas hace tiempo en español por Federico de Onís, Juan Ramón Jiménez y Ricardo Gullón, ya han sido aplicados con mayor o menor éxito por muchos estudiosos, tal y como se verá en la síntesis del legado crítico acerca del Modernismo hispánico realizada en

---

las tendencias vanguardistas más discretas, tímidas o moderadas que hayan aparecido desde fines del siglo pasado" (222). Desde estos puntos de vista, la diferencia entre ambos es una de gradación, pero la cuestión es dónde y cómo colocar una diferencia que, como se argumentará en este libro, se basa en la continuidad y el desarrollo de presupuestos ya contenidos en el Modernismo.

este mismo capítulo. Sin embargo, antes de embarcarnos en dicha descripción, creemos importante reiterar que esta discusión tiene tanto que ver con el hecho estético modernista como con el mundo de la Modernidad. Aunque ambos conceptos comparten cierto recorrido histórico y, de hecho, la segunda se radicaliza en los mismos años cuando el Modernismo se gesta, no son equivalentes.

En realidad estos son los dos caminos por los que se puede tomar: uno sería adoptar como criterio de orden fundamental la lengua y secundariamente la nación como factores exclusivos en vez de inclusivos, como factores de separación en lugar de factores de integración –un poco más adelante justificaremos esto–; mientras el otro sería tratar de describir un fenómeno estético cuyas únicas fronteras son el uso de las formas artísticas en un estado constante de flujo comunicativo ocupando un espacio transnacional. Por esto, ya se podría decir a principios de siglo lo que Homi Bhabha ha suscrito como característico del siguiente fin de siglo que nos ha separado, en apariencia, del Modernismo: "The very concepts of homogenous national cultures, the consensual or contiguous transmission of historical traditions, or 'organic' ethnic communities... are in a profound process of redefinition" (7). En este contexto vuelve a resonar con fuerza la idea de cosmopolitismo que ya Valera identificaba en *Azul...* (Darío, *Obras escogidas* 198-200) y que tanta ansiedad creó a posteriores interpretaciones hispanoamericanas y peninsulares del Modernismo, tal y como Luis Monguió estudió en su ensayo "De la problemática del modernismo". Una opción podría conducir, y de hecho ha conducido, a la balcanización de nuestro entendimiento; la otra obligaría a configurar un diseño preliminar, siempre susceptible de ser matizado para aproximarse a una teoría más general, que enfatizara a niveles más abstractos no lo diferencial, sino lo común. No en busca de lo que Iris Zavala ha llamado "domesticated sameness or... muted difference" (*Colonialism* 5), sino tratando de superar una charlatana indiferencia hacia un Modernismo caracterizado por su indómita e irreductible diferencia. Lo más significativo de esta discusión es comprobar hasta qué punto las batallas que se libraron a finales del siglo XIX siguen latiendo bajo las consideraciones críticas heredadas. No creemos que exista mayor testimonio de la radicalidad de este proyecto estético como comprobar de qué modo el Modernismo expone las insidias de los discursos que intentan caracterizarlo exclusivamente a través de los valores de la Modernidad.

En concreto, Modernismo y Modernidad forman una pareja que frecuentemente se ha asociado, como lo han hecho González del Valle ("Aspectos", "*El Embrujado*" y *La canonización*), Josef, Schulman ("Hacia", "Modernismo/Modernidad" y *El proyecto inconcluso*), Zavala (*La musa*), Iglesias Feijoo ("Valle-Inclán") o Germán Gullón (*La modernidad*). Sin embargo, y a pesar de que el Modernismo podría leerse exclusivamente como consecuencia y producto de la Modernidad, de hecho algunos lo han leído como una manifestación de nacionalismo literario o como una piedra clave en la construcción de dicha identidad, esta relación debe describirse de forma mucho más ambivalente y matizada. La Modernidad y el Modernismo comparten una misma cronología sólo parcialmente, ya que la primera ha tenido un arco temporal de desarrollo mucho más amplio que se gesta, tal y como Habermas ha dejado escrito (15-16), al final de la Edad Media –consolidación del estado, advenimiento de las lenguas modernas, la Reforma y el Renacimiento– y que aparece claramente consolidado en la segunda mitad del siglo XVIII –Revolución Francesa, republicanismo, desarrollo industrial, consolidación de la burguesía y del Empirismo, Racionalismo e Ilustración–. Todos estos "vectores de la modernidad" (Santiáñez 13-59), convergen en un proceso que llega a su punto álgido durante la última mitad del siglo XIX (Soufas, *The Subject* 52). Sin embargo y pese a esta disimetría histórica, la Modernidad en su vertiente burguesa y en su vertiente cultural se han visto hasta cierto punto en mutua tensión sobre todo desde ese drástico aceleramiento de la modernización. De hecho Calinescu, y siguiéndolo a él Giovanni Allegra (*El reino* 31-39), Cathy Jrade (*Modernismo* 17-18) e Ivan Schulman (*El proyecto* 78-79 y 213-14), concibe dos modernidades, una burguesa y una cultural, en radical antagonismo y en constante deseo de aniquilar a su invertida, y a la vez complementaria, otredad especular. Las características que marca son las siguientes:

> En lo que respecta a la primera [...] La doctrina del progreso, la confianza en las benéficas posibilidades de la ciencia y la tecnología, la preocupación por el tiempo (un tiempo *mensurable*, un tiempo que puede comprarse y venderse y tiene por lo tanto, como cualquier otra mercancía, un equivalente calculable en dinero), el culto a la razón, y el ideal de libertad definido dentro del marco de un humanismo abstracto, además de la orientación hacia el pragmatismo y el culto de la acción y el éxito [...]
>
> En contraste con ello, la otra modernidad, la que habría de originar las vanguardias, se inclinó desde sus comienzos románticos hacia radicales actitu-

> des antiburguesas. Sentía náuseas por la escala de valores de la clase media y expresó su repugnancia por medio de los más diversos medios que iban desde la rebelión, anarquía y apocalipsis hasta el autoexilio aristocrático. Así que, más que sus aspiraciones positivas (que a menudo tienen muy poco en común), lo que define a la modernidad cultural es su rotundo rechazo de la modernidad burguesa, su negativa pasión consumista. (56)

A pesar de que el Modernismo conserva algunos de los rasgos de la pasión que Calinescu relaciona con la modernidad cultural, como ya hemos dicho y a riesgo de repetirnos, éste adopta unos cauces expresivos más híbridos en los que la doctrina del progreso, el papel social del artista, junto a los avances científicos y tecnológicos, conforman un punto de referencia inevitable en la gestación de su discurso artístico, pero, al mismo tiempo, son fuente de constante desequilibrio al verse simultáneamente asimilados y rechazados. El Modernismo trata de encontrar una proporción entre su propia actividad y el mundo en el que se produce, pero esa búsqueda agónica es una persistente causa de ansiedad. Una de las razones de esta tensión ha sido avanzada por Paul de Man al contrastar la idea de la Modernidad con la idea de la literatura puesto que, en sus palabras:

> The spontaneity of being modern conflicts with the claim to think and write about modernity; it is not at all certain that literature and modernity are in any way compatible concepts. Yet we all speak readily about modern literature and even use this term as a device for historical periodization, with the same apparent unawareness that history and modernity may well be even more incompatible than literature and modernity. ("Literary" 142)

Esa incompatibilidad tiene que ver con un mundo que, al proponer como valor absoluto lo nuevo y la mercancía, se ve imposibilitado de conversar creativamente con aquello que ha dejado atrás vencido y abandonado. Para la Modernidad, el eterno presente supera, domina y termina por desechar el pasado para poder regenerarse y enfrentarse de nuevo a su propia, fascinante y eterna renovación. Su espiral hipnótica produce una constante "vorágine de perpetua desintegración y renovación, de lucha y contradicción, de ambigüedad y angustia" (Marshall Berman 1). Esta tolvanera termina produciendo, tal y como David Frisby ha estudiado a través de la obra teórica de Georg Simmel, Siegfried Kracauer y Walter Benjamin, la fragmentación de la experiencia y el intento de atrapar su esencia a través de las manifestaciones de dicha desintegración.

Por su parte, el Modernismo, sin oponerse radicalmente a la idea del progreso, busca la modulación de estos valores al encajarlos en un proyecto de implicaciones humanistas, en el que el arte reclama el derecho a dialogar o criticar el mundo en el que se inserta. Art Berman lo expresa así:

> Modernism envisions the improvement of human life based on values derived from the artistic culture. The uniquely aesthetic experience of art is taken to guarantee its values and insights –and to subsume, not refute, rationality and science in order that these might be directed elsewhere than toward the selfish and often pernicious end of commerce, nationalism, industrialization, and an impersonalizing urbanization. (5)

En este sentido el Modernismo propone una dislocación de valores dentro de la Modernidad que repercute en una ética del arte, en una dimensión pública y política de su actividad. Al crear un discurso basado en la resistencia y en "la productividad y fuerza explosiva de las experiencias estéticas básicas que en el comercio y trato consigo misma hace una subjetividad decentrada, emancipada de los imperativos de la actividad racional con arreglo a fines y de las convenciones de la percepción cotidiana" (Habermas 143), el Modernismo actúa como un proyecto subversivo. De esta forma, trata de redirigir las fuerzas generadas por la Modernidad hacia un territorio diferente donde no existen equivalencias automáticas entre progreso y verdad y donde la expresión artística se encuentra en permanente diálogo con la tradición y con los valores de esta herencia, ya sea para aceptarlos, ya sea para negarlos. Este proyecto ético y estético del Modernismo se posiciona ante la Modernidad para matizar puntos de partida y proponer alternativas viables frente al torbellino autodestructivo del progreso. Por eso, en contraste con una comunicación que se concibe exclusivamente como reflejo del intercambio comercial al limitarse su uso a procesos de significación en los que prima la plusvalía y la ganancia material; en contraste con una vida que se transforma en una bolsa de valores en la que todo se compra y se vende; en contraste con la construcción de una identidad nacional que concibe la expresión cultural como síntoma de un supuesto espíritu; en contraste con todo esto, el Modernismo propone un proyecto rebelde a través de la autonomía de la obra de arte, su valor específicamente espiritual y su rechazo a usar una lengua que, en lugar de precisión, se convierte en generadora de sugestión, indeterminación y hedonismo.

Por su lado, los representantes de la Modernidad sienten dicha agresión, por una parte, debido a su fe metafísica en los discursos de la ciencia y del progreso que, en un primer momento, ayudan a patologizar el Modernismo; mientras, por otra parte, sienten el final de un orden retórico que dictaba, prescribía y proscribía cierto canon de la poesía y de la prosa. A través de la Modernidad se proclama la necesidad de un arte puro, esencialista, alejado de distorsiones, un sempiterno arte destructor hecho a imagen y semejanza de la piel tersa y suave de una eterna y autocomplaciente juventud. Éste es el reino del suplicio del titán Prometeo, quien tras haber iluminado al ser humano y habernos empujado a la cultura, a la civilización y al camino del progreso es encadenado para siempre a la roca y es vigilado por el hambre voraz del águila que le ayuda a controlar la aberrante proliferación de su hígado: un filtro orgánico que es creado, renovado y devorado simultáneamente, condenado a ser siempre el mismo y siempre diferente en un ciclo inacabable. En su vertiente moderna, tal y como Mary Shelley subtitulaba su inmortal novela, este Prometeo adquiría el nombre de Dr. Frankenstein y reflejaba que el problema principal era qué hacer con el monstruo una vez creado, cómo impedir su metástesis cancerosa y cómo controlar la presencia y el impacto creados por la conjuración del caos.

No es casual que el desarrollo y la consolidación de la Modernidad coincidan históricamente con la aparición del concepto de estado-nación y de su ideología, el nacionalismo. De hecho, repitiendo un lugar ya común y usando las palabras de John Breuilly, no existe duda acerca de esa "modernity of nationalism" (5 y 416). Modernidad que se ha relacionado tradicionalmente con las consecuencias de la Revolución Francesa, pero que Benedict Anderson, en su influyente *Imagined Communities*, ha recontextualizado en las comunidades de criollos americanos.[4] Desde este punto de vista pueden adquirir relevancia testimo-

---

[4] Véase el capítulo 4, "Creole Pioneers" (47-65), aunque sus observaciones acerca de la presencia de criollos en la España de la época deberían matizarse con nombres

nios como el que Darío consigna en los comentarios dedicados a glosar sus *Prosas Profanas* en *Historia de mis libros* (1910) cuando rechaza "las glorias criollas, los hechos de la Independencia y la naturaleza americana" como fuentes de inspiración poética. En su lugar propone una "cosmópolis" bonaerense como espacio ideal de un proyecto en el que juntaría "la [gloria] del gran D. Francisco de Quevedo, de Santa Teresa, de Gracián" unida a las "rosas de París" y a las otras extraídas "de todos los jardines del mundo" (1: 206-07). Creemos que este intento de síntesis transnacional y transhistórico situado en el acronológico y anacional sistema de la estética modernista es de importancia en cuanto propone una alternativa a los discursos positivo-nacionalistas de la Modernidad, aunque no se pueda liberar completamente de ellos.

En la historia literaria hispana los ejemplos ilustrativos del conflicto entre tradiciones culturales surgen, como la misma Modernidad, en el lejano Renacimiento. Pueden verse, por ejemplo, en la reacción purista que provoca la introducción de las estrofas de origen italiano en la métrica peninsular. En este sentido, la sátira de Cristóbal de Castillejo (1491-1556), "Reprehensión contra los poetas españoles que escriven en verso italiano" –publicada póstumamente en 1573–, es uno de los primeros ejemplos que recojen esta tensión y donde se interpreta lo artístico como una expresión directa e inequívoca del sentimiento patriótico en cuanto representación textualizada de una emancipación y una soberanía. La diatriba de Castillejo en contra de los seguidores de Petrarca, Boscán y Garcilaso por fomentar la introducción de nuevos metros es una de las tempranas manifestaciones de un proceso que se acelera y radicaliza durante los siglos XVIII y XIX coincidiendo con la consolidación de la Modernidad. Encuentra una modulación diferente, aunque con el mismo fondo, en el afrancesamiento ilustrado que tanto martirizaba al insigne don Marcelino Menéndez y Pelayo, pero que los

---

como Pablo Olavide o Manuel Eduardo de Gorostiza. Respecto a la modernidad del nacionalismo, véanse *The Idea of Nationalism* de Hans Kohn, *Nationalism: Myth and Reality* y *Faces of Nationalism* ambos de Boyd C. Shafer y *Nations and States* de Hugh Seton-Watson. Las mismas conclusiones, las que también incluyen el análisis de la globalización, aparecen en el volumen de David Held. Jo Labanyi ha citado el influyente libro de Eric J. Hobsbawm, *Nations and Nationalism since 1780*, y ha observado cómo la definición moderna de estado, nación y lengua no aparece en el *DRAE* hasta la edición de 1884 (131). Véanse, igualmente, las páginas 14-16 de la obra de Hobsbawm.

escritores dieciochescos adoptaron como signo, simultáneamente, de modernización y de construcción de una identidad nacional.[5] El germen ya se encuentra propuesto en el "Mapa intelectual y cotejo de naciones" incluido en el tomo segundo del *Teatro crítico universal* de Feijoo (1728) y alcanza su desarrollo en la obra, entre otros, de Jovellanos –por ejemplo, sus *Obras en prosa*–, Cadalso –sus *Cartas marruecas* pueden ser representativas– y Forner –véanse sus *Exequias de la lengua castellana*–. Con estos antecedentes, y otros muchos que Jesús Torrecilla ha identificado en *España exótica*, queda establecido lo que luego será la base de los proyectos decimonónicos del Costumbrismo y del Realismo. La atención que en el ámbito hispanoamericano ha prestado Doris Sommer en su *Foundational Fictions* a la literatura romántica, costumbrista y realista de la América hispana confirma esta misma observación. Al otro lado del océano, en el último cuarto del siglo XIX, Emilia Pardo Bazán, al escribir los artículos que incluirá un año después en *La cuestión palpitante* (1883), tampoco puede evitar la referencia a este conflicto, aunque su lúcida perspectiva sea la opuesta: "La imitación entre naciones no es caso extraordinario, ni tan humillante para la nación imitadora como suele decirse [...] si cada nación hubiese de restituir lo que le prestaron las demás, todas quedarían, si no arruinadas, empobrecidas cuando menos" (172). Si para ella el intercambio cultural adquiere, pues, las connotaciones de una relación económica que permite préstamos, ruinas y pobrezas, los artistas modernistas se ven afectados por una incertidumbre similar que proviene del modo en el que leen la relación que su cultura mantiene con Europa aunque su situación es especialmente problemática, ya que se encuentran ante la tesitura de, por una parte, relacionarse con las tradiciones culturales, lingüísticas y artísticas con las que identifican su autoctonía, mientras, por la otra, se ven influidos por modelos universalizantes que cuestionan tanto esa relación simplista como esa metafóra basada en la cultura en cuanto expresión naturalizada de un pueblo. Esta ambivalencia entre lo concebido como propio y lo percibido como extranjero parece agravarse en el caso de la relación entre Hispanoamérica y España, pero indudablemente forma parte integral del fenómeno modernista y constituye una de sus ambivalen-

---

[5] Véase, sobre todo, el capítulo III del tercer volumen de la *Historia de las ideas estéticas en España*. Igualmente consúltese el artículo de Manuel María Pérez López "El alma castellana (preocupación nacional y sensibilidad modernista)".

cias híbridas frente a la Modernidad. De hecho y en una línea argumentativa similar, Bruno Latour ha formulado la tesis de que la proliferación de discursos híbridos ha colapsado el proyecto de la Modernidad hasta tal punto que afirma categóricamente, ya desde el título de su libro, *Nous n'avons jamais été modernes.* Con la autoconsciencia típica que rodea las manifestaciones artísticas del período, los modernistas aludirán de manera indirecta a este conflicto a través de su práctica estética y de una manera directa a través de sus escritos teóricos. Así, el uruguayo José Enrique Rodó escribe en 1899 que "los poetas que quieren expresar, en forma universalmente inteligible para las almas superiores, modos de pensar y sentir enteramente cultos y *humanos*, deben renunciar a un verdadero sello de americanismo original" (424). Mientras tanto, en la península, *Azorín* en 1913 rehúye de la retórica de la originalidad y de la certidumbre diciendo que "Un renacimiento es sencillamente la fecundación del pensamiento nacional por el pensamiento extranjero. Ni un artista, ni una sociedad de artistas podrán renovarse –*ser algo*– o renovar el arte sin una influencia extraña" (2: 908).[6] A pesar de que esta desproblematización del conflicto basada en la novedad y en la fecundación de lo uno por lo otro puede observarse, entre otros, en Rubén Darío ("El Modernismo"), Enrique Gómez Carrillo o Pedro Emilio Coll, alrededor de los mismos años se produce la reacción opuesta entre la crítica especializada.[7]

Por ejemplo, en uno de los artículos periodísticos que el cubano Emilio Bobadilla, *Fray Candil*, recoge en *Muecas* (1908) se pueden leer comentarios como el siguiente: "Los grafómanos decadentistas, (de los *diez dentistas*, como dijo un chusco) a cuya cabeza se gondolea el nicaragüense Rubén Darío –'sinsonte americano con plumaje parisiense', como le llamó *Clarín*– se han apoderado de la prensa formando una sociedad internacional de bombos mutuos" (127). En sus palabras resuena con fuerza el vocabulario que se toma prestado de la ciencia

---

[6] Estas palabras provienen de su archiconocido "La generación de 1898" (2: 896-914). Años más tarde, en 1926, *Azorín* regresará sobre el mismo tema en su homónimo "La generación de 1898" (9:1143-46) reiterando en líneas maestras el mismo argumento: "De este modo, lo extranjero, la aportación extranjera sirve para reanimar, para suscitar el patriotismo" (9: 1146).

[7] Además de la referencia bibliográfica a su artículo, véase el artículo de Beatriz González Stephan "Al filo del 900: la estética ácrata y libertaria de Pedro Emilio Coll".

positivista –la enfermedad que sufren aquéllos aquejados de incontinencia de la escritura es la grafomanía–, aunque utilizado ahora para cuestionar el carácter transnacional del Modernismo y la comunidad transfronteriza que ha formado. También en 1917 y adoptando un punto de vista más concreto, José María Salaverría mencionaba que "El escritor, atiborrado de lecturas y visiones extranjeras, vierte en el ánimo de sus lectores la idea de la inferioridad casi irredimible de la sociedad española. Estos escritores suelen dejarse fecundar, como espíritus femeninos por la impertinencia y la jactancia del extranjero…" (29). Aquí es obvio el discurso mixto que mezcla nacionalismo, sexismo y xenofobia, en el cual el artista se ha dejado poseer y fecundar por el extranjero, produciendo un embarazo colmado de lecturas y visiones. Incluso el autodeclarado "ciudadano de Latino-América" de nacionalidad venezolana Rufino Blanco Fombona, en uno de los tempranos libros monográficamente dedicados al Modernismo hispanoamericano, publicado en 1929, afirmaba vergonzantemente:

> No somos creadores. Poseemos espíritu femíneo. Necesitamos de fecundación para parir. Somos poetas fecundados. Carecemos de la viril virtud de ensementar […] nosotros mismos corremos a mendigar el cruzamiento con espíritus viriles y acogemos con pasividad de marranas, burras, ovejas y yeguas, la cópula de berracos, garrañones, moruecos y sementales. (30)

Aparte de este lenguaje claramente organizado alrededor de valores y metáforas androcéntricas y patriarcales, la prueba definitiva que confirma el hecho de que las expresiones literarias modernistas son interpretadas como la superación de los márgenes de un debate estético que se adentra en el terreno de la identidad nacional –inextricablemente unida a la genérica y sexual–, se encuentra en el momento en que esta discusión entra al terreno de la crítica. En el mismo momento en el que Alfred Coester publica *The Literary History of Spanish-America* (1916) puede comprobarse cómo la confrontación discursiva ya ha sido asimilada, aunque a través de una dicotomía y una ansiedad cultural de pertenencia:

> In rebellion against the narrowing influences of regionalism they [los modernistas] hoped to find a common basis for their literary art in the theory that their civilization was European. The later poets have rejected this theory and built on a universal Americanism which finds its bond of union in a common language and a similar racial origin. (451)

Esta segunda ola que Coester describe habría rechazado, pues, la asunción de que la civilización hispanoamericana era occidental, como lo demuestra para él el hecho de que la lengua y la raza han permitido a los poetas posteriores deshacerse de los valores modernistas.

Tras estos breves apuntes que son solamente la representativa punta del iceberg, parece lógico concluir, pues, que el Modernismo ha supuesto un vórtice de índole cultural, lingüística y nacional a muchos niveles. De alguna manera y como veremos en un momento, esta primera discusión ha seguido alimentando las aportaciones críticas a lo largo del resto del siglo XX. Lo que existe en el fondo de esta polémica acerca de su estética y de los límites nacionales dentro de los que se puede aplicar es que los últimos años del siglo XIX y los primeros del XX vieron resurgir con mayor fuerza que nunca los conflictos coloniales a través de, por dar dos ejemplos, las guerras norteamericana-hispano-cubana en el noventa y ocho y la toma del istmo de Panamá por parte de los Estados Unidos de América en 1907. Si a estos datos se une la crisis de la latinidad paneuropea e internacional estudiada por Lily Litvak en *Latinos y anglosajones* se comprenderá cómo en el fin de siglo se enmaraña una gran ansiedad social y cultural a nivel transnacional que repercute en los discursos literarios y, con mayor evidencia, en la construcción del discurso crítico.[8] Del mismo modo no quisiéramos pecar de ingenuos y no admitir explícitamente que el nuestro está inevitablemente influido por la descentralización y la desnacionalización promovidas por Internet y un sistema político en crisis ante las fuerzas desatadas que predeterminan un proceso de globalización cuyas raíces son compartidas con la Modernidad.

Este convulso ambiente social entre el final del siglo XIX y el principio del XX creó una serie de prejuicios que hemos heredado a través de la formación de determinadas caracterizaciones híbridas ya presentes en las dualidades de los mismos modernistas. Así, cuando Darío, en el prólogo a sus *Prosas Profanas,* decía "Abuelo, preciso es decíroslo: Mi esposa es de mi tierra, mi querida, de París" (5: 763) ponía sal en la llaga del orgullo tanto peninsular como hispanoamericano y resumía brillantemente la cuestión de la legitimidad en su proyecto estético desde un

[8] También puede verse en el artículo de Alfredo Mateos Paramio "La polémica entre latinos y anglosajones y la educación en el fin de siglo".

punto de vista nacionalista. Al comentar esta expresión, años más tarde, Darío reconocía que "a pesar de mis vistas cosmopolitas, existe el inarrancable filón de la raza" (*Obras completas* 1: 206-07) usando una bien significativa metáfora de arraigo y de estratificación mineral junto a la caracterización contemporánea de la idea racial. De igual forma, tampoco debe olvidarse que el mismo Darío en su artículo "El Modernismo", incluido en *España contemporánea*, afirmaba la primacía cronológica del Modernismo hispanoamericano de la siguiente forma: "Nuestro modernismo, si es que así puede llamarse, nos va dando un puesto aparte, independiente de la literatura castellana" (3: 305). El contraste de fondo entre estas palabras y las del prólogo a *Prosas profanas* atestigua esa ambivalencia mencionada anteriormente ante los discursos de la Modernidad.

A causa de todas estas razones hasta aquí expuestas, se puede concluir que el Modernismo nunca ha constituido en exclusiva el ejercicio o la práctica de una estética, sino que implícitamente participa de temas y discusiones relacionados con preocupaciones mucho más amplias y que recogen una herencia secular de tensiones entre España y Francia, entre Hispanoamérica y la península y, finalmente, entre Hispanoamérica y Francia. Todas ellas giran alrededor de la relación entre cultura y colonización, pero también acerca de la conexión que existe entre la expresión cultural y los mecanismos que mantienen intacto el discurso de la nación en la estasis del estado. Tal y como Edward Said ha observado, "culture is a system of exclusions legislated from above but enacted throughout its polity, by which such things as anarchy, disorder, irrationality, inferiority, bad taste, and immorality are identified, then deposited outside the culture and kept there by the power of the State and its institutions" (11). Todos los términos que Said menciona –anarquía, desorden, irracionalidad, inferioridad, mal gusto, inmoralidad– se han utilizado en algún momento para caracterizar el Modernismo y, de ahí, la ambigüedad de las aproximaciones críticas que lo han irónicamente transformado en la base de un discurso emancipador cultural o nacional. La crítica sobre el Modernismo no hará sino prolongar esa contienda a través de, en el peor de los casos, lecturas xenófobas. Sin embargo, esta problemática no se agota ni en una organización de un juego de duplicaciones, atribuciones, pertenencias y diseños del canon literario, ni en una noción de la cultura hispánica que obviamente desborda la idea de estado o nación, puesto que el Modernismo como categoría historiográfica resulta polémico por la tensión interna dentro de la crítica y por la disimetría que existe entre naciones y lenguas en este proyecto.

Uno de los primeros intentos de sintetizar en el hispanismo la ingente bibliografía producida por el Modernismo lo realizó Ned Davidson. En éste se afirmaba que aquellos críticos que lo circunscriben a los confines del continente americano suelen ser de este origen y, por lo tanto, hablan de España e Hispanoamérica como dos mundos claramente diferenciados. Por el contrario, decía Davidson en 1966, aquéllos que tienden a la "europeización" son de origen peninsular (10). No obstante, esta división esbozada en los años 60 necesita actualmente una descripción diferente ya que en este momento existen, al menos, tres amplias posibilidades mediante las cuales se ha intentado historizar o categorizar el Modernismo y, simultáneamente, delimitar las relaciones que sus respectivas tradiciones mantienen con él. La primera se sitúa dentro del ámbito exclusivamente hispanoamericano al delimitar las líneas que definen su carácter autóctono y que optan por asumir tanto limítes geográficos, culturales y/o lingüísticos –Hispanoamérica frente a Latinoamérica– como nacionales –Argentina, Chile, Cuba, México, Nicaragua, ...–; la segunda se establece en un ámbito más amplio, o sea, dentro del hispanismo, al describir los vínculos entre la tradición concebida como hispanoamericana y la peninsular oponiéndolas a ambas en una descripción excluyente y confrontadora. La tercera, y última, se focaliza en los contactos y relaciones entre el mundo hispánico y el ámbito de la cultura occidental contemporánea a él.[9]

Las relaciones que estas tres posturas críticas mantienen entre sí son encarnizadas y mutuamente excluyentes, aunque todas, implícitamente, enfatizan que el Modernismo representa un "espacio" problemático abierto a una constante reescritura y, excepto la última, recomponen el discurso artístico como factor ideológico de construcción

[9] Nil Santiáñez también ha propuesto una división tripartita, aunque su análisis concibe un Modernismo como "fenómeno principalmente español y latinoamericano" (100); otro como "época de la cultura hispánica" (101), y un último que si bien "podría incluirse" (101) en el anterior, está formado por "aquellos críticos que aplican a la literatura española [...] el concepto angloamericano de *modernism*" (101). Sírvase contrastar esta interpretación homogénea y monolítica del concepto anglosajón con aquello que Domingo Ródenas de Moya dice sobre su caracterización y evolución (55-83).

nacional aprovechando las tensiones internas del Modernismo. Las tres trincheras de este campo de batalla demuestran que el Modernismo es un concepto que cuestiona dentro del hispanismo y a gran escala la validez de las fronteras concebidas como factores de identidad cultural, al mismo tiempo que participa de la tensión entre las fuerzas centrífugas que tienden a la universalización de la cultura occidental y las fuerzas centrípetas que surgen como consecuencia directa de los proyectos de construcción nacional del siglo XIX. Frente a esta configuración basada en los discursos positivistas e interdependientes de nación y lengua, en cuanto índices y manifestaciones de identidad, el Modernismo propone en gran parte, como ya se ha dicho, un sistema cultural transnacional. La polémica nacionalista desatada a su alrededor demuestra lo primero; mientras que las constantes acusaciones de galicismo lingüístico o mental son manifestaciones de lo segundo.[10] En realidad la cultura siempre ha sido transnacional y translingüística, tal y como doña Emilia Pardo Bazán reconocía en *La cuestión palpitante*, pero el Modernismo acepta explícitamente dicho hecho y se ve obligado a asumirlo, aunque le haga incurrir o en numerosas contradicciones, o en actitudes que van desde la expatriación y exilios voluntarios –tanto reales como ficticios– hasta una vida basada en el itinerancia y en el nomadismo. Ahí, en la combinación de esas características, a la vez extrínsecas e intrínsecas, reside en gran parte la riqueza discursiva y polémica que ha generado y sigue provocando la caracterización del Modernismo.

Pasando a hablar más concretamente de las tendencias críticas señaladas y que heredan los temas fundamentales del debate, ya ha sido mencionada la primera posición que lo representa como un fenómeno neta y exclusivamente hispanoamericano. Así, por ejemplo, ya en 1935, Santiago Argüello enfatizaba que el "movimiento" significa la mayoría de edad de la literatura hispanoamericana y, por lo tanto, su independencia mental, emocional y lingüística (127). A su lado se han alineado voces como las de Luis Monguió ("Sobre"), Edmundo García Girón, Noé Jitrik, Ivan Schulman ("Reflexiones"), Stephen Hart o Bella Josef, los que lo han descrito con características exclusivamente hispanoamericanas. Su postura puede ser resumida usando las palabras de

---

[10] Como este tema se desarrollará en el capítulo siguiente, permítasenos por ahora solamente la mención.

Cathy Jrade, quien, a pesar de partir del impacto supranacional de la Modernidad, ha afirmado: "modernist writers broke with Spanish models which they understood to be both grandiose and inflexible" (*Modernismo* 14), como si los modelos a los que se enfrentan los modernistas no fueran también locales, o incluso mejor, igualmente transnacionales. Para justificar esta observación, no hace falta sino comparar las dos épocas de la mexicana *Revista Azul*, la primera dirigida por Manuel Gutiérrez Nájera y Carlos Díaz Dufoo entre 1894 y 1896 bajo la bandera del Modernismo y la segunda dirigida por Manuel Caballero en 1907, cuyo último número publicado lleva en la portada la siguiente leyenda: "Nuestro programa: ¡guerra al decadentismo! Restauremos el arte limpio, sano y fuerte" (1).[11]

Una opinión muy relevante en este contexto "hispanoamericanista" procede de la crítica realizada por Juan Marinello, en *Sobre el Modernismo: polémica y definición* (1959), donde, desde una perspectiva marxista en la que se enfatiza el carácter apolítico del Modernismo y la falta de compromiso con la realidad hispanoamericana, se cuestiona seriamente su orientación cosmopolita (14-17). Resulta significativo este ataque ideológico porque Marinello elimina de la nómina de escritores modernistas a Martí, concebido como un maestro para ellos, pero no un ejemplo (62-63) debido a su compromiso político. En la misma línea marxista se han expresado tanto Ángel Rama (*Rubén Darío* y *Las máscaras*) como Françoise Perus. Por su parte, Yerko Moretic, otro de los representantes de este andamiaje basado en el exclusivismo hispanoamericano, también ha insistido en su indefinición política (47) desde un punto de vista diferente, ya que para él ésta representa la inestabilidad ideológica de los intelectuales a finales del siglo pasado. A pesar de esto, el estudioso también reconoce que el Modernismo supuso un despertar de una conciencia americanista (53). Por último, Donald Fogelquist llegará a negar lo evidente y concluirá afirmando que la influencia extranjera en el Modernismo no es crucial, sino que éste recoge temas y preocupaciones claramente hispánicos. Lo importante, en definitiva, parece ser

[11] La publicación se suspendió debido a las múltiples protestas realizadas, entre otros, por Alfonso Reyes o los hermanos Henríquez Ureña. Véase el artículo de Boyd G. Carter "La *Revista azul*. La resurrección fallida: *Revista azul* de Manuel Caballero". Igualmente véase el estudio de Fernando Curiel que incluye la edición facsimilar de los seis números de esa segunda andadura de la revista.

individualizar al máximo con el objetivo de singularizarse, aunque también para devolver un golpe, herencia de la conquista y la colonización americana.

Dentro de esta postura, resulta elocuente la provocadora expresión del "retorno de los galeones" que da título a un famoso ensayo y libro publicados por Max Henríquez Ureña en 1930, con la cual se trata de invertir una jerarquía colonial, para crear otra cultural con signos de revancha histórica. En este sentido es igualmente representativo el punto de vista de Octavio Paz, quien, en un artículo de 1961 incluido en *Puertas al campo* (1967) y titulado "Literatura de fundación", trata precisamente de este momento quirúrgico de escisión cultural entre Hispanoamérica y España. Su opinión es clara: "A fines del siglo XIX la literatura hispanoamericana cesa de ser un reflejo de la española. Los poetas 'modernistas' rompen bruscamente con el modelo peninsular" (15). Al margen de la simplificación que supone equiparar lo peninsular con lo tradicional, lo más interesante de la categorización del escritor mexicano proviene de que este acto de fundación se concibe no como un hecho positivo, sino como un acto de volición o performativo. La equivalencia encarnada en el cabalístico y poético poder de la consonancia es obvia: "Voluntad de encarnación, literatura de fundación" (19). Es decir, el origen de la literatura hispanoamericana, el momento de su independencia, aparece en el instante en que se manifiesta el deseo de fundarla y, por lo tanto, hay una serie determinada de intereses no muy claramente (re)velados que predeterminan el misterio de un espíritu transformado en materia carnal, vuelto escritura.

Esta lectura de lo que ha supuesto el Modernismo para ciertas corrientes del mundo cultural hispanoamericano y cierto grupo de hispanoamericanistas supone un énfasis explícito en la subjetividad ideológica como impulsora de la formación y el mantenimiento de la historiografía literaria, pero igualmente articula un espacio que interrelaciona el discurso crítico con uno nacional en oposición a un sistema cultural transnacional. En breve, la literatura modernista supone el establecimiento intencionado de una frontera o "un impacto que fue más profundo de lo que generalmente se acepta, y que constituye un momento de fundación para la narrativa hispanoamericana subsiguiente" (Aníbal González, *La novela* 17). Pero, a causa de delimitar un campo que refleja una idiosincrasia particular, se transforma en una base ética para la construcción de una identidad, un campo de batalla en el que la lucha ideológica supone el ejercicio de una violencia sobre la que se trata de construir la idea de la soberanía y la de la independencia. Sin embargo, resulta igualmente importante que aquí caminen mano a mano no la nación y el arte, sino una entidad multiforme e internacional definida a través de una lengua común, pero independizada política y culturalmente de España: así lo que las une no es tanto la lengua, sino la cáustica herencia del dominio colonial.

Este debate en el hispanoamericanismo se ha visto influido posteriormente y de modo inevitable por los discursos de los estudios colonialistas. En este campo el trabajo de Iris Zavala, *Colonialism and Culture* (1992), es pionero en el sentido que trata de concebir el Modernismo como el discurso de la subalternidad hispanoamericana, y hasta cierto punto peninsular también, en relación a un proyecto de emancipación de la cultura colonial frente a los poderes hegemónicos.[12] En una línea similar, una de las últimas aportaciones de Ivan Schulman publicada en el año 2002 intenta llegar a una síntesis entre el concepto epocal y la especificidad hispanoamericana debido, en primer lugar, al sincretismo del Modernismo y, en segundo lugar, a la creación de "un proyecto sociocultural poscolonial" (*El proyecto* 12).

Por todas las razones ya exploradas, el Modernismo en su interpretación crítica no ha constituido simplemente un "período", un "movimiento" literario o una "época" por lo menos en las citadas formulaciones discursivas, sino que, a causa de las múltiples imágenes que se han creado a su alrededor, supone un impulso de afirmación y negación ideológicas a las que la crítica literaria hispánica obedece siguiendo las pautas de la emancipación política. En este sentido la afirmación de la independencia literaria es simultánea a la negación de algunas formas, recursos y aspectos que, adaptando a Gustavo Pérez Firmat (16), constituyen no una tradición *hispano+americana,* sino *hispano-americana.* En el mejor de los casos las tendencias cosmopolitas del Modernismo se aceptan resignadamente como un mal menor que conduce a una epifanía más valiosa: la fundación de una literatura autóctona insertada en el guión que separa lo americano de lo hispano ahora transformado en un

[12] Zavala ha vuelto a incidir en esta lectura en su ponencia "El punto nodal del modernismo hispanoamericano".

signo de substracción. Inesperado, aunque extraordinariamente revelador, es que ciertos discursos críticos peninsulares no son tan distantes en el fondo.

Frente a este sector de la crítica que ha singularizado la experiencia modernista en el contexto americano, ya Bernardo Gicovate se había manifestado a principios de los años sesenta (*Conceptos*; "El modernismo y su historia") observando el mal que suponía el hecho de que los críticos peninsulares obviaran el Modernismo hispanoamericano y que sus colegas hispanoamericanos insistieran en la etiqueta de "generación del 98" (10-11) para así establecer una frontera conceptual y diferenciadora tan ancha como el océano que separa ambos continentes.[13] Ésta es la segunda tendencia que se ha identificado y que se caracteriza por concebir el Modernismo como un fenómeno de ámbito hispánico, pero que enfatiza –a veces fabrica– la diferencia entre la práctica literaria en Hispanoamérica y en España. Por supuesto, esta postura lleva a que, tal y como observaba Gicovate en sus *Conceptos*, se forme una estructura partidista que intenta ensalzar una de las opciones mientras se desecha la otra. Por el sector hispanoamericano, Max Henríquez Ureña (*Breve*) y Raúl Silva Castro (*Antología*); y por el sector peninsular, Pedro Salinas, Pedro Laín Entralgo y Guillermo Díaz Plaja (*Modernismo*) han intentado diferenciar claramente lo peninsular de lo hispanoamericano subrayando la dicotomía entre Modernismo y generación del noventa y ocho. Tras su estela, Luis Granjel, Manuel Lacarta, Carlos Javier Morales y Carlos Gil, junto a María Luisa Martínez, quienes pertenecen al grupo de peninsularistas que apuestan por la "dignidad" de los escritores del noventa y ocho evidenciando la "frivolidad" de los modernistas, se han expresado de forma similar.

---

[13] Un resumen del estado respecto a esta etiqueta tan querida para cierto tipo de peninsularismo puede hallarse en Ferreres, en Blasco Pascual ("De 'Oráculos'" y, principalmente, "Pero... ¡Todavía el 98!"), en Fox, en Lozano y en Suárez Miramón (*El Modernismo*). El clásico ensayo de Gullón, "La invención del 98" –incluido en el volumen de homónimo título– clarifica este punto perfectamente; Gullón reincide temáticamente en su ponencia "La polémica entre Modernismo y Generación del 98". Otros que se han manifestado en contra son Cardwell ("'Una hermandad'"), Flitter, Shaw, Mainer (véase su edición del volumen *En el 98*) o Butt. Antonio Ramos-Gascón ha continuado en esta misma línea en su "Spanish Literature as a Historiographic Invention".

Esta segunda postura, en realidad, aparece en cierto modo implícita especularmente en la primera, solamente se añaden las voces peninsulares que intentan, desde el otro lado del Atlántico y por todos los medios, no asociar la literatura de España al concepto de Modernismo. Claro que, al toparse con el problema de qué hacer con escritores como Valle-Inclán, los hermanos Machado o, incluso, Juan Ramón Jiménez, se tiende a dividir temporal y jerárquicamente su obra, ensalzando aquella parte cuya temática se adecúa con mayor fidelidad al canon del noventaiochismo. Así, nos recuerda la divertida caracterización que Manuel Machado hacía de la sociedad española contemporánea a las primeras manifestaciones del Modernismo en los ensayos recogidos en *La guerra literaria*:

> Las escasas ideas se paseaban por el cerebro de los españoles como los guardias del orden por las calles, por parejas. Aquí no se concebían más que dos cosas: blanco o negro, tuerto o derecho, chico o grande. Y si alguien pretendía colocar una tercera noción, la idea del matiz, la de un justo medio, entre la simple simetría de los pares, *anatema sit*.
>
> Sagasti y Cánovas; Calvo y Vico; Lagartijo y Frascuelo… Campoamor, que era sin par, tuvo que aguantar toda la vida en frente la contrafigura de Núñez de Arce para no dejar cojo el sistema. Todo tenía que ser por pares, y donde no los había se inventaban. (99-100)

Se inventaban como, en la clásica y polémica afirmación de Gullón que da título a su ensayo, se inventó el noventa y ocho actuando como el par que faltaba y contrarrestaba el Modernismo. El sistema no podría funcionar en la multiplicidad, por eso tenía que reducirse a una polaridad singular. Así fue como comenzó a gestarse dicho vocabulario útil solamente para una simplificada y simplista pedagogía bipolar. A pesar de que *Azorín* llevaba varios años tratando de encontrar la denominación cronológica de su generación y ya había pergeñado una idea de "la generación de 1898" (9: 1139) –aunque a veces era de 1896 (9: 1138)– por lo menos desde 1910, su puesta de largo no caló hasta que José Ortega y Gasset quiso apropiarse del término por acción u omisión.[14] Así, en un artículo de *El Imparcial* publicado el 8 de febrero de 1913 para celebrar sus treinta años, "la mitad del camino de la vida" (1: 603), Ortega recla-

---

[14] Según Donald Shaw, el término se origina en una polémica entre Ortega y Gabriel Maura (*The Generation* 2).

maba el término de generación del noventa y ocho para sí mismo y para los de su edad como regalo de aniversario. Inmediatamente *Azorín* respondió al reto de los jóvenes orteguianos en la serie de artículos publicados en *ABC* y recogidos el mismo año de 1913 en el volumen *Clásicos y modernos*, donde afirmaba: "Hombres de la generación de 1898 son Valle-Inclán, Unamuno, Benavente, Baroja, Bueno, Maeztu, Rubén Darío" (2: 910-11). Así, de esta forma pública y polémica, en el conflicto entre los de Ortega y los de *Azorín* –recordemos una vez más las ideas a pares que Manuel Machado identificaba–, se gestó el paradigma positivista y generacional que modeló, como es sabido, la historia literaria peninsular contemporánea y que, como Christopher Soufas ha desarrollado en *The Subject in Question* (2007), se ha transformado en un modelo nacionalista de interpretación cultural y literaria (19-50).[15] A favor de Azorín, es necesario admitir que todavía entonces el término generacional no había aquirido las connotaciones de confrontación estética y nacional que más tarde configurarían las descripciones críticas del Modernismo y del noventaiochismo. Esto comenzaría a incubarse con Hans Jeschke, quien en uno de los primeros estudios eruditos que trató de codificarlo en 1934 para el público alemán y en 1946 para el público español, sacó a Unamuno y a Ganivet por cuestión de edad y también a Rubén Darío por su postura cosmopolita frente al nacionalismo de los del noventa y ocho (127). Ése fue el inicio de la caza de brujas para el Modernismo. En una misma línea Donald Shaw proponía, por una parte, sacar a los modernistas que *Azorín* había incluido entre los que estaban Benavente, Valle-Inclán y, por supuesto, Darío (*The Generation* 3), por otra parte, insistía en incluir a Ángel Ganivet y a Antonio Machado. Más recientemente José Luis Bernal ha eliminado a Antonio Machado uniéndolo a los sospechosos habituales: Benavente y Valle (97). El extremo sería el adoptado por Antonio F. Molina, quien borró del mapa el Modernismo aplicando el rótulo generacional a todos ellos, incluido Ortega.

Significativamente, los argumentos utilizados para generar dicha división se movían también en terrenos donde reaparecían las cuestiones de identidad cultural construidas y mediadas por un discurso nacio-

---

[15] La guerra entre orteguianos y "azorinianos" continuó durante bastante tiempo, a juzgar por el artículo de Vicente Cacho Viu y por las páginas que Julián Marías dedicó al tema en sus volúmenes sobre Ortega (2: 104-06). Véase, también, la edición que Ángel Cruz Rueda realiza de los textos de *Azorín* que giran alrededor de la cuestión.

nalista, aunque con otras connotaciones que serán examinadas en el siguiente capítulo y que no son más que la prolongación en el tiempo de la retórica antimodernista. El tan criticado, aunque a la vez sincero y revelador, vocabulario de Salinas, por ejemplo, giraba siempre alrededor de dicotomías basadas en oposiciones como superficie/fondo, compromiso/turrieburnismo, lo amplio/lo estrecho, el patriarcado/la anarquía, la raíz/la rama, la fuente/lo estancado, lo intelectual/lo lúdico, la verdad/la mentira, lo útil/lo bello, el espíritu/la materia, lo original/lo derivativo, etc. En esa serie, siempre según Salinas, el rasgo positivo se asociaba, indudablemente, a lo noventaiochista, a lo peninsular, mientras lo negativo era lo modernista, lo hispanoamericano:

> En España, pues, la agitación de las capas intelectuales es mayor en amplitud y hondura, no se limita al propósito de reformar el modo de escribir poesía o el modo de escribir en general, sino que aspira a conmover hasta sus cimientos la conciencia nacional, llegando a las mismas raíces espirituales. Y en ninguno de estos tres nombres [Giner, Costa y Ganivet], ni el del que los sigue, patriarca de la nueva generación, Unamuno, encontramos esa preferencia por la valoración estética de la literatura observada en América; son intelectualistas, más que juglares de vocablos, corredores de ideas. Y verdades, no bellezas es lo que van buscando. (3: 208-09)

Si bien a Salinas el noventa y ocho le inspiraba una materia digna de escritura, el Modernismo entraba dentro del terreno de la banalidad y por eso, en un arranque de orgullo herido que parecía amenazar la inmovilidad metafísica de su identidad nacional, necesitaba mantener la tradición literaria española separada del Modernismo. Ése ha sido, pese a algunos intentos posteriores de matizar y puntualizar la cuestión, la raíz del noventaiochismo clásico, aplicado después sistemáticamente por Pedro Laín Entralgo en *La generación del noventa y ocho* (1945), Guillermo Díaz Plaja en *Modernismo frente a 98* (1951) y Donald Shaw en *The Generation of 1898 in Spain* (1975).

A partir de los trabajos de Ricardo Gullón que citaremos en seguida y el cuestionamiento de la validez de la etiqueta generacional, se inició un cambio en el discurso del noventaiochismo, el cual, en lugar de predicar la insostenible oposición sobre la que se construyó su discurso clásico, se optaba por un eclecticismo más matizado, aunque también menos franco. Como la presión de los estudios acerca del Modernismo revelaba cada vez con mayor claridad el sentido último de dicha denominación se produjo una mutación del concepto que seguía manteniendo el identificado por Valera ya en 1888 como "fondo de españolismo que nadie nos arranca ni a veinticinco tirones" (Darío, *Obras escogidas* 198). La inevitable retirada táctica, sin embargo, no produjo variaciones sustanciales en su fondo, aunque sí en su oposición al Modernismo. Así, Roberta Johnson, optó por un acercamiento historiográfico al concluir que se debía respetar el significado y la voluntad de los escritores que se veían a sí mismos como miembros de dicha generación ("Las guerras" 48). Igualmente Enrique Rull, como más tarde lo haría Emilio Miró, veía el noventa y ocho dentro del Modernismo y llegaba a soluciones de compromiso como "Machado es algo modernista y algo noventaiochista y algo que no es lo uno ni lo otro" (37-38). Esta vena eclecticista se profundizó –no podía ser de otro modo– en algunos de los fastos del centenario. La fecha del aniversario trajo renovados deseos de lidiar con la generación profundizando el sentimiento ecuménico tal y como Luis Iglesias Feijoo lo hacía al ver en la etiqueta un término "operativo" ("Sobre la invención" 11 y "La generación del 98") para hablar de un grupo de escritores enfrentados a un sentimiento de crisis generalizado, pero evitaba en todo momento la confrontación con el Modernismo. En una línea similar se expresaba Aquilino Duque, trayendo el Modernismo en cuanto "componente estético" (13) de la generación. Por su parte, Gonzalo Sobejano, quien ya en su imprescindible *Nietzsche en España* (1967) había defendido la "división entre 'Modernismo' y '98'" (194), con ocasión del centenario, matizó su opinión describiéndolos a ambos como dos "direcciones" que unidas crean un movimiento ("Auge" 16). La entrada en el nuevo siglo, superando el segundo milenio, continuó esta línea y conciliadoramente también se han expresado Carlos Serrano y Lucia Cerutti. De forma similar, la introducción que Jesús Torrecilla coloca al frente de *La Generación del 98 frente al nuevo fin de siglo* (2000), insiste en temas ya conocidos: el carácter marginal de la cultura española de la época, las nacionalidades, las relaciones de poder entre países, rasgos que en conjunto sirven para crear un discurso basado en la diferencia y dirigido a defender ciertos esencialismos culturales españoles. En este sentido no existe gran diferencia entre esta postura y la que propone Germán Gullón en un ensayo incluido en el volumen editado por Torrecilla ("La cultura finisecular") y asimilado más tarde en *La modernidad silenciada* (2006) donde se habla de "un signo externo de la época, el carácter noventaiochista", y "otro carácter interno, el modernista" (97 en el artículo y 102 en el libro).

El centenario también renovó una profunda división reflejada en el número que *Ínsula* dedicó al tema y en el volumen editado por José Carlos Mainer y Jordi Gracia. Este último se cierra con el manifiesto "Contra el 98" firmado por "Manuel Aznar Soler, Javier Blasco Pascual, Richard Cardwell, Isabel Criado, Jordi Gracia, Francisco Jarauta, Jon Juaristi, Miguel Ángel Lozano, José-Carlos Mainer, Iris M. Zavala, y los participantes, doctores y licenciados en las universidades de Barcelona, Complutense de Madrid, Granada, Munich, Valladolid, Utretch y Zaragoza" (178).[16] Esta tercera opción, crítica con las limitaciones del exclusivismo hispanoamericano, con el noventaiochismo y con las bipolaridades formadas por ambos, propone un modelo de Modernismo que adopta una estrategia opuesta a los casos anteriores y que ha intentado desleír el enfrentamiento buscando veredas más amplias y no circunscritas al discurso diferenciador de la nación. De hecho, tratando de adoptar un punto de vista más general, aquí se confunden voces europeas, latinoamericanas y anglófonas que han visto el proyecto modernista como una superación de baldíos antagonismos.

Los orígenes de este paradigma se encuentran en la obra de Federico de Onís publicada a mediados de los años treinta. Él fue uno de los primeros críticos que intentó globalizar y, como es sabido, se opuso a todo tipo de división basada en la retórica del particularismo. A su lado, aunque con matices diferentes, Juan Ramón Jiménez, Rafael Ferreres y Ricardo Gullón (*Direcciones* 37-38) son de las primeras voces que abominaron de la limitación hispánica que suponía una interpretación reduccionista de su significación. También Rafael Gutiérrez Girardot, Ignacio Zuleta, Richard Cardwell ("Degeneration"), Donald Shaw ("¿Qué es el modernismo?"), Jo Labanyi, Luis T. González del Valle ("*El embrujado*", "Aspectos" y *La canonización*), Iris Zavala (*La musa*), Javier Blasco ("La imaginación"), Dolores Romero (*Una relectura*), Rosa Fernández, Begoña Sáez, Christopher Soufas *(The Subject)*, entre otros, han enfatizado la comunidad hispana y sus relaciones con el contexto europeo y no los

[16] El número 613 de *Ínsula* publicado en enero de 1998 se presenta con el título de "El 98, a nueva luz", mientras el 614, el de febrero, lo hace con el de "La regeneración literaria del 98".

esfuerzos aislados. Es necesario matizar, sin embargo, que Onís en concreto asume que, aunque el Modernismo tenga características diferentes a un lado y al otro del Atlántico "en el fondo hay una correspondencia esencial entre el Modernismo de España y el de América" ("Sobre el concepto" 38). Su idea de época, recogida en el prólogo y en la selección que realiza para su influyente *Antología de la poesía española e hispanoamericana* (1934), ya avanza la filiación con las vanguardias, a las que denomina "ultramodernismo" en cuanto "cierre y conclusión" (xx) del proyecto modernista.

Esta división tripartita representa la fertilidad del Modernismo en cuanto debate terminológico abierto y revela fructíferas avenidas para diferentes aproximaciones críticas. Aunque, obviamente, *Orgía de colores* se inserta en una interpretación amplia del Modernismo no centrada en el discurso identitario de la nación o la lengua, no podemos evitar reconocer que todas ellas han contribuido de una forma u otra a nuestras conclusiones. Esto se debe a que la crítica literaria mantiene una relación ambigua, igual que el Modernismo y a diferencia de la Modernidad, con la idea de progreso puesto que sus acercamientos se construyen siempre desde el diálogo con la tradición ya sea para asumirla pasiva o creativamente, ya sea para cuestionarla activa o innovadoramente. Por otra parte, el desacuerdo de forma y fondo que existe entre estas tres posturas repercute, aunque de forma simplificada, en la historización del Modernismo. Al tratar de relacionar la cronología histórica con las formas estéticas, existe una discrepancia similar que refleja y a la vez simplifica el modelo tripartito que se ha descrito. Las dos preguntas que se han tratado de responder son, en primer lugar, quién es el fundador de éste y, en segundo, cuáles son los límites cronológicos dentro de los que se puede hablar de Modernismo.

Respecto a la cuestión de los fundadores, a grandes rasgos, existe una correspondencia entre aquéllos que conciben el Modernismo como exclusivamente hispanoamericano y aquéllos que lo conciben como representante de un cambio mucho más amplio circunscrito al mundo hispano sin incluir a los del noventa y ocho, aunque el número de escritores acogidos bajo esa rúbrica sea incierto,. Estos defensores del particularismo suelen responsabilizar a Rubén Dario de su iniciación y difusión. A pesar de estas líneas generales, hay críticos que ni hablan de Darío como fundador ni evitan la cuestión de los orígenes y, así, encontramos a

Manuel Pedro González e Ivan Schulman, los que a lo largo de sus carreras han insistido en varias ocasiones en que José Martí y Manuel Gutiérrez Nájera son sus verdaderos creadores y, consecuentemente, sus voces originales. Manuel Pedro González incluso ha aludido a la existencia de un acuerdo tácito mediante el que la crítica ha intentado ocultar que el escritor cubano y el mexicano son sus verdaderos artífices. En una oposición clara a la de los defensores de la identidad, evidentemente, están aquéllos que, al ampliar los efectos y consecuencias del Modernismo a un espacio internacional, no pueden concebir que se pueda hablar ni de creación ni de fundación como obra de un único escritor.

Por otro lado, y complementando la búsqueda de una figura original, aparece el problema de los límites cronológicos, el que no resulta menos complicado sintetizar. Así, Onís (xvii-xix) trataba de tres períodos: el modernista (1896-1905), el post-modernista (1905-1914) y el ultramodernista (1914-1932). Max Henríquez Ureña en 1954 afirmaba la existencia de dos: el primero, iniciado alrededor de 1880, se caracterizaría por una temática que se deleita en lo artificial, afectado, elegante, exótico y sensual; el segundo, por el contrario, se caracteriza por la búsqueda, a grandes rasgos, de una expresión más personal y autóctona (33-34). Para Henríquez Ureña, Rubén Darío representa ambas fases y, por lo tanto, el crítico considera que con su muerte, en 1916, el Modernismo puede darse por desaparecido también (114) y, por lo tanto, la época de la vanguardia puede comenzar convenientemente alrededor del eje creado por la Primera Guerra Mundial. Además insisten en las fechas de 1880 y 1916 Monguió y Gicovate, aunque este último prolonga su vida hasta 1920. Raúl Silva Castro ("¿Es posible?") y Rafael Ferreres han visto la fecha de publicación de *Azul...*, en 1888, como el detonante de la aparición del Modernismo; respecto a su final coinciden en señalar la muerte de Darío como fecha definitiva. Marinello otorga un período de quince años para la moda modernista a principios de siglo y Jrade ha ofrecido las fechas entre finales de la década de los años 80 del siglo XIX y la segunda década del XX. Han ampliado la cronología Ivan Schulman ("Reflexiones"), quien habla de medio siglo modernista entre 1882 y 1932 y también Ricardo Gullón (*Direcciones*), quien reclama sesenta años, entre 1880-1940.

La polémica y el desacuerdo sobre lo que significa el Modernismo no se agota, tampoco, en la discusión cronológica ya que, como se dejó dicho anteriormente, existe un evidente problema relacionado con su propia estética. Una parte de la crítica, consecuentemente, insiste en utilizar el concepto equiparándolo al de rubendarismo usado por Salinas, como ilustración de un arte caracterizado por el abuso de lo suntuoso y lo preciosista. Por ejemplo, Raúl Silva Castro (*Antología*) ha manifestado que la denominación de Modernismo, como tal, solamente se debe aplicar a aquellos escritos caracterizados por una temática artificial y exótica, quedando fuera de él incluso aquellos textos de escritores, como el mismo Rubén Darío de los *Cantos de vida y esperanza*, que demuestran otro tipo de contenido y orientación más social. Desde el punto de vista de Silva, el Modernismo resulta ser una categoría que refleja un contenido y produce la paradoja de que el propio Darío deje de utilizar o pertenecer al rubendarismo en el momento en que se produce una reorientación temática en su poesía.

Además de estos intentos de identificar, describir y categorizar qué significa la palabra Modernismo, existen voces críticas que abogan por su eliminación.[17] Autores como Hans Hinterhäuser, Francisco Javier Blasco ("De 'Oráculos'" 59-75) y Pedro Cerezo Galán abogan por una etiqueta de sentido cronológico, pero de valor cultural y estético: "fin de siglo". Por su parte Lily Litvak ha usado la de *art nouveau* (*Transformación* 224) y John Kronik se decanta por usar Simbolismo. Por supuesto, esta discusión terminológica aparece indisolublemente ligada tanto a la cronológica, como a la de la historiografía literaria pero, en este caso, la problemática se hace mucho más insidiosa porque el baile entre términos como rubendarismo, Simbolismo, Decadentismo, *Art Noveau*, Fin de siglo, Modernismo o Generación del noventa y ocho problematiza el uso de un solo término en referencia a un fenómeno que, como vemos, aparenta tener unas manifestaciones tan proteicas por lo menos en la exégesis crítica. Ante tal situación no es extraño que existan opciones, como la seguida por Álvaro Salvador, que prefieren utilizar todos estos términos de modo conciliador.

[17] René Wellek, descontento con esta categorización, propuso en 1970 llamar Simbolismo a la literatura occidental comprendida entre 1885 y 1914 estableciendo claramente una diferencia entre este período y el de las vanguardias ("The Term"). Sin embargo otras tendencias, ejemplificadas por los libros ya citados de Art Berman o la colección de ensayos editada por Malcolm Bradbury, coinciden en considerar las vanguardias como una de las fases en el desarrollo del Modernismo.

Sintetizando las últimas páginas, se puede ver que, dentro de la crítica hispánica, el Modernismo se ha utilizado para hablar de un período cronológico de límites difusos, cuyos representantes están sujetos a un proceso simultáneo de atracción y rechazo –incluso, como ya ha sido mencionado, el mismo Darío es, para algunos críticos, modernista durante unos años y luego deja de serlo–, y, finalmente, puede hacer referencia a una estética exclusivamente hispanoamericana, exclusivamente hispana o de ámbito occidental. Lo que sí está claro es el hecho de que en su configuración el componente estético ha sido solamente uno de los muchos factores que han ayudado a caracterizarlo. Por esto, después de toda la exposición anterior, al menos una noción debería haber quedado patente: el uso crítico de la palabra "Modernismo" depende en la práctica del idiolecto personal de cada uno de los críticos, a pesar de que se puedan identificar grupos o tendencias que tienden a homogeneizar y establecer una serie de parámetros en común.[18]

Como contrapunto a esta ambigüedad terminológica y a la incertidumbre de sus valores críticos, es bueno recordar las palabras que Ramiro de Maeztu escribe en un artículo aparecido en el *Diario Universal* el 15 de marzo de 1903 y titulado con un transparente "Todos modernistas":

> ¿Qué es modernismo? ¿A quiénes se llama modernistas en España? ¿Es una escuela literaria? [...] He sido de los cándidos que combatieron al modernismo; supuse que por modernistas se entendía a los decadentes y me dije: "Semejante movimiento es artificial entre nosotros; no somos decadentes, sino bárbaros; lo fuimos a fines del siglo XVI; ahora recomenzamos la ascensión". Al volver los ojos me encontré modernista. (497)

Esta resignación a ser modernista *malgré lui*, adquiere para otros escritores contemporáneos a Maeztu gradaciones de sentido más inciertas. Así, Valle-Inclán reflexiona sobre la indeterminación del concepto un año antes, en 1902, al decir que "esta palabra 'modernismo', como todas las que son muy repetidas, ha llegado a tener una significación tan amplia como dudosa" (*Obra completa* 2: 1462). En este sentido, al igual que la de los hermanos Machado, la obra de Valle-Inclán resulta idónea para estudiar tensiones que conforman el paradigma crítico del Moder-

[18] Este problema terminológico no es, por supuesto, exclusivo del Modernismo. Ya en 1924 Arthur Ocken Lovejoy señalaba algo similar con respecto al Romanticismo y, en 1968, Wellek hacía lo mismo hablando de Barroco.

nismo, puesto que a lo largo de su recepción se ha visto dividida en dos etapas opuestas: una primera modernista y una segunda comprometida, esperpéntica o vanguardista. Esta confrontación se ha transformado en un vaivén de apreciación y de desprecio según cómo se la haya leído, ya desde el marco epistemológico propuesto por el noventaiochismo, ya desde el de un Modernismo constreñido, mutilado y reducido. De hecho, en un vistazo general a la bibliografía crítica sobre el escritor *arousano* puede verse cómo aparecen representadas las posturas ya advertidas con respecto al Modernismo.

La primera versión de Valle, la modernista, quedó acuñada por Ortega y Gasset cuando en 1904 escribe sobre la *Sonata de estío* diciendo que "La literatura del señor Valle-Inclán [...] es ágil, sin transcendencia" (1: 23), aunque ya está obviamente presente en los "Paliques" que *Clarín* dedica a la edición de *Epitalamio* con claros matices de condena moral e incluyendo acusaciones de desenfreno erótico: "A Valle-Inclán se le ha venido a la boca el mal sabor de una orgía... de algún literato cínico de París de hace unos dos lustros" (131). No solamente Leopoldo Alas caracteriza su estilo de intrascendente, su inspiración de orgiástica y su temática de amoral, sino que Cejador y Frauca señala que "Su arte es nacional en cuanto que es gallego y Galicia pertenece a la nación española; pero es el menos nacional, porque es todo lo contrario del arte castellano del resto de España" (11: 10). Una vez más aparece asociado a la práctica modernista el conflicto nacionalista del que se ha tratado anteriormente ahora duplicado en un frente exterior, el afrancesamiento que menciona *Clarín*, y uno interior, el galaicismo identificado por Cejador. Por estos motivos creemos adecuado sugerir que la obra de Valle manifiesta en un microcosmos conflictos que en el Modernismo hispánico son centrales y suscribimos la opinión de José-Carlos Mainer, quien observa que "Pocas veces se ha revelado más estéril la antinomia *generación del 98-modernismo* que a la hora de hallar un emplazamiento historiográfico para la figura y la obra de Valle-Inclán" ("Valle-Inclán" 497). En este sentido es imposible obviar que la división realizada en la obra valleinclaniana nace en el momento en el que se deja de contemplar la etiqueta de "generación del noventa y ocho" como un hecho historiográfico y, al producirse la asimilación del término dentro del vocabulario crítico, aparece la delimitación entre la "inconsecuencia" del Modernismo y la "seriedad" noventaiochista dentro de los estudios literarios peninsulares.

De todos modos, la segunda versión de Valle que contempla dos momentos opuestos en la obra del escritor no se consolida de un modo efectivo hasta que, a finales de los años treinta –años de responsabilidad ética y estética–, se busca una figura más acorde con los vientos que soplan. Así, a Pedro Salinas le corresponde la gloria de haber acuñado una de esas expresiones fetiche dentro del vocabulario crítico del hispanismo porque es él quien le cuelga el sambenito de "hijo pródigo del noventa y ocho" (3: 256-78), sellando con dicho sintagma bíblico-nacionalista toda una división y una valoración de la producción valleinclaniana.

De esta forma, la obra de Valle ha representado para parte de la crítica un lugar en el que poner en juego la oposición entre el Modernismo y el noventa y ocho. Pedro Salinas, Guillermo Díaz Plaja, Emma Susana Speratti-Piñero, Guillermo de Torre, junto a las voces recogidas en el volumen editado por Zahareas a finales de la década de los sesenta enfatizan ya sea la oposición estética, ya sea un punto de vista confrontador de la obra de Valle basándose en esos dos períodos. Frente a ellos, y trazando una visión evolutiva de la estética del escritor, se han situado Ricardo Gullón, Lily Litvak, Antón Risco, Luis T. González del Valle, Darío Villanueva o Luis Iglesias ("Valle-Inclán"), quienes han conectado el quehacer valleinclaniano con la Modernidad buscando un puente entre éste y otras corrientes a él contemporáneas. También Iris Zavala ha propuesto un punto de vista unitario de la obra de Valle, aunque utilizando las ideas bajtinianas de la carnavalización y la polifonía (*La musa*).

Los siguientes capítulos perseguirán estas preocupaciones ejemplificadas y exploradas a través de la prosa valleinclaniana. Pero, antes de entrar propiamente en la obra de Valle, es necesario ofrecer un contrapunto al Modernismo de los discursos esencialistas que lo han transformado en un seudópodo del discurso nacional. Aunque es inevitable admitir, como ya se ha dicho, que los mismos modernistas mantienen una relación equívoca con los discursos culturales y científicos de su tiempo, también hay que construir una versión crítica de dichos modelos adoptando cierto escepticismo al enfrentarse a ellos. Como toda actividad de exégesis, partimos de la elaboración de una propuesta desde un metacomentario y, de este modo, se podrá concluir que el Modernismo literario es, ante todo, un tipo de escritura que refleja unos valores generales y que contiene, a modo de *aleph,* toda la problemática que se ha discutido en estas páginas. Así, no es que se trate de regresar a interpretaciones puramente formalistas, frente a las cuales ya Ricardo Gullón se había expresado (*La invención* 19), sino a caracterizar cómo esa forma sirvió de puente, y en definitiva de expresión de valores filosóficos, éticos y estéticos para un arte radical en sus planteamientos y en sus resoluciones.

Capítulo II

La escritura modernista

Como todos los momentos originales obedecen, hasta cierto punto, a la convención y como el acto de fraccionar la inconmensurable masa del tiempo tratando de separar en unidades discretas ese continuo es relativamente ficticio, proponer un principio es paradójico, aunque, al mismo tiempo, inevitable. Las mutaciones del sistema literario obedecen a ignotos estímulos que en la mayor parte de los casos se funden en la sustancia opaca de la subjetividad y se disuelven en las vivencias personales de escritores y lectores, pero, llegado un momento, constituyen una diferencia cualitativa respecto a formas artísticas previas. En todo caso, y como en algún sitio hay que emprender el camino, se acudirá en este capítulo a *Azul*... (1888) porque en la obra de Rubén Darío podemos ya identificar con cierta nitidez el rumbo que seguirá la escritura modernista. La decisión se justifica, además, al observar, por una parte, que no se puede hablar de color en este momento clave de consolidación modernista sin acudir al azul y, por otra, que una de sus grandes encarnaciones aparece en ese título que Darío pone, en sus propias palabras, a un "libro primigenio, el que iniciara un movimiento mental que había de tener después tantas triunfantes consecuencias" (*Obras completas* 1: 195). Tomando dicho libro y dicha fecha como puntos de referencia arbitrarios, a la vez que significativos, este capítulo explora su recepción contemporánea a través de los dos prólogos que una vez, en 1890, Darío colocó al frente de su colección de prosas y versos. Examinando las evaluaciones del chileno Eduardo de la Barra y del español Juan Valera es posible apreciar cómo se leyeron, se asimilaron y se interpretaron estas primeras manifestaciones del Modernismo; al mismo tiempo, es factible especificar la problemática que la presencia del color causaba entonces no sólo en la recepción de la obra de Darío, sino también, posteriormente, en la de Valle-Inclán. Dada esta conexión se comenzará, pues, con el último años después de que los dos autores hayan desaparecido.

Cuando Amado Alonso en un artículo incluido en *Materia y forma en poesía* (1955) trata de describir la estética de Valle-Inclán en sus primeras obras, va a utilizar la clásica comparación de la escritura con la pintura, del artista de la palabra con el artista del color: "En la primera época [de Valle] [...] se denuncia una actitud de desdén para la vida, y una intención esteticista, de pintor que echa la cabeza para atrás para ver cada pincelada; en suma: de alejamiento y de contemplación en perspectiva artística" (366). Según esta poética que traza Alonso parece que existen al menos dos tipos de textos: aquéllos que hacen gala de un punto de vista distanciado, estetizante, aristocrático, y autoconcentrado frente a aquéllos que presentan otro más prosaico, directo y común. Parece evidente que dicha expresión no es sino una reformulación que explota el bien conocido tópico horaciano que se ha citado en el prólogo: "Como la pintura, así es la poesía: una te cautivará más cuanto más cerca estés de ella, y otra cuanto más lejos te encuentres" (Horacio 116). Ambas citas comparten la idea de que la experiencia estética está indisolublemente ligada a la triangulación entre el productor, el perceptor y lo percibido, aunque también, de alguna forma, la perspectiva artística debe reconocerse en la chispa de la recepción que convierte el triángulo en una línea comunicativa unidireccional.

Paralelamente, la principal diferencia entre Horacio y Alonso, uno al acuñar el tópico *ut pictura poesis*, el otro al invocarlo, es el paso del todo a la parte. Si el poeta latino creía apropiado resaltar como fin último la necesidad de cautivar mediante una totalidad cercana o lejana, el erudito español percibe en Valle-Inclán un cambio sustancial puesto que la atención al fragmento se equipara con una "intención esteticista", cuyo objetivo es prescribir una poética que tiene más en cuenta la tajante individualidad de "cada pincelada" que el efecto final del conjunto. A esta noción, Alonso añade la existencia de un vínculo recíproco entre dicha actitud estética y la falta de interés en ciertos procesos que enfatizan los componentes miméticos de la producción artística. El "desdén" hacia la vida, el recogimiento y la solidaridad entre creador y obra se superponen intencionalmente produciendo aislamiento, alienación e indiferencia hacia lo real y, finalmente, creando una obra que disfruta metaartísticamente de su propio interior al encerrarse en un microcosmos autosuficiente, trascendente e inhumano. Ése es el origen de una de las acusaciones más comunes que se han vertido hacia el Modernismo y que deriva de su autocomplaciente turrieburnismo o su opacidad significativa, puesto que el acto de cuestionar el espacio entre el sujeto y el objeto a través de la creación, desafiando los límites de la mímesis y prestando más atención a la parte constituyente que al todo constituido, contribuye a enfatizar la incomunicación entre ambos. El resultado es la proyección tanto de una interdependencia, la que, a la vez que los conecta, los separa, como de una obra, la cual, en virtud de su autonomía, puede distorsionarse al dar un paseo por el Callejón del Gato o al quintaesencializarse en la sensualidad de una sonata. La consecuencia directa es que la obra de arte parece independizarse extrínsecamente de cualquier tipo de compromiso o referencia respecto a los problemas del mundo contemporáneo. Intrínsecamente, sin embargo, este modo de escribir y de enfrentarse a la actividad poética proclama el advenimiento de un modo diferente de conceptualizar la escritura y la palabra, aunque ya ensayado con matices diferentes en otros momentos históricos.[1]

---

[1] Las ocasionales comparaciones entre el culteranismo de Góngora y el Modernismo establecen explícitamente esta relación. Por ejemplo, Julio Cejador y Frauca afirmaba que el Modernismo "Se parece al gongorismo y llegó como él al misterio, al enigma, a dar que descifrar, más bien que dar a entender claramente" (10: 92). Véase también Llanas Aguilaniedo 116. A pesar de esta relación, Dámaso Alonso, al trazar la recuperación moderna de la poesía de Góngora a partir del reconocimiento de los simbolistas franceses y de las huellas rastreadas en la poesía de Darío concluye que "Toda esta primera fase de la 'vuelta a Góngora' se caracteriza por su apriorismo, su indocumentación, su carácter *snob* y su superficialidad" (562). Para Alonso la gloria de la recuperación y de la verdadera comprensión de la obra poética gongorina pertenece a la generación del 27. Sobre el tema véanse las páginas 542-79 de *Estudios y ensayos gongorinos*. Lo cierto es que el mexicano Alfonso Reyes, en una conferencia leída en el *Ateneo de la Juventud* de México el 26 de enero de 1910, ya se declaraba adepto a la estética de don Luis diciendo que tenía la "tendencia, o mejor obsesión, por ir caminando sobre las puras cualidades de color y sonoridad que tienen las cosas. Los nombres de los objetos no son elocuentes. El poeta sabe que, gastados en el uso diario y formados por generación antiquísima e inconsciente, no nos traen ya otro mensaje sino la vulgar significación más simple o más usada y que no corresponde siempre a la insinuación que persigue el arte [...] [E]l gongorino, de más débil cerebro si queréis, aunque más sensible al mundo exterior, afectivo, sensual necesita ir a los atributos de color y de ruido que desprende de los objetos. Como ruido y como color se le acerca el mundo, y como ruido y como color lo traduce" (14: 74). Este temprano texto, "Sobre la estética de Góngora" (14: 61-85), explora de modo indirecto, y como demuestra la cita, las afinidades modernas con don Luis. Este texto también inaugura en la obra de Reyes una fascinación por

Tanto el alejamiento mimético respecto a lo real como cierta actitud esteticista son dos de los rasgos que más caracterizan el ejercicio de la actividad artística a partir de finales del siglo XIX: es decir, el cuestionamiento del referente a través de una recepción y una representación fragmentada conducen a que se prescinda del naturalismo figurativo y, consecuentemente, se cuestionen los límites de una supuesta percepción unívoca o universalista del mundo extralingüístico. Por eso, el substrato autoconsciente que alimenta la escritura modernista propone una relación distinta entre actividad artística y actividad mimética en una posición paralela al cuestionamiento de la percepción. Es aquí donde se produce una de las grandes diferencias respecto a otras poéticas, como la de la escuela realista, entendidas como un desarrollo de la imagen clásica de la que Horacio participaba. No es que el texto realista no use técnicas que aluden a la transitividad entre texto y referente –como puede ser la acumulación descriptiva–, sino que éste busca primordialmente la creación de lo que Barthes ha llamado "l'effet de réel" (3: 25-32). Este efecto de realidad, basado en la inmotivación y el carácter superfluo de los elementos descriptivos, desaparece o es recontextualizado en la representación modernista puesto que ésta tiende a otorgar a cada palabra, a cada "pincelada", un valor más absoluto, repercutiendo en la desconexión entre los términos que forman el texto y explotando la fragmentación perceptual.

En este cambio aparentemente superficial y limitado a cuestiones estéticas radica una categoría fundamental para la organización del lenguaje clásico entendido como una extensión de su sistema retórico. Los valores proyectados por esta disciplina constituyen un haz de referencias y una organización de jerarquías que instituyen de modo simultá-

---

el poeta cordobés que se traducirá en su volumen de *Cuestiones gongorinas* (1927) y sus *Tres alcances a Góngora* que recoge artículos publicados entre 1928 y 1954 –el libro y los artículos se incluyen en el volumen VII de las *Obras completas*–. En realidad, esta discusión acerca del mérito sobre la recuperación moderna del gongorismo, o la primacía histórica de su redención, debería trasladar un poco su énfasis de la cronología a la estética. Así, habría que admitir que el homenaje de 1927 solamente se pudo realizar gracias al trabajo de zapa que los primeros modernistas realizaron, aunque fuera con todas las timideces y los peros que sugiere don Dámaso. Al final, es necesario recontextualizar los términos de la discusión, ya que la perspectiva se enriquece y adquiere una mayor relevancia al ampararla bajo la rúbrica del Modernismo.

neo tanto unos valores lingüísticos como unos morales. Así, Marcelino Menéndez y Pelayo, comentando las secciones 20 a 22 del libro VIII pertenecientes a *De Institutione Oratoria* observa acerca de la *Elocutio*:

> Quintiliano le da grande importancia, pero censura el vano estudio de los que piensan sólo en las palabras, olvidando las cosas, que son el nervio de la oración, y así envejecen en un vano y estéril amor a los vocablos [...] si lo bello se tiñe con alcohol al modo femenino, parecerá horrible [...] el ornato mujeril y lujurioso, no sólo exorna el cuerpo, sino que descubre y deshonra el alma (1: 218-19).[2]

El tratado de Quintiliano, y en general esta organización retórica del lenguaje clásico, nutre y sostiene en toda la oposición crítica contemporánea al Modernismo y afianza las categorías que se utilizan para valorarlo. Así, la proliferación del lenguaje, su adorno consciente, no sirve para ocultar, sino que "descubre" o desnuda de forma deshonrosa el cuerpo. Concretamente Emilio Ferrari al leer su discurso de ingreso a la Real Academia de la Lengua el 30 de abril de 1905 censura el Modernismo apoyándose a la vez en Menéndez y Pelayo (31) y en Quintiliano (32) para construir la base teórica de su escarnio. Esta tasación de la escritura obedece a toda una cosmovisión que liga en una proporción inversa los elementos más ínfimos de la palabra a su significado discursivo: es decir, cuanto más insignificantes son, menos deben visualizarse; cuanto menos relevantes sean, más deben ocultarse. Sin embargo, el Modernismo va a establecer una proporción directa que explicita que

[2] Los parágrafos de Quintiliano dicen lo siguiente: "Un adorno moderado y acompañado de magnificencia, como dice un verso griego, da al hombre autoridad; pero si es afeminado y con demasía, no adorna el cuerpo y descubre el poco seso de la persona. A este modo aquel estilo especioso y relumbrante que muchos usan afemina aquellas ideas y pensamientos que están vestidos de semejantes expresiones. Digo, pues, que en las palabras debe ponerse cuidado, pero en los pensamientos singular esmero. Porque comúnmente sucede que las mejores expresiones dependen de los pensamientos y su misma luz las da a conocer, pero nosotros andamos en busca de ellas como si fueran la cosa más oculta y escondida. De donde proviene que, no penetrando la materia que tratamos, traemos las locuciones de muy lejos, violentando lo mismo que hemos discurrido. Hemos de procurar ser elocuentes por otro camino; y si la elocuencia tiene su fuerza en todo el cuerpo de la oración, mirará por cosa ajena de su cuidado el componer, digamos así, el cabello y cortar las uñas" (Libro VIII, *Proemio*). Al respecto véase "*Res et Verba*: Words and Things" de A. C. Howell.

cuanto mayor es su trivialidad, más relevancia adquieren; cuanto más ínfimos parecen, más monumental resulta su presencia. Esta concentración en la soledad de la palabra va a repercutir en dos direcciones: por una parte, en la solidez y la densidad del lenguaje; y, por la otra, en la aparente fragmentación expresiva. La combinación de ambos propósitos termina por afectar la aparente estabilidad de la escritura clasicista.

La base del sistema clásico no es otra que una jerarquía entre las palabras y las cosas que controla la amenaza que las primeras siempre presentan para las segundas debido a su doble estatus en cuanto cosa y metacosa. A pesar de que las palabras están sujetas a un férreo control y a una tenaz disciplina retóricamente ordenada y prescrita, siempre existe la posibilidad de una rebelión subversiva en el instante más insospechado. En realidad, de esta estructura básica de subordinación depende el lenguaje del Realismo, cuya formulación es inequívocamente clásica. Como decimos, y como enfatiza Barthes, en esta epistemología la parte correspondiente a la *Verba* debe estar siempre al servicio de la *Res*:

> de *Res* (ou matériaux démonstratifs du discours) dépendait l'*Inventio*, ou recherche de ce que l'on pouvait dire d'un sujet (*quaestio*) ; de *Verba* dépendait l'*Elocutio* (ou transformation de ces matériaux dans une forme verbale), la quelle *Elocutio* était un rapport phénoménologique : la Forme était réputée l'apparence ou le vêtement du Fond, qui en était la vérité ou le corps ; les métaphores attachées à la Forme (au style) étaient donc d'ordre décoratif : *figures, couleurs, nuances.* (Barthes 3 : 972-73; énfasis en el original)

De esta forma, una escritura en la que los colores y las figuras tienden a evidenciarse, estará subrayando un carácter decorativo. El mantenimiento de esta estructura de dependencia consigue sustentar un orden basado en el dominio de su implícita escala de valores. En consecuencia, la *Res* debe ejercer su tiranía y su jerarquía sobre la *Verba* para exterminar las características propias de la última a través de una dinámica en la cual la materialidad del signo equivale al vestido y su concepto al cuerpo. Otras veces, esta relación se expresa otorgando el papel de la materia, de la carne, al significante en términos de Saussure, y el espíritu, lo inmaterial, al significado. En cualquiera de las dos metáforas los valores positivo y negativo quedan expresados implícitamente y son puestos en práctica por el lenguaje realista.

El Realismo propone un mundo en el que reina la presencia del objeto de forma independiente a la lengua, la que sirve de vehículo y de *médium* sin sustancia propia. El objetivo es que la cosa, el cuerpo, se perciba en todo su esplendor creando una relación porosa entre mundo y lengua que desmaterializa a la segunda. El lenguaje del Realismo y del Naturalismo está sujeto, de esta forma, a una doble presión: por una parte, debe desaparecer en cuanto el significado se apodera de él para seguir avanzando indefinidamente en un ciclo interminable; por otra parte, debe tener la humildad de permanecer oculto en un segundo plano, estar siempre diferido: es un lenguaje de usar y tirar. La palabra así concebida es un devenir absoluto hacia el horizonte de su significado consumido fugazmente y reemplazado por la palabra siguiente y la totalidad a la que se refieren. Su deslizamiento epistemológico se basa en su propia destrucción, en su inhumación, para que el objeto real pueda vivir en su totalizante gloria y esplendor. Igualmente, el lenguaje realista debe tener la misma existencia y la misma transparencia de un fantasma: cuanto menos se vea, cuanto menos se perciba, mejor para la realidad. Éste es siempre un lenguaje exorcizado de su propia materialidad y sacrificado ante el altar y los ídolos de las equivalencias y los intercambios de lo positivo. Ése es el precio de una significación aislada de su forma y de una *Verba* sojuzgada a la *Res*.

Este equilibrio retórico basado en una jerarquía desequilibrada comienza a resquebrajarse durante el siglo XIX y, precisamente a finales de esa centuria, coincidiendo con la agria polémica modernista, asistimos a un cambio de paradigma fundamental. En palabras de Foucault: "A partir du XIXe siècle, le langage se replie sur soi, acquiert son épaisseur propre, déploie une historie, des lois et une objectivité qui n'appartiennent qu'à lui" (309). Este cambio se efectúa a través de poéticas esencialistas, como la del Simbolismo, que logran una doble separación entre significante y significado produciendo un mundo alternativo –otro significado, el simbólico– que se construye sobre el anterior, pero que mantiene una relación latente, implícita y nunca abiertamente declarada. Ahora, en los textos, los objetos nombrados no remiten simplemente al referente, sino que representan otros conceptos, otras ideas que crean un superestrato de significación más allá del literal. Paralelamente la materialidad del lenguaje comienza a revalorizarse como uno de los componentes principales de la palabra y resulta indispensable ahora como instrumento adicional de significación y de evocación. Éste es un lenguaje cuya densidad se estratifica en múltiples niveles y que proyecta su verdad a través de su apariencia. No en vano, Art Berman, en *Preface to Modernism*, describe las características específicas del Modernismo utilizando la noción de trascendentalismo: "Modernism is, then, the aesthetics of a transcendental realism" (23). Este término recoge pues, por una parte, la herencia de la representación realista en cuanto a su atención al detalle, pero la trasciende ya que exaspera y agota el proceso mimético basado en la referencialidad y la transparencia del lenguaje. Por este motivo, la poética del Modernismo se define paradójicamente como la implícita reconciliación entre dos categorías en principio opuestas –lo trascendente y lo realista– sintetizadas en un todo que intenta superar dicotomías y oposiciones aparentes para ir más allá de ellas. La expresión de lo Ideal se plantea ahora no como la posibilidad de alcanzarlo y nombrarlo de modo efectivo, sino como un sondeo que se acerque a él.

Como consecuencias específicas y directas en la escritura modernista, tenemos que, por un lado, los elementos descriptivos van a ser siempre motivados y, por tanto, se deshacen tanto de la aparente casualidad realista como de su causalidad; y, por otro, tenemos que esta misma motivación implica en potencia una extraordinaria densidad expresiva que proyecta los signos de la escritura hacia el cenit de su significado privilegiando el nadir de su sonido. Ambas consecuencias apuntan a la desestabilización del horizonte del sistema mimético establecido por las jerarquías de la Retórica y, paralelamente, al cuestionamiento del proceso, hasta entonces unívoco, de aprehensión del texto y, en términos más generales, del mundo. Es decir, la textualidad modernista, de una forma u otra, va a tantear los límites de la representación, y paralelamente problematizará los vínculos entre el referente, el lenguaje y el sujeto, a base de un juego en el que la superabundancia de los elementos sensoriales resulta ser uno de los componentes clave en los colores que afectan un sistema clásico invertido y clausurado. Por esto, en el Modernismo se juega simultáneamente a acercar el sujeto, seduciéndolo a través de una saturación sensual que invita a clausurar el espacio entre lector/espectador y obra y, al mismo tiempo, a alejarlo porque esta misma vorágine amenaza con enredarlo en elementos de una gran condensación significativa.

Es aquí, también, donde las palabras de Horacio siguen resonando con toda su fuerza porque un cuadro impresionista o cubista provoca en el espectador el mismo tipo de reacción: para aprehenderlo el sujeto necesita alejarse física y mentalmente, pero, al mismo tiempo, la pincelada se ha transformado en un valor en sí mismo con volumen y densidad propias que exige la proximidad para ser apreciada (Schapiro 51). Este arte supera la cautivación horaciana al multiplicar los puntos de vista simultáneamente: la obra exige atención a la totalidad y a la fragmentación que la crea. Por este motivo el Impresionismo pictórico es, al mismo tiempo, el límite y la frontera entre una poética del Realismo y del Naturalismo y la apertura del camino hacia la abstracción. Por este motivo Galdós llega lógicamente a la exasperación del proyecto realista a través de la desaparición de la voz del narrador para experimentar con los puntos de vista en *La incógnita* y *Realidad* (1889) y, finalmente, hallar la novela dialogada en *El abuelo* (1897) y *Casandra* (1905). Así, y a pesar de que la técnica ya había sido previamente anticipada en el capítulo VI de la segunda parte de *La desheredada* (1881), es en estas obras donde Galdós acomete la fusión entre la concentración del drama y la extensión de la novela.

El cuestionamiento de las categorías miméticas de la Retórica no pasa en absoluto desapercibido para los contemporáneos a los primeros balbuceos modernistas porque redefine y replantea unos valores que se creían estables, ahistóricos e inmóviles, cuyo equilibrio dependía y a la vez se basaba en las relaciones mantenidas entre sujeto y objeto, lector y texto, observador y cuadro, espectador y obra, ser humano y mundo. La textualidad modernista, transformada en una red, proyecta cierto sentido de alienación ya que lo representado participa, de modo equívoco y contradictorio, tanto de lo cotidiano y ordinario, al utilizar un lenguaje reconocible, como de lo excepcional y extraordinario, al trascender la superficie de la realidad. Los testimonios que ilustran esta problemática pueden encontrarse en la recepción crítica contemporánea, ejemplificada para nosotros en los dos prólogos a *Azul...* que Rubén Darío coloca a la edición de 1890. En el texto de Darío y en su recepción se manifiestan las tensiones nacionalistas y estéticas que han quedado delimitadas en el capítulo anterior, al mismo tiempo que los elementos cromáticos, presentes ya desde el título del libro, son leídos como parte de una cadena significativa íntimamente relacionada con toda esta problemática artística que se ha descrito, pero que, significativamente, no fue leída sólo como una cuestión estética, sino como parte de una revolución ética e ideológica.

Cuando Rubén Darío da a la imprenta la primera edición de *Azul*... en 1888 la encabeza con un prólogo firmado por don Eduardo de la Barra, poeta, político y académico chileno bien conocido en el mundo literario hispanoamericano del momento. Tal y como recuerda Leonardo Eliz en el prólogo escrito para las *Rimas chilenas* (1890) del mismo don Eduardo, Darío le planteó esta colaboración al académico en los siguientes términos: "quiero que usted sea el padrino. Si la puede llevar a la pila, grande será su honra, *por venir del primero de los poetas que hoy tiene Chile*" (XLIV; énfasis en el original). Conducido de la mano de este prestado prestigio poético, Darío quiere entrar con *Azul*... en la tradición literaria hispanoamericana y en su mercado internacional. Dos años después, en 1890, el poeta nicaragüense publica la segunda edición del libro y aquí añade un nuevo prólogo que, de alguna manera, complementa al anterior y proyecta su obra a un ámbito todavía más amplio. Esta vez se trata de dos famosas cartas que Juan Valera, el célebre escritor y ensayista español, le había dirigido públicamente en su sección del *Heraldo de Madrid*. Como ya es sabido y se ha citado en el capítulo previo, en ellas Valera desmenuza la obra de Darío y realiza una serie de observaciones concretas acerca de los criterios estéticos que la han generado.

En 1905 aparece la edición que se viene considerando definitiva. Ésta, la penúltima que se hace en vida del autor y la que se toma como punto de referencia para todas las posteriores, contiene nuevos cambios. Entre ellos, curiosamente, está la exclusión del prólogo de don Eduardo, permaneciendo solamente el de Valera.[3] Hoy solamente se puede especular sobre los motivos que guían a Darío para forzar su desaparición, pero resulta muy significativa porque, aparte del objetivo propagandístico que persigue la inclusión de los dos prólogos en 1890 –presentando a un poeta desconocido a través de dos hombres y dos nombres bien situados y considerados dentro del mundo crítico-literario hispánico de fines del siglo XIX–, existen otros factores que dictan la presencia de ambos textos en la segunda edición.[4]

---

[3] Para los otros cambios introducidos en las sucesivas encarnaciones de *Azul*... véase la reseña que Julio Saavedra Molina y Edwin K. Mapes ponen a su edición crítica –la más completa hasta la fecha– incluida en *Obras escogidas de Rubén Darío publicadas en Chile* (117-56).

[4] Tal y como hemos expresado en "Presente y futuro del Modernismo hispánico" esta censura tuvo que ver con conflictos personales entre De la Barra y Darío, así como

Así, los dos prefacios a *Azul...* cortejan implícitamente, por una parte y como ya se ha avanzado, al público hispanoamericano representado por la voz de Eduardo de la Barra, y por el otro, al público peninsular representado por la de Juan Valera. El objetivo implícito del poeta nicaragüense, de este modo, parece ser alcanzar ambas geografías y ambas literaturas. En el caso hispanoamericano, además y a pesar de utilizar la misma lengua, la literatura llevaba gran parte del siglo XIX intentando fundarse, definirse y delimitarse para evitar problemas de influencias y, paralelamente, obtener una cierta categoría de independencia artística. De esta manera y desde la apertura de su prólogo dual en 1890, *Azul...* se sitúa a caballo entre los dos continentes quizá pretendiendo influenciarlos simultáneamente. En realidad Darío consige plenamente alcanzar su objetivo ya que resulta un lugar común aceptar que él es la figura central para entender la estética literaria tanto de Hispanoamérica como de España de parte del siglo XX (Jrade, *Modernismo* 66; Suárez Miramón, *El Modernismo* 203). Para confirmar esta importancia basta señalar que precisamente en abril de 1890 se data el primer "Palique" en el que *Clarín* zahiere a Darío desde las páginas de *Madrid Cómico*.[5]

Sin embargo, no es ésta la única conclusión que se puede extraer de la apertura de *Azul...* en cuanto a su relación con una determinada tradición literaria, sino que en el libro se precisa claramente una forma diferente de comprender cualitativamente la creación estética a partir de finales del siglo XIX. No solamente debido a la insoslayable deuda con la herencia literaria francesa decimonónica, la que por vez primera se ve asumida sin complejos, sino también como resultado de un proyecto de asimilación y síntesis de varios lenguajes poéticos. Por estos motivos, *Azul...* se ha considerado tradicionalmente, en primer lugar, como un heredero estético directo de nombres como Charles Baudelaire, Théophile Gautier, Stéphane Mallarmé, Arthur Rimbaud y Paul Verlaine; en segundo lugar, también ha sido visto como un modo diferente de escribir prosa en el ámbito hispánico, ya que la presencia de la poesía es cuantitativamente minoritaria.

La posición ambigua de *Azul...* respecto a su relación con una supuesta corriente pura hispánica es un tema que, en cierta manera,

---

se trató de un intento consciente por parte del último para alejarse de la etiqueta de decadente. Para la bibliografía sobre *Azul...* véase dicho artículo.

[5] Véanse las páginas 293, 392, 647, 657 y 683 de *Paliques*.

preocupa a los dos prologuistas ya que tanto el uno como el otro tienen la necesidad de manifestarse respecto a la influencia gala en la colección de poemas y prosas de Darío. De este modo, tanto Eduardo de la Barra como Juan Valera necesitan explicitar y citar la fuente de la que mana el título del libro con el propósito de dejar clara su originalidad. Así, ambos, aunque parece que Valera cita a don Eduardo, incluyen en sus textos la máxima "*L'art c'est l'azur*" y se la atribuyen a Victor Hugo.[6] Dicha expresión, la que se encuentra en la monografía que el autor de *Les Miserables* dedica a William Shakespeare en 1864 (426), es utilizada por el primero como epígrafe de su presentación, mientras el segundo la nombra en los primeros párrafos de su carta. Además, si bien los dos escritores tratan el libro de Darío de manera diferente, coinciden en manifestar cierta incomodidad con la predicación huguesca por diferentes motivos. Así, Valera afirma:

> Sea, no obstante, el arte azul, o del color que quiera. Como sea bueno, el color es lo que menos importa. Lo que a mí me dio mala espina fue el ser la frase de Víctor Hugo, y el que usted hubiese dado por título a su libro la palabra fundamental de la frase. "¿Si será este" me dije "uno de tantos y tantos como por todas partes, y sobre todo en Portugal y en la América española han sido inficionados por Víctor Hugo?" [...] En resolución: yo sospeché que era usted un Víctor Huguito, y estuve más de una semana sin leer el libro de usted. (Darío, *Obras escogidas* 196-97)

Las palabras de Valera evidencian, en primer lugar, los prejuicios del crítico respecto a la influencia francesa que, según su significativa

[6] Curiosamente, esta fuente mencionada tanto por Eduardo de la Barra como por Juan Valera, según Darío, le era desconocida en 1888, tal y como lo afirmará en 1909 al escribir *Historia de mis libros*: "¿Por qué este título, *Azul*? No conocía aún la frase huguesca 'L'Art c'est l'azur'" (*Obras completas* 1: 197). Podría tratarse solamente de una cuestión de fuentes indirectas, si no fuera porque Darío se contradice ya que él mismo había dicho en la edición de *Azul*... de 1890: "Esta frase de Víctor Hugo que sirve de epígrafe al prólogo de don Eduardo de la Barra, explica el porqué del título de la obra. Evocado por la palabra *azul*, surge del fondo de nuestro ser 'lo ideal, lo etéreo, lo infinito, la serenidad del cielo sin nubes, la luz difusa, la amplitud vaga y sin límites, donde nacen, viven, brillan y se mueven los astros.' Palabras de Valera. Y dice el primero de los poetas: *L'art, c'est l'azur*" (Darío, *Obras escogidas* 377). Lo que manifiesta esta fluctuación es, precisamente, la relación que el escritor mantenía con sus fuentes una vez que su prestigio se había establecido al autonombrarse creador del movimiento modernista tal y como lo manifestaba el prólogo a *Prosas Profanas* en 1898.

metáfora, infecta o contagia a los escritores lusos y hispanoamericanos. En un lugar a salvo de la enfermedad gala sitúa la sacrosanta tradición del reino de España, la cual parece quedar al margen de todo tipo de influencia gala o, por lo menos, en un grado mucho menor.[7] Esto es significativo desde el momento en el que la imitación y la duplicación de modelos es interpretada como una degradación del original. Así, Valera vislumbra un camino que el Modernismo irá ampliando sucesivamente a través de la referencia metaartística y a través de técnicas como, la cita, el *cliché* o el *collage*.

En segundo lugar, estos prejuicios culturales y artísticos han provocado que Valera haya retrasado la lectura del libro que Rubén le ha remitido para su consideración. Y tercero, el propio Valera se contradice cuando afirma que "el color es lo que menos importa" para momentos después señalar "me dio mala espina [...] que usted hubiese dado por título a su libro la palabra fundamental de la frase" (Darío, *Obras escogidas* 196-97). Paradójicamente, el color carece de importancia, pero, al mismo tiempo, ha traído intertextualmente el recuerdo de Hugo, los prejuicios de la voz crítica respecto a Europa y respecto a América, trazando una poética artística que no aspira a camuflarse, mimetizarse o fundirse con la realidad, sino que se ha convertido en una distorsión metarreflexiva y en una crisis de la *imitatio.* Esa palabra, "azul", se ha transformado de esta forma en un valor crítico, solitario y radical en su poder de evocación y en su capacidad para conjurar toda una red significativa que trasciende un valor simbólico de carácter unívoco. Más que un elemento paratextual es una matriz engendradora de relaciones, un magma en constante proceso de producir una significación, un generador de asociaciones y un catalizador de sugerencias e insinuaciones.

---

[7] La imitación de otros modelos es lo que llevará a *Clarín* a criticar la creación estética del poeta nicaragüense en un artículo publicado en *El Globo* el 26 de diciembre de 1893: "esas quisicosas que a Rueda y a otros les parecen lindezas artísticas, novedades y gracias poéticas, en D. Rubén, no son más que amaneramientos que muchas veces degeneran en notorios disparates, prueba evidente de la falta más absoluta de verdadero talento original y de gusto estético. El Sr. Darío pertenece a ciertas pléyades de escritores nuevos americanos que imitan a los *modernistas* de París, del modo más servil, desmañado y... valga la verdad, cómico que cabe imaginar" (*Paliques* 392; énfasis en el original).

La voz del crítico español, sin embargo, no solamente encuentra embarazosa la influencia de Hugo, y las repercusiones de esta, la invocación de ese ya terrible color, sino que se rebela también contra la significación de la máxima "El arte es lo azul".[8] Por este motivo, al mismo tiempo que le saca importancia al color del título a través de un comentario explícito, le dedica un espacio considerable a una explicación que intenta ser, simultáneamente, una justificación de sus propios apriorismos:

> Víctor Hugo dice: *L'art c'est l'azur*; pero yo ni me conformo ni me resigno con que tal dicho sea muy profundo y hermoso. Para mí, tanto vale decir que el arte es lo azul, como decir que es lo verde, lo amarillo o lo rojo. ¿Por qué, en este caso, lo azul (aunque en francés no sea *bleu*, sino *azur*, que es más poético) ha de ser cifra, símbolo y superior predicamento que abarque lo ideal, lo etéreo, lo infinito, la serenidad del cielo sin nubes, la luz difusa, la amplitud vaga y sin límites, donde nacen, viven, brillan y se mueven los astros? Pero aunque todo esto y más surja del fondo de nuestro ser y aparezca a los ojos del espíritu, evocado por la palabra *azul*, ¿qué novedad hay en decir que el arte es todo esto? Lo mismo es decir que el arte es imitación de la naturaleza, como la definió Aristóteles: la percepción de todo lo existente y de todo lo posible, y su reaparición o representación por el hombre en signos, letras, sonidos, colores o líneas. En suma, yo, por más vueltas que le doy, no veo en eso de que *arte* es *lo azul* sino una frase enfática y vacía. (Darío, *Obras escogidas* 195-96)

Al enfrentarse a un dicho en teoría muy profundo con una actitud plenamente positivista, Valera manifiesta que no encuentra ninguna razón por la que se deba aceptar sin más y, sobre todo, sin cuestionarse. Para él el todo y la nada se unen a través de un efecto cromático: decir "azul" es decirlo todo, y decirlo todo es no decir nada. Toda la significación asociada con el color se convierte en un síntoma de total arbitrariedad en el que se valoran más los procedimientos connotativos que la expresión denotativa. Del mismo modo, calificar el arte como un color es vaciarlos a ambos de significado, es transformarlos en algo superfluo, o sea, es dejarlos sin contenido: superficie sobre el lienzo o texto sin

[8] Con el objeto de abundar sobre la significación del color azul en la obra de Rubén Darío consúltese el artículo de Raúl Silva Castro ("El ciclo"). Para el uso del azul desde una perspectiva más amplia que afecta a todo el Modernismo y, principalmente, a Martí véanse los artículos de Ivan Schulman, "Génesis del azul modernista", y de Juan Carlos Rodríguez, "¿Es azul el color de *Azul*?".

densidad significativa. La única conclusión a la que puede llegar produce un laberinto circular al que se da vueltas sin principio ni final provocando la experiencia del vacío y del vértigo. A pesar de su tono confrontador y ambivalente, Valera acierta al asomarse al abismo conceptual y a las fuerzas que la escritura modernista revela. ¡Cuán lejos y a la vez cuán cerca esa epistemología de la negatividad respecto a la consigna vital y trascendente que Alejandro Sawa expresa en su obra póstuma, *Iluminaciones en la sombra* (1910)!:

> es sabido que todas las lejanías soberanamente son azules: la montaña, el mar, el cielo... En mis lutos, yo me plazco viviendo en lo azul, y en él me envuelvo, y de él me lleno y me embriago, y no se me aparece la muerte fea si el sudario que como una atmósfera invisible ha de cubrir mi cuerpo es azul, azul como la montaña y el mar y el cielo, azul como todas las lejanías hermosas de la vida. (161-62)

No solamente el color le permite fundirse con el infinito, llenarse de vacío y volcarse en la lejanía y la plenitud de un piélago, sino que le posibilita una embriaguez de los sentidos que depura y atenúa la presión de lo real. A pesar de que el signo que ambos utilizan es el mismo, en el contraste entre Valera y Sawa se puede percibir una rotura básica que radicaliza la vivencia interior a la que remite la sensación cromática. Así, cuando Valera señala que le molesta la influencia francesa puesto que llega a concebirla en términos de corrupción orgánica y enfermedad; que le molesta la indefinición y la amplitud propias de la predicación huguesca; que le molesta, en definitiva, que decir "el arte es lo azul" se construya como una definición *a priori*, como una tautología que no necesita de otro fundamento a no ser su propia existencia autónoma y ajena a toda causalidad o racionalidad, en realidad está trazando una línea que separa dos modos de vivir y de experimentar el mundo: uno, el suyo, se basa en la precisión y en la contundencia del significado; el otro, el de Darío y Sawa se basa en la imprecisión y en la sugerencia de la evocación.

El aspecto más importante de toda esta discusión y que debe enfatizarse es que el significado del color en el título del libro, según el propio Valera, es un epítome del libro mismo ya que líneas más abajo afirma: "Si se me preguntase qué enseña su libro de usted y de qué trata, respondería yo sin vacilar: no enseña nada, y trata de nada y de todo" (83). Exactamente lo mismo que el inoportuno pigmento que encabeza el libro. Consecuentemente, tanto la significación del título, ese escurridizo color, como el contenido mismo de éste son igualmente etéreos. Tanto el azul como *Azul*... son categorías idénticas: enfáticas, autorreferenciales, vagas y vacías de contenido, puro entretenimiento trivial y frivolidad lúdica.

Por otro lado, resulta significativo que la equivalencia existente entre color y libro conste de otro elemento: el arte. Para Valera o De la Barra, y puede especularse que para otros lectores contemporáneos, decir azul equivale a decir arte en la poética huguiana, puesto que, como el mismo Darío admite en *Historia de mis libros*, "el azul era para mí el color del ensueño, el color del arte" (*Obras completas* 1: 197). Esta identidad es usada por el poeta nicaragüense de una manera consciente desde el índice paratextual del título y no hace sino apoyar el contenido netamente metaartístico que puebla las páginas de una obra en la que las desdichas de la creación artística son provocadas por un mundo donde los valores ideales han dejado de existir.[9]

A diferencia de Valera, el prologuista de la edición de 1888 no escribe una carta sino que usa la convención de un diálogo en el que su voz alecciona, amonesta y conversa con un grupo de señoritas a quienes presenta la obra. Resulta digna de comentario la construcción de este prólogo a causa del entrelazamiento entre lectura, ideología y proyección que supone el imaginarse a unas jóvenes como lectoras implícitas. Segregados y al margen permanecen los lectores, masculinos, que se acerquen al libro. En la práctica, don Eduardo está diciendo que la colección de poemas y prosas de Darío va dirigida exclusiva o principalmente a un público femenino. Siguiendo su retórica y su razonamiento, es un "libro de tocador" y, por lo tanto, no es algo serio, sino un simple

---

[9] En este sentido la homogeneidad artística y temática de *Azul*... es consecuente con su propia filosofía, excepto en un ejemplo notorio y sobresaliente: el cuento "El fardo". Este ejemplo es significativo por la disonancia estética que propone entre una trágica narración naturalista y las descripciones estetizantes del Modernismo. Como admite el propio Darío, "Acababa de conocer algunas obras de Zola, y el reflejo fue inmediato; mas no correspondiendo tal modo a mi temperamento ni a mi fantasía, no volví a incurrir en tales desvíos" (1: 199). Este insatisfactorio intento de hibridación es significativo en cuanto revela en la práctica la incongruencia entre la escritura del Modernismo y la del Realismo y el Naturalismo.

ejercicio de intrascendencia y banalidad, aunque, precisamente a causa de esta trivialidad, su proyecto puede resultar más peligroso.[10]

Otra vez asoma el problema didáctico en las críticas dirigidas a *Azul...*, pero ahora éste se mezcla con cuestiones de género sexual: es necesario adoctrinar a las lectoras del libro para que se comprenda rectamente su contenido y para que sea posible neutralizar sus perniciosas consecuencias. Existen muchos puntos de conexión entre la descripción o presentación que el académico realiza y una supuesta estética caracterizada tradicionalmente como "femenina" pero, en este momento, es necesario enfatizar que, para el poeta chileno, el público por excelencia del libro de Darío necesita ser instruido, simultáneamente, en cuestiones éticas y estéticas: los dos propósitos se conceptualizan a la par. Así, dice:

> El poeta tiene su flaco: esmalta y enflora demasiado sus bellísimos conceptos, abusa del colorete, del polvo de oro, de las perlas irisadas, de los abejeos azules [...] y sin necesidad; mientras más sobrio de luces y de colores, más natural es y más encantador [...] La elegancia no consiste en el exceso de adornos, ni en la profusión de alhajas. (*Obras escogidas* 165)

En estas palabras, se hace patente el motivo por el cual Eduardo de la Barra se ha imaginado como mujeres a los lectores implícitos idóneos para *Azul...* Desde su punto de vista, el libro de Rubén Darío es análogo a un estuche de maquillaje y a un joyero. Incluso, desplazando metonímicamente el cuerpo de la escritura, al cuerpo del poeta, produce una fusión entre ambos. Los dos presentan puntos de conexión con esa estética aquí descrita y marcada por una serie de rasgos y elementos asocia-

---

[10] Probablemente De la Barra se imagina a los lectores idóneos de *Azul...* como mujeres porque en un artículo publicado en *El Heraldo* de Valparaíso el 11 de febrero de 1888 en el que se abre la colaboración de Darío bajo el título de "La Semana", éste explica que "Vi que existe entre nosotros un mundo aparte, para el cual todo oro y sueño son pocos: el mundo de las mujeres. Escribiré –me dije– para tales lectoras" (Darío, *Obras desconocidas* 112). A pesar de que los cuentos, cuadros y poemas de *Azul...* no se publican en *El Heraldo*, sino en periódicos de Santiago de Chile como *La Época*, *Revista de Artes y Letras* y *La libertad electoral*, la cronología coincide ya que los textos que se recopilan en el libro aparecen entre 1886 y 1888. José María Martínez ha trazado un acercamiento a la importancia del público femenino en el desarrollo del Modernismo en "El público femenino del modernismo: la recepción imitativa y crítica de sus lectoras especializadas".

dos a la categoría de "lo femenino". Tanto las señoritas, como el poeta y su libro corren el riesgo de abusar del colorete y, por lo tanto, hacerse vanos, artificiales y superfluos. El posible carácter pernicioso y amoral de esta escritura tiene que ver con varias metonimias que giran alrededor de la posibilidad de la inversión retórica que ya se ha mencionado. Al hacer predominar la forma sobre el fondo, se provocan cadenas metonímicas complementarias que, en lo genérico, colocan a lo femenino sobre lo masculino y que, en lo epistemológico, hacen predominar lo ficticio sobre lo real. El antídoto para este desorden sería, claro, la mesura y la elegancia basadas en la naturalidad y, sobre todo, en el ideal de la transparencia. Así se explica que los hombres no sean unos destinatarios factibles del prólogo en la cosmovisión implícita: ellos no necesitan ser aleccionados respecto al abuso del maquillaje, a no ser que les guste hacerlo y, entonces, la discusión se desplazaría, todavía más si cabe, al terreno de la identidad sexual. Nadie como el pobre Oscar Wilde podría atestiguar de un modo más fehaciente las consecuencias de la sistemática aplicación de esta retórica.[11]

Lo principal de la caracterización es tanto la presencia implícita del mencionado encadenamiento tropológico, como el subsiguiente juicio de valor que crea. En éste los valores cromáticos son el detonante del deslizamiento metonímico y, en cuanto afeite retórico, ocupan, a su vez, su nocivo centro. El campo semántico asociado a la presencia de lo cosmético es malo de por sí: es una actividad típica de malas mujeres que corrompen el orden retórico y social de la burguesía, y se presenta asociada a la insinceridad y a la prostitución.[12] Este deslizamiento figurativo casi imperceptible que, partiendo del color, pasa por la superficie, el ornamento y lo femenino para llegar a lo artificial, nutre la mayor parte del discurso de los exégetas del Modernismo, incluso hasta nuestros días, y por esto es necesario explicitarlo y del mismo modo confrontarlo activamente. Lo que también demuestra el prólogo de don Eduardo es que existe una tierra de nadie en la que lo moral se cruza con lo estético confirmando aquellas famosas palabras de Roland Barthes:

---

[11] Sobre Oscar Wilde y la recepción modernista, véase el ensayo de Silvia Molloy, "Too Wilde for Comfort: Desire and Ideology in Fin-de-Siecle Spanish America".

[12] Resulta inevitable mencionar el ensayo "Le peintre de la vie moderne" de Baudelaire en donde todos estos elementos –maquillaje, prostitución, preciosismo– son elevados a la categoría de elementos fundamentales del arte moderno.

"*Viril/non-viril*: ce couple célèbre [...] règne sur toute la Doxa" (4: 707). No sólo demuestra de modo evidente que dicha oposición cubre la totalidad de las opiniones públicas, sino que comparte con el prólogo de Valera el hecho de que el color azul manifiesta y representa una problemática de representación ética y estética puesto que, en lugar de seguir la ortodoxia retórica, propone un nuevo régimen basado en la heterodoxia. Así, parece que *Azul...*, en cuanto color, título del libro, símbolo, testigo de una filiación gala, afeite o cosmética, de alguna manera, evidencia esta incertidumbre de un modo tal que para ambos prologuistas es imposible obviarla.

No se puede infravalorar ninguno de los términos con los que se está jugando en los prólogos a la primera obra de Darío, en el legitimado desde 1890 y en el ilegitimado en 1905, ya que en la base de la discusión yace la oposición que nutre todo discurso sobre el Arte: el enfrentamiento entre lo natural y lo artificial, entre lo orgánico y lo inorgánico y entre la supuesta inocencia de lo imitativo y la conciencia culpable de la autorrepresentación. Como ya ha quedado dicho páginas más atrás, la poética basada en la mímesis, y, por lo tanto, en la naturalidad del discurso entra en crisis en los últimos decenios del siglo XIX. Consecuentemente, la nueva actividad artística es vista como un cuestionamiento de los elementos básicos que formaban las categorías de arte, discurso e, implícitamente, sujeto. Esta revisión es contemplada con ojos suspicaces porque el Modernismo evidencia que existen maneras o modos de escribir que cuestionan el *status quo*, pero no a través de una ideología externa a la ficción o ejemplificada por ésta temáticamente, sino a través de su propia actividad, en cierta manera a través de su forma.[13] Una forma

[13] No es la primera vez que en la historia de la literatura hispana se produce una discusión similar como ya hemos previamente observado y expandido en la nota 1 de este capítulo. Sirvan como reiteración las palabras de *Clarín*: "El Sr. Darío, no carece de imaginación; pero un mal dirigido prurito de originalidad y novedad... relativa, le llevó al más absurdo culteranismo de imitación servil y trasnochada" (*Paliques* 392). No resultan gratuitas las constantes comparaciones entre el Modernismo y el gongorismo porque la discusión moral utilizó términos similares en el siglo XVII. Véase al respecto al artículo de Paul Julian Smith "Barthes, Góngora, and Nonsense". A pesar de que Darío se inspira en el poeta cordobés para escribir su "Trébol" de sonetos endecasílabos y alejandrinos en 1899 y luego los incluye en *Cantos de vida y esperanza* (5: 904-06), ya hemos mencionado que Dámaso Alonso considera que los versos de la aportación dariana

que ya no es un simple vehículo y que tampoco es exclusivamente un factor externo, sino que se ha interiorizado a través de un giro como el de la cinta de Möbius. A partir de ahora ya no se podrá hablar artísticamente de una estricta desmembración que separe lo intrínseco de lo extrínseco, sino que los dos son eco mutuo. El texto y el lienzo se han transformado no en una superficie, sino en una membrana porosa que permite todo tipo de hibridaciones. Lo que el Modernismo pone en práctica es, en cambio, una estética que está en constante autoconstrucción y que, en sí misma, pone en evidencia su propia artificialidad haciendo que la materia lingüística se espese y adquiera el mismo rango, sino uno superior, al contenido. Las consecuencias de este cambio son múltiples y de complicada síntesis, pero quizá la más importante proviene de que la asunción previa de la naturalidad del discurso ha desaparecido.

Significativamente, esta problematización repercute de un modo inevitable en la configuración de unos valores éticos y morales, cuya perturbación empieza por ser retórica, pero se traslada desde la escritura y termina alcanzando a los primeros escritores que la ponen en práctica. Esto le pasa a Darío y le pasa también a Valle-Inclán. La atención que los dos prólogos ponen sobre los elementos cromáticos de *Azul*... no es una simple casualidad, ya que reflexiones de índole similar aparecen en muchos otros testimonios en los que también se ha desatado el mismo tipo de cadenas tropológicas que comienzan hablando de arte y cromatismo para terminar deslizándose, con mayor o menor imperceptibilidad, hacia el terreno de la valoración moral. Un ejemplo nos lo puede ofrecer, una vez más, Pedro Salinas, quien en 1938 echando la vista atrás y considerando la creación poética a principios de siglo se ve obligado a comentar el tema de la cosmética. Así, hablando de Antonio Machado y el poema "Retrato" que abre *Campos de Castilla* (1912;1917) dice en referencia a los versos del poeta andaluz que leen "Mas no amo los afeites de la actual cosmética / Ni soy un ave de esas del nuevo gay trinar" (136):[14]

---

valen poco" (558). Sobre Góngora y Darío el alemán Helmut Petriconi publica un artículo precisamente en 1927.

[14] Sobre la relación entre Machado y el Modernismo véase el artículo de Geoffrey Ribbans. Otro ejemplo similar al cambio de estética que se atribuye a Machado podría ser el poema "Vino, primero, pura" de Juan Ramón Jiménez (*Pájinas escojidas* 143), poema que, significativamente, comparte el mismo tipo de imaginería.

> Ninguna otra "moderna estética" imperaba en España cuando escribió estos versos sino el modernismo. No había más cosmética ni más afeites que los que por aquel entonces empleaban pródigamente los poetas modernistas. Y en cuanto a la expresión "el nuevo gay trinar", no cabe duda de que el modernismo era el único estilo nuevo que se alzaba en el horizonte literario. Machado señala claramente con estas palabras su apartamiento de la poesía del instante. Y es de notar cómo por detrás de los vocablos que emplea Machado para designar la moda ambiente, "afeites", "cosmética", "gay trinar", vibra un matiz calificativo levemente desdeñoso. El esteticismo modernista se le representa al austero y viril poeta andaluz-castellano como cosa de tocador, o como inconsecuente trino de pájaro. (3: 213-14)

Resulta muy difícil distinguir aquí entre una teoría clásica del decoro poético y una praxis del decoro social. Igualmente es complicado diferenciar la proyección del temperamento de Salinas y lo que sería una apreciación más crítica, pero lo que sí resulta evidente es que la oposición entre el viril Machado –la sexualidad textual del poeta se merece un estudio a juzgar por la cantidad de voces críticas que se han manifestado o la han caracterizado como una voz "viril"– y el afeminamiento es uno de los temas centrales en la exégesis del Modernismo sobre todo al contraponerlo al noventaiochismo.[15]

Otro ejemplo de este mismo tipo de reacción, esta vez procedente de Hispanoamérica, puede verse en Rufino Blanco Fombona, el que en 1929 respecto al tema del colorete en la creación de Rubén observaba:

> el rubendarismo consiste en la más alquitarada gracia verbal, en un burbujeo de espumas líricas, en un amoralismo intranscendente, en un frívolo sonreír de labios pintados, en una superficialidad cínica y luminosa, con algo de exótico, preciosista, afectado, insincero.
>
> El rostro de esa musa no es franco, ni atrayente [...] Su cara es la carita flacucha y pálida de las chiquillas viciosas [...]; una carita cubierta de lunares de artificio, de innúmeros trasnochos y de lascivia de alquiler. (32-33)

Es de este modo que el texto se funde con la piel y con la carne, no solamente de la prostituta, sino también de la escritura. De esta forma, estilo, ética, moral, cromatismo, preciosismo y lo superfluo son categorí-

---

[15] De hecho Guillermo Díaz-Plaja dedica un desafortunado apartado de su *Modernismo frente a noventa y ocho* a glosar el afeminamiento modernista frente a la virilidad de la generación del 98.

as que reaparecen una y otra vez asociadas al arte del Modernismo, sobre todo durante sus primeros experimentos. En otro ejemplo hallado en Julio Cejador y Frauca leemos "El modernismo es una literatura decadente que vino de la Francia decadente en costumbres, positivista y afeminada. La falta de nervio viril y de alteza de sentimientos en las costumbres no puede menos de reflejarse en la literatura" (10: 19). Aunque resulta desconcertante su mezcla de positivismo y afeminamiento, los valores retóricos permanecen inalterables en relación a los extremos de dichos desarrollos metonímicos. En una línea similar esta escritura hace a *Fray Candil* concluir que "el modernista [...] suele ser un degenerado o un histérico (y hasta sodomita a menudo)" (*Muecas* 129). Evidentemente los intertextos de la psicología literaria positivista de Cesare Lombroso, Max Nordau y Pompeyo Gener, entre otros, están implícitos en dicha valoración. Más explícita e irónicamente cita *Clarín* su fuente al hablar de estos "grafómanos" patológicos: "La cuestión, dice el mismo autor [Lombroso] (al cual estoy fusilando, como ustedes habrán observado ya, ni más ni menos que fusilan a otros naturalistas y médicos algunos amigos míos, que lo hacen, pero no lo dicen); la cuestión tiene hoy grande importancia, no sólo clínica y literaria, sino también política y social" (*Nueva* 96).[16] El reconocimiento explícito de que nos encontramos ante un discurso manifiestamente híbrido en el que se confunden patología, literatura, política y sociedad, hace evidente la multiplicidad de áreas que se ven afectadas tanto por el arte modernista, como por los deslizamientos y contagios de la metonimia cromática.

Así visto, lo que el Modernismo evidencia en el mundo hispano es que la sociedad contemporánea, controlada por la interdependencia y la complicidad entre valores artísticos, retóricos, económicos y burgueses, se divide en dos facciones enfrentadas no a causa de que la nueva propuesta artística sea inaceptable en términos estrictamente estéticos, sino a causa de que su práctica es indeseable en un sentido profunda-

---

[16] Aparte de los volúmenes monográficos de Gener, Mir, Deleito y Silva Uzcátegui, y de los artículos de *Clarín* y *Fray Candil*, un repaso a los testimonios críticos que Julio Cejador y Frauca recoge en las páginas 16-69 del Tomo X de *Historia de la lengua y literatura castellana*, no hace sino reiterar las críticas y valoraciones realizadas en las citas transcritas. Como se ha visto las categorías de Modernismo, Simbolismo y Decadentismo se utilizan durante estos años como sinónimos. Para esta cuestión véase el libro de Begoña Sáez Martínez, *Las sombras del modernismo: una aproximación al Decadentismo en España*.

mente moral. En breve, la escritura del Modernismo es indecorosa tanto retórica como socialmente por definición y el abuso del color, del adorno, o del colorete es interpretado como la manifestación evidente de la ausencia de una dimensión ética que ataca e invierte las polaridades, las divisiones y el orden sobre los que se construye el tejido social. Esta caracterización del Modernismo es algo que trasciende a los escritores como individuos y a su propio estilo. Es, prácticamente, una marca que los identifica, los aglutina, los margina y los expulsa de la burguesa república de las letras.

Llegados a este punto conviene diferenciar tres términos que hemos venido utilizando: la lengua, el estilo y la escritura. En *Le degré zéro de l'ecriture* (1953) Roland Barthes ha descrito las relaciones entre ellos para intentar explicar la compleja recepción del discurso literario. Desde su punto de vista, la primera alude a la dimensión comunicativa, o social, del lenguaje, mientras que el segundo se refiere al uso particular que cada escritor realiza de la lengua. De este modo, la diferencia entre ambos conceptos se propone a través del disímil alcance que manifiestan. El concepto de lengua enfatiza el nivel social compartido en el que se desarrolla la comunicación literaria propiamente dicha: el español y todo su sistema gramatical. Por su parte, el estilo refleja las características de un texto que lo relacionan directamente con su autor y con su idiosincrasia personal. Es decir, aparece reflejado en aquellos elementos que enfatizan la dimensión individual del emisor del texto y que, por lo tanto, lo distinguen de otros estilos y autores diferentes. Tanto el estilo como la lengua vinculan, entonces, el acto de creación literaria con un momento cronológico dado a través de la vertiente histórico-social de la lengua y la existencia cronológico-individual del autor.

Vistas en estos términos, las críticas vertidas hacia el Modernismo hispánico no son una simple cuestión de lenguaje ni una de estilo puesto que el uso y el abuso del color o el preciosismo no son características específicas de la obra de Darío –ya se ha visto en la introducción que algunos críticos conciben parte de la obra dariana como preciosista y parte como comprometida–. Tampoco es una cuestión de lengua o vocabulario. Se trata de otro problema.

Significativamente, al mismo tiempo que Barthes caracteriza la lengua y el estilo en estos términos, postula la existencia de otro concepto que media entre los anteriores: la escritura. Su importancia reside en que "Placée au cœur de la problématique littéraire, qui ne commence qu'avec elle, l'écriture est donc essentiellement la morale de la forme, c'est la choix de l'aire sociale au sein de laquelle l'écrivain décide de situer la Nature de son langage" (1: 180). La escritura, así definida, postula un puente entre lo individual –el estilo– y lo social –la lengua– constituido por elementos que permiten identificar un propósito moral a través de la práctica y el ejercicio formal. O sea, la escritura aparece concebida como un repertorio de características compartidas por un grupo de textos que permiten relacionarlos con un conjunto de normas morales, políticas y sociales determinadas o alienarlos de ellas. En palabras de Michael Moriarty, "The choice of an *écriture* is an adherence to a whole set of ethical and political values: it is the point of contact between the writer, endowed or burdened with a personal style, and society, with its collective medium of language" (32).[17] Si se conceptualiza nuestro acercamiento al Modernismo a través de esta perspectiva no es difícil comprender el rechazo inicial que nutre la recepción de éste ya que los contemporáneos leen su textualidad como una agresión directa a todas las instituciones sociales realizada a través de la puesta en práctica de su escritura.[18] En breve, la escritura modernista usa, como hemos visto,

---

[17] Para posibles acercamientos a las diferencias que Barthes establece, consúltense Jonathan Culler (*Structuralist* 131-6 y *Roland* 28-31), George Wasserman (25-26), Philip Thody (6-14), Steven Ungar (6-14), Patrizia Lombardo (3-20), Michael Moriarty (32-35), Ángeles Sirvent (67-108), Rick Rylance (9-19) y Julia Kristeva (*The Sense* 192-205).

[18] En la obra de Barthes las relaciones entre estos tres términos no permanecieron estables a lo largo de su carrera. A principios de los años 70, casi veinte años después de haber publicado *Le degré zéro de l'écriture* (1953), la cuestión de la escritura regresó sobre todo en varias entrevistas y ensayos como, por ejemplo, "*Le style et son image*" (3: 972-87), "*Digressions*" (3: 992-1003), "*Entretien*" (3: 1004-22), "*Réponses*" (3: 1023-44), "*De la parole à l'écriture*" (4: 537-41). Los principales problemas que veía con la noción establecida en 1953 tenían que ver con la relación entre la filigrana y la liberación de la comunicación (3: 997), con su historicidad (3: 1014-15) y con su separación entre el cuerpo que produce el estilo y el que produce la escritura (4: 540). De hecho, llega un momento en que la noción de estilo y la de escritura se redistribuyen del siguiente modo: "De l'écriture du *Degré zéro* à l'écriture telle que nous l'entendons aujourd'hui, in y a eu glissement de place et pour ainsi dire interversion de noms. Dans le *Degré zéro*, l'écriture est une notion plutôt sociologique, en tout cas socio-linguistique : c'est l'idiolecte d'une collectivité, d'un groupe intellectuel, un sociolecte, donc, intermédiaire, su l'échelle des communautés, entre la langue, système d'un sujet ; actuellement, j'appellerais plutôt cette écriture-là *écrivance* [...], car l'écriture (au sens actuel) en est précisé-

entre otros eslabones de la cadena metonímica elaborada por la crítica contemporánea, el cromatismo para cuestionar la validez de la oposición entre lo natural y lo artificial y, por consiguiente, altera el sistema epistemológico y las oposiciones que forman la base tanto de la Retórica como de la sociedad vigente.[19] Por esto se comprende que el texto modernista se transforme en una incómoda revelación para los valores burgueses que se habían metaforizado en una suerte de legalización metafísica y a los que se le había superpuesto un estrato de naturalidad del que extraían su estabilidad y su apariencia esencialista. Si algo obtiene el Modernismo es hacer patente la contingencia que se oculta bajo la presunta validez de este sistema. Así, frente a la unicidad estable y autocomplaciente de una estructura corporativa basada en la interdependencia entre un discurso tautológico y unos valores identitarios, se coloca el espejo que objetiva el despertar a su propia finitud: la relatividad de un espacio considerado, hasta entonces, absoluto, fijo y categórico. El Modernismo es a la Modernidad de la burguesía, lo que el retrato de Dorian Gray es al propio Dorian Gray: la conciencia objetivada de su

---

ment absente ; et l'écriture, dans la théorie nouvelle, occuperait plutôt la place de ce que j'appelais le style ; dans son sens traditionnel, le style renvoie à des matrices d'énoncés ; pur ma part, en 1947, j'avais essayé d'existentialiser, de 'charneliser' la notion ; aujourd'hui, on va beaucoup plus loin : l'écriture n'est pas un idiolecte personnel (comme l'était l'ancien style), c'est une énonciation (et non pas un énoncé) à travers laquelle le sujet joue sa division en se dispersant, en se jetant en écharpe sur la scène de la page blanche : notion qui doit peu, dès lors, à l'ancien 'style', main beaucoup, comme vous le savez, au double éclairage du matérialisme (par l'idée de productivité) et de la psychanalyse (par celle de sujet divisé)" (3: 1039-40). A pesar de este cambio teórico, en el que Barthes parece olvidar la cuestión ética y moral presente en la forma, mantendremos la distribución tripartita primaria, aunque nuestra argumentación podría desarrollarse igualmente alrededor de esa noción de estilo como enunciación en la que el sujeto se dispersa en la página blanca. Descartamos este uso por la principal razón de que nos introduciría en un análisis estrictamente materialista y sicoanalítico de la escritura.

[19] Tal y como Patrizia Lombardo ha señalado (3), la noción de técnica en Walter Benjamin presenta paralelismos con la de escritura barthesiana. Benjamin desarrolla este término en "The Author as Producer" (2.2: 768-82) donde afirma "the concept of technique provides the dialectical starting point from which the unfruitful antithesis of form and content can be surpassed" (2.2: 770). Desde su punto de vista y parafraseando su tesis, toda técnica literaria que rechaza la regresión y asume el progreso representa una tendencia política coherente e innovadora.

mendacidad. Desde este punto de vista puede entenderse que el uruguayo Víctor Pérez Petit, en *Los modernistas* (1903), se declare implícitamente agredido y discriminado por la actividad de estos escritores:

> Hay allá, en París, una colmena de exóticas abejas que producen una miel extraña y rara. En vez de libar el néctar de las rosas y jazmines, persiguen con ahínco los crisantemos amarillos como japonesitas enfermas, las orquídeas refinadas como hetairas lúbricas, las peonías imperiales, los claveles sensuales y las madarias elegantes como madrigales antiguos, y se envenenan con las substancias de laboratorio químico que las pintan y colorean. Las exóticas abejas se vuelven locas con estas borracheras de colores, y su miel parece enfermiza y extraña. Y nosotros, los profanos, los burgueses, los que sólo nos deleitamos con la Imaginación vulgar [...] nos sentimos horrorizados, y la agriedad de la miel nos sabe a veneno... (2: 234)[20]

Esta actitud del crítico, envenenado por la ebriedad química y cromática de los textos, alienado y sin posibilidad de conectar ni ética ni estéticamente con la obra, es una reacción común frente al texto modernista sobre todo en las décadas que ven su consolidación en el contexto hispánico y así aparece en las críticas de, entre otros, *Clarín*, *Fray Candil*, Emilio Ferrari y Juan Mir y Noguera entre la última década del siglo XIX y la primera del XX, aunque en los casos de José Deleito y Piñuela o en el de Rafael Domingo Silva Uzcátegui todavía se está utilizando dicha retórica en la tercera década del siglo XX.[21] Como ya se ha dicho, la conformación del noventaiochismo clásico y de ciertas interpretaciones del Modernismo no hace sino continuar dicha línea argumentativa.

---

[20] La edición que manejamos del libro está publicada en 1963 en Montevideo. Como dice el prologuista, Nicolás Fusco Sansone, hay dos ediciones de la obra (1: XI). La primera se hace en 1903 y la segunda en 1943. En la segunda se elimina el ensayo titulado "Rubén Darío" de donde extraemos las palabras transcritas. Por lo tanto, dicha cita recoge, todavía, el punto de vista contemporáneo a 1903.

[21] El libro de Deleito y Piñuela, tal y como él mismo explica en el prólogo, se basa en un opúsculo anterior, más breve, aparecido en 1910. La obra, de 1922, promete un volumen dedicado a las letras españolas, portuguesas e hispanoamericanas, pero no hemos logrado localizarlo. Para profundizar sobre las figuras principales del antimodernismo, consúltense los artículos de José María Martínez Cachero y Patricia McDermott. Los libros de Iris Zavala (*Fin de siglo*) y, sobre todo, los de Ignacio Zuleta y de Begoña Sáez contienen información imprescindible.

En el extremo opuesto, no se puede decir que la actitud de los escritores modernistas sea inocente y que no se trate de un esfuerzo plenamente consciente de atentar contra una moral de clase burguesa –recuérdense al respecto cuentos como "El rey burgués" de Darío–. La escritura modernista, y su inutilidad preciosista, se concibe en todo momento como una actividad subversiva que conduce a que Darío, en una carta del 28 de noviembre de 1899 recopilada luego en *España contemporánea*, diga:

> El formalismo tradicional por una parte, la concepción de una moral y de una estética especiales por otra, han arraigado el españolismo [...] Esto impide la influencia de todo soplo cosmopolita, como asimismo la expansión individual, la libertad, digámoslo con la palabra consagrada, el anarquismo en el arte, base de lo que constituye la evolución moderna o modernista.[22] (3: 300-01)

La idea que presenta Darío sobre el poder subversivo de la escritura modernista puede documentarse en otros autores contemporáneos a él. En el caso de Valle-Inclán, años más tarde, puede verse este aprecio por una estética basada en la resistencia a admitir estructuras de pensamiento vigentes, por ejemplo, en uno de los poemas contenidos en *La pipa de Kif* (1919):

> ¿Acaso esta musa grotesca
> –ya no digo funambulesca–,
> Que con sus gritos espasmódicos
> Irrita a los viejos retóricos,
> Y salta luciendo la pierna,
> No será la musa moderna? (2: 1271)

Para Valle, la musa del Modernismo ya no es la Calliope épica ni la Euterpe lírica, es una *cocotte* del Moulin Rouge, como las que pintaba a finales del siglo XIX Toulousse-Lautrec, que aúlla rompiendo las reglas del decoro y provoca a las instituciones que velan por la propiedad en el lenguaje. De este modo, Valle exalta la práctica modernista relacionán-

---

[22] Sobre las relaciones entre el Modernismo y el anarquismo político, véanse las tres monografías que Lily Litvak ha dedicado al tema: *Musa libertaria: arte, literatura y vida cultural del anarquismo español (1880-1913)*, *La mirada roja: estética y arte del anarquismo español (1880-1913)* y *España 1900: modernismo, anarquismo y fin de siglo*. Igualmente consúltense las páginas 193-220 de *El mal del siglo* de Pedro Cerezo.

dola con un deseo de confrontación con los esquemas de pensamiento vigentes. Este poema, "¡Aleluya!", celebra, en concreto, la libertad y la ausencia de cadenas que ahoguen o limiten la creación artística, y, precisamente, mediante esta idea se conecta con el anarquismo al que se refería Darío con anterioridad. Como consecuencia, resulta difícil, si no imposible, separar el producto –la textualidad modernista, su forma en un sentido lato, si se prefiere– de su objetivo manifiesto: la práctica de una escritura cuya principal característica es cuestionar las relaciones que el sujeto-lector-espectador mantiene con el mundo-texto-obra.

Dicho esto, se comprende por qué para los escritores del Modernismo ostentar su labor artística y preciarse de usar el color en sus obras de una forma sistemática se convierte tanto en una reivindicación de su propia actividad como en una señal de su particularismo respecto a la tradición que los antecede. Hasta tal punto sucede que este uso es visto como un lugar común y, por lo tanto, una composición como la "Sinfonía en blanco mayor" (1852) de Théophile Gautier es reescrita y parodiada por José Asunción Silva como "Sinfonía color de fresa con leche" (1894), cuya primera estrofa dice:

> Rítmica Reina Lírica! Con venusinos
> cantos de sol y rosa, de mirra y laca
> y polícromos cromos de tonos mil
> oye los constelados versos mirrinos
> escúchame esta historia Rubendariaca,
> de la princesa verde y el paje Abril,
> Rubio y sutil. (118)

La alusión a Darío no pasa desapercibida ya que, casi en respuesta, el poeta nicaragüense, en 1896, al publicar *Prosas profanas* incluye una "Sinfonía en gris mayor" (5: 817-18) en lo que podría interpretarse como una actitud de desafío a la composición de Asunción Silva y, simultáneamente, en una reivindicación de su propia especificidad.[23]

---

[23] El poema de Darío se publica por separado, junto con una presentación firmada por Jacinto Benavente y las palabras liminares de *Prosas profanas* en el número 822 de *Madrid Cómico* perteneciente al 19 de noviembre de 1898 (802). La crítica se ha ocupado de la "Sinfonía" de Darío intentando establecer ya sea una filiación parnasiana, ya sea una simbolista (Ana María Diaconescu). Allen Phillips ("Sobre 'Sinfonía'") cree que es única dentro del contexto esteticista de *Prosas profanas*, mientras Ann Darroch cree que

Si el uso de los elementos cromáticos en la escritura modernista se transforma en un síntoma de su propia actividad artística, si pasa a cuestionar los límites de la experiencia mimética, si problematiza la diferencia entre lo natural y lo artificial, entre lo masculino y lo femenino, lo superficial y lo profundo, el significante y el significado, el orden social y el caos anarquista, puede concluirse que su misma sustancia se constituye a través de la falta de esencia. No es que el color forme parte de uno de estos dos polos opuestos, es que produce el mismo espacio entre ellos porque hace patente aquello que los opone y los diferencia. Si el color resulta ser un elemento cuya característica principal es la falta de una naturaleza propia al participar de varias, resulta ser análogo al que Jacques Derrida ha descrito usando el nombre de *pharmakon* que en griego es, simultáneamente, cura y veneno, chivo expiatorio, escritura, y, también, color: "Car en grec, *pharmakon* signifie aussi peinture, non pas couleur naturalle mais teinte artificielle, teinture chimique qui imite la chromatique donnée dans les choses" (*La dissémination* 148). Es así como se cierra este círculo cromático: el color en la escritura modernista es un elemento que conjura y cuestiona los límites de la actividad mimética a través de su propia indeterminación epistemológica. Es, en definitiva, imagen autorreferencial de la escritura.

El giro modernista mana de que el preciosismo y el ornato no son usados como medio de enmascarar, sino como fines en sí mismos, como un modo de trascender dicotomías retóricas ya caducas. Aquí el proceso de mímesis se colapsa definitivamente porque la percepción subjetiva es lo que prima: las cosas no son importantes, lo importante es la vivencia de ellas, su apariencia en cuanto creación o representación y, por lo tanto, lo extralingüístico se supedita a una expresión de contenidos

---

el poema desarrolla el conflicto entre lo real y lo ideal. Efrén Ortíz Domínguez lee el poema estudiando cómo su imaginería ha sido reinterpretada por otros poetas, Luis G. Urbina y José Juan Tablada. En todo caso, todos demuestran que resulta inevitable hablar de sus efectos cromáticos, aunque no todos hacen referencia a la sinestesia y su filiación –Ana María Diaconescu y Erika Lorenz son la excepción–. La "Sinfonía en blanco mayor" de Gautier se incluyó y fue traducida por Balbino Dávalos en la página 125 del número 8 de la *Revista Moderna* (15 de noviembre de 1898). Por su parte, Pedro de Lanó escribió una "Sinfonía en verde" publicada en las páginas 403-04 del tomo III, número 26, de la *Revista Azul* (27 de octubre de 1895). Tampoco podemos dejar de mencionar el "Solo verde-amarillo para flauta, llave de u" (27) compuesto por Julio Herrera y Reissig e incluido en *Los maitines de la noche* (1902).

suplementarios. El mundo del arte se aleja definitivamente del mundo del referente creando una escisión. Los dos pasan a ser inconmensurables, tienden a la incomunicación y, paralelamente, cuestionan las jerarquías sobre las que se habían asentado los cimientos de la retórica clásica provocando su crisis.

Éste es el motivo principal por el que el color enfoca y centraliza gran parte de las discusiones sobre la poética modernista, sobre todo al comenzar su andadura. Es por esta razón que el campo de lo cromático, entonces, se revela como un espacio epistemológica y semánticamente vacío, cuya característica principal es la problematización tanto de los límites del conocimiento, como de la posibilidad de "mimar" la realidad a través de las palabras. Es por esta razón que mundo y texto para el Modernismo nunca podrán ser equivalentes ya que el segundo no aspira a la naturalidad sino a autoproclamar su diferencia.

En definitiva, quizá tenga razón Rafael Cansinos Assens en 1925 cuando en el capítulo "Preciosistas y arcaizantes" incluido en *La nueva literatura* dice que "D. Ramón del Valle-Inclán ha revelado el valor místico de la palabra; y al preciosismo literario, ya enriquecido por el cromatismo en su última evolución del matiz, ha hecho esta preciosa dádiva de la virtud mística del verbo" (129). Quizá tenga razón porque se resiste a calificar la prosa de Valle como cromática. En su lugar admira el valor del matiz ya que "El color es demasiado material, demasiado patente y claro en las nupcias sin velos, en los cúmulos de frutos rojos. El color es algo pagano e impuro [...] El color es cuerpo; sólo el matiz es alma" (124-5).[24] Resulta extraordinariamente significativo que incluso modernistas convencidos como Cansinos Assens, necesiten delimitar entre el color y el matiz para hacerlos formar parte de la dialéctica entre el alma y el cuerpo, lo espiritual y lo material o lo puro frente a lo impuro. Al hacerlo, parece, prácticamente, estar reescribiendo las palabras de José Martí, quien en 1879 había afirmado "La coleur c'est l'âme" (15: 147) en un artículo dedicado a Madrazo. Ya hagamos caso al testimonio pictórico de Martí, ya hagamos caso al literario de Cansinos Assens, esto es

[24] Esta objeción a la presencia del color proviene directamente del poema "Art poétique" de Paul Verlaine, cuyos versos 13 y 14 dicen "Car nous voulons la Nuance encore, / Pas la Couleur, rien que la nuance!" (150). Para Hans Jeschke, uno de los primeros consolidadores internacionales de la etiqueta generacional, estas palabras influyen de modo definitivo en la estética de la "Generación del 1898" (144-145).

lo que nos queda: el espacio en el que se manifiesta lo cromático está sujeto a una permanente dialéctica entre ser un elemento más del proceso mimético y adquirir una densidad e identidad propias. La prosa de *Flor de santidad*, la primera obra de don Ramón del Valle-Inclán en la que nos centraremos, va a especificar en el próximo capítulo de qué forma se adquiere esta compacidad del signo y del color en la escritura modernista.

CAPÍTULO III

Epítetos suplementarios y expresividad cromática en *Flor de santidad*

Es posible observar la configuración epistemológica de la escritura modernista, su radical acercamiento a la creación artística y su subversión tanto de estructuras como de técnicas clásicas de representación retórica tomando como ejemplo la prosa de *Flor de santidad* (1904), la que, a pesar de ser una obra temprana en la creación de Valle, nos ofrece una plataforma sobre la que reconsiderar la presencia del color en su prosa.[1] Para alcanzar dicho objetivo lo que haremos, en primer lugar,

[1] En vida de Valle, *Flor de santidad* ve dos reediciones –en 1913 y 1920, las dos como segundo volumen de la *Opera Omnia*– y cada una contiene sensibles variantes respecto a la versión previa. Además, en su proceso de composición, don Ramón asimila varios pre-textos previamente aparecidos en distintas publicaciones periódicas. Algunos de ellos pueden leerse en la edición de María Paz Díez que ha publicado Cátedra. Se ha ocupado de esos antecedentes textuales Luis T. González del Valle (*La ficción* 241-48; 251-52; 268-70; 272; 282 y 297) y Éliane Lavaud en *Valle-Inclán: du journal au roman (1888-1915)*, quien también ha hecho un estudio genético comparando algunos de ellos con la versión final ("Valle-Inclán y la crítica genética" 451-73). Sobre este proceso, véanse también las páginas 17-19 de la introducción de Ricardo Doménech, 14-16 de la Arcadio López Casanova y 75-76 del artículo "*Flor de santidad*" de Allen Phillips. En un resumen de la crítica publicada hasta la fecha hay que mencionar que Emilio González López ha visto en la obra influencias temáticas procedentes de Manuel Curros Enríquez. María Paz Díez se ha detenido en esta intertextualidad con otros escritores gallegos como Manuel Murguía, Rosalía de Castro y Emilia Pardo Bazán ("Introducción" 88-89), así como Éliane Lavaud también lo ha hecho en su libro (*Valle-Inclán* 483-97). A los anteriores es necesario añadir el artículo de Rebeca Bastida que incide sobre paralelismos similares. Sobre influencias europeas se han manifestado María Paz Díez, viendo relaciones con *Los mártires* de Chateubriand ("Ecos románticos"), Américo Bugliani, estableciendo paralelismos con *Trionfo della Morte* de D'Annunzio y Paloma Andrés Ferrer examinando el vampirismo como tema decadente. Las influencias y motivos folclóricos han sido estudiados por Donald McGrady, Rosa Seeleman, Rita Posse y Emma Susana Speratti Piñero mientras Dolors Sabaté ha investigado el tratamiento de estos motivos en la traducción del alemán. Por su parte William Risley ha señalado concomitancias entre la obra y determinadas técnicas y motivos simbolistas debido a "su excepcional musicalidad, su

será contextualizar la importancia de dichos aspectos dentro de la concepción artística contemporánea en la que participa don Ramón para pasar, acto seguido, a manifestar las consecuencias de este análisis dentro de la obra a tratar.

Las primeras reacciones a *Flor de santidad*, estudiadas por Dru Dougherty ("Valle-Inclán y el sincretismo literario"), regresan obsesivamente sobre la cuestión de la escritura modernista y sus valores. Existen respuestas sin duda alguna positivas, como la que Enrique Gómez Carrillo publica en diciembre de 1904 en el parisino *Mercure de France*, y otras más ambiguas, como la que Ángel Guerra escribe para la madrileña revista *La Lectura* en febrero de 1905. Más concretamente, el primero admira los efectos rítmicos de la prosa y el modo en el que cada palabra es valorada y sopesada antes de ser incluida en el texto de Valle: "Chaque mot a été examiné comme une perle, avant d'occuper sa place définitive dans le collier de la phrase. Quant au rythme, celui des vers les plus purs n'est ni plus savant, ni plus parfait" (823). Por el contrario, el segundo, sin dejar de apreciar los aspectos sensuales de esta prosa adopta un tono más cauto en el que se puede observar el mismo tipo de cadenas metafóricas y metonímicas que se han identificado en el capítulo anterior respecto a *Azul*... Así advierte que "Los que leen a flor de líneas, contentos de la música y del color de las prosas que Valle-Inclán derrocha con prodigalidad no viciosa, podrán admirar en sus libros, novelas y cuentos, la elegancia del estilo que ondula con solemne ritmo, pocas veces superadas en habla castellana" (176). Subrayemos la ambivalencia expresada como precaución y admiración ante esta escritura. El estilo valleinclaniano se concibe como elegante, pero, al mismo tiem-

ambigüedad y comunicación indirecta, su extraño ambiente y la actitud del narrador unificado todo ello por la concepción temporal" (73). Ya en un ámbito hermenéutico, Adelaida López de Martínez ha leído la obra en clave irónica (31). En contra de esta lectura se ha posicionado Adrián Montoro sosteniendo que la obra es una reiteración del arquetipo de la Encarnación (253). Para Gerard Flynn la obra es un sacrilegio (135) aunque dice en su artículo que va a analizar *Flor de santidad* detenidamente y luego no lo hace. Finalmente, María Paz Díez ("El mito") ha conectado la acción con historias universales acerca del regreso de los dioses al mundo. Del tema del color en la obra se ha ocupado con anterioridad María Antonia Sanz Cuadrado con el propósito de compararla con *Aromas de leyenda*. Tanto su enfoque y premisas, como sus resultados son completamente diferentes a los nuestros ya que su objetivo es identificar, enumerar y hacer un inventario de ejemplos cromáticos en ambas obras.

po, se acerca a lo excesivo porque "derrocha" color, aunque no llega a tener una "prodigalidad viciosa". Desde este tipo de lecturas, el elemento del peligro moral está siempre presente en la escritura del texto modernista por ser éste análogo a una tela de araña que puede enredar a aquéllos que sean poco cautos en los reflejos de una brillante superficie que oculta un abismo sin fondo. En el razonamiento implícito, texto y mundo no son equivalentes y por eso es necesario advertir a los lectores "que leen a flor de líneas", como nosotros, para que no se dejen llevar por los espejismos del color y las ondulaciones de la música de esa otra *Flor*, la de *santidad*.

Precisamente "Color y música" había titulado el poeta Salvador Rueda el epílogo que puso a *En tropel* (1893), en donde examinaba el significado trascendental de esos aparentemente "elementos externos" (181).[2] Dichas sensaciones a primera vista superficiales y ajenas al contenido de la escritura se muestran indispensables para la poética modernista ya que permiten el acceso tan buscado al reino interior:

> Y tan fundamental como esa melodía íntima de todas las cosas, es el color de ellas. El color es el *estilo* de cada objeto, estilo propio, característico. Las cosas, que tanto hablan a diario a nuestra alma sin que nosotros lo notemos, tienen *individualidad* a su manera y también *espíritu* a su modo, y así como hay ciertos rasgos que caracterizan a las personas, así el color caracteriza a los objetos. (182; énfasis en original)

La espiritualidad que se le otorga a lo musical y a lo cromático adquiere unos matices característicos que la alejan, por una parte, de una simple descripción neutra del mundo referencial y, por otra, de la

---

[2] Las relaciones entre Rueda, Darío y el Modernismo han sido estudiadas por Richard Cardwell en su artículo "Rubén Darío y Salvador Rueda: dos versiones del modernismo". Al respecto recordemos también que *En tropel* se abre con un pórtico escrito por el propio Darío, a quien presenta Rueda diciendo: "se halla entre nosotros [...] el poeta que [...] más sobresale en la América latina; el que del lado allá del mar ha hecho la revolución en la poesía; el divino visionario, maestro de los símbolos, y quintaesenciado artista" (11). En diciembre del mismo año de 1893, *Clarín*, escribe en uno de sus *Paliques*: "¡Ay amigo Rueda, huya usted de esas malas compañías, de *decadentistas* americanos, tan perezosos, lacios y desmadejados como aquellos chilenos de ejército que Ramos Currión nos pinta en *Los sobrinos del capitán Grant*!" (392). Véase, igualmente, el libro de Andrés González-Blanco publicado en 1908 y titulado, obviamente, *Salvador Rueda y Rubén Darío*.

constatación textualizada de lo real. Por este motivo, en la escritura modernista, serán explicitados y ostentados con el propósito de refinar la percepción del lector y provocar una serie de evocaciones y de sensaciones más allá de la denotación expresada por las palabras. Hasta tal punto se persigue este objetivo que las sensaciones auditivas o visuales adquieren una densidad propia tanto al usarlas por separado, como al utilizarlas conjuntamente a través de múltiples sinestesias que acumulan y yuxtaponen la experiencia sensual.

Debido a esta revalorización de características expresivas que tradicionalmente se habían relegado al margen de la escritura, especialmente al tratarse de la prosa, las últimas décadas del siglo XIX ven aparecer un gran interés en la exploración de imágenes sinestésicas que tratan de combinar las impresiones procedentes de varios sentidos y, en particular, la vista y el oído. De este interés general, unido al desarrollo de la psicología cognitiva, surgirá la "teoría del color de las vocales" (Gómez Carrillo, *El Modernismo* 307) y, más concretamente, Amado Alonso afirmará que "El mismo Valle-Inclán ha declarado la preocupación que [es] [...] para él la audición coloreada" (313). Esta fijación, de hecho, hace que hasta los críticos del Modernismo se enfoquen en, como titula uno de sus ensayos *Fray Candil*, "El color de las letras" (Bobadilla, *Crítica* 212) o, como observa Silva Uzcátegui, critiquen la "*literatura de colores*, propagada en América por Rubén Darío" (336). Con esto no se pretende decir que no se puedan hallar ejemplos de sinestesias en textos previos al siglo XIX, sino advertir que en este momento se produce un salto cualitativo y cuantitativo en su representación debido a la tan perseguida trascendencia y también a un ambiente contemporáneo propicio. No en vano, Allen Phillips ha observado que "[e]se procedimiento y sus variantes fueron cultivados con gran intensidad en la época modernista hasta tal punto que la sinestesia viene a ser un significativo rasgo del estilo colectivo" ("Sobre la sinestesia" 339), un rasgo de lo que hemos llamado escritura modernista. Valle-Inclán tiene una idea semejante de las posibilidades que tienen las palabras para sugerir diferentes vínculos sensitivos, entre los cuales ocupan una posición predominante los elementos cromáticos combinados con otras sensaciones, como las auditivas. De hecho, así lo manifiesta en una conversación con Gerardo Diego incluida en el volumen *Poesía española contemporánea* que se publica dos años antes de la muerte del escritor gallego:

> cuando la rima recae en palabras de profunda significación y de bella fonética, provoca toda su magia. Es a un tiempo cifra de simultaneidad y memoria reversible, y en un sonido se superponen dos o tres colores. Así en una cucharilla de café legítimo admiramos a la vez negro de laca, oro reflejo y el color propio del café, que por ser la suma de esos dos, es ya otro distinto. (*Entrevistas* 625)

De este modo, en la palabra se contiene tanto la impresión sonora como la cromática, muchas veces multiplicadas exponencialmente al mezclarse y yuxtaponerse. El color y el ritmo enfatizan esa magia que las construcciones analógicas constituyen al combinar sus valores para crear una imagen paradójica. Igualmente, sus palabras nos conducen directamente a otro de los elementos a tener en cuenta cuando se habla de color en la escritura valleinclaniana y, por extensión, en la poética del Modernismo. Así, las anteriores declaraciones de Valle se pueden complementar con estas otras pronunciadas por el escritor en Buenos Aires a finales de junio de 1910 y parafraseadas de la siguiente manera por el periodista que firma la crónica:

> En cuanto al "hachich" [...] es excepcional; su alcance es terrible [...] En primer lugar [Valle-Inclán] dijo en qué circunstancia había empezado a experimentarlos. Bebía una taza de café, y tuvo por primera vez la sensación de los dos colores, rojo cobrizo y negro, que se observan vagamente y no diferenciados por la generalidad. (*Entrevistas* 40)[3]

A pesar de que las palabras de Valle llegan mediadas por la voz del reportero, el paralelismo entre ambas declaraciones, las de 1910 y las de 1934, es manifiesto al recurrirse al mismo incidente para ilustrar un argumento similar. Por consiguiente, no creemos que sea arriesgado concluir que nos hallamos ante el mismo tipo de experiencia cromática descrita, prácticamente, con un vocabulario idéntico. A nuestro favor juega la prolongada distancia cronológica que media entre uno y otro testimonio. No obstante, debemos asimismo matizar que la diferencia entre ambas estriba en que el efecto que la palabra poética por sí misma es capaz de suscitar en 1934 es, en cambio, provocado por los

---

[3] Francisco Madrid también transcribe esta conferencia poniendo las palabras en boca de Valle-Inclán: "He percibido en el café dos colores distintos: el negro de la taza producido por una superposición de oros y el dorado que se nota en la cucharilla" (193-94).

narcóticos en la conferencia de 1910. Consecuentemente, podría afirmarse que existe una relación directa entre la representación artística y cierta percepción alucinada vinculada a los efectos del consumo de estupefacientes. Es de esta manera que la distancia entre el consumidor de drogas y el productor de arte se acorta, por una parte, en virtud de la extraordinaria receptividad que ambos muestran ante lo sensitivo y, por la otra, en virtud del uso que de estos dos tópicos realiza el ambiente cultural del fin de siglo. No es sino mediante esta equiparación implícita entre artista y drogadicto que Ricardo Fuente puede afirmar ya en 1897 al explorar la producción artística del escritor que "Valle tiene un fino y exquisito temperamento de artista. Neurótico de alma complicada, decadente con decadentismo pagano, necesita para vivir de los placeres estéticos, como los morfinómanos del veneno que les sume en deliciosos éxtasis" (189). La escritura y el arte son concebidos de esta forma como manifestaciones análogas a los deliquios narcóticos y pueden crear el mismo tipo de dependencia con lo que se incrementa el rechazo y la censura contemporáneos ante textos que parecen haber sido producidos en un estado de trance y que podrían llegar a crear también adicción. No insistimos ni en las relaciones con el uso de drogas ni en la importancia de las analogías porque trataremos de estas cuestiones por extenso en el siguiente capítulo al tratar de *La lámpara maravillosa.*

A este complejo conceptual de la representación que gira alrededor de una percepción cromática más fina, y a la vez más profunda, que la cotidiana hay que añadir uno más que, al igual que la reflexión sobre los efectos de los estupefacientes, tiene también raigambre baudelairiana: la interrelación entre el color y la sensibilidad. En el "Salón de 1846" el escritor francés observaba: "J'ignore si quelque analogiste a établi solidement une gamme compléte des couleurs et des sentiments" (2: 425) tratando de sugerir el establecimiento de una serie de relaciones entre color y sentimiento. Dicho deseo por la existencia de una matemática analógica que fije las relaciones entre diferentes sensaciones visuales y sentimientos todavía tardará unos años en realizarse: habrá que esperar a 1871 para que alguien asuma el proyecto e intente establecerla. Éste no será otro que Arthur Rimbaud, quien llevará a cabo la asociación en su archiconocido soneto de las vocales donde se propone un paralelismo entre los sonidos de éstas y una serie de cinco colores que se les asocian. En referencia a la composición del poeta francés, Valle-Inclán observa en su artículo "El modernismo":

> Existen hoy artistas que pretenden encontrar una extraña correspondencia entre el sonido y el color. De este número ha sido el gran poeta Arturo Rimbaud, que definió el color de las vocales en un célebre soneto:
> A-noir, E-bleu, I-rouge, U-vert, O-jaune. (2: 1463)[4]

Es difícil infravalorar esta supremacía de lo sensual lograda, en este caso, a través de efectos sinestésicos codificados por la cultura literaria contemporánea, ya que cuando don Ramón tiene que describir las características de la poética modernista lo hace apoyándose en estos mecanismos y concluyendo que "Esta analogía y equivalencia de las sensaciones es lo que constituye el *modernismo* en literatura" (2: 1463). *Flor de santidad* se revelará como un digno émulo de esta doctrina sensitiva a través de la extensión y la intensión de sus evocaciones cromáticas.

El artículo de donde hemos extraído las últimas citas, como ha demostrado la crítica en varias ocasiones, es un documento clave para comprender no sólo la importancia que don Ramón da a la palabra

---

[4] Como observa Javier Serrano en la decimoquinta nota en su edición de los *Artículos completos*, Valle cita mal el primer verso del soneto "Voyelles" de Rimbaud (208). El verso del autor francés dice: "A noir, E blanc, I rouge, U vert, O bleu" (Rimbaud, *Œuvres* 103). Antes de Serrano dicho error ya había sido mencionado por Julio Casares en 1916 (39). Max Nordau conecta estos versos con "esas estúpidas bromas habituales a los imbéciles y a los idiotas" (1: 218) que fueron tomadas en serio por, entre otros, René Ghil. De hecho, aparte de Rimbaud, la otra gran referencia sinestésica de la época procede del *Traité du verbe* publicado por Ghil en 1885, aunque con modificaciones sucesivas en el 86, 87, 88, 91 y 1904. Ghil realiza el inventario que Baudelaire pedía al establecer correspondencias entre sonidos vocálicos, colores, sonidos consonánticos, instrumentos musicales y sentimientos (179-80). El propio Valle incluye una referencia a "Renato Ghil" (1: 203) en la versión de "El modernismo" que incluye en *Corte de amor*. También en 1899 Pío Baroja, en un artículo publicado en *Revista Nueva*, se preguntaba respecto a la sinestesia: "La relación entre la vocal y el color, ¿existe? ¿Es para todos la misma? El asunto no es nuevo; pero no por eso es menos desconocido. ¿No podrán nuestros escritores y nuestros psicólogos decirnos algo de lo que saben y de lo que piensan acerca de esto?" (184). Frente a esa especulación acerca de la veracidad de la sinestesia, Víctor Pérez Petit en 1903 se confesaba perdido ante estas analogías establecidas entre colores y sonidos. Así se preguntaba: "¿Se entienden entre sí los retóricos del decadentismo? No, pues mientras René Ghil asimila la U a la trompeta y el saxo, Arthur Rimbaud dice que la U es amarilla, y el amarillo corresponde a la flauta" (2: 237).

escrita, en cuanto *aleph* de la creación literaria, sino que también es un testimonio directo de lo que se consideraba en el mundo de finales del siglo XIX el progreso evolutivo lógico de la percepción humana. Consecuentemente, don Ramón en dicho artículo observa acerca de la sinestesia y las analogías de las sensaciones:[5]

> Hay quien considera como extravagancias todas las imágenes de esta índole, cuando en realidad no son otra cosa que una consecuencia lógica de la evolución progresiva de los sentidos. Hoy percibimos gradaciones de color, gradaciones de sonido y relaciones lejanas entre las cosas que hace algunos cientos de años no fueron seguramente percibidas por nuestros antepasados. (2: 1463)[6]

A pesar de que Valle, probablemente teniendo como punto de referencia la estética realista, afirma en una carta privada a Torcuato de Ulloa que *Flor de santidad* "Es una novela que en el estilo, en el ambiente y en el asunto, se diferencia totalmente en la moderna manera de nove-

---

[5] Este artículo de Valle fue publicado en diferentes lugares y versiones a lo largo de su vida, como es habitual en gran parte de su obra. Tras su primera aparición en *La Ilustración Española y Americana* el 22 de febrero de 1902, se usó como prólogo de un libro de Melchor Almagro, *Sombras de vida* (2: 1739-43), y en un extracto en *El Imparcial* el mismo año de 1903. Ese mismo año se publica una versión similar a la de 1902 en *Álbum Iberoamericano* con el título "El modernismo en literatura". En 1908, lo ampliará y titulará "Breve noticia acerca de mi estética cuando escribí este libro" para incluirlo como prólogo a *Corte de amor: florilegio de honestas y nobles damas* –los editores de la *Obra completa* la incluyen como apéndice (1: 197-203)–. En 1914 se reedita este libro y con él, el prólogo. William Risley ha señalado en "Hacia el simbolismo en la prosa de Valle-Inclán" que este artículo presenta sensibles concomitancias con la poética simbolista (46-47).

[6] Valle está aludiendo indirectamente al tercer volumen de la obra de William Ewart Gladstone, *Studies on Homer and the Homeric Age*, publicada en 1858 y reimpresa en 1877. Según demostraba el erudito británico, el lenguaje de los antiguos griegos poseía menos palabras para expresar el espectro cromático. A esta peculiaridad se añadía que en griego estos términos, además, eran mucho más indefinidos lo que para él demostraba que se trataba de una lengua menos desarrollada o más primitiva que las modernas. Las conclusiones del estudio, como podemos deducir por la observación hecha por don Ramón, ya habían sido asimiladas por el medio cultural de la época. Sobre Gladstone y su teoría véanse Birren 116-17 y Lyons 215-16. Sin embargo, Emilia Pardo Bazán en *La cuestión palpitante* atribuye la idea a un alemán, aunque duda en "asentir a la doctrina de aquel sabio alemán que pretende que en tiempo de Homero los hombres veían muchos menos colores que hoy, y que este sentido se afina y enriquece a cada paso" (226).

lar" (Hormigón, *Valle-Inclán: Biografía* 3: 71), la obra va a mostrar claramente su filiación modernista siguiendo la caracterización que el escritor realiza del tratamiento de lo cromático. El arte de finales del siglo XIX busca, entonces, luchar conscientemente contra esta depauperización de la experiencia que separa el mundo antiguo del moderno reservando para el último nuevas cotas de refinamiento sensorial. El color utilizado aisladamente o combinado con otras sensaciones en sinestesias es considerado como un signo de modernidad sensitiva, de exquisitez artística y de individualización.[7] No solamente el escritor debe trasladar al papel esta característica cualidad mixta y heterogénea de la sensibilidad moderna que la diferencia y la distancia de la clásica, sino que la ciencia es utilizada como una de las bases que dan solidez a estas teorías. Así lo expresa Emilia Pardo Bazán en *La cuestión palpitante* revelando las conexiones culturales que ligan las anteriores palabras de Valle con el ambiente finisecular:

> pienso que las letras, a medida que avanzan, expresan el color con más brío y fuerza y detallan mejor sus matices y delicadísimas transiciones [...] En una *Revista* científica he leído no ha muchos días que existen sujetos que experimentan una sensación luminosa al escuchar un sonido [...] De modo que un sonido puede excitar la retina al par que el tímpano, y para el individuo dotado de tan singular propiedad, cada tono de sonido corresponde exactamente a un tono de color.[8] (226)

---

[7] Recordemos que Rubén Darío al hablar de su composición "Heraldos" (*Obras completas* 5: 792) incluida en *Prosas profanas* decía que "En 'Heraldos' demuestro la teoría de la melodía interior. Puede decirse que en este poemita el verso no existe, bien que se imponga la notación ideal. El juego de las sílabas, el sonido y color de las vocales, el nombre clamado heráldicamente, evocan la figura oriental, bíblica, legendaria, y el tributo y la correspondencia" (1: 209). De esta forma el cromatismo sonoro adquiría rango experimental en la poesía.

[8] En la nota 309 que Justo Broto Salanova pone a su edición del tratado de estética publicado por José María Llanas Aguilaniedo, *Alma contemporánea* (1899), incluye otras referencias científicas como la obra del doctor Ferdinand Suárez de Mendoza, *L'Audition colorée, étude sur les fausses sensations secondaires physiologiques et particulièrement sur les pseudo-sensations de couleurs associées aux perceptions objectives des sons* (París: O. Doin, 1890). Dichos discursos médicos son aprovechados por Max Nordau, Pompeyo Gener, e incluso el propio Llanas para afirmar el desequilibrio psicológico del ser humano moderno y sugerir un acercamiento clínico-estético para tratar estos desórdenes psicológicos en la literatura.

Pardo Bazán escribe estas líneas dos años antes de que Joris-Karl Huysmans haga que el héroe protagonista de *À rebours* (1884), el duque Jean des Esseintes, componga sus conciertos de perfumes.[9] Para los detractores del Modernismo y de su experimentación epistemológica, éste es uno de los índices principales de que estos artistas están desequilibrados, de que son unos histéricos, degenerados y grafómanos. De hecho en los ensayos más importantes de la época que siguen y se inspiran en el modelo de Max Nordau, la sinestesia es síntoma de desequilibrio nervioso. El propio Nordau, siguiendo las investigaciones sobre el histerismo de Alfred Binet, afirma que "cuando la conciencia renuncia a las ventajas de las percepciones diferenciadas del fenómeno y confunde negligentemente las relaciones de los diferentes sentidos, da con ello una prueba de actividad cerebral enfermiza y debilitada. Es volver hacia atrás hasta los principios del desarrollo orgánico; es caer desde la altura de la perfección humana hasta el bajo nivel del folado" (1: 222). Un año después de *Entartung*, Pompeyo Gener, en el análisis de la frenopatía del Simbolismo y de la Decadencia que realiza en *Literaturas malsanas* (1894), afirma y se pregunta: "Si el sonido puede traducirse en color, el color podrá traducirse en sonido y en instrumento. ¿Pero cómo fijar esta instrumentación sin estar acordes sobre los colores de las letras?" (225). Sus estelas las seguirán, entre otros, Emilio Ferrari, Juan Mir y Noguera, Julio Cejador y Frauca, Rafael Silva Uzcátegui, quien, todavía en 1925, observaba que "Mallarmé dio en la manía de creer que las palabras tienen *color*. Emilio, según él, tiene un color lapislázuli" (14) y continuar hablando de Rimbaud, Ghil y Pérez Petit. Paralelamente, en su ataque a Valle-Inclán, Julio Casares hace inevitables referencias a "la audición coloreada", de la que observa que "esta grotesca asociación de sensaciones es lo que nos querían vender como la esencia de la estética modernista cuando ya no quedaba ni el eco de las últimas carcajadas con que se burló Francia de semejantes necedades" (38). Suponemos que Casares no conocía las conferencias de Manuel Machado que forman *La guerra literaria*, en las cuales el poeta sevillano se comentaba a sí mismo en los siguientes términos:

[9] Sirva como ejemplo ilustrativo la siguiente cita: "Des Esseintes buvait une goutte, ici, là, se jouait des symphonies intérieures, arrivait à se procurer, dans le gosier, des sensations analogues à celles que la musique verse à l'oreille" (77).

> Vamos a la adjetivación de un sonido por un color: *campanada blanca.* ¿Hay realmente sonidos colorados y colores sonoros? Yo creo que sí, nosotros creemos que sí, y utilizamos estas transfusiones como elemento de arte, lo mismo que se utilizan en la vida la electricidad, el magnetismo y aun el hipnotismo, sin saber todavía muy bien lo que son estos fenómenos. De aquí a sentar una teoría más o menos caprichosa de las vocales coloreadas, como han hecho Rimbaud y otros fantaseadores, hay largo trecho. Pero si reducir estos fenómenos a un sistema no ha sido posible todavía, y pudiera llamarse loco al que lo da por hallado, no menos puede llamarse necio al que los negase en absoluto. (121; énfasis en el original)

La ambivalencia de Machado es significativa en cuanto oscila entre el escepticismo ante las codificaciones de las teorías artísticas y su uso consciente en la poesía. Igualmente es representativa la mezcla de términos y referencias que proceden de diferentes ciencias o creencias especulativas del momento y que se hibridizan armónicamente en su conferencia. En todo caso, es indudable que estos efectos sinestésicos se multiplican en los textos de la época tratando de representar una sensibilidad prototípicamente moderna basada en los múltiples discursos culturales y científicos contemporáneos.

De este modo la aparición de la sinestesia en un texto como *Flor de santidad* participa de todas estas preocupaciones coetáneas acerca de lo trascendental y lo sensitivo. En la narración de Valle nos encontramos secuencias como "tumbar ciclópeo y opaco de un mar" (1: 605), "áureo campaneo" (1: 614), "dulce balido" (1: 621), "su risa era un arrebol" (1: 640), "oraciones de una liturgia oscura" (1: 653) o "la oscuridad fragrante" (1: 666) que simultáneamente intentan combinar el sentido de la vista con el del oído, el del olfato o el del gusto. Obviamente, el uso de la sinestesia es todo un reto para cualquiera que quiera defender la mímesis en una imagen como las anteriores o como "cantaba con dulcísimo gorjeo y su voz parecía de cristal" (1: 625).[10] Este tipo de expresiones proyectan el texto desde una escritura subjetiva y evocadora a una interpretación que igualmente se dilata en los difusos límites de la sugerencia.

---

[10] Como decimos, el interés por la sinestesia y sus efectos es un fenómeno paneuropeo en los años alrededor del cambio de siglo. Según Ludwig Schrader el término "synesthésie" (78) nace en 1864. Úrsula Doetsch Kraus ha publicado un libro sobre la tradición sinestésica en la literatura española hasta Gustavo Adolfo Bécquer. Para una aproximación pictórica véase la tesis de Timothy Layden y para una más amplia véase el

Desde un punto de vista más general y a un nivel puramente lingüístico, la sinestesia supone una rotura, o por lo menos un cuestionamiento, de la continuidad referencial del lenguaje. Es una semilla de caos permitida por mecanismos puramente lingüísticos en busca de un orden suprarracional que en apariencia violenta la transitividad entre el referente y el discurso. Es decir, propone una reflexión dentro de los límites del sintagma sobre la actividad de la percepción y, en determinados casos, la opacidad significativa. Como ha dejado escrito Gonzalo Sobejano, "Toda sinestesia es personal, aunque la comprenda quien la percibe, es inexacta, porque en realidad de razón no existe tal correspondencia, y es matizadora, porque sorprende en las cosas cualidades no evidentes" (*El epíteto* 378). La múltiple sensación que provoca es un modo de superar antítesis profundizando en los ritmos ocultos que se esconden bajo la fragmentación perceptiva. En *Flor de santidad* la presencia del color participa de ese mundo profundo que se oculta dentro de los reflejos de la superficie. Así, la sinestesia hace entrar en crisis el sistema denotativo de la lengua y, paralelamente, el cromatismo se resiste a ser reducido a un índice de mímesis, a un indicio de realidad.

A causa de la observación anterior, es necesario en primer lugar realizar una serie de observaciones que tienen que ver con la diferencia que existe entre lo visual y lo conceptual cuando se habla del color y, especialmente, cuando se trata de su incidencia en una obra literaria modernista. Hasta cierto punto establecer esta distinción es ir en contra de los propósitos de los textos porque uno de los objetivos fundamentales de éstos es crear cadenas lingüísticas que intentan impactar acústica y visualmente al lector. Tal y como afirmaba Manuel Machado en 1913 "la poesía [no entra] solamente por el oído sino [...] [que trata] de dar sen-

---

libro de Ludwig Schrader. Acerca de la historia de la sinestesia consúltese el octavo capítulo del popular libro de Richard E. Cytowic, *The Man Who Tasted Shapes*. El mismo Cytowic ya había publicado un acercamiento más científico en 1983 en *Synesthesia*. En los últimos veinte años la neuropsicología se ha interesado vivamente por este fenómeno como lo demuestran, entre otros, el libro editado por Simon Baron-Cohen, *Synesthesia*; el artículo "Do You See What They See?" escrito por Brad Lemley y publicado en la revista de divulgación científica *Discover* en diciembre de 1999; el libro de Patricia Lynne Duffy, *Blue Cats and Chartreuse Kittens: How Synesthetes Color Their Words* (Nueva York: Times Books, 2001); o la conferencia internacional dedicada a la sinestesia y celebrada en Hannover en marzo de 2003.

saciones a la vista" (115). La primera sensación visual proviene del volumen que el verso ocupa en la página en blanco, pero secundariamente, proviene de mecanismos lingüísticos de connotación y denotación. Este segundo objetivo fácilmente puede verse también en la prosa de *Flor de santidad* al poner frente al lector secuencias como "en cada gota de sangre florecía un lirio" (1: 625) donde se intenta superponer a través de asociaciones connotativas el rojo de la sangre al color u olor del lirio. Por eso, a raíz de esta observación y antes de continuar, es conveniente señalar que la diferencia entre denotación y connotación reside en que la primera alude al "significado" –en el sentido *sausseriano* del término–, mientras que la segunda se construye *a posteriori* tomando como punto de partida ese primer contenido.[11] En palabras de Umberto Eco:

> Así, pues, la siguiente definición formal puede bastar para distinguir las marcas denotativas de las connotativas: (i) una marca denotativa es una de las posiciones dentro de un campo semántico con la que el código hace corresponder un significante sin mediación previa; (ii) una marca connotativa es una de las posiciones dentro de un campo semántico con la que el código hace corresponder un significante a través de la mediación de una marca denotativa precedente, con lo que establece la correlación entre una función semiótica y una nueva entidad semántica. (*La Estructura* 159-60)

De este modo lo cromático puede surgir no sólo mediante términos específicos que se refieren a colores, sino también a través de múltiples asociaciones metonímicas y metafóricas. Por otro lado, debería parecer evidente que el papel denotativo de la presencia textual de un color obedece a una función referencial meramente descriptiva. Esto resulta evidente en un texto realista cuyo principal objetivo es, en principio, la representación pretendidamente neutra y equívocamente objetiva de la realidad. Evidentemente la sinestesia obedece a un esquema cognitivo muy diferente. Pero, aún así, e incluso si dejáramos aparte las secuencias sinestésicas, hay algo en el uso de los elementos cromáticos de la escritura modernista que escapa de una caracterización tan simple.

---

[11] Para los procesos de denotación y connotación resulta útil empezar por Hjelmslev (114) y luego continuar con Eco (*La Estructura* 19-20) y Barthes (especialmente en sus *Eléments de sémiologie* 2: 696-98 y en *S/Z* 3: 123-26). Un acercamiento histórico a la cuestión aparece en Eco, "Denotation", y en la primera parte (7-128) del libro de Beatriz Garza Cuarón.

Ya hemos mencionado el hecho de que la obra de arte modernista busca cierta independencia respecto al referente y, a esta razón, debe añadirse la disimilitud que existe entre la configuración de la percepción visual y la configuración lingüística del espectro cromático. Un observador de características medias puede percibir alrededor de diez millones de colores diferentes (Hardin, *Color* 182), pero lenguas como el español y el inglés, según Berlin y Kay, cuentan solamente con once términos básicos para hablar de ellos (99).[12] Si a estos datos añadimos que "If one says 'Red' (the name of a color) and there are 50 people listening, it can be expected that there will be 50 reds in their minds. And one can be sure that all these reds will be very different" (Albers 3), la incertidumbre denotativa es todavía más evidente. Lo que esta disimetría expresa es, inequívocamente, la inutilidad de tratar de relacionar el ámbito referencial con el lingüístico en este aspecto concreto: la representación verbal del color siempre marca un punto crítico para toda teoría del lenguaje como pura denotación. De hecho, cuando Ludwig Wittgenstein escribe sus *Remarks on Colour*, uno de los principales pro-

[12] Los once colores que identifican en el español de México son blanco, negro, rojo, verde, amarillo, azul, café, morado, rosa, anaranjado y gris. Para llegar a esta reducción han eliminado expresiones compuestas, sinónimos, palabras que solamente se aplican a ciertos nombres –por ejemplo, rubio solamente puede ser predicado de pelo o cabello–, y, finalmente, se han apoyado en el conocimiento convencional de sus informantes (6). Las investigaciones de Berlin y Kay afirmaban que había un proceso universal de adquisición de los colores constreñido en todas las lenguas por el número de términos que se utilizaban. Así, en su trabajo de 1969, afirmaban que todas las lenguas, desde las más primitivas a las más evolucionadas, tenían una palabra para negro y otra para blanco. Sucesivamente, iban adquiriendo el rojo, el verde o el amarillo, el verde y el amarillo, el azul, el pardo y, finalmente, los otros: púrpura, rosa, anaranjado y gris. Los resultados de las investigaciones de Berlin y Kay son un punto de referencia clave en el desarrollo de la semántica de los colores desde un punto de vista lingüístico. Sus teorías han sido reevaluadas, actualizadas y, en ocasiones, rechazadas –notablemente en el simposio realizado alrededor de su obra que dio como fruto el volumen editado por C. L. Hardin y Luisa Maffi–. Una de las reformulaciones más claras la ha realizado Anna Wierzbicka al relacionar el color con la noción de "VER" para afirmar que no todas las lenguas tienen una noción equivalente a "negro" y a "blanco", sino que tienen una noción que equivale a lo "claro" frente a lo "oscuro" (301-06). Las descripciones semánticas del color que realiza la profesora polaca de nacimiento, pero que trabaja en Australia, se basan en puntos de referencia naturales comunes a toda la experiencia de los seres humanos como el fuego, el sol, la vegetación, el cielo, el día y la noche (332).

blemas epistemológicos al que se enfrenta es éste: el lenguaje es incapaz de describir con precisión el contenido referencial de un término cromático. Esto puede verse con mayor claridad si ya pasamos a discutir algunos ejemplos significativos en *Flor de santidad*.

Incluso con las salvedades anteriores acerca de la imprecisión del lenguaje y de la diferencia entre denotación y connotación, hay algo en el color que nos lleva directamente a una sensación visual –por no hablar de otro tipo de asociaciones sensitivas–, lo que es especialmente problemático cuando la palabra no lo está denotando, sino que lo connota a través de vínculos metonímicos que se dejan a la elaboración del lector. Por ejemplo, en el momento en el que Ádega encuentra muerto al peregrino, ésta se fija en que "sus pies descalzos parecían de cera" (1: 637). La imagen, utilizando asociaciones connotativas, intenta suscitar, entre otras sensaciones, la blancura de los pies del cadáver al compararlos con la cera. No tendría mayor inconveniente dicha asociación si la abuela que acompaña a Ádega al Pazo de Brandeso no describiera al buscador de tesoros diciendo "Tiene [...] la color más amarilla que la cera" (1: 652). Dada dicha contradicción cabe preguntarse si se está sugiriendo que un exceso de amarillo produce un blanco. No lo creemos así, aunque se podría aducir que la abuela se equivoca de color, o que hay cera amarilla, amarillenta y blanca o, incluso, rizando el rizo, se podría decir que ella se refiere a la cera de las abejas mientras la voz del narrador, al describir los pies del peregrino, se refiere a la cera de las velas. Cualquiera de estas explicaciones sería, en realidad, una manera de ocultar la ambigüedad inherente en la representación de la percepción cromática, especialmente cuando se intenta fijar mediante palabras una naturaleza que es, en sí misma, proteica o, como afirma *Azorín*, completamente relativa: "El problema se resuelve diciendo lo que decía Diderot: el color es cosa subjetiva. Puede encontrar color un pintor, o un literato, donde no lo hay, y más intenso de lo que es o más apagado. De ese subjetivismo del color se siguen las apreciaciones dispares y contrarias que hacen discrepar entre sí a los críticos" (6: 240).[13] El nudo

---

[13] Las palabras de *Azorín* provienen de la sección XXIII de *Madrid* (1941), la que comienza diciendo "El color atrae a los escritores de 1898" (6: 239). Hans Jeschke, al escribir su influyente *La generación de 1898 en España*, realiza un inventario de los colores que utilizan Benavente, Valle-Inclán, Baroja, *Azorín* y Antonio Machado en algunas de sus obras y señala "la abundancia de designaciones para conceptos del dominio del

gordiano se puede cortar de un simple tajo, aunque no se elimine su irreducible unicidad, por eso no se debe olvidar que uno de los múltiples problemas que surgen cuando nos enfrentamos al análisis de los valores cromáticos en el discurso se relaciona con la dualidad y correspondiente ambigüedad de las palabras que expresan color, siempre moviéndose, siempre deslizándose entre la categoría de los sustantivos y la de los adjetivos, entre la categoría de las sustancias y la de los accidentes. Un ejemplo de esto puede ser el uso del color verde que adopta la forma de adjetivo en "una hondonada verde" (1: 606), las "eras verdes" (1: 616), "setos verdes" (1: 617), "el fondo verde de las eras" (1: 618), "los verdes y retorcidos mimbrales" (1: 619), "el atrio era verde" (1: 627), las "verdes orillas" (1: 633 y 644), la "campiña verde" (1: 650) o "maizales verdes" (1: 652); pero que, en otras ocasiones, se manifiesta como nombre: "el verde de la hierba" (1: 620). Claramente, el efecto estilístico de un nombre y un adjetivo son diferentes, pero todavía pueden existir más variaciones al acuñarse neologismos en sintagmas como "las aguas verdeantes" (1: 627) y "la verdeante teja de corcho" (1: 632), palabra que todavía hoy en día no ha sido recogida en el *Diccionario de la Real Academia.* Finalmente la situación, ya de por sí complicada, todavía se puede enredar más en secuencias como "tenía el color del maíz" (1: 634) donde el lector tiene que elaborar la sensación cromática a partir de su propia experiencia. Si uno tiene que fiarse de los datos que el mismo texto ofrece, se encontrará con problemas al hallarse referencias a los "maizales verdes" (1: 620), y a las "rubias espigas del maíz" (1: 646). Todas estas variaciones multiplican al infinito las posibilidades expresivas de lo cromático.

Una cuestión paralela aparece en expresiones como "montes color de amatista" (1: 615) y "los montes que se teñían de amatista" (1: 633), donde se produce una transferencia entre la piedra preciosa y sus cualidades cromáticas al mismo tiempo que se evoca el refinamiento y la elaboración de una joya. De modo parecido, la palabra "cándido" juega a deslizarse entre el color y la asociación con la pureza y la virginidad, tal y

---

decadentismo y, en relación con ello, las expresiones para reproducir impresiones de los sentidos finamente diferenciadas, especialmente sensaciones de color" (131). Véanse las páginas 130-153 de su estudio y contrástense con el más reciente análisis que Dolores Romero López ha realizado del vocabulario de los modernistas (*Una relectura*). Véase al respecto la nota 6 del prólogo.

como aparece en "el claro de luna, lejano y cándido" (1: 615), en el "cándido seno" (1: 611) y la "cándida garganta" (1: 612) de Ádega, e incluso en el "cándido reflejar de estrellas" (1: 616) de sus ojos. En todos estos casos la sensación cromática juega con la ambigüedad denotativa del término, pero, al mismo tiempo, produce una extraordinaria riqueza asociativa al incrementarse las cualidades sensuales y al sugerirse variadas conexiones metafóricas y metonímicas.

Por todas estas razones, es inevitable adoptar como propia la estrategia anunciada por Umberto Eco y resumida en las siguientes palabras: "We are facing linguistic terms, but we do not know what chromatic effects these words refer to" ("How Culture" 158). Siguiendo este razonamiento debemos igualmente evitar lo que Roman Jakobson ha descrito como: "conspicuous tendency to reify visual signs, to connect them with objects, to ascribe mimesis to such signs, and to view them as elements of an 'imitative art'" (341). De esta manera, desaparece la ambigüedad interpretativa que surge al intentar saber a qué unidad referencial específica alude una palabra determinada. El texto así conformado adquiere la transparencia y la evanescencia de un encaje, al mismo tiempo que ratifica la opacidad de la escritura que se resiste a ser domada como trasunto de lo real.

Paralelamente, debemos de matizar algunos aspectos adicionales a la hora de tratar del color. En primer lugar, es imprescindible reconocer que la sensación cromática, por ejemplo, de "amarilla" (1: 620 y 652), "amarillos" (1: 605, 608, 646) y "amarillenta" (1: 615, 649, 650) abarca una sinfín de posibilidades representativas dentro de *Flor de santidad* que pueden transformarse lingüísticamente en diferentes palabras que actúan como sucesivas modulaciones connotativas de una sensación similar. Así, para el término básico de "amarillo", encontramos variantes como, "dorado" (1: 608, 616, 649, 661), "dorada" (1: 606, 623, 662), "doradas" (1: 606, 624), formas del verbo "dorar" (1: 617, 626, 644), la frase preposicional "de oro" (1: 607, 614, 623, 636, 638, 640, 642, 644, 648, 660, 663, 665), el sustantivo "oro" (1: 616) –como, por ejemplo, en la metáfora "el oro de sus cabellos" (1: 643)–, los adjetivos "áureo" (1: 614) y sus análogas "áureas" (1: 625) y "rubias" (1: 606, 646), el sustantivo "ámbar" (95, 121) e, incluso, el nombre de la vaca *Marela* (1: 611). Además, aparece en secuencias como "cabeza melada por el sol como las espigas" (1: 658) e, incluso, posteriores desplazamientos metonímicos como "cabello de cobre luciente" (1: 654), en relación a los cabellos rubios de Rosalva. Todas estas referencias actúan de modo unísono tejiendo un tapiz que las conecta tanto explícita como implícitamente al suscitar la sensación cromática del amarillo y al usar diferentes matices que evocan aparentemente tonalidades similares. Sin embargo, no podemos afirmar categóricamente que secuencias como "dos bueyes cobrizos" (1: 664) u "ojos cobrizos de su ama" (1:623) traten de suscitar una sensación cromática idéntica, a pesar de utilizar la misma palabra que describía el rubio cabello de Rosalva. Evidentemente es el contexto pragmático el que termina por orientar, en mayor o menor medida, el probable sentido final de dicha sensación y, en consecuencia, los valores cromáticos son siempre relativos y nunca absolutos.

Con las líneas anteriores no agotamos tampoco las posibilidades expresivas de los elementos cromáticos en *Flor de santidad*. De hecho, al iterarse y modularse de diferentes formas, éstas adquieren una relevancia especial que trasciende su denotación. Ádega, después de dejar la venta a raíz de la muerte del peregrino, conoce a dos mujeres al llegar al Pazo de Brandeso: la "moza de la cara bermeja" (1: 654, 656, 657 [en dos ocasiones], 658, 659 [en dos ocasiones], 660) y la "dueña de cabellos blancos" (1: 655, 656, 657, 659, 660, 661, 662).[14] El propósito de la repetición está claramente relacionado con mecanismos epitéticos de modificación y, en este caso concreto, tiene un objetivo bastante definido ya que obedece a la focalización de Ádega.[15] En el momento en que ella se encuentra con ambas por primera vez y sin conocer sus nombres, la voz del narrador adopta el punto de vista de la pastora para referirse a su percepción y al conocimiento limitado que tiene de estos personajes. Por este motivo se restringe a transcribir lo que Ádega puede ver. Pero, a

---

[14] También es "*Bermella*" (1: 611) o "bermeja" (1: 618) una de las vacas, mientras un mozo tiene un "rostro bermejo" (1: 634-35). El rojo aparece directamente en "rojos pañuelos" (1: 619) y en los carbones comparados con una "roja pupila" (1: 659). Una sensación cromática similar la contienen la variante "pendones carmesí" (1: 613) que ve Ádega en el cielo y la metáfora "portalón color de sangre" (1: 605).

[15] Al describir esta repetición como epitética, estamos pensando principalmente en las características particulares del epíteto épico. Este tipo de recurso expresivo se utiliza frecuentemente en los cantares épicos, de donde procede su nombre. Específicamente en el *Cantar del Mío Cid* ha sido estudiado, entre otros, por Rita Hamilton y por Edmund de Chasca (175-95).

qué es debido que se continúe utilizando la secuencia "moza de la cara bermeja" cuando ya sabemos que su nombre es Rosalva (1: 657), o sea una combinación de rosa y blanco o una rosa blanca. Hay que considerar que el uso puede obedecer a que seguimos teniendo a Ádega como principal focalizador del relato, al mismo tiempo que se subraya el circunloquio como técnica descriptiva y caracterizadora. Simultáneamente, la reiteración constante de esa secuencia lingüística está creando otro tipo de efectos más emparentados con ciertas cadencias o ritmos que manifiestan la propia autoconsciencia del texto y que, mediante la construcción de una red de interdependencias mutuas, tejen un mundo autosuficiente y autocomplaciente.

Como determinados usos del color se encuadran, a grandes rasgos, dentro de la epítesis, recordemos, muy brevemente, que el epíteto tiene como rasgos determinantes su impertinencia o redundancia (Sobejano, *El epíteto* 106) y un valor estilístico no estrictamente significativo sino expresivo (Sobejano, *El epíteto* 139). Lo que todavía resulta más importante es que:

> es precisamente el epíteto, por el hecho de ser un elemento de la frase que nunca es necesario a ella, aquel recurso estilístico en el que, de una manera más pura, se da lo expresivo libre, con exclusión del significado [...] El epíteto es, siempre, *superfluo*, pero, entiéndase bien, no en el sentido peyorativo de que esté de más o sobre, sino muy a menudo en el meliorativo de que se da de más o por añadidura. (Sobejano, *El epíteto* 143)[16]

[16] Cuando Allen Phillips ("*Flor de santidad*"), Ricardo Gullón y Guillermo Díaz-Plaja califican *Flor de santidad* como novela poética o poemática parecen estar contradiciendo a Gonzalo Sobejano ya que, según éste, "el género literario que mejor se presta para un estudio estilístico del epíteto es la *poesía lírica*, por ser este género el que responde mejor a la función expresiva del lenguaje" (147). Sin embargo, dada la cantidad de epítetos que se utilizan en esta obra, su prosa se acerca mucho a esa función expresiva que Sobejano señala como típica de la lírica y que conduce a las apreciaciones de los críticos previamente citados. De hecho, una categoría como "novela lírica" ya implica una fusión de géneros que se ve confirmada por los mecanismos intrínsecos a la prosa de *Flor de santidad*. De ahí surge que, como ha señalado Dru Dougherty, algunas de las primeras recepciones de la obra duden si calificarla, como hace Ángel Guerra, de "poema en prosa" ("Valle-Inclán" 345) o, como hace José Nogales, de "poema sin rima" ("Valle-Inclán" 347).

Ésa es la paradójica situación del epíteto porque crea una equívoca relación que está definida por el par opositivo significación/expresividad: cuánto menos significativo parece, resulta ser, en cambio, más expresivo y viceversa. O sea, cuánto más tiende a la redundancia, cuánto más inútil es significativamente hablando, produce una mayor significación artística y una mayor pertinencia; es decir, su trascendencia aumenta en proporción inversa a su rendimiento semántico. Por eso, tal y como observaba *Azorín* al tratar del color en su generación, "Era ineludible que esos escritores [...] hicieran resaltar el más expresivo aspecto de las cosas: el color" (6: 239). Lo cromático y lo epitético combinados en la escritura modernista acumulan la característica riqueza expresiva de sus imágenes y de sus sensaciones, pero esa misma suntuosidad puede convertirse en un lastre debido a la necesidad de prolongar los efectos de la palabra mediante una constante amplificación y modificación. En este tira y afloja lo que está funcionando es la lógica que Jacques Derrida ha descrito con el nombre de suplemento:[17]

> Le supplement s'ajoute, il est un surplus, une plenitude enrichissant une autre plenitude, le *comble* de la présence. Il cumule et accumule la présence. C'est ainsi que l'art, la *technè*, l'image, la représentation, la convention, etc., viennent en supplément de la nature et sont riches de toute cette fonction de cumul [...] Mais le supplément suplée. Il ne s'ajoute que pour remplacer. Il intervient ou s'insinue *à-la-place-de*; s'il comble, c'est comme on comble un vide. S'il représente et fait image, c'est par le défaut antérieur d'une présence. Suppléant et vicaire, le supplément est un adjoint, une instance subalterne qui *tient-lieu*. En tant que substitut, il ne s'ajoute pas simplement à la positivité d'une présence, il ne produit aucun relief, sa place est assignée dans la structure par la marque d'un vide [...] Le signe est toujours le supplément de la chose même. (208)

El movimiento que describe el suplemento es dual y contradictorio ya que ayuda a conformar una totalidad, pero, en virtud de esta creación, manifiesta la inexistencia de una totalidad previa. En otras palabras, todo aquello susceptible de ser suplementado revela que, en realidad, nunca estuvo completo. En virtud de esta equívoca relación, el uso del color en *Flor de santidad*, y en la escritura modernista, está relaciona-

---

[17] Derrida desarrolla la lógica del suplemento en el segundo capítulo de la segunda parte de *De la Grammatologie* (203-34). Una interpretación del término la ofrece Jonathan Culler en *Sobre la deconstrucción* (93-97).

do con los rasgos de la suplementaridad, los que, a su vez, son los rasgos del epíteto y de la expresividad. La consecuente saturación de la escritura es la que precisamente causa el movimiento contradictorio que se establece entre Rosalva y la "moza de la cara bermeja" donde la primera identidad, el nombre propio, acaba siendo sustituida y borrada por su expresivo epíteto, por su suplemento, con la consecuencia final que ninguno de los dos manifiesta una presencia total: el primero porque necesita del segundo, y éste porque completa aquél. De esa forma, la escritura modernista tiende a adquirir una consciencia particular al tener la urgencia de, por una parte, demostrar la proliferación artística de los significados, concentrando la expresión y entreverándola de asociaciones sensuales; mientras, por la otra, debe controlar el inevitable exceso al que tienden los significantes debido a su constante necesidad de expansión.

En este sentido, así como ya hemos visto que las interpretaciones contemporáneas critican la inversión de fondo y forma al tener como punto de referencia la retórica clásica, la escritura modernista vuelve a rechazar y a cuestionar las interpretaciones heredadas del arte literario greco-latino. De hecho, el libro III de la *Retórica* de Aristóteles, al tratar del uso de los epítetos, resalta que si éstos se emplean en exceso, revelan su artificialidad y evidencian su carácter poético. Continúa el Estagirita observando que pueden usarse hasta cierto punto ya que alejan el estilo de lo normal y aportan un aire peculiar; sin embargo también advierte que se debe buscar un término medio, porque de lo contrario, se causará más perjuicio que al hablar sin concierto, porque a un estilo desconcertado le falta mérito, pero su exceso es igualmente vicioso (363). El Modernismo rechaza ese mediano equilibrio y, como consecuencia, es interpretado en términos de exceso e inmoralidad. Su prosa y su escritura ostentan sus cualidades más artísticas, motivo por el cual se aproxima al mundo de la poesía, a un mundo más evocado que nombrado, más sentido que conceptualizado.

Un ejemplo ilustrativo, a pesar de no ser una sensación cromática, sino visual, nos lo ofrece la expresión "extraña ferocidad" que aparece en variadas ocasiones a lo largo del relato. La más significativa se menciona cuando la ventera y su hijo se preparan a inmolar en una hoguera un cordero inocente para deshacer el hechizo que alguien parece haber arrojado sobre su ganado. Ádega ve llegar al peregrino y al quedarse dormida sueña que el hombre es perseguido por una manada de lobos. Cuando se despierta ve al hijo de la ventera cuya "hoz que tenía al hombro brillaba en la noche con extraña ferocidad" (1: 637) sugiriendo que algún acto violento se ha cometido con la herramienta. No obstante ese mismo sintagma con tan ominosas connotaciones ya había sido utilizado previamente en al menos dos ocasiones. Había sido aplicado a los clientes de la venta diciendo que "tenían en el blanco de los ojos una extraña ferocidad" (1: 624) y, en un ejemplo todavía más significativo por su ausencia de connotaciones criminales, se había usado la expresión análoga "las hoces brillan con extraña ferocidad" (1: 620) para referirse al simple acto de cortar la hierba. Esa repetición epitética y suplementaria marca una crisis y una transgresión del sentido, cuyo objetivo último es ofrecer al lector una múltiple gama de referencias que se interrogan mutuamente sin posibilidad de solución final.

De este modo la redundancia cromática, vía la calificación epitética y la suplementaridad, está continuamente presente en la textualidad de *Flor de santidad* para potenciar la expresividad mediante ecos y reflejos. Expresiones iteradas una y otra vez como "violetas de sus ojos" (1: 629, 631, 647, 651, 657) –junto a sus variaciones "ojos de violeta" (1: 610), "una violeta azul" (1: 606), e incluso la "azulada flor de sus pupilas" (1: 612)–; otros como "piedras célticas, doradas por líquenes milenarios" (1: 606, 624) –y su variación "piedras célticas que doraban líquenes milenarios" (1: 626)–; como "blancas guedejas" (1: 609, 613); como "el ciego de la montera parda" (1: 648) identificado por su "parda y puntiaguda montera" (1: 619) y simplemente por "su montera parda" (1: 619) –el "pardo" se asocia también con la "sierra adusta y parda" (1: 605) y con el buscador de tesoros y su "parda anguarina" (1: 653)–; etc., nos sitúan en un mundo hecho a base de pequeñas imágenes de imágenes que se reflejan mutuamente y se superponen las unas a las otras en un movimiento sin fin que las afirma en cuanto reiteraciones intertextuales dentro de la obra y les niega continuamente individualidad y unicidad. El resultado es de nuevo un movimiento contradictorio que fragmenta el texto en pequeñas unidades análogas a pinceladas, pero que, al repetirse, tienden a funcionar como ecos de figuraciones previas o adelantos de subsiguientes alusiones que conectan los fragmentos a modo de teselas en un mosaico o a modo del *trencadís* que caracteriza las coloristas superficies de Gaudí. De ahí surge un texto caleidoscópico que ostenta su propia autoconsciencia, una narración que se consolida mediante las conexiones que forman los elementos que la crean y una obra que se sabe arte al establecer una dinámica que manifiesta y soluciona, a la vez, sus carencias y sus excesos.

La mencionada autoconsciencia se manifiesta dondequiera que miremos y alcanza tanto a los personajes principales como a los secundarios siendo particularmente intensa en el caso de las descripciones paisajísticas. Por ejemplo, en el mundo de *Flor de santidad* el alba y el ocaso comparten una misma sensación cromática y el mismo fenómeno atmosférico: un "rosado vapor" (1: 616, 633). Este mismo color, el rosado, es el de las ubres de las vacas (1: 606, 650), puede ser el "sonrosado" de un rostro (1: 613) y forma parte del nombre de Rosalva. El mismo efecto de composición poliédrica es buscado a través de otros colores como el blanco. De hecho, nos encontramos con "abuelos de blancas guedejas" tanto en la tierra (1: 609) como en el cielo (1: 613); el saludador, a su vez, también tiene "guedejas blancas" (1: 622); la barba de Dios está metafóricamente "nevada" (1: 613) y en el cielo hay "blancos y luengos rosarios de ánimas" (1: 614); Ádega y la ventera llegan "pálidas" (1: 638); ya hemos hablado de la "dueña de cabellos blancos" (1: 655, 656, 657, 659, 660, 661, 662) en el Pazo de Brandeso y de Rosalva, quien además tiene "la nuca más blanca que la leche" (1: 654) y, por esa razón, es rosa –tiene el "rostro bermejo"– y alba; también aparece un "zagal albino" (1: 644), el que tiene una "guedeja lacia y pálida" (1: 644) y es acompañado por su abuela para buscar un amo; su amo, un ciego, tiene ojos "que parecen dos ágatas blanquecinas" (1: 649) y, a su vez, Ádega se fija "en el blanco de los ojos" de los clientes en la venta donde trabajaba; en el mercado de amos los molineros pasan "blancos de harina" (1: 647); las endemoniadas en la bahía de Cristamilde aparecen "envueltas en lienzos blancos" (1: 665), enseñando la "carne lívida de los hombros" (1: 665) y, tras ser despojadas de los lienzos, muestran tanto su "lívida desnudez" (1: 665) como "el pálido pecado de la carne" (1: 665); la Lamia, el espíritu maléfico que intenta seducir a los hombres con riquezas inimaginables los llama con una "mano blanca, que parecía una paloma" (1: 641), del mismo modo que sobre la frente de Ádega "batía como una paloma de alas blancas la oración ardiente de la vieja Cristiandad" (1: 630).

Los usos y asociaciones del blanco no se quedan ahí en esa multiplicidad de referencias entrecruzadas. En el rebaño de Ádega el blanco se metaforiza en "ovejas de nevado, virginal vellón" (1: 614) y se concretiza tanto en una que tiene "Albo y virginal vellón" (1: 616), como en otra, cuyo "picaresco testuz [está] marcado con una estrella blanca" (1: 632); también se habla de "su oveja blanca" (1: 616, 623) –y las variaciones "[la oveja] era blanca" (1: 616), el "cordero blanco" (1: 623) y "aquella [oveja] blanca" (1: 630) aunque no se trata del mismo animal en todas las ocasiones–. Por otra parte, al amanecer, "la mañana estaba blanca por la nieve" (1: 609) y Ádega, tras estar con el peregrino, cree percibir una "celeste albura" (1: 615) mientras "en los montes color de amatista blanqueaba la nieve" (1: 615). En el paisaje puede verse la "niebla blanca de un ensueño" (1: 661) junto al, en ocasiones, "cielo lívido del amanecer" (1: 615) –aquí "lívido" podría apuntar también al color morado–; por su parte, el humo "se levantaba tenue y blanco" (1: 638), aunque puede también ser "indeciso y blanco" (1: 649) o simplemente "blanco" (1: 650). El mismo color puede aparecer en las escenas nocturnas ya que hay una "luna blanca" (1: 637) que en ocasiones es "consoladora y blanca" (1: 661) y en otras es "inmóvil y blanca" (1: 627); por descontado, el astro da una "luz blanca" (1: 627) que se extiende a toda una "noche de montaña [...] blanca por la luna" (1: 626) y, a su vez, se metonimiza en un "camino que se desenvolvía bajo la luna, blanquecino y desierto" (1: 636) y se metaforiza en un "cielo que argentaba la luna" (1: 626).

Esperemos que se disculpen las anteriores enumeraciones, ya que la intención es demostrar de un modo efectivo, cómo la obra está generando constantemente su propio mundo y tejiendo todo un tapiz de relaciones cromáticas que conectan todos y cada uno de los elementos que la forman sin solución de continuidad. Al mismo tiempo no debemos olvidar que todos esos constituyentes generan, a su vez, un conjunto de significaciones y asociaciones connotativas que ya hemos discutido en referencia al ambiente contemporáneo del que participa Valle. Éste es un texto que está definido tanto por la redundancia cromática –ya sea suplementaria, expresiva o epitética–, como por la transitividad que el color tiene para calificar y asociarse a diferentes entidades. Desde este punto de vista es difícil, entonces, compartir la observación de Ronald Quirk cuando, al discutir *Flor de santidad*, dice que "el color blanco aporta una connotación de vejez en frases como 'los abuelos de blancas guedejas'" (40) porque lo que está sucediendo con el blanco y, en general, con los aspectos cromáticos en toda la obra difícilmente puede simplificarse a no ser que se descarten todas las posibilidades asociativas de los colores. En la prosa de Valle los diferentes matices cromáticos no señalan una relación directa entre un elemento y un contenido semántico: su función es mucho más compleja, ambigua y evocadora.

Esta función puede demostrarse si se contrastan algunas observaciones que la crítica ha hecho con lo que realmente sucede en el texto. Por ejemplo, Adelaida López de Martínez ha asegurado que todo en Ádega es dorado, mientras todo en el peregrino es negro (32), María Paz Díez sintetiza la situación de la novela en un binarismo que dice "frente a las ovejas, los lobos–bien y mal, blanco y negro" ("Introducción" 62) y Ricardo Doménech destaca "Adviértase el contraste blanconegro, que acompaña a personajes animales y cosas" (48). Según estas lecturas el blanco y el negro formarían una antítesis, en la que los polos extremos se repelen de modo mutuo, se enfrentan continuamente en una lucha sin tregua y se dividen en una relación exclusiva. Las características de un modo basado en la antítesis, según Roland Barthes, podrían consignarse de la siguiente manera:

> L'Antithèse sépare de toute éternité ; elle en appelle ainsi a une nature des contraires, et cette nature est farouche. Loin de différer par la seule présence ou carence d'un simple trait (comme il se passe ordinairement dans l'opposition paradigmatique), les deux termes d'une antithèse sont l'un et l'autre *marqués* : leur différence n'est pas issue d'un mouvement complémentaire, dialectique (creux contre plein) : l'antithèse est le combat de deux plénitudes, mises rituellement face a face comme deux guerriers tout armés : l'Antithèse est la figure de l'opposition *donnée*, éternelle, éternellement récurrente : la figure de l'inexpiable. (3: 140)

Ya hemos visto todas las personas, animales, elementos del paisaje que son asociados con lo blanco. Siguiendo la aparente relación antitética entre el blanco y lo negro, cabe citar los ejemplos del segundo color. Si bien es cierto que el negro aparece asociado a la "negra figura del peregrino" (1: 605), a su "negra y sucia guedeja" (1: 605) –también expresada como "la guedeja negra" (1: 610)–, a su "negra, desmelenada y penitente sombra" (1: 607), no es menos cierto que se adjunta a "una cabra negra" (1: 606) solitaria y a las "tres cabras grandes y negras" (1: 625), a las "tres cabras negras" (1: 640), del viejo que cuenta historias; a los "caldereros negruzcos" (1: 624) que visitan la venta; a los "foscos y sonoros pinares" (1: 606), a veces descritos redundantemente como "pinares negros y foscos" (1: 627) en los que se destaca el "negro follaje" (1: 632) y las "cimas negras" (1: 653) de los cipreses. En el invierno del hambre la bruja se encuentra en un "rincón calcinado, negro y frío" (1: 608), mientras en el pazo Ádega contempla la "negra campana de la chimenea" (1: 654, 657) y "la negra chimenea" (1: 660). La pastora también cita la "boca negra" (1: 663) del demonio en su delirio, y, metaforizando el color, el narrador advierte que "el miedo la cubría como un pájaro negro" (1: 628) al regresar con su ama a la venta. Por último al caer dormida siente que la cubren "velos negros" (1: 637) y en su sueño también contempla "la negrura del camino" (1: 637).

Lo que problematiza radicalmente una lectura antitética de ambos colores es la explícita aparición de varias secuencias en las que de modo efectivo se conjuntan el negro y el blanco en una supuesta tensión y contraste. La primera de ellas es una mención a un "cordero blanco con manchas negras" (1: 623) y la segunda ocurre dos veces en la ceremonia de las endemoniadas en Santa Baya de Cristamilde. La primera dice "El mar vuelve a retirarse broando, y allá en el confín, vuelve a erguirse negro y apocalíptico, crestado de vellones blancos" (1: 664); la segunda: "A la espalda quedaba el mar, negro y tormentoso en su confín, blanco de espuma en la playa" (1: 666).[18] Todavía hay otra ocurrencia más en el mismo fragmento pero el blanco surge a través de procesos de asociación connotativos y no denotativos: "la ola negra bordeada de espumas se levanta" (1: 665). Lo que deseamos matizar es que la presencia simultánea de ambos colores en la cadena lingüística puede suponer una oposición en términos cromáticos referenciales pero no es una oposición en términos epistemológicos especialmente en un texto cuyo objetivo principal es narrar la ambigüedad.

Ya se ha afirmado en este capítulo que obviamos la referencialidad porque resulta muy problemático su análisis textual. En ejemplos como

---

[18] Varias voces críticas han aprovechado para hablar de claroscuro en este contexto. Así lo han visto María Antonia Sanz Cuadrado (529), María Paz Díez Taboada ("Introducción" 35), Helene Tzitsikas (218) y Allen Phillips ("*Flor de santidad*" 87). Recordemos que *Flor de santidad* enfatiza el blanco de las endemoniadas en la escena nocturna ya que, como hemos indicado, nombra su "carne lívida de los hombros" (1: 665), las presenta "envueltas en lienzos blancos" (1: 665) y señala tanto su "lívida desnudez" (1: 655) como "el pálido pecado de la carne" (1: 665).

los anteriores esta cuestión se agudiza más si cabe ya que el mar, con el que se asocian el negro y el blanco, no es una imagen unívoca como tampoco lo son esos dos colores en la ficción de *Flor de santidad*. El mar en el texto es una alegoría del caos primigenio ya que "[g]uarda en su flujo el ritmo potente y misterioso del mundo" (1: 664). Como caos que es, no tiene esencia puesto que en su seno conviven los contrarios sin que éstos contrasten: precisamente de ahí surge su misterio evocativo y su incognoscibilidad. Esto puede confirmarse al analizar secuencias que sólo superficialmente son antitéticas como "Son sus embates como las tentaciones de Satanás contra los Santos" (1: 665) donde se establece un paralelismo, por una parte, entre el mar y las tentaciones de Satanás y, por otra, entre las endemoniadas y los Santos. La transposición no funciona lógicamente y, de este modo, la pretendida antítesis se desmorona, ya que los polos positivo y negativo de la oposición binaria aparecen invertidos en una equivalencia entre los Santos y las endemoniadas. Finalmente, dicha transferencia semántica no funciona porque la característica principal del mar, lo mismo que la única esencia de las tentaciones de Satanás, es representar una síntesis de contrarios: ocultar una esencia negativa por medio de una apariencia positiva, o viceversa. De esta forma, no es una antítesis de colores lo que tenemos, sino una estructura paradójica de síntesis que adopta la forma de una transgresión que termina con las oposiciones de la antítesis:

> Toute alliance de deux termes antithétiques, tout mélange, toute conciliation, en un mot tout passage du mur de l'Antithèse constitue donc une transgression ; certes la rhétorique peut de nouveau inventer une figure destinée à nommer le transgressif ; cette figure existe : c'est le *paradoxisme* (ou alliance de mots) : figure rare, elle est l'ultime tentative du code pour fléchir l'inexpiable. (3: 141)

De este modo las palabras de Barthes dedicadas a *Sarrasine* de Balzac pueden igualmente iluminar nuestro texto. En concreto, lo que manifiesta la falta de un contraste bipolar claramente definido y delimitado es que los colores y la misma ficción en *Flor de santidad* son equívocos ya que tienen la capacidad de expresar significados contradictorios y agregarse a cualquier tipo de elemento que necesite ser suplementado por razones expresivas. Su esencia es la falta de una esencia –valga la redundancia– lo que provoca su indefinición, pero no su irrelevancia. No son ni positivos ni negativos porque son ambos al mismo tiempo.

En cierto modo, la paradoja y la conciliación de las oposiciones antitéticas es un técnica representativa que se extiende de lo cromático a toda la ficción de *Flor de santidad*, y de ésta regresa a aquél. Por eso, no es casual que todos los acontecimientos determinantes de la acción sean hurtados por la voz narrativa. Los más importantes, aquéllos que provocan cambios irreversibles, aparecen cubiertos por el halo de la incertidumbre y por constituir preguntas sin respuesta: ¿forzó el peregrino a Ádega?, ¿maldijo los rebaños de la ventera?, ¿funcionan los conjuros que se plantean para retirar la maldición?, ¿fue el peregrino asesinado por los venteros?, ¿está Ádega realmente poseída?, ¿está embarazada? Todas las respuestas a estas cuestiones tienen simultáneamente una solución afirmativa y negativa puesto que la narración opta por el multiperspectivismo, por el juego de focalizaciones que aportan datos contradictorios e, incluso, por el silencio. Por ejemplo, la violación de Ádega sucede en el silencio entre el capítulo IV y el V de la primera estancia (1: 612). De hecho, el V desvía la mirada al montar e intercalar un capítulo sobre las visiones de Ádega, y cuando regresamos a la narración, a inicios de la segunda estancia, el peregrino ya "había desaparecido" (1: 615). Si existe una maldición, las recomendaciones del saludador son inútiles. La segunda solución que se da para romper el hechizo recalca la obligatoriedad de inmolar una oveja y regalar una carga de trigo al causante (1: 635). Si esto es así, no tiene sentido que los venteros asesinen al peregrino, puesto que saben que de ese modo el hechizo no se rompe. Por otra parte, la descripción evita especificar el estado del cadáver del romero, aunque sí recalca que Ádega lo halla en "el paraje de su sueño" (1: 637) y que en su sueño ella lo ha visto perseguido por lobos. De todas formas, como Ádega no regresa a la venta no sabemos si el hechizo se deshace efectivamente o no. Igualmente el narrador nunca afirma ni niega la posesión de Ádega, aunque es evidente que no se comporta como las otras endemoniadas en Santa Baya de Cristamilde. Por último, ni siquiera podemos afirmar su embarazo puesto que es solamente el parecer del criado que ni siquiera es confirmado o desmentido por la dueña. A través de todos estos silencios, el narrador se niega a dar respuestas que despejen la bruma que envuelve esta *Historia milenaria.* Los complejos juegos de incertidumbre nunca llegan a ser solucionados por el texto, motivo por el cual la labor del lector es dar forma a las sugerencias, modelando la acción según sus propias impresiones. Hasta hoy en día la práctica totalidad de la crítica escrita sobre *Flor de santidad* es un ejemplo claro del éxito del experimento.

Significativamente, esta imprecisión narrativa unida a la mencionada complejidad de los aspectos cromáticos es más evidente, si cabe, en la composición de Ádega puesto que en ella se unen sensaciones que describen su físico, pero que son proyectadas al mundo donde vive, creando un mismo plano donde se combina lo cromático con los criterios de formación textual. La pastora tiene una "frente dorada como la miel" (1: 606), sus "cejas eran rubias" (1: 606) –del mismo color que las "rubias espigas del maíz" (1: 646)– y en ocasiones simplemente "de oro" (1: 607, 636, 660); también tiene "pestañas de oro" (1: 638, 644, 648) rodeadas por un "cerco dorado" (1: 661), tiene un "cabello de oro" (1: 663) que a veces es descrito como "el oro de sus cabellos" (1: 643) e incluso tiene una "cabeza melada por el sol" (1: 658). Pero esta sensación cromática no se limita a las asociaciones con la inocente pastora, ya que en sus visiones del cielo puede escucharse un "áureo campaneo" (1: 614) y, allí, quienes tocan los instrumentos tienen "sonajas de oro" (1: 614); en su imaginación las conchas del peregrino son "áureas" (1: 625); oye relatos sobre la reina mora y su "peine de oro" (1: 640) y sobre la capilla que se construirá usando "conchas de oro" (1: 642). Como ya hemos dicho vive rodeada de "piedras célticas, doradas por líquenes milenarios" (1: 606, 624) –en una ocasión expresado con la forma "piedras célticas que doraban líquenes milenarios" (1: 626)–. La naturaleza también se encuentra sujeta a los mismos tintes y brillos, ya que, por la mañana, "el sol comienza a dorar la cumbre de los montes" (1: 644) con el "ámbar dorado de la luz" (1: 616) –que a veces se expresa como "ámbar de la luz" (1: 638)– y, consecuentemente, "La campiña se despertaba bajo el oro [...] del amanecer" (1: 616). También "Dora los campos la mañana" (1: 616) y por la tarde se crea una "era yerma y silenciosa, dorada por el sol" (1: 623) poniendo un "nimbo de oro en la cabeza plateada" del saludador (1: 623). El sol también da a los cipreses un "reflejo dorado" (1: 649) para en el ocaso "dorar las cumbres" (1: 629) con la luz de poniente.

Todo el mundo de *Flor de santidad* aparece teñido por el "dorado misterio de las hornacinas" (1: 608) creando un efecto totalizante y a la vez trascendente porque, como observa Oswald Spengler en *La decadencia de Occidente*: "El dorado, en efecto, no es un color [...] [E]l brillo metálico es sobrenatural; no se presenta casi nunca en la naturaleza" (1: 56). El fulgor del metal precioso por antonomasia se complementa con el de la plata o, en otras palabras, el eje metonímico amarillo-oro, se complementa con el de blanco-plata. Como ya se han mencionado los ejemplos de color albo, permítasenos enumerar los del metal argénteo, los que, curiosamente, se asocian sistemáticamente con objetos inanimados, como el "bordón de plata" (1: 625) del peregrino visto en los sueños de Ádega, con la naturaleza y, en especial, con el agua. Se nos dice que ésta "esmaltaba flores de plata" (1: 616) y que corre "esmaltando flores de plata" (1: 639). La luna refleja en el agua su "luz de plata" (1: 652) y, a su vez, el firmamento se ve teñido de su reflejo, puesto que se ve el "cielo que argentaba la luna" (1: 626). También durante el día Ádega y su ama van en busca del saludador, quien vive en un molino "bajo el ramaje de los álamos que parecen de plata antigua" (1: 621).

Si bien en *Flor de santidad*, como hemos visto, el eje blanco/plata pertenece a la luz y a la naturaleza, el eje amarillo/dorado forma parte intrínseca de la elaboración de múltiples aspectos de la obra, sobre todo, de la conformación de Ádega.[19] Aún así, la imagen de la pastora no está basada simplemente en la acumulación de dorados y amarillos que trascienden con su brillo metálico la representación física sugiriendo la presencia de un trasmundo, como afirma Spengler. No podemos afirmar tajantemente junto a Adelaida López de Martínez que "en Ádega todo es dorado: pelo, pestañas, sonrisa, expresión, todo dulzura" (32) porque existe su mirada.[20]

De Ádega se nos dice que tiene "ojos de violeta" (1: 610), los que, en ocasiones, se expresan como "violetas de sus ojos" (1: 629, 631, 636,

---

[19] Ricardo Gullón afirma que "la negra figura [del peregrino] contrasta con la mística blancura de la muchacha" ("La leyenda" 70) a pesar de que el color blanco se asocie mínimamente con Ádega. De modo igualmente desconcertante, Ramón J. Sender manifiesta que "Ádega es una criatura de color gris-lino, gris-estopa, gris-esparto caducado" (107). Desde luego, esta confusión sí que apunta inequívocamente a la capacidad que tiene la obra para autogenerar una serie de impresiones que, en realidad, no están representadas textualmente. No puede haber un testimonio más claro de su autoconciencia.

[20] Se han fijado en los ojos de Ádega, Eileen Doll (331), María Antonia Sanz Cuadrado (536), Guillermo Díaz-Plaja (180), María Paz Díez Taboada ("Introducción" 60) y Ricardo Gullón. Para este último son "sinécdoque de su ser, emblema de su fragilidad y su inocencia" ("La leyenda" 74).

647, 657, 660, 661). Sus ojos son flores, sus ojos son la flor de santidad mediante la cual vemos y percibimos este mundo. De alguna forma todo el universo de la obra adquiere coherencia a través de la unicidad de esta visión, aunque, sorprendentemente, estas violetas no son de color violeta –valga, una vez más, la redundancia, aunque las violetas también pueden ser blancas– ya que se nos dice que en sus "ojos [...] temblaba una violeta azul" (1: 606) y se especifica la "azulada flor de sus pupilas" (1: 612). Ese mismo color aparece asociado con los borrosos "azules" (1: 605) de la venta, y, en su plenitud, con el cielo atmosférico –mediante fórmulas como "la azul inmensidad" (1: 612), "el azul de la noche estrellada" (1: 626), "el azul de la noche" (1: 636), "cielo azul" (1: 653)– y con lo celestial –"En aquellas regiones azules no había lobos" (1: 614)–; con lo lejano e incierto –en ejemplos como "una lejanía de niebla azul" (1: 616, 649) o "montañas azules" (1: 650)– y con lo ignoto y breve –en ejemplos como "la tarde era azul y triste como el alma de una princesa" (1: 632), "sombra azul" (1: 633), "lago azul de sus almas" (1: 641), "breve tarde azul" (1: 660)–. Todas estas transposiciones de colores apuntan, como ya hemos insinuado, a un mundo visto a través de un prisma totalizante basado en relaciones analógicas, ya que tanto las criaturas que en él viven como su contexto son concebidos en una suerte de imagen globalizadora que los aísla del mundo referencial. Esto puede verse tanto en la transitividad con la que operan las sensaciones cromáticas, su capacidad para calificar a todos los objetos y personas de la ficción –si es que dicha diferencia entre objetos y personas puede establecerse en un texto–, como en la ausencia de fronteras que enfaticen la distancia entre lo orgánico y lo inorgánico: todo aparece en el mismo plano de incertidumbre, compartiendo un espacio urdido literalmente por su textualidad. En símiles como "las violetas de sus pupilas estaban llenas de rocío como las flores del campo, y la luz de la mañana, que temblaba en ellas, parecía una oración" (1: 666) nos encontramos explícitamente con la posibilidad de que el texto se esté conformando como una superficie en la que no existen diferentes planos espaciales: los ojos y las flores son análogos, ocupan el mismo espacio, motivo por el cual no hay "profundidad" en la obra, no existe en ella ni un delante ni un atrás, ni un dentro ni un fuera. De hecho, la anfibología textual se explota conscientemente al no explicitar si el "ellas" donde temblaba la luz de la mañana se refiere a las flores de sus ojos, sus pupilas, o a las flores del campo. Esto es indiferente para la escritura modernista y, por consiguiente, la narración, en virtud de su propia textualidad, se ha transformado en un plano único en el que solamente existe una bidimensionalidad pero no una ilusión de perspectiva.

Hemos visto cómo *Flor de santidad* opera y se construye mediante una red de referencias cromáticas que son autosuficientes en cuanto establecen relaciones entre sí mismas y funcionan de una manera independiente superando el concepto de mímesis. El texto se teje como un lienzo que se mantiene y se sustenta gracias al continuo entrelazamiento de sus propios constituyentes. Solamente se necesitan los unos a los otros para darse cierto sentido y apoyarse mutuamente. El fin de la obra, por consiguiente, no es la recreación de un mundo que se tiene por objetivo sino la creación de una tela que se autogenera al basarse en procesos epitéticos o, en términos *derridianos*, sucesivas cadenas mutuamente suplementarias. El objetivo último es potenciar al máximo la expresividad del texto mediante mecanismos connotativos que, en lugar de provocar una dinámica entre tesis y antítesis, sintetizan el texto en múltiples imágenes paradójicas y en acontecimientos bañados por la irresolución. Como consecuencia, la misma obra escenifica toda la gama de posibilidades asociadas con los usos del color que se proponen para, en el proceso, renacer como un monstruo que se genera al mismo tiempo que se destruye.

Es de esta manera que los valores cromáticos situados en la frontera entre una actividad de identificación empírica y una especulativa permiten encapsular implícitamente las relaciones entre lo físico y lo espiritual, haciéndolos a ambos un solo índice de la totalidad donde las antítesis se desactivan y se forman las paradojas. Al mismo tiempo, producen un profundo cuestionamiento del proceso mimético ya que postulan la convivencia de interpretaciones opuestas y terminan con la existencia del referente enfatizando la autonomía de la obra de arte.

Solamente desde este punto de vista que supera las simplificaciones de las oposiciones binaristas puede comprenderse la magnitud del esfuerzo modernista por conformar un nuevo tipo de escritura. Igualmente, sólo así se comprende la radical oposición que la exploración de la sinestesia y de los efectos sensuales provocaba para la retórica clásica. Si ésta se basaba en la oposición entre fondo y forma, entre epíteto y adjetivo, aquélla se fundamenta, como hemos visto, en la capacidad que tiene para producir una serie de referencias contextuales capaces de proyectarse hacia el exterior de la obra y, en cierta manera, imponerse sobre el referente. En esta poética, la palabra junto a sus efectos sinestésicos, sonoros y cromáticos representa el reino de la libertad en el que no existen las oposiciones bipolares que simplifican, a la vez que falsean, los procesos epistemológicos. Lo semántico no tiene más valor que lo rítmico cuestionando las relaciones que el sujeto mantiene con el objeto y, en consecuencia, desestabilizándolos a ambos. Ahora, la palabra anuncia, en sí misma, la relativización de la importancia de los procesos significativos a la vez que es la aurora de una profunda reconsideración de las relaciones entre el discurso y el referente. De ahí surge lo que se percibió como problemática moral asociada a su actividad literaria: la escritura modernista nos lía en sus redes construidas con elementos sensitivos y, al mismo tiempo, impone su autoconciencia en un mundo en el que no existen ni fronteras entre géneros –ya sean literarios, ya sean sexuales– ni valoraciones morales. De ahí que el "afeminamiento" o la "inversión" modernistas celebren la primacía de la apariencia sobre la esencia y nos empujen a ver el mundo desde el punto de vista de un drogadicto para el que lo *nouménico* ha adquirido una densidad tal que ya no importa lo fenoménico. Para orientarse en este mundo de reflejos hará falta luz, la luz de una lámpara maravillosa.

Capítulo IV

Experiencia mística y experiencia narcótica: correspondencias analógicas en *La lámpara maravillosa*

A pesar de que entre la publicación en forma de libro de *Flor de santidad* (1904) y la de *La lámpara maravillosa* (1916) median doce años, la escritura que Valle-Inclán utiliza en ambos casos es análoga en cuanto recursos y medios.[1] En cuanto al color, se siguen observando los usos expresivos, suplementarios o epitéticos que habíamos previamente señalado; pero, en este caso, el texto revela conscientemente los orígenes de esta hiperestesia que caracteriza la escritura modernista, combinando y superponiendo los atributos de una experiencia mística a una narcótica. En ambas, la representación de la sinestesia será, una vez más, determinante. Sin embargo, y a pesar de estas similitudes entre las dos obras, es necesario subrayar la excepcionalidad de la última, ya que, tal y como Luis T. González del Valle ha apuntado, "La importancia de *La lámpara maravillosa* es tal que Valle le asigna, muy significativamente, el primer volumen de su *Opera Omnia*" (*La ficción* 76).[2] En este sentido,

---

[1] Tomamos como punto de referencia la publicación en forma de libro porque, como ya hemos dicho, el material para *Flor de santidad* comienza a aparecer años antes de publicarse el volumen. En cuanto a *La lámpara maravillosa*, la situación es similar. Javier Serrano observa que los primeros fragmentos aparecen entre 1912 y 1915 en las publicaciones *Nuevo Mundo* y *La Esfera* y en periódicos como *La Nación* y *El Imparcial* (*Artículos* 176-77). La primera edición, incompleta, se publica en 1916 y la definitiva en 1922. Sin embargo, Jean-Marie Lavaud ha extendido el proceso de gestación de la obra: "*La lámpara maravillosa, ejercicios espirituales* [...] es una obra en génesis desde 1908" ("La acotación" 149).

[2] Los primeros volúmenes de la obra completa de Valle ven la luz en 1913: II (*Flor de santidad*), III (*La Marquesa Rosalinda*), V-VII (*Sonatas*), IX (*Aromas de leyenda*). Este dato tan relevante acerca del privilegiado lugar que se otorga a la obra en el plan de Valle ya es un lugar común: "*La lámpara maravillosa* ocupa un lugar central en este proyecto. Valle-Inclán se lo otorgó al diseñar su *Opera omnia*. La colocó al frente de la colección como se coloca un programa y una fe de intenciones. Y no menos un balance del

La lámpara es el umbral simbólico a través del cual el escritor proponía dar a conocer el resto de su obra, incluso tres años antes de haber concluido el proyecto. Por esto no es solamente uno más de los elementos que forman el corpus valleinclaniano, sino que es concebido, en cierto sentido, como prólogo, antecedente e, incluso, génesis de todos ellos. Al mismo tiempo, representa tanto la puesta en práctica de un sistema estético como su interpretación.[3] Por este motivo, mantiene una triple relación con la escritura modernista: en primer lugar, es un ejemplo prototípico de ésta; en segundo, se convierte en exégesis de su propia actividad; y, en tercer lugar, el texto es un manual de iniciación dirigido a la educación o entrenamiento de la sensibilidad de otros artistas. Este

---

camino recorrido hasta ese momento" (Rubio Jiménez 118). Tal y como Virginia Garlitz recuerda ("La evolución" 212), el propio autor en una entrevista hecha al llegar a México en 1921 y publicada en *Repertorio americano* el 21 de septiembre de dicho año, admite a los periodistas: "ese es el libro del cual estoy más satisfecho, tanto por la forma como porque me parece que logré la idea que tenía, de que él despertara en cada uno de los lectores una emoción diversa y que como los antiguos libros de las escuelas iniciáticas de Alejandría, pudiera tener verdades de eterna belleza; siempre nuevas, porque cada quien que las siente, puede interpretarlas" (*Entrevistas* 200). También puede leerse esta entrevista en *Un Valle-Inclán olvidado* 121. La misma idea la repite Ramón Gómez de la Serna en su biografía de Valle al decir que "*La lámpara maravillosa* [...] es el libro que recomienda a sus hijos como el único en que él tenía plena fe" (19).

[3] De hecho, parte de la crítica valleinclaniana ha utilizado *La lámpara maravillosa* como plataforma o cedazo a través del cual se interpretan otras obras del escritor. Por ejemplo, Dolores Romero López la ha usado para leer *Aromas de leyenda*; Carol Maier ("Notas sobre la melancolía") para comparar al poeta protagonista de la obra con el Marqués de Bradomín y, también, para ver a su luz *El embrujado* ("*El embrujado*"); Virginia Garlitz ("La estética") y Robert Lima ("The Gnostic") para relacionarla con *La medianoche*; Rosa Alicia Ramos para integrarla dentro de la tradición oral; Catherine Nickel ("Valle Inclán´s") para leer *La rosa de papel*; Luis T. González del Valle para relacionarla con Augusta ("*Augusta*") y con *El embrujado* ("*El embrujado*"); Albert Le May para compararla con *Las lumbres de mi hogar*; Jacques Beyrie para contrastarla con *Flor de santidad*; Ignacio Soriano para usarla como punto de partida interpretativo de los esperpentos y, en su misma dirección, se ha manifestado Claude Poullain; Javier Gómez la ha puesto en correlación con el poemario *El pasajero*. Finalmente, Óscar Cornago Bernal, en sendos artículos, partiendo de la óptica del Modernismo, ha conseguido no solamente trazar las sincronías estéticas que existen entre *La lámpara* y el ambiente dramático contemporáneo ("Renovación escénica"), sino también explicitar las que se manifiestan entre el tratado de Valle y la renovación teatral de los años sesenta ("La renovación teatral").

triple objetivo hace que nos encontremos ante un texto híbrido y multifacético, en el que los pasajes descriptivos son minoritarios en relación a los expositivos, motivo por el cual la incidencia de lo cromático, siempre teniendo como punto de referencia *Flor de santidad*, es cualitativa y cuantitativamente diferente. Sólo desde estas múltiples perspectivas puede entenderse la heterogénea base del tratado estético, en cuanto ilustra un discurso artístico concreto y en cuanto se enfoca metaartísticamente en sí mismo.[4]

Fiel a este contenido metaartístico, *La lámpara maravillosa* se relaciona con el ambicioso proyecto que intenta recontextualizar el papel del artista en la sociedad del período que abarca la agonía del siglo XIX y los albores del siglo XX. Así, el creador debe autoconstituirse, en el caso de la obra literaria, a base de una serie de elementos textuales que producen a la vez obra y "persona". Es decir, el escritor crea los textos, pero, de modo inverso, éstos también lo crean a él. La abundancia de recursos estilísticos presentes en la escritura modernista obedece, entonces, a la plasmación de una mayor densidad textual que repercute en la validación del discurso literario: ahí radica la modernidad de autor y obra. Por este motivo, en el caso de los elementos cromáticos, éstos ilustran la nueva sensibilidad de la que el escritor modernista hace gala para explicitar su diferencia respecto a otros posibles acercamientos estéticos. Tal y como la voz de *La lámpara maravillosa* admite, existe la necesidad de

[4] A pesar de esta importancia, la obra de Valle obtuvo, hasta fechas recientes, una recepción muy ambigua y, en mayor medida, el silencio de la incomprensión. Dos de los críticas más negativas fueron realizadas por Juan Ramón Jiménez y Guillermo de Torre y trataban precisamente acerca de la falta de claridad: "La crítica profunda no le cojía el ánimo funámbulo. Por eso su 'lámpara maravillosa' da tanto hueco humo" (*Prosas* 90); "¿Por qué Valle-Inclán, llegado a un punto crucial de su obra, en vez de aplicarse a semejante indagación, hubo de alumbrarse con una lámpara obsoleta, tan menguada de pabilo, con fulgores tan mortecinos, que daba más humo que luz?" (Torre, "Claves" 3). En el extremo opuesto, Antonio Machado en una carta dirigida a Valle y recogida por José Antonio Hormigón quedó fascinado con la obra: "Mil gracias y mil enhorabuenas por esa portentosa *Lámpara maravillosa* que he leído y releído con deleite, después de conocida toda ella a fragmentos" (Hormigón, *Valle-Inclán: Biografía* 3: 703-04). A juzgar por la respuesta que Valle da a una carta de Unamuno, el rector de Salamanca también recibió bien la obra, puesto que comienza diciendo "No quiero dejar de escribirle desde París para agradecerle las buenas razones de su carta, y el juicio que le ha merecido *La lámpara maravillosa*" (Hormigón, *Valle-Inclán: Biografía* 3: 261).

marcar esta singularidad diciendo que "Nuestras almas inquietas de modernidad vierten en los ritmos viejos el tesoro de sus emociones nuevas" (1: 1930).[5] Como consecuencia directa tenemos la creación de una nueva imagen del escritor, en cuya creación se combina lo antiguo y lo contemporáneo. El objetivo será demostrar esa yuxtaposición a través de la escritura y ofrecer una prueba fehaciente de que se pertenece a la élite de los hiperestésicos. Esto se conseguirá enfatizando la representación de una especial sensibilidad anclada en lo visual, pero extendida a todo refinamiento sensorial. En concreto, Valle se enfrenta a la labor de explorar esta nueva perceptibilidad a través de la unión de dos tradiciones que lo preceden y que habían sido conectadas en los discursos artísticos consolidados durante el siglo XIX: la del místico y la del drogadicto. Ambos estados aparecen equiparados discursivamente a lo largo de *La lámpara* con la intención de redefinir o recontextualizar el papel del artista moderno en cuanto visionario capaz de trascender la apariencia de la realidad.

Para alcanzar dicho fin, la voz narrativa se apoya como una de sus estrategias básicas en una estructura de pensamiento analógica. Esta gnoseología permite alcanzar la comprensión y la aprehensión del mundo extralingüístico a través de una escritura que concibe el rastro de la realidad como índice de otro mundo más armónico y espiritual. En consecuencia se produce una gran desconfianza de los procesos basados en la experiencia de lo tangible y de lo racional. Es por este motivo que, más allá de las epistemologías positivistas vigentes como único modelo científico válido durante el siglo XIX y comienzos del XX,

---

[5] La filiación de dichas ideas nos remite a las palabras que Charles Baudelaire ensayó en "Le Peintre de la vie moderne" para definir la experiencia de la "*modernité*": "La modernité, c'est le transitoire, le fugitif, le contingent, la moitié de l'art, dont l'autre moitié est l'eternel el l'immuable" (2: 695). A este respecto véase el libro de Luis T. González del Valle, *La canonización del diablo*, que trata precisamente de la presencia directa o indirecta de Baudelaire en los escritores españoles de principios de siglo, incluido Valle-Inclán. Dicha idea de lo moderno entra en conflicto con las características de la Modernidad que Ortega y Gasset expresaba en *La rebelión de las masas* en una nota a pie de página: "La palabra 'moderno' expresa, pues, la conciencia de una nueva vida, superior a la antigua, y a la vez el imperativo de estar a la altura de los tiempos" (4: 390). Si bien esa idea es la que en el capítulo primero hemos relacionado con la vorágine de la Modernidad, creemos que debe ser matizada al hablar del Modernismo en cuanto estética.

en el mundo del arte modernista se produce una revalorización de procesos cognitivos relacionados con la intuición o, en el caso de *La lámpara*, la Contemplación. A diferencia de lo que sucede en el Realismo, la escritura modernista se orienta hacia la búsqueda, producción y representación de estas revelaciones, estas epifanías, para mostrar, más allá de la aparente fragmentación superficial, la necesidad de franquear las apariencias y de expresar un mundo formado por relaciones más profundas.[6] De esta manera, en el sistema artístico modernista se vinculará la obra concreta y su contenido con ciertos valores espirituales adquiridos estéticamente. Ésta es una de las razones por la que los elementos cromáticos se verán reafirmados al permitir todo tipo de transferencias analógicas.

Ha sido Michel Foucault, quien, en *Les mots et les choses*, ha explicado que la analogía y su estructura de pensamiento son características de una epistemología premoderna clausurada como discurso de saber hacia finales del siglo XVI con la muerte del Renacimiento. En su influyente libro explica que la analogía pertenece al mismo campo semántico que la *convenientia*, la *aemulatio* y la *sympathia*, pero, a diferencia de éstas:

> elle assure le merveilleux affrontement des ressemblances à travers l'espace; mais elle parle [...] d'ajustements, de liens et de jointure. Son pouvoir est inmense, car les similitudes qu'elle traite ne sont pas celles, visibles, massives, des choses elles-mêmes; il suffit que ce soient les ressemblances plus subtiles des rapports. (36)

---

[6] En 1973 Emilio González López titulaba un artículo que publicó en la revista *Grial* como "A visión epifánica de Galicia" en referencia a *La lámpara maravillosa* donde se afirmaba que la técnica epifánica "é a pedra de toque do arte simbolista" (6). Por su parte Gonzalo Sobejano al tratar determinados segmentos de *La lámpara* como "poemas en prosa" se fija en nueve momentos que "son verificaciones de epifanías" ("Poema" 33). También Darío Villanueva, al tratar de *La medianoche* observa que la "visión de altura" coincide con lo que James Joyce llamaba "epifanías" añadiendo en una nota a pie de página: "Tales 'epifanías', bajo otras denominaciones como las de 'instante', 'impresión', 'momento', 'reminiscencia', etc., constituyen una de las constantes estéticas que traban más íntimamente con Joyce y con Valle-Inclán a otros escritores del Modernismo europeo, como Proust, Virginia Woolf, Unamuno, Huxley, Gide o Azorín. Quede tema tan sugestivo como éste para un más amplio desarrollo en otra ocasión" (*Valle-Inclán* 114-15).

De este modo concebida, la analogía late oculta bajo las apariencias de los objetos y debe ser descifrada a través de un proceso hermenéutico en el que indirectamente aquéllos adquieren relaciones, valores y significados distintos. Esto se consigue a través de sutiles afinidades y similitudes evocadas por su apariencia, las que se deben explicitar para poder acometer una interpretación y para ser conscientes de que los consiguientes enlaces crean una red interdependiente de vínculos que dan coherencia al cosmos. Resulta especialmente significativo que esto afecte tanto a las cosas como a las palabras. De hecho existe la posibilidad de que las segundas se conviertan en las primeras y viceversa:

> Il n'y a pas de différence entre ces marques visibles que Dieu a déposées sur la surface de la terre, pour nous en faire connaître les secrets, intérieurs, et les mots lisibles que l'Ecriture, ou les sages de l'Antiquité, qui ont été éclairés par une divine lumière, ont déposés en ces livres que la tradition a sauvés. Le rapport aux textes est de même nature que le rapport aux choses; ici et là ce sont des signes qu'on relève. (Foucault, *Les mots* 48)

Estas marcas visibles de lo divino operan en la superficie de los objetos, pero descubren palpitaciones internas. Además, deben ser percibidas con cierto nivel de transparencia puesto que son indicios de recónditas y armónicas revelaciones. Revelaciones que también están contenidas en las palabras y que, finalmente, colocan a la par el universo y el texto: ambos pueden ser leídos, iluminados e interpretados más allá de su exterioridad, aunque mediatizados por ella.

Como resultado, el cosmos regido por la analogía se presenta codificado del mismo modo que un lenguaje, el que, aunque investido ahora por el poder de lo sagrado y la trascendencia, necesita ser interpretado de la misma forma que el mago o el adivino busca el futuro en los signos del presente. El modo a través del cual se consigue el tendido de ese puente entre mundos requiere un modo de pensamiento que se aleje de la epistemología de lo positivo y de un lenguaje concebido instrumentalmente como trasunto del mundo referencial. Ésta es una lengua que tiene un doble objetivo simultáneo –comunicar y evocar– que no siempre aparece sincronizado. De hecho, suele adquirir cierto grado de opacidad debido a la fugaz manifestación de la analogía. De modo complementario se rige a través de códigos sujetos a los ecos de un absoluto y manifestados más allá de la experiencia física y de las supuestas diferencias entre las cosas. Consecuentemente, las leyes que ordenan dicho mundo intuido y entrevisto no son las de una verdad positiva, sino las que han sido establecidas de antemano por una conciencia superior. En este caso, Dios.

Éste es, a grandes líneas, según Foucault, el episteme del siglo XVI. Así, justo en el momento en que las características de la Modernidad –en cuanto ésta enfatiza métodos analíticos de conocimiento– comienzan a manifestarse en Occidente, desaparece, poco a poco, el planteamiento de una cosmovisión basada en la semejanza, la interrelación y la concordancia de todos los elementos que la forman. Si bien esta desaparición se llevará a cabo efectivamente en el discurso de las ciencias, el saber hermético conservará vigente dicha epistemología y el Modernismo aprovechará conscientemente este conocimiento adaptándolo a su fin estético. Así, en el siglo XIX, el ámbito del arte beberá de fuentes ocultistas –como el Espiritismo, el Neopitagorismo, el Teosofismo, el Orfismo, entre otros– buscando un sustrato de espiritualidad que permita imponer un orden suprasensible al caos que amenaza al ser humano. Ésa es la respuesta contingente que el arte da al enfrentarse a la problemática de la representación estética y al insertarse en la Modernidad.

En un plano más general, ésta es otra de las principales paradojas del Modernismo ya que, simultáneamente, aparece mirando en dos direcciones: hacia el pasado y hacia el presente. Esa dualidad jánica se presenta al nutrirse de fuentes modernas y premodernas, mientras se intenta armonizar, sintetizar y actualizar varias tradiciones heterogéneas. Así se explica que la voz de *La lámpara* al entrever la forma de su ser trascendental, su Daemonium, diga que éste "Baila siempre [...] a un son cambiante, moderno y antiguo, como si en la flauta pánida oyese el preludio de las nuevas canciones" (1: 1911). Mediante ese recuerdo del futuro, el Modernismo no concibe la *concordantia opositorum* como una categoría problemática, sino como un valor suprasensible y, sobre todo, verdadero. De hecho, gracias a las analogías subyacentes, la paradoja y la contradicción expresan siempre una "divina armonía de contrarios" (1: 1945). Más concretamente, en *La lámpara* la necesidad de expresión de las relaciones analógicas que sólo en apariencia son contradictorias conduce a la obsesión por buscar y revelar estas proporciones. Ésa es la tarea fundamental de los artistas, ya que "El poeta, como el místico, ha de tener percepciones más allá del límite que marcan los sentidos" (1:

1918). Por este motivo la voz de la obra cubre su texto de una escritura que gira obsesivamente alrededor de los vínculos, lazos y comuniones en cuanto representaciones textuales de los rastros de la analogía y de sus percepciones.[7]

Como decimos, esta estructura analógica de pensamiento llega a los siglos XIX y XX a través de los grupos ocultistas de los siglos XVII y XVIII.[8] En la transmisión de las tradiciones esotéricas juegan un papel fundamental las doctrinas del teósofo sueco Emmanuel Swedenborg (1688-1772), las que tendrán una importancia capital para la difusión e introducción del pensamiento analógico en la estética del Modernismo.[9] Entre ellas, la más importante es la noción de correspondencia que se basa explícitamente en una condensación de similitudes acompañada de una multiplicación del significado. Ya para Swedenborg el

---

[7] Aunque no nos podemos centrar en ellas para no desviarnos de la argumentación, sí creemos necesario especificar la presencia de familias léxicas como "enlazar" (1: 1913, 1916, 1917 [tres veces], 1927, 1940, 1944, 1945, 1946, 1950 [dos veces], 1952, 1956, 1965, 1972 [dos veces]), "(des)vincular" (1: 1914, 1915, 1935, 1941, 1943, 1948, 1973), "velar" (1: 1907, 1914, 1963, 1967), "comunión" (1: 1908), "suma" (1: 1913, 1920), "límite" (1: 1918), "quebrantar" (1: 1918), "comunicación" (1: 1918), "combinar" (1: 1920), "cadenas" (1: 1926, 1927), "cautivo" (1: 1929), "himen" (1: 1930, 1974), "tela" (1: 1932), "matriz" (1: 1930, 1971, 1933), "hilo" (1: 1935, 1948, 1957).

[8] El tema esotérico en *La lámpara maravillosa* ocupa gran parte de la bibliografía crítica publicada hasta la fecha. Virginia Garlitz es la gran especialista en el tema (véanse "La evolución", "Fuentes", "El concepto", "El ocultismo", "Moya del Pino", "*La lámpara*", "Los ocultistas"). Giovanni Allegra también le ha dedicado varios estudios ("Introduzione", "Sobre unas claves", y "*La lámpara*") así como lo ha hecho Robert Lima ("The Triads", "The Path", "Renaissance"). A la monografía de Humberto Maldonado, se han unido otros estudios que inciden en la cuestión esotérica, en la búsqueda de fuentes o en las conexiones con el platonismo. Véanse los artículos de Fernando Barros, Isabel Vázquez, Leda Schiavo ("Una poética"), Marcela Continanza, Mercedes Comellas, Carmen María Martín, Jesús María Monge y Fanny Rubio. A un nivel más general que abarca la obra de Valle, véase el libro de Sperati Piñero, *El ocultismo en Valle-Inclán*. Todavía a un nivel más general que abarca el "movimiento modernista", Cathy Jrade se ha manifestado respecto al tema con las siguientes palabras: "esoteric tradition lies at the heart of Modernist poetics" (*Rubén Darío* 3). Por último, Ricardo Gullón ya había dedicado sucesivos apartados en *Direcciones del modernismo* a las relaciones que éste mantiene con el Orfismo, el Pitagorismo, el Espiritismo y el Teosofismo. Aunque esta lista de referencias no es exhaustiva, sí ofrece la idea de su importancia.

[9] Véase el capítulo II de *El movimiento simbolista* de Ana Balakian que explora la herencia que Swedenborg deja en los románticos (25-43).

color se correspondía con unos valores espirituales predeterminados en su universo místico. Así, en su obra más importante *Heaven and Hell* (1758) expresaba: "White, also, both clear and opaque, corresponds to truth, and colors to its varieties" (*Heaven* 84). El hecho de que el cromatismo se impregne de estas correspondencias semánticas, en cuanto los colores son variaciones de la prístina verdad del blanco, revela que en este mundo cargado de alusiones no existe ni lo casual ni lo fortuito ya que todo aparece ungido por lo divino, por el manto del orden natural, por la importancia y por la equivalencia de los transustanciados elementos de lo real. Por otra parte, la importancia que se concede a los colores como diferentes manifestaciones de la verdad trascendente radica en los valores ascéticos encarnados en la palabra. Para Swedenborg ésta tiene un carácter sagrado por haber sido otorgada por Dios y por ser vehículo de la revelación divina. Para recalcar este papel sacro dedica una parte de su libro *The Four Leading Doctrines of the New Church* (199-274) a la caracterización y descripción de la palabra en la que el pensamiento analógico se manifiesta en todo su poder. Un ejemplo característico de este modo de razonamiento puede ser el siguiente fragmento extraído de esta misma obra:

> Lest therefore mankind should remain any longer in doubt concerning the divinity of the Word, it has pleased the Lord to reveal to me its internal sense, which in its essence is spiritual, and which is, to the external sense, which is natural, what the soul is to the body. This internal sense is the spirit which gives life to the letter; wherefore this sense will evince the divinity and sanctity of the Word, and may convince even the natural man, if he is in a disposition to be convinced. (101)

Si Swedenborg no tiene ninguna duda acerca de la sacralidad de la palabra, tampoco vacila al describir su sentido en términos dualistas: ésta tiene un sentido interno y uno externo análogos a la relación entre alma y cuerpo. Por esta razón, su naturaleza es sencilla y, al mismo tiempo, pluridimensional. Desde un punto de vista estrictamente lingüístico, el sistema descrito por el teósofo es profundamente diferente del binarismo entre significante y significado en el que se basa la lingüística moderna. La presencia de la analogía lo complica puesto que a esta organización se añaden sucesivos estratos de sentidos creando finalmente dos significados, uno externo y uno interno. Foucault explica el funcionamiento de este sistema sígnico fijando históricamente en el Renacimiento dicha concepción:

> A la Renaissance, l'organisation est différente, et beaucoup plus complexe ; elle est ternaire, puisqu'elle fait appel au domaine formel des marques, au contenu qui si trouve signalé par elles, et aux similitudes qui lient les marques aux choses désignées ; mais comme la ressemblance est aussi bien la forme des signes que leur contenu, les trois éléments distincts de cette distribution se résolvent en une figure unique. (*Les mots* 57)

En esta noción ternaria del signo lingüístico basada en forma, contenido y similitud, el papel del poeta o del místico aparece predeterminado por ser a quien se le revela, y por ser quien puede revelar, la conexión entre el sentido externo y el interno, entre lo físico y lo espiritual. A su vez, el dominio de la similitud explicita la relación con otros elementos análogos, pero se mantiene de modo tácito en los velados ecos que resuenan en el cosmos de la connotación. Por eso, cuando la voz de *La lámpara* afirma que "El Verbo [se simboliza] en el enlace de la forma y la esencia" (1: 1972), se presenta una caracterización del signo en la que el significado denotativo de la palabra es parte de la forma, mientras la fugitiva esencia es lo que le da aliento y establece su trascendencia. Así, aunque al igual que Swedenborg y sus herederos decimonónicos este verbo esencial se caracteriza a través de valores religiosos y espirituales, también lo diferencia de él una aguda conciencia de finitud al saber que "*la palabra es impotente para la expresión de las sensaciones*" (1: 1911; énfasis en el original) excepto cuando su dimensión taumatúrgica la transforma en Verbo. Sin embargo es necesario observar que esta conciencia irónica conduce paradójicamente a una fe mayor en la escritura, convirtiéndola en una enfermedad orgánica expresada en la "fiebre del estilo, como un estado místico" (1: 1910). Ese estilo febril perfora el cuerpo de la palabra y la transustancia en Verbo analógico. De ahí que se geste una relación ambigua entre Verbo y palabra, ya que ambos términos no son sinónimos perfectos: la segunda es signo –significante y significado–, el primero es signo más esencia, cuerpo más espíritu.

Si Valle es heredero de estas nociones es porque los escritos místicos de Swedenborg tuvieron gran popularidad a lo largo del resto del siglo XVIII y del siglo XIX, pasando a formar parte de la cultura popular del momento. De particular envergadura es la adaptación para la estética de su concepción de la palabra en cuanto correspondencia con valor literal y valor espiritual. Por ejemplo, en 1837, el barón Frédéric Portal al escribir *El simbolismo de los colores* manifiesta que "Los colores que brillan en la tierra corresponden a los matices que el vidente percibe en el mundo de los espíritus, en el que todo es espiritual y, por consiguiente, pleno del significado" (9).[10] Por su parte, Baudelaire inmortalizará para la literatura el término de correspondencias, en su soneto homónimo contenido en *Les fleurs du mal* (1857), cuyo octavo verso lee: "Les parfums, les coleurs et les sons se répondent" (1: 11). Esta idea no es sino la base epistemológica que subyace a la importancia de la sinestesia. El mismo escritor, al explorar una idea idéntica en la escritura de Gautier, añade en 1859: "Il y a dans le mot, dans le verbe, quelque chose de sacré qui nous défend d'en faire un jeu de hasard. Manier savamment une langue, c'est pratiquer une espèce de sorcellerie évocatoire. C'est alors que la couleur parle, comme une voix profonde et vibrante; [...] que le parfum provoque la pensée et le souvenir correspondants" (2: 117-18). Esa cadena de relaciones sensuales producida por la palabra sagrada será constante fuente de inspiración artística. Incluso, "la moda swedenborguiana condujo a conciertos de perfumes [...] [y] Alphonse Kaar expuso las correspondencias entre colores y cualidades abstractas" (Balakian, *El movimiento simbolista* 42). El color, de esta forma, es una correspondencia tanto porque, potenciado por su inherente expresividad, evoca un incierto sentido espiritual como porque suscita múltiples analogías con otras sensaciones y, consecuentemente, actúa como matriz generadora de imágenes sinestésicas.

Desde un punto de vista más específico, a través del concepto de correspondencia, la palabra es capaz de suscitar diversas conexiones

---

[10] La cita atestigua cómo la influencia de Swedenborg alcanza distintos estratos de la cultura del siglo XIX. Al mismo tiempo, Portal dice que la lengua de los símbolos utiliza un sistema ternario, al igual que hacía Foucault cuando hablaba de la analogía, con un significado divino, uno espiritual y otro último profano. Todas estas cadenas de referencias acabarán siendo olvidadas, pero no sus hallazgos en lo que concierne al funcionamiento de la analogía, el papel del vidente y las múltiples redes significativas creadas por los colores. Sobre la contribución española a los grupos teosóficos y los rifirrafes con Swedenborg, principalmente en la Francia revolucionaria del siglo XVIII, véase el capítulo IV del libro VI de *Historia de los heterodoxos españoles* de Menéndez y Pelayo (*Edición nacional* 39: 419-76).

que quieren extraer coherencia de un cosmos aparentemente fragmentado. Cuando la voz de *La lámpara* dice "Las nociones de lugar y de tiempo se corresponden como valores del quietismo estético" (1: 1952), está precisamente reutilizando estos códigos. De igual forma y en virtud de esta capacidad evocadora, se manifiestan sus características sagradas, puesto que la correspondencia equivale a transustanciar lo significativo creando varios vínculos de asociaciones subjetivas, las que, a su vez, producen una escisión conceptual. Mediante esta rotura la palabra es sujeta a un proceso que complica los procesos semánticos y multiplica sus connotaciones al mismo tiempo que desestabiliza su denotación planteando una verdadera poética de la incertidumbre. En el caso más simple nos enfrentamos a un significado literal o explícito y otro abstracto o implícito. Ambos significados conviven en el seno de la misma palabra, pero no mantienen una separación estricta, sino que se afectan mutuamente: el literal se hace más abstracto y el implícito se ve influido por el explícito, mientras los dos unidos permiten relacionar lo físico con lo espiritual.

Como ya se ha introducido en el capítulo anterior, en este sistema de reprocidades adquieren gran importancia las asociaciones sinestésicas potenciadas por la constante presencia de los vínculos analógicos. Es por esto que, debido al sustrato teosófico y ocultista que alimenta su uso, la sinestesia hace al escritor moderno deudor de la tradición esotérica en cuanto dicho recurso estilístico es un modo de ofrecer revelaciones al iniciado a través de la escritura. El siglo XIX añadirá una nueva inflexión a esta, ya de por sí, complicada maraña incluyendo la experimentación con sustancias alucinógenas como parte de la imagen de "artista". Ambas referencias, la mística y la narcótica se combinarán para producir las características inflexiones sensoriales de la escritura modernista.

Un testimonio de esta unión de tradiciones puede encontrarse en un artículo publicado en *The Theosophist*, el órgano de difusión de la Sociedad Teosófica, fundada en 1875 por Helena Petrovna Blavatsky (1831-1891).[11] El mencionado artículo, publicado en 1886, se dedica a

---

[11] Señalemos tangencialmente que Valle pone en boca de Max Estrella la siguiente admonición a don Latino: "Todo eso lo has aprendido en tus intimidades con la vieja Blavatsky" (2: 922). Por otra parte, recordemos que el Teosofismo, tal y como lo ha

la sinestesia para intentar demostrar que lo que el fenómeno descrito por la ciencia con dicho nombre tiene su fundamento en doctrinas ocultistas tan antiguas como las expresiones culturales de la humanidad. No obstante, demostrando una vez más las íntimas conexiones que nutren las relaciones entre la reflexión estética y el esoterismo durante el siglo XIX, Madamme Blavatsky dice:

> In that early period [1840] [...] it was shown that the same phenomenon could be produced by means of various narcotics and drugs. Some bolder people, who feared neither a charge of lunacy nor the unpleasant prospect of being regarded as wards [...]made experiments and declared the results publicly. One was Theóphile Gautier, the famous French author. (7: 58)

Es decir, las referencias ocultistas se hibridan con las estéticas. Por supuesto, no solamente Gautier se había dedicado a loar la clarividencia sinestésica asociada con el consumo de sustancias narcóticas, sino que también el autor de *Les fleurs du mal* había hecho uso del mismo vínculo. El estado místico-poético y su sensibilidad pueden ser inducidos a través de sustancias alucinógenas tal y como Baudelaire lo explora en *Les paradis artificiels* (1860):

> Si vous êtes une de ces âmes, votre amour inné de la forme et de la couleur trouvera tout d'abord une pâture immense dans les premiers développements de votre ivresse. Les couleurs prendront une énergie inaccoutumée et entreront dans le cerveau avec une intensité victorieuse. Délicates, médiocres, ou même mauvaises, les peintures des plafonds revêtiront une vie effrayante. (1: 430)[12]

Esa energía e intensidad cromática es la que hallamos representada en la escritura modernista en cuanto índice de sensibilidad y en

estudiado Virginia Garlitz, es un elemento fundamental de la trama en *Tirano Banderas,* como se tratará en el capítulo VI.

[12] Anna Balakian habla de Baudelaire y su relación con las drogas en *El movimiento simbolista* (57-60). Por ejemplo, en el poema "Invitation au voyage" incluido en *Spleen de Paris (Petits poèmes en prose)* el poeta francés dice: "Chaque homme porte en lui sa dose d'opium naturel, incessamment secrétée et renouvelée" (1: 303). Y, por eso, cuando en 1907 Amado Nervo dice "los sentidos de la especie, singularmente los sentidos del poeta, que es el ser representativo, por excelencia, de la humanidad, se han ido afinando y hemos empezado a ver 'hacia dentro'" (100), está haciendo suya esta herencia obviando ya una explícita conexión narcótica.

cuanto vínculo con una tradición estético-ocultista que a finales de siglo ya se había consolidado. El siglo XIX no descubre, sin duda, el poder de los alucinógenos como medio de trascender el plano físico, aunque lo que sí hace es consolidar la tradición que conecta el consumo de drogas con la expresión artística al usarlo como medio de reflexión estética.[13] Por esta razón, los narcóticos se convierten en una vía alternativa para adquirir esa profunda visión necesaria para la creación artística y para conseguir penetrar el mundo de las apariencias. A pesar de que, en términos estrictos, dicha percepción caracterizada por la hipersensibilidad correspondería solamente a un místico como Swedenborg, el escritor se verá a sí mismo como ungido por una perceptibilidad similar. Por eso todas las sensaciones, y entre ellas el campo de lo cromático, serán descritas con mayor delicadeza o mayor intensidad que en la percepción habitual.

Es de este modo que las limitaciones inherentes en las posibilidades de expresión del genio romántico se superan. El impulso para la creación estética ya no reside exclusivamente en un numen misterioso y en la voluble inspiración que predeterminan al poeta e imponen una alternancia autosuficiente entre períodos de aridez y de producción, sino que pasa a ser un camino que se puede encontrar y recorrer conscientemente a través de medios artificiales. De hecho, la relación entre droga y sinestesia que, como hemos visto, señalaba Madame Blavatsky, ya aparecía vinculada en *Les paradis artificiels*:

> C'est en effet à cette période de l'ivresse que se manifeste une finesse nouvelle, une acuité supérieure dans tous les sens. L'odorat, la vue, l'ouïe, le toucher participent également à ce progrès. Les yeux visent l'infini. L'oreille perçoit des sons presque insaisissables au milieu de plus vaste tumulte [...] Puis, arrivent les équivoques, les méprises et les transpositions d'idées. Les sons se revêtent de couleurs, et les couleurs contiennent une musique. (1: 419)

---

[13] Sobre las relaciones entre los escritores del siglo XIX y las drogas véanse los artículos de Leda Schiavo, "Los paraísos artificiales de Valle-Inclán", y de Mario Praz, "El opio y los poetas". Referencias clave en este sentido son *Confesssions of an English Opium-Eater* (1821 en artículos y 1822 en forma de volumen) y su interrumpida secuela *Suspiria de Profundis* (1845), ambos de Thomas de Quincey. Posteriormente recoge esta herencia el artículo "Le Club des haschichins" de Téophile Gautier (publicado en la *Revue de deux Mondes* el 1 de febrero de 1846). *Les paradis artificiels* de Baudelaire se escribe inspirado por la obra de Quincey.

La ebriedad narcótica consigue, pues, esa confusión de sentidos que se materializa en la sinestesia y en las correspondencias necesarias para representarla. Una vez que la genealogía de esta técnica ha sido codificada y asimilada por los escritores se convierte propiamente en una de las marcas tanto externa como interna de la escritura modernista. Valle-Inclán será heredero directo de Baudelaire en muchos sentidos y uno de ellos es a través de esta conexión inherente entre la estética de la droga y el narcótico de la escritura. Así, compárense las palabras anteriores del escritor francés con la experiencia de la ebriedad narcótica en la "Clave I" de *La pipa de Kif*:[14]

> Divino penacho de la frente triste,
> En mi pipa el humo da su grito azul,
> Mi sangre gozosa claridad asiste
> Si quemo la Verde Yerba de Estambul.
> Voluta de humo, vágula cimera.
> Tú eres en mi frente la última ilusión
> De aquella celeste azul Primavera
> Que movió la rosa de mi corazón. (2: 1267)

En Valle se encuentra la pragmática de la teoría baudelariana una vez asimilada: la agresiva sinestesia del "grito azul" provocada por el consumo de hachís y la trascendencia hallada en la "voluta de humo", en lo inasible, son testimonio de una reelaboración creativa de estas tradiciones.

---

[14] La "Clave II" del mismo libro, la que ya se ha citado parcialmente al final del capítulo II para ejemplificar la subversión estética propuesta por el Modernismo, incide en la conexión entre droga y revolución tanto estética como política: "Yo anuncio la era argentina / De socialismo y cocaína. / De cocotas con convulsiones / Y de vastas Revoluciones" (1: 270). Las relaciones entre el hachís y la obra de Valle han sido tratadas por Leda Schiavo, Víctor Fuentes y Alejandro Pérez Vidal. Los tres hacen hincapié en *La pipa de Kif* estableciendo relaciones entre el uso de la droga y una estética de vanguardia. A ellos se ha unido José Francisco Batiste. A pesar de que algunos mencionan los ejemplos presentes en *La lámpara* obvian su análisis porque esta obra pertenece, según sostiene parte de la literatura crítica, a la primera etapa estética del escritor de Vilanova. Desde este punto de vista, este dato es otro argumento a favor de seguir reconsiderando dicha interpretación que ve en Valle un escritor con dos períodos, uno modernista y otro esperpéntico y vanguardista. Es decir, si en ambas etapas se juega con la idea de la experiencia narcótica, debe postularse una estética común a *La pipa* y a *La lámpara*.

Consecuentemente, la escritura modernista se manifiesta al combinar estos discursos teóricos, místicos y narcóticos con el ejercicio estético. La conciencia del poeta-visionario es aquélla que descubre o a la que se le manifiestan esas ocultas consonancias dentro de las apariencias, esas relaciones vislumbradas entre lo físico y lo espiritual.[15] Ahora éste no será un verdadero artista hasta no enfrentarse al reto de traducirlas, en el caso de la literatura, a palabras y bregar contra su materia para hacerla translúcida. Esta transposición que marca la aparición del hecho estético conlleva postular tanto una relación como una revelación para el sujeto. El momento en el cual se produce la unidad del sujeto con el objeto recibe varios nombres –unión mística, epifanía, visión, etc.– todos ellos relacionados con la trascendencia. Por esto, *La lámpara maravillosa* puede leerse como un manual de iniciación donde el narrador revive su transformación en poeta tratando de precisar la sensación y, en seguida, intentar concretarla en palabras. Al mismo tiempo éste se

---

[15] Arthur Rimbaud (1854-1891) representa el resurgimiento de la idea del poeta como vidente asociado ahora a procesos casi inconscientes. Sus ideas se desarrollan en dos cartas escritas en mayo de 1871. En la primera, dirigida a Georges Izambard, manifiesta: "Maintenant je m'encrapule le plus possible. Pourquoi? Je veux être poète, et je travaille à me rendre *voyant* : vous ne comprendrez pas du tout, et je ne saurais presque vous expliquer. Il s'agit d'arriver à l'inconnu par le dérèglement de *tous les sens*" (*Lettres* 113). En la segunda, dirigida a Paul Demeny: "Donc le poète est vraiment voleur de feu [...] il devra faire sentir, palper, écouter ses inventions ; si ce qu'il rapporte *de là-bas* a forme, il donne forme : si c'est informe, il donne de l'informe. Trouver une langue [...] Cette langue sera de l'âme pour l'âme, résumant tout, parfums, sons, couleurs [...] il donnerait plus –que la formule de sa pensée, que la notation *de sa marche au* Progrès! Enormité devenant norme, absorbée par tous, il serait vraiment *un multiplicateur de progrès*!" (*Lettres* 140). Rimbaud combina las ideas del poeta vidente, la creación de la sinestesia y la adaptación de la idea del progreso a la literatura. Ninguna de ellas resulta ser nueva, pero puede ayudar a vincularlo, en más de un aspecto, con otras voces que participan de preocupaciones similares pertenecientes al ámbito de influencia del Simbolismo. Sin embargo, según Anna Balakian, Rimbaud representa un escritor único en el contexto finisecular y, de hecho, no debería entrar dentro del cenáculo simbolista debido a que la influencia en los contemporáneos en el momento de su muerte había sido más bien escasa (*El movimiento simbolista* 75-76). En una línea opuesta a ella, testimonios más cercanos en el tiempo a Rimbaud, lo sitúan dentro de las mismas coordenadas ya que comparten ideas estéticas similares. Regrésese sobre la mención que Valle hace del soneto de Rimbaud en la nota 4 del capítulo II y la correspondiente parte en el cuerpo del capítulo.

propone como modelo que puede servir para ejercitar la sensibilidad de un lector, un alma gemela, que busca lo mismo. De hecho, el narrador del tratado, como se verá más abajo, se halla constantemente inmerso en un mundo fragmentado hasta que la conexión analógica permite oponer los vínculos de la regularidad, de la comparación y del equilibrio, al caos y a la desintegración.

Es de este modo que la posibilidad de "ver" o representar el mundo en su verdad trascendente supone una conexión con lo divino al reconstruir el puente que Dios tendió al crear las palabras y al introducir las secretas correspondencias. Por eso, la capacidad de establecer las analogías y representarlas repercute en la imagen del escritor transformándolo al mismo tiempo en un iniciado y un maestro con una capacidad perceptiva fuera de lo común. No resulta difícil encontrar en *La lámpara* citas que participan plenamente de esta concepción sacralizada de la palabra, al tratar de fijar en su imperfección material "la alusión misteriosa y sutil que nos estremece como un soplo y nos deja entrever, más allá del pensamiento humano, un oculto sentido" (84).[16] A través de este proceso la palabra recupera su valor sagrado, ya que no en vano se ha transformado en el evangélico "Verbo" de San Juan, pero, al mismo tiempo, ante esta presión, su opacidad aumenta en tal grado que llega a convertirse en una clave. De ahí surge la obsesión por el enigma,[17] la cifra,[18] lo hermético,[19] por hallar el modo de "fijar en palabras [...] [el] sentido esotérico" (1: 1910) de las cosas y

[16] Valle parece estar parafraseando uno de los temas más queridos de la imaginería simbolista: "la ambigüedad de la comunicación" (Balakian 127). Consúltese también el artículo de György M. Vajda, "The Structure of the Symbolist Movement".

[17] Para no interrumpir la lectura especificamos aquí que la familia léxica del "enigma" aparece en 1: 1914, 1917, 1918, 1921, 1928, 1935 (por duplicado), 1937, 1939, 1943, 1944 (por duplicado), 1944 (por triplicado), 1945, 1946 (por duplicado), 1947, 1948 (por triplicado), 1949 (por triplicado), 1950, 1954, 1957, 1965, 1970 (por duplicado).

[18] La familia de la "cifra" está en 1: 1908 (por duplicado), 1912 (por duplicado), 1914, 1935, 1944, 1947, 1948, 1968, 1971. En español ya desde la Rima I –la número 11 en el *Libro de los gorriones*– de Gustavo Adolfo Bécquer, la cifra ha sido el objetivo final y también el límite de la palabra poética por excelencia: "Pero en vano es luchar, que no hay cifra / capaz de encerrarle" (versos 9 y 10; 109).

[19] Lo hermético se menciona en 1: 1911, 1920, 1957.

tratar de expresar las correspondencias que existen en ellas, entre ellas y fuera de ellas.[20]

Valle-Inclán no solamente hace uso de este tipo de imágenes en su escritura creativa, sino que también reflexiona acerca de ellas en textos más analíticos. Como ya se había apuntado en el capítulo anterior, cuando el escritor teoriza en su seminal artículo sobre las características de "El modernismo" centrándose en "esta analogía y equivalencia de las sensaciones" (2: 1463) propia de la sinestesia, también está definiendo parte de su poética. De ahí las interdependencias que se pueden establecer entre sus elaboraciones teóricas y sus ejemplos, digamos, prácticos. *La lámpara maravillosa*, en cuanto texto híbrido, contiene ejemplos que ilustran ambas tendencias: la creativa y la reflexiva. De hecho, y a pesar de que "Todas las cosas bellas y mortales que nosotros creamos son para los ojos o son para los oídos alternativamente. Su goce no pueden disfrutarlo los dos sentidos a la vez" (1: 1931), la escritura puede intentar superar hasta cierto punto esta relación privativa. En dicho sentido no es complicado hallar ejemplos de este tipo de combinaciones puesto que la misma escritura yuxtapone lo auditivo, lo visual y la sensación de temperatura en expresiones como "Fue un momento lleno de voces oscuras, de un vasto rumor ardiente" (1: 1909) o como "mi carne sentía la voz oscura de su hermandad con el barro del mundo" (1: 1970). No son éstas las únicas analogías sinestésicas que se establecen, ya que encontramos otras como "Una vista sincera y dulce" (1: 1907), "La luz en las vidrieras celestiales tenía la fragancia de las rosas" (1: 1913), "agreste fragancia campesina" (1: 1925), "la condición del brusco catalán asoma en su romance, que porta el olor de los pinos montañeses con la brea de los bajeles piratas y la sal de la mar" (1: 1925-26), "la armonía de la lengua griega es fragancia de las islas doradas" (1: 1933) y "la palabra fragrante de misterio" (1: 1970).[21] Incluso, en relación a una

---

[20] Recordemos que el volumen IX de la *Opera Omnia* publicado en 1930, reúne los tres poemarios de Valle: *Aromas de leyenda* (1907), *La pipa de Kif* (1919) y *El pasajero* (1920), todos bajo el título *Claves líricas*.

[21] Existen ejemplos ambiguos como, por ejemplo, "el campo se entonaba de oro" (1: 1912) porque puede interpretarse "entonar" como una sensación ya visual, ya auditiva. También tenemos otros que manifiestan los mecanismos sinestésicos sin llegar a crear una sinestesia propiamente dicha: "Me sentí anegado en la onda de un deleite fragante como las rosas, y gustoso como hidromiel" (1: 1916). En otras ocasiones las imáge-

historia cuyo protagonista es el pobre de Asís, dice el narrador "Esta rosa del rosal franciscano tiene el aroma de aquellas que se abrían en los huertos nazaritas cuando pasaba la sombra de Jesús" (1: 1939) metaforizando el relato en la flor "como se enlazan en la gracia de la rosa color y fragancia" (1: 1961).[22] La filiación modernista de todas estas sinestesias viene dada por la característica refinación sensorial de su escritura, la expresividad de sus imágenes y, sobre todo, el mundo trascendente que se vislumbra a través de la palabra.

Como ya hemos anticipado, la aparición de estas secuencias tiene como corolario un proceso de retroalimentación que vincula al creador con su obra, haciéndolos a ambos copartícipes de un mismo complejo: en breve, el escritor da forma a la escritura, pero, a su vez, es configurado por ella. Esta transferencia los ilumina a los dos simultáneamente, insertándolos en una tradición e historiando su genealogía. Por otra parte, los procesos cognitivos ilustrados por la escritura modernista, a través de las conexiones que establece la analogía y sus imágenes sinestésicas, son un medio de expandir los horizontes del mundo tangible y, al mismo tiempo, imponer un orden al caos. Ésta es una gnoseología mediante la cual el mundo adquiere un sentido trascendente y el sujeto puede conectarse o, incluso, asimilarse al objeto. Por eso Roland Barthes la interpela con acritud:

> l'analogie implique un effet de Nature : elle constitue le "naturel" en source de vérité ; et ce qui ajoute à la malédiction de l'analogie, c'est qu'elle est irrépressible [...] : dès qu'une forme est vue, il faut qu'elle ressemble à quelque chose : l'humanité semble condamnée à l'Analogie. (4: 624)

Este efecto de naturalidad es concebido en términos de condena porque es un proceso que una vez comenzado no se puede detener. En cierto sentido, se podría decir que la analogía es totalitaria puesto que a través de ella se querrá dar una respuesta a la fragmentación del sujeto

---

nes sensoriales se coordinan sin llegar a fundirse como en "verdes y fragrantes senderos" (1: 1922), "suaves y azules montañas" (1: 1934), "verdes y suaves linos" (1: 1939) o "un círculo sonoro que se dilataba y se perdía en el azul de la tarde llena de pájaros" (1: 1973).

[22] Catherine Nickel ha equiparado la imagen de la rosa en *La lámpara maravillosa* con la de esta flor en *La rosa de papel*. Sobre las flores como símbolo en el Modernismo, véase Lily Litvak (*Erotismo* 30-47).

moderno. El mundo visto desde una perspectiva analógica consigue reestablecer la "ilusión" de cierta unicidad al multiplicar las posibilidades de relacionarse con los objetos. Así, al clausurar el espacio entre el perceptor y lo percibido, al contextualizarlos y unirlos en un todo, las construcciones de andamiaje analógico nos hablan de un cosmos que se halla en continua comunicación con el ser humano y que le permiten sentirse integrado en él y no alienado. Ya Octavio Paz en *Los hijos del limo* apuntaba la importancia de establecer este tipo de relaciones porque:

> la analogía vuelve habitable al mundo. A la contingencia natural y al accidente opone la regularidad; a la diferencia y la excepción, la semejanza. El mundo ya no es un teatro regido por el azar y el capricho, las fuerzas ciegas de lo imprevisible: lo gobiernan el ritmo y sus repeticiones y conjunciones. Es un teatro hecho de acordes y reuniones en el que todas las excepciones, inclusive la de ser hombre, encuentran su doble y su correspondencia. La analogía es el reino de la palabra *como,* ese puente verbal que, sin suprimirlas, reconcilia las diferencias y las oposiciones. (100)[23]

La analogía y una de sus manifestaciones retóricas, el símil, otorgan un sentido espiritual indeterminado semánticamente, pero concreto estructuralmente. Así, puede comprenderse que María Teresa Cattaneo haya observado que en *La lámpara* "[u]no de los recursos retóricos es el uso insistente del símil" (122). Tan reiterativo que es rara la página donde los "como" –y sus variantes "igual", "semejante", "cual", "parecer", "a modo de"– no aparecen por duplicado en una proliferación de la que es representativa la siguiente muestra: "Era algo muy vago, muy lejano, que había quedado en los nervios como la risa, como las lágrimas, como la memoria oscura de los sueños, como un perfume sutil y misterioso" (1: 1910).[24]

---

[23] Para Octavio Paz las poéticas modernas aparecen inmersas en una tensión constante entre la analogía y la ironía. Este capítulo trata solamente de las redes analógicas construidas en *La lámpara* dejando la exploración de los aspectos irónicos para el siguiente capítulo dedicado a *La medianoche.* De hecho, tanto Carol Maier ("Palabras") como Iván Fernández Peláez han leído la obra buscando sus contradicciones y su trasfondo irónico.

[24] Los ejemplos de símiles y expresiones análogas son los siguientes: "es algo así como una exégesis" (1: 1907), "como cuando la nave llega al puerto" (1: 1907), "como acontece con la conciencia mística" (1: 1908), "difusa como todo aquello que puede ser cifrado en voces y puesto en escritura" (1: 1908), "El más sutil enlace de palabras es

En este sistema analógico las metáforas relativas al sentido de la vista adquieren una relevancia especial, ya que su interpretación no sólo puede ser literal, sino que también se puede referir a la posibilidad de establecer correspondencias, sinestesias y símiles. Incluso llega a ser el paso previo e inexcusable para poder escribir, pero también es el límite inexorable que aleja el significado de la grafía de la visión óptica. Así, en

---

como un camino de orugas" (1: 1908), "como un caracol de los mares" (1: 1909), "como un vaho de horno" (1: 1909), "como un murmullo de marea" (1: 1909), "como los pájaros del nido" (1: 1909), "igual que una hoguera" (1: 1909), "normas luminosas y firmes como un cerco de espadas" (1: 1909), "castigarme como pudiera hacerlo un santo monje" (1: 1909), "como los pájaros" (1: 1910 [dos veces]), "como la risa, como las lágrimas, como la memoria oscura de los sueños, como un perfume sutil y misterioso" (1: 1910), "la fiebre del estilo, semejante a un estado místico" (1: 1910), "cual si de pronto el relámpago alumbrase mi memoria" (1: 1910), "como una gracia nueva" (1: 1910), "parece modelado" (1: 1911), "como otros tantos arcanos" (1: 1911), "como un aroma, como un céfiro, como un sueño, como un anhelo religioso" (1: 1912), "los senderos parecían las flámulas donde escribían las leyendas de sus cuadros" (1: 1912), "comenzaba mi vida a ser como el camino" (1: 1913), "quedó como clavado" (1: 1913), "como en un huerto sagrado" " (1: 1913), "Amé la luz como la esencia de mí mismo" (1: 1913), "como las estrellas en las largas rutas del mar" (1: 1914), "se juntan como las manos para rezar" (1: 1914), "como un hombre condenado" (1: 1914), "gocé como un pecado místico" (1: 1914-15), "El momento más pequeño era un sésamo" (1: 1915), "como si hubiese vivido mil años" (1: 1915), "se abrían como círculos" (1: 1915), "ninguna tanto como los cristales" (1: 1916), "emociones como los círculos abiertos por la piedra" (1: 1918), "la vida pasada era como el verso lejano" (1: 1918), "reviste las palabras de un nuevo significado como de una túnica de luz" (1: 1921), "como las estrellas en el fondo cenagoso de una cisterna" (1: 1921), "como una simiente de oro" (1: 1921), "estaba como una suma mística en su voz" (1: 1922), "como la muerte cierra la vida" (1: 1922), "tan sutil como lo fue el poeta al decir su consejo" (1: 1923), "como vuelan las alondras" (1: 1924), "como el agua en la vasija" (1: 1925), "su latido, semejante a la luz" (1: 1927), "descifrarla como un enigma" (1: 1928), "normas clásicas que fueron como soles" (1: 1930), "somos como tejedores de una tela inconsútil y dorada" (1: 1930), "son como rosas de la Geometría" (1: 1931), "mundo como una herencia fría en la urna de las palabras" (1: 1932), "como en el amanecer del primer día" (1: 1933), "El pensamiento humano es como el fruto sagrado del Sol" (1: 1933), "las imágenes son [...] como sombras" (1: 1933), "tiene el aspecto ingenuo de una flor en el campo" (1: 1935), "la fatalidad, como un viento sagrado" (1: 1936), "como espectros de nuestra conciencia" (1: 1936), "como la fatalidad en las fábulas griegas" (1: 1936), "como divino ruiseñor" (1: 1938), "como si el mundo acabase de nacer" (1: 1938), "igual que con un divino óleo" (1: 1938), "como rosas que acaban de abrirse" (1: 1938), "como murciélagos de la noche" (1: 1938), "de claro como una flecha" (1: 1947), "un enigma rudo como aquel primer sendero" (1: 1949), "cubrir un plano general, la equiparación entre ambos enfatiza la conexión implícita que existe entre la escritura modernista y la representación de lo visual; mientras que, en uno más concreto, *La lámpara* propone como modelo una sensibilidad que ejemplifica las tareas y objetivos principales de un escritor cuyo fin es tratar de plasmar una visión inequívocamente moderna. Así, repitiendo las mismas ideas que habíamos marca-

---

sus almas, como la sombra de las montañas cubre la llanura al tramonto del día" (1: 1949-50), "abierta en infinitos brazos como un río paternal" (1: 1950), "como la arena de un reloj" (1: 1951), "toda una vida de mil años parece que se condensa en la tela de una araña" (1: 1951), "vértigo como ante los abismos y las deducciones de la Teología" (1: 1951), "alumbra como un cirio de cera" (1: 1951), "Toledo es a modo de un sepulcro" (1: 1952), "nunca están como los ojos las aprenden" (1: 1952), "igual al ojo del pájaro en la visión de altura" (1: 1952), "Las nociones de lugar y de tiempo se corresponden como valores del quietismo estético" (1: 1952), "se revelarían como eternidades" (1: 1953), "ciudades como aquellas desaparecidas hace mil años" (1: 1953), "como las rosas que en las estancias cerradas exhalan al marchitarse su más delicada fragancia" (1: 1953), "como en el tiempo de las peregrinaciones" (1: 1953), "como sus peregrinos" (1: 1954), "evocadora como una crónica" (1: 1954), "es como el polvo de los caminos cuando pasan los rebaños" (1: 1955), "somos como las sombras de una tragedia" (1: 1955), "ojos como los pájaros" (1: 1956), "que mi verbo fuese como un claro cristal" (1: 1956), "como un sueño" (1: 1956), "al modo de creaciones eternas" (1: 1956), "la mirada mortal es algo tan efímero que puede comparársela con el punto que vuela, como decía de la línea recta el divino Platón" (1: 1959), "La unidad del mundo se quiebra en los ojos, como la unidad de la luz en el prisma triangular del cristal" (1: 1959), "llena de luz como una estrella" (1: 1959), "he vuelto como un peregrino" (1: 1961), "como el símbolo de toda mi infancia" (1: 1961), "gemir como un arco" (1: 1961), "tarde lejana con su encanto de azucena celeste" (1: 1962), "estremeció mi alma de niño como un viento nocturno" (1: 1964), "El alma de la ciega era como un caracol marino lleno de resonancias" (1: 1965), "algo como grima agorera" (1: 1966), "como si hubiese vivido mil años" (1: 1966), "como enseña la ciencia alejandrina" (1: 1967), "como eslabones de una cadena, cuando son círculos concéntricos al modo que los engendra la piedra en la laguna" (1: 1968), "la materia sólo se actuó como sujeto de las formas" (1: 1969), "como para los neoplatónicos" (1: 1969), "como si todo hubiese cambiado de repente" (1: 1969), "Como a la piedra y al árbol me aprisionan el paraje donde reposo" (1: 1970), "como la imagen en el fondo del espejo" (1: 1970), "como el pastor y como el lobo" (1: 1972), "como las letras sagradas de los exorcismos" (1: 1973), "mi alma se dolía como el árbol seco de un cruz sin Cristo" (1: 1973), "como acontece en los momentos de máxima emoción" (1: 1973), "llorar las propias atribulaciones, como si fuesen ajenas" (1: 1973), "como el grano de arena" (1: 1974), "como los rayos de una lámpara" (1: 1974), "Yo gozaba la belleza del mundo penetrado de un sentimiento genesíaco, me sentía nacido de la tierra como las flores del campillo verde" (1: 1974), "como el agua de las albercas do al hablar de *Flor de santidad* sobre el desarrollo perceptual del ser humano, se dice ahora: "Ojos y oídos, sutilizados por una educación de siglos, crearán nuevas razones entre las cosas" (1: 1929). Esas nuevas proporciones entre los sentidos se han depurado con la experiencia de la Modernidad y, como consecuencia, ahora se percibe de un modo diferente, más refinado. Las nuevas relaciones propuestas por la sinestesia y la reiteración del símil son quizá el aspecto más evidente de esta nueva sensibilidad, pero no son las únicas. El individuo a la búsqueda de la captación y expresión de lo inefable necesita recurrir a toda una serie de desplazamientos analógicos que le permitan la transferencia entre lo objetivo y lo subjetivo y le conduzcan, finalmente, a la coalescencia trascendental. El texto valleinclaniano conscientemente investiga estas posibilidades totalizantes a través de la metáfora de la Contemplación, ya que ésta

> *es la misma verdad deducida cuando se hace sustancia nuestra, olvidado el camino que enlaza razones a razones y pensamientos con pensamientos. La Contemplación es una*

---

bajo las estrellas lejanas" (1: 1975), "como una estrella de argentinos caminos" (1: 1977), "como un zodiaco divino" (1: 1977), "como fuerzas elementales" (1: 1977). Tal cantidad de ejemplos hace recordar el pasaje crítico que *Azorín* pone en boca de Yuste en *La voluntad*: "En una página, una página breve, y nada menos que seis veces recurre en ella el autor a la superchería de la comparación [...]; es decir, seis veces que se trata de producir una sensación desconocida, apelando a otra conocida [...], que es lo mismo que si yo, no pudiendo contar una cosa, llamase al vecino para que la contase por mí [...] Y observa (y esto es lo más grave) que en esa página, a pesar del esfuerzo por expresar el color, no hay nada plástico, *tangible* [...]; además de que un paisaje es movimiento y ruido, tanto como color, y en esta página, el autor sólo se ha preocupado de la pintura [...] No hay nada plástico en esa página, ninguno de esos pequeños detalles sugestivos, suscitadores de todo un estado de conciencia [...]; ninguno de esos detalles que dan, ellos solos, la sensación total [...], y que sólo se hallan instintivamente, por instinto artístico, no con el trabajo, ni con la lectura de los maestros [...], con nada" (1: 861-62). Lo más curioso de la crítica de Yuste es que, tal y como informa Inman Fox en su edición del texto, se aplica a *Entre naranjos* de Vicente Blasco Ibáñez (nota en página 131) y no, como se esperaría, a un texto de la nueva generación. De hecho, en contraste con nuestras expectativas, pone por ejemplo positivo un fragmento de *La casa de Aizgorri* de Baroja (véase la página 132 de la edición de Inman Fox) haciéndole decir que es "entre la gente joven el de más originalidad y el de más honda emoción estética" (1: 862). Suponemos que, siguiendo estos parámetros, el maestro de *Azorín* en la novela habría criticado seriamente la prosa de *La lámpara maravillosa*. Debemos a Paco Plata el recordatorio de esta cita.

> *manera absoluta de conocer, una intuición amable, deleitosa y quieta, por donde el alma goza la belleza del mundo, privada del discurso y en divina tiniebla: Es así como una exégesis mística de todo conocimiento, y la suprema manera de llegar a la comunión con el Todo.* (1: 1907; énfasis en el original)

El tropo de lo visual no es fruto de la casualidad porque *La lámpara maravillosa* establece como punto de partida que ese conocimiento, esa gnosis intuitiva, es una de las maneras de alcanzar el éxtasis. El poeta busca la comunión con el absoluto usando medios que trascienden la experiencia de lo positivo tratando de percibir un orden subyacente. Y es de este modo que su sensibilidad especial le permite alcanzar ese espacio incierto para luego enfrentarse a la imposible tarea de transmitirlo a través de su escritura.

En esta búsqueda existe un verbo nuclear que sostiene todo el entramado metafórico que permite la exploración del absoluto y los medios de llegar a él. Este verbo, fundiéndose con "contemplar", es "ver" junto a todo su campo semántico, es decir: percibir, vislumbrar, entrever, revelar, notar, mirar, observar [...] Todos estos términos no deben, sin embargo, ocultar que esa visión es diferente a la percepción óptica. De hecho, tratando de explicitar paradójicamente el tipo de visión del que se está hablando, se explorará el campo de la invidencia como un modo de ver sin ver. Así, la misma voz observa, "Las pupilas ciegas de los dioses [...] simbolizan esta suprema visión" (1: 1959).[25] El poeta moderno será, entonces, aquél que puede ver –en palabras de Valle contemplar–, aquel receptivo a asimilar los destellos de esa verdad totalizante y, a continuación, intentar traducirla en su obra escrita. Es aquél que, en definitiva, puede hacer gala de una sensibilidad superior y la demuestra buscando los vínculos analógicos entre dos mundos: el material y el inmaterial. La función principal del poeta es evidenciar ese proceso de transferencia para facilitar el camino a los neófitos, a la vez que, implícitamente, está delimitando de un modo claro entre los que no tienen este don y aquéllos que sí lo tienen. Las palabras de Valle-Inclán son reveladoras en este aspecto: "Allí donde los demás hombres sólo hallan diferenciaciones, los poetas descubren enlaces luminosos de

---

[25] La afirmación ilumina uno de los posibles sentidos de los muchos invidentes que habitan las páginas de Valle-Inclán, incluyendo, entre otros, al Max Estrella de *Luces de Bohemia* y a la misma ciega costurera (1: 1964-65) de *La lámpara maravillosa.*

una armonía oculta" (1: 1917); palabras que adquieren varias dimensiones porque constituyen una declaración sobre la génesis contemplativa de su escritura, forman una comunidad de iniciados y responsabilizan a estos visionarios de acometer la representación de esos vínculos.[26]

De todas formas, y en virtud de la conexión entre mística y narcóticos heredada por el Modernismo, la Contemplación en ocasiones no es algo que le suceda inesperadamente al sujeto a través de procesos inconscientes, sino que parece más bien un estado provocado artificialmente. Muy representativo al respecto es el siguiente ejemplo de *La lámpara maravillosa*:

> Recuerdo un caso en mi vida: Era en el mes de diciembre, ya cerca de la Navidad. Yo volvía de un ferial con mi criado, y antes de montar para ponerme al camino, *había fumado bajo unas sombras gratas mi pipa de cáñamo índico...* Nos quedaban tres leguas largas de andadura, y para atajar llevábamos los caballos por un desfiladero de ovejas. Mirando hacia abajo se descubrían tierras labradas con una geometría ingenua, y prados cristalinos entre mimbrales. El campo tenía una gracia inocente bajo la lluvia. Los senderos de color barcino ondulaban cortando el verde de los herberos y la geometría de las siembras. Cuando el sol rasgaba la boira, el campo se entonaba de oro con la emoción de una antigua pintura, y sobre la gracia inocente de los prados, y en el tablero de las siembras, los senderos parecían las flámulas donde escribían las leyendas de sus cuadros los viejos maestros de aquel tiempo en que las sombras de los santos peregrinaban por los senderos de Italia. Atajábamos la Tierra de Salnés, donde otro tiempo estuvo la casa de mis abuelos, y donde yo crecí desde zagal a mozo endrino. Íbamos tan cimeros, que los valles se aparecían lejanos, miniados, intensos, con el translúcido de los esmaltes. Eran regazos de gracia, y los ojos se santificaban en ellos [...] Fui feliz bajo el éxtasis de la suma, y al mismo tiempo me tomó un gran temblor comprendiendo que tenía el alma desligada. Con una alegría coordinada y profunda, me sentí enlazado con la sombra del árbol, con el vuelo del pájaro, con la peña del monte. La Tierra de Salnés estaba toda en mi conciencia por la gracia de la visión gozosa y teologal. Quedé cautivo, sellados los ojos por el sello de aquel valle hondísimo, quieto y verde, con llovizna y sol, que resumía en una comprensión cíclica todo mi conocimiento cronológico de la Tierra de Salnés. (1: 1912-13; énfasis añadido)[27]

---

[26] Esas palabras de Valle parecen aludir aquí a otro de los complejos temáticos de los simbolistas, "la filiación musical" (Balakian 127), a través del término "armonía", el que, además, sugiere ecos pitagóricos.

[27] Este pasaje tiene una réplica al principio de la *Sonata de Otoño*, como ha observado Torrente Ballester: "Pero existe una página resplandeciente, una página que trans-

A pesar de la incidencia del campo semántico de lo visual, el paisaje del Salnés es percibido fragmentariamente, de modo "geométrico", balanceándose estéticamente entre una totalidad y una serie de imágenes parciales. Entre éstas tienen especial significación las que se asocian a las artes pictóricas, como por ejemplo, "una antigua pintura", un "tablero", las "flámulas", los "valles [...] miniados", los "cuadros" y los "esmaltes". Parecería que no es posible escribir y evocar los vestigios de la realidad sin tener en cuenta sus resonancias metaestéticas y sus parangones metaartísticos. De esta forma el "aura" que envuelve la visión permite la aprehensión del paisaje al mismo tiempo que implica su sublimación y la transformación de éste en un objeto de implicaciones artísticas.

Como demuestra el fragmento transcrito, en el proceso de abstracción, el detonante es fumar la pipa de hachís.[28] El alejamiento, el punto

---

parenta una experiencia muy honda y antigua: aquella en que se describe la aparición de unos feriantes (si no recuerdo mal en un rincón del valle del Salnés). La prefiero a aquella otra, sobre lo mismo, de *La lámpara maravillosa.* Muestra, entre otras cosas, la superioridad de lo que se inventa sobre datos empíricos cuando se compara con lo imaginado sobre datos literarios" ("Viaje" 7). Se trata del segundo fragmento de la *Sonata* (1: 459). En *La lámpara* se incide en varias ocasiones en que el ascenso "a la cima donde la visión es una suma" (1: 1907) es apropiado para el tipo de perspectiva trascendente que busca la voz.

[28] En *La lámpara* hay otro momento en el que se menciona el uso del hachís. En esta ocasión se hace en referencia a la ciudad de Toledo: "Estas piedras tienen para mí el poder maravilloso del cáñamo índico" (1: 1951). Éstas no son, desde luego ni las primeras, ni las últimas referencias que documentaremos en la obra de Valle acerca del uso y efectos de los narcóticos. Ya hemos mencionado en el capítulo anterior, véase la nota 3, que, según el testimonio del propio autor recogido en una conferencia que dio el 29 de junio de 1910 en Buenos Aires, la primera vez que tomó hachís "[b]ebía una taza de café, y tuvo por primera vez la sensación de los dos colores, rojo cobrizo y negro, que se observan vagamente y no diferenciados por la generalidad" (*Entrevistas* 40). Es este refinamiento de la percepción cromática el que demuestra continuamente *La lámpara* aunque no se cite el haber fumado hachís. Por otro lado, es necesario señalar que la relación entre color, percepción y hachís ha sido explorada por otros autores. Por ejemplo, Walter Benjamin, en los protocolos que dejó escritos como testimonio de sus experiencias con la sustancia, también alude al mismo fenómeno: "Los colores pueden tener un efecto extraordinariamente fuerte sobre el fumador [...] Me pareció que lo distintivo en ellos era que poseyesen sobre todo forma, que se identificasen de manera tan perfecta con la materia en la que se manifestaban. Pero al aparecer por igual en lo más diverso –por ejemplo, en la hoja de una flor o en una hoja de papel– se presentaban como

de vista elevado, la luz y los colores son los sucesivos peldaños mediante los cuales la percepción se va puliendo, despojándose de la materia hasta alcanzar la disolución en la totalidad señalada como un cautiverio. La depuración de lo sensitivo que conlleva el estado alterado de la consciencia se refleja en el detallismo microscópico con el que se describen algunos de los elementos paisajísticos y su alternancia entre lo sencillo y lo múltiple contemplados desde la lejanía y desde las alturas. Es importante señalar al respecto que esa agudización se produce simultaneando lo externo, el paisaje, con lo interno, la conciencia, de modo que no se llega a distinguir lo uno de lo otro. De esta forma, el macrocosmos se puede hallar dentro del ser humano en virtud de transferencias analógicas producidas por una asimilación perceptiva que permite afirmar "La Tierra de Salnés estaba toda en mi conciencia". El "color barcino", el "verde de los herberos", el "oro" de los campos, el "valle hondísimo, quieto y verde", unidos a otras sensaciones visuales, consiguen sellar, cautivar y enlazar el sujeto con el universo. De hecho no parece casual que el otro color que aparece en el fragmento se utilice para referirse a sí mismo cuando era más joven. Su autocaracterización como "mozo endrino" alude a su fusión con el color de la fruta haciéndolo copartícipe de un mundo a la vez físico y metafísico, despojándolo de humanidad, pero llenándolo de naturaleza.

Si bien a través del énfasis en los elementos visuales y en el cromatismo la prosa de Valle acaba postulando un sujeto modernista cuyo poder reside en la competencia para ver más allá de lo aparente y para poder trascenderlo, conviene señalar que la nómina de colores que se pueden encontrar en *La lámpara* no es muy extensa. Esto se debe, como ya hemos argumentado, a la intermitencia desnivelada que existe entre exposición y descripción en el tratado de estética. Pese a esta salvedad, los colores aparecen aplicados de una manera sistemática y en

---

mediadores o alcahuetes de los ámbitos materiales; sólo a través de ellos resultaban los más distanciados de dichos ámbitos capaces de fusionarse unos con otros por completo" (*Haschish* 40-41). Del mismo modo, Barthes no puede evitar poner en correlación con Baudelaire, la imagen mística en Santa Teresa contrastándola con la de San Ignacio. En el caso del último, "il a peu de rapport avec cette fascination de l'objet découpé, du détail solitaire et cerné, imprimée par l'extase dans la conscience mystique ou hallucinée: ainsi [...] du mangeur de haschisch appelé à s'absorber pendant des heures, selon Baudelaire, dans la considération d'un rond bleuâtre de fumée" (3: 747-48).

consonancia con los valores expresivos, suplementarios o epitéticos que les hemos atribuido.[29] El verde es siempre el color del reino vegetal.[30] El azul es el color del mar, de las montañas, de algunas flores, de la tarde y, por supuesto, del cielo.[31] El blanco conserva sus matices positivos al suplementar la figura de Cristo en el epitéticamente repetido y paradójico oxímoron de "sombra blanca".[32] Por su parte el negro presenta connotaciones negativas.[33] El barcino, el que alude a la alternancia entre blanco y marrón o amarillo, es el color de la tierra.[34] Más

---

[29] Esta limitación cromática ya ha sido observada por Manuel Ramírez: "It is significant that of the hundreds of color words found in Valle-Inclán´s novels and short stories, over ninety percent are accounted for only twelve colors. Of these, black, blue, red and white alone represent more than half of the total number" ("Color" 29). Ese número no está muy lejos de los once colores básicos que Berlin y Kay identificaban en el español. Véase la nota 12 perteneciente al capítulo III.

[30] Los ejemplos hallados son: "rama verde" (1: 1910), "hierba verde" (1: 1911), "hoja verde" (1: 1910, 1960), "verde de los herberos" (1: 1912), "valle hondísimo quieto y verde" (1: 1913), "verde agraz" (1: 1916), "verdes y fragantes senderos" (1: 1922), "valles arados, verdes, intensos" (1: 1932), "verdoso seno de las frondas" (1: 1933), "colinas verdes" (1: 1938), "verdes y suaves linos" (1: 1939), "verdor cristalino de sus campos" (1: 1953), "hoja verde" (1: 1960), "atrio verde" (1: 1964), "campillo verde"(1: 1974 [por duplicado]).

[31] El azul aparece mencionado en los siguientes ejemplos: "la tarde [...] era toda azul" (1: 1915), "azulado término del mar" (1: 1916), "azul profundo" (1: 1916), "mar azul" (1: 1915, 1927, 1932, 1960), "azul ribera del mar" (1: 1933), "azules montañas" (1: 1934), "flores azules" (1: 1941), "azules y estrellados campos" (1: 1945), "gran turquesa azul" (1: 1960), "tarde azul" (1: 1961 [dos veces], 1973), "el azul de la tarde" (1: 1973).

[32] El blanco aparece en "sombra blanca de Cristo Redentor" (1: 1942), "sombra blanca" (1: 1976), "blanca sombra" (1: 1976), "blanca estela del Ungido" (1: 1977), "blanco techador de casas" (1: 1942). También aparecen los análogos "pálido" en "pálidas estrellas" (1: 1931), "rostros pálidos" (1: 1951), "pálido adolescente" (1: 1976); y el "lívido" en "lívidos héroes" (1: 1937) y "Cristos lívidos" (1: 1938).

[33] El negro está presente en ocasiones como "casi negro" (1: 1911), "aguas negras" (1: 1921), "gallo negro" (1: 1937), "las negras viruelas" (1: 1964), "las negras horas del pecado" (1: 1964), "ciencia negra" (1: 1968), "la carne negra del mundo" (1: 1977);

[34] Solamente ocurre dos veces en el texto: "senderos de color barcino" (1: 1912), "tierra triguera y barcina" (1: 1928). Este color ya se encontraba también en *Flor de santidad* en el contexto similar del sintagma "cuesta amarilla y barcina" (1: 615). En *La lámpara*, por su parte, encontramos el "pardo regazo de la llanura" (1: 1932).

minoritarios y ocasionales son otros colores como el amarillo, púrpura, violáceo...[35]

Mención aparte merece el dorado, usado como el color del sol, de la lejanía física o temporal asociado a la antigüedad griega e, incluso en una ocasión, a la tarde.[36] El brillo del oro es, como ya se ha dicho al tratar de *Flor de santidad*, irreal y reaparece aquí caracterizado metaartísticamente puesto que es propio de "las tablas pintadas donde brilla el oro" (1: 1938). En otras ocasiones las connotaciones desencadenadas por éste son más arcanas, como por ejemplo: "¡Cuántas veces al buscar la belleza en los rudos poemas de otro tiempo, somos como tejedores de una tela inconsútil y dorada!" (1: 1930).[37] Es en momentos similares a éste cuando el uso del color en la escritura modernista se muestra de un modo evidente como semánticamente opaco pero preñado de evocación en completa consonancia con el cuestionamiento del proceso mimético y la depuración de las sensaciones que se vienen apuntando en estas páginas.

En *La lámpara*, la mencionada crisis de la representación que supone el uso de lo sensorial, y en concreto de lo cromático, resulta más evidente en unos momentos que en otros y su propósito último es crear una imagen analógica que permita al sujeto trascender las aparentes limitaciones de los sentidos. Veamos el que, desde nuestro punto de vista, es uno de los ejemplos más claros y significativos del uso del color en la obra:

---

[35] Estos colores pueden encontrarse en: "ciudades amarillas" (1: 1954), "cabezuela amarilla" (1: 1973), junto a su análogo "velas ambarinas" (1: 1915). Otros colores son "púrpura sangrienta" (1: 1926); "sombra violácea" (1: 1963); "bermejos mancebos" (1: 1937); "mozo endrino" (1: 1912).

[36] Véanse "puerta dorada" (1: 1908), "tarde dorada" (1: 1915), "frente calva y dorada" (1: 1924), "dorada fábula" (1: 1926), "playas lejanas y doradas" (1: 1932), "islas doradas" (1: 1920, 1960), "dorado por el sol" (1: 1966).

[37] No podemos evitar advertir que el uso de la palabra "inconsútil" despierta las iras puristas de Julio Casares en su análisis de los solecismos cometidos por Valle-Inclán. *Azorín*, Pedro de Répide, Manuel Abril, Ricardo León son otros nombres que demuestran "¡[...] cuán contagiosos son los extravíos en materia de lenguaje!" (47). Traemos la cita para explicitar, una vez más, el tipo de reacciones suscitadas por la escritura modernista. Por si existiera alguna duda, la palabra usada correctamente "se podría aplicar a todo aquello que, hecho ordinariamente con costuras, carece de ellas, v. gr.: calcetines, guantes, etc". (46).

> La tarde había perdido sus oros, y era toda azul. Yo, sentado bajo el parral de mi huerto aldeano, me puse a rezar. En aquella beatitud del campo, del mar y del cielo, me sentí lleno de un sentimiento divino. Todo el amor de la hora estaba en mí, el crepúsculo se me revelaba como el vínculo eucarístico que enlaza la noche con el día, como la hora verbo que participa de las dos substancias, y es armonía de lo que ha sido con lo que espera ser. Seguía sonando el caracol de los pescadores, y sobre las ondas se tendía el último rayo del sol. Por aquel camino luminoso se remontaron mis ojos al azulado término del mar. Entonces sentí lo que jamás había sentido: bajo las tintas del ocaso estaba la tarde quieta, dormida, eterna. El color y la forma de las nubes eran la evocación de los momentos anteriores, ninguno había pasado, todos se sumaban en el último. Me sentí anegado en la onda de un deleite fragante como las rosas, y gustoso como hidromiel. Mi vida y todas las vidas se descomponían por volver a su primer instante, depuradas del Tiempo. Tenía el campo una gracia matutina y bautismal. Como las nubes del ocaso, el racimo que maduraba en el parral de mi huerto mostraba en el azul profundo de sus granos maduros, la sucesión de sus metamorfosis, hasta el verde agraz. Me conmovió un gran sollozo, y en la estrella que nacía vi el rostro de Dios. (1: 1915-16)

Para explicar el funcionamiento de dicha experiencia, en primer lugar, conviene separar el sujeto del enunciado del sujeto de la enunciación. El segundo obedece al presente de la narración, mientras el primero se sitúa en el pasado, en lo narrado. Aquél se mueve y se conceptualiza en un ahora desarrollado al mismo tiempo que el de la lectura, éste se orienta respecto a dicho punto de referencia, remitiendo al lector a un pasado envuelto en la dimensión del recuerdo y probablemente depurado por el paso del tiempo. La dinámica entre ambos aspectos –enunciación y enunciado y, paralelamente, el presente y el pasado– es el cimiento básico sobre el que se construye el proceso narrativo de *La lámpara maravillosa* a causa de su naturaleza dual de, por una parte, libro expositivo de principios estéticos y, por lo tanto, no sujeto al devenir de la cronología, y, por otra, de libro narrativo propiamente dicho, y consecuentemente, construido en diferentes o sucesivos planos temporales.

La lámpara maravillosa se presenta como un manual de iniciación para los poetas, por eso el significativo subtítulo de *Ejercicios Espirituales* expresa su carácter modélico y de guía práctica.[38] Al alternar fragmentos

---

[38] El subtítulo, procedente del tratado de mística de Ignacio de Loyola, es usado por Carol Maier ("*El embrujado*") como un posible acercamiento a la obra teatral *El embrujado.*

teóricos, sentencias y narraciones ejemplares se describen los pasos que debe seguir cualquier poeta o artista que quiera alcanzar la totalidad a través de su obra. Es por este motivo que la dinámica de la analogía es fundamental para el éxito de la causa emprendida porque los pasos recorridos por el narrador en el pasado, del cual se adopta el punto de vista, pero que son narrados desde el momento de la escritura, son un puente análogo hacia la experiencia de la lectura en el ahora que comienza y se actualiza cada vez que el lector abre el libro. En ese momento, en el momento de la lectura, el presente de la narración es simultáneo al del lector, permitiendo que el sujeto de la enunciación y el sujeto del enunciado puedan fundirse mediante una transferencia analógica.

El abismo deíctico que se abre temporalmente entre presente y pasado, y espacialmente entre aquí y allá es uno de los grandes problemas para todo tratado místico-estético basado en la explicitación de una serie de pasos que han conducido a la atemporalidad implícita en el contacto con el Todo. Es cierto que esta tensión surge, en parte, del canal lingüístico-narrativo utilizado para el relato, el cual se sujeta necesariamente tanto a las normas, y por lo tanto a las peculiaridades o limitaciones deícticas, del lenguaje, como a su sistema implícito de referencias espacio-temporales. Pero no es menos cierto que el narrador utiliza diferentes mecanismos para sugerir que la distancia entre ambos puntos se acorta en algunos momentos cuando es necesario manifestar esa aniquilación existencial que tanto anhela.

El principal recurso que se utiliza en *La lámpara* para alcanzar dicho objetivo que neutraliza la dualidad entre enunciación y enunciado y, así, tratar de yuxtaponerlos, se manifiesta a través de la utilización del presente verbal con el contenido temporal propio del presente histórico. De esta manera, se consigue que el presente de la enunciación narrativa sea completamente indiferenciable del pasado del enunciado, el que también aparece marcado con el presente verbal. Así, en el fragmento transcrito, este proceso comienza a suceder en el momento en el que aparecen los verbos en presente: "enlaza", "participa" y "es". Este tiempo presente en seguida se transforma en un presente perfecto para sugerir un pasado que todavía guarda una estrecha relación con el presente –"ha sido"– y, finalmente, en una perífrasis verbal que usa el presente para formarse, pero que proyecta la acción hacia el futuro –"espera ser"–. Es importante señalar que esta introducción del presente se produce en el momento en el que se enuncia una verdad estética, la que, consecuentemente, necesita revestirse de matices que la sitúen fuera de la cronología. Ésta, como es el caso de las leyes, se enuncia en este tiempo verbal para enfatizar, en consecuencia, su carácter de verdad absoluta, su eterna permanencia o, en este caso, la superación de los límites temporales. De ahí, su carácter expositivo insertado en un fragmento narrativo y de ahí que el conocimiento que se espera transmitir necesite situarse más allá del lastre del pasado ya sucedido y más aquí de la promesa del futuro: debe aparecer en el dominio del presente no como una potencia sujeta a la probabilidad, sino como un instante que se actualiza necesariamente en el momento de la lectura.

En este momento descrito es cuando el presente se hace eterno e intenta deshacerse de toda referencia temporal y espacial efectiva anulando el contenido deíctico del lenguaje. Consecuentemente, el momento de escritura, el momento de lectura y el momento de la percepción se encuentran mezclados en la eternidad del ahora en la cual se pretende que no exista un tiempo proyectado hacia el pasado o el futuro, sino solamente el tiempo de la simultaneidad. Ésta es la atemporalidad de la obra estética que no aparece sujeta a la cronología y es la atemporalidad del momento místico por excelencia, del momento en el que el iniciado se halla conectado con la totalidad. En definitiva, es el momento de la revelación.

Prestemos ahora atención al desarrollo cromático de la visión en cuanto movimiento narrativo. Para llegar al momento álgido de la revelación se comienza con una descripción de la tarde, la que "había perdido sus oros, y era toda azul". Como podemos comprobar, lo visual se transmite a través de un juego entre lo visible y lo invisible. Los "oros", aquel aspecto que la tarde ya no conserva porque lo ha perdido, aparecen en la misma cadena sintáctica y son simultáneos al color azul que sí está presente y que todo lo cubre. El aspecto cromático que recibimos como lectores está sujeto, pues, a un equilibrio entre la presencia y la ausencia como un índice de la totalidad. O sea, a la voz narrativa le interesan ambas sensaciones porque va a intentar narrar una experiencia de percepción que se sitúa más allá de lo sensorial y, por eso, necesita probar los límites entre lo que efectivamente está presente y lo que ya no está. A raíz de esto se comienza a sentir "lleno", puesto que en él se encuentra "todo el amor de la hora".

Pero, no solamente a la voz narrativa le interesan la simultaneidad de dos sensaciones cromáticas en un equívoco balance de apariencias, sino que esta dualidad se usa para situar la narración en el momento del anochecer, el momento en el que "sobre las olas se tendía el último rayo de sol", añadiendo en seguida que "Por aquel camino luminoso se remontaron mis ojos al azulado término del mar".[39] Así, la frontera de la experiencia en el límite del momento se encuentra con su confín perceptual en el espacio, se manifiesta con el horizonte físico. Recordemos que el fragmento se abre con la afirmación "La tarde [...] era toda azul", la que supone ya un primer atisbo de la totalidad cromática del momento. Ésa se integra con la totalidad espacial a continuación, cuando se afirma "En aquella beatitud del campo, del mar y del cielo, me sentí lleno de un sentimiento divino". De esta manera se conjuga lo espacial, lo temporal, lo perceptual y lo trascendente en una suerte de concentración mística que penetra en el sujeto, dinamitando la unicidad de su cuerpo y conduciéndolo hasta las fronteras de la comprensión.

Tal y como Baudelaire había manifestado en "Le Peintre de la Vie Moderne", la poética de lo moderno parte de encontrar lo inmutable, en el caso de Valle la epifanía mística, a través de los aspectos más mutables, inestables y perecederos del presente (2: 694-96).[40] ¿Qué puede haber más inasible y mutable que el momento en que se pone el sol; la frontera entre el día y la noche; entre el mundo sensible y el espiritual? De este modo, la frontera o, en palabras de Valle, el "vínculo eucarístico que enlaza la noche con el día" expresa la dimensión transitoria del límite perceptual más allá de las acumuladas referencias deícticas espacio-temporales –se halla en la orilla del mar en el momento en el que se pone el sol–, de algo, una vez más, inasible. El intento de expresar la inefabilidad que siempre tienta las fronteras del lenguaje se sirve, entonces, de una saturación representativa como un medio de expresar espacialmente esa totalidad. En este sentido, lo más importante de estos momentos epifánicos en *La lámpara* es que la atención que antes estaba en la línea del horizonte, en el "azulado término del mar" se diluye, que-

[39] El artículo de Fernández Ripoll, "Breve aproximación al símbolo de la luz en *La lámpara maravillosa*", realiza un inventario de algunas de las aplicaciones y significados del símbolo de lo lumínico en *La lámpara*.

[40] Véase la nota 5 de este capítulo.

dando bañada por un éxtasis de color. El horizonte aparece igualmente "azulado" ante el punto de vista de la voz, o sea, con los mismos tonos con los que aparecía la tarde, el mar y el cielo. Todo el cosmos aquí es completamente azul, al perderse los puntos de referencia y al quebrarse los límites entre el sujeto y el objeto.

Como ya ha sido dicho, en el sistema analógico propuesto por *La lámpara* escribir equivale a ver, aunque, y a pesar de su interdependencia, éste es siempre el paso previo a aquél. Es decir, la escritura y la visión nunca pueden coincidir ni en el tiempo ni en el espacio. Esta disimilaridad incide en una profunda conciencia irónica que acaba formando parte de su irreducible diferencia: por una parte, la visión siempre antecede a la escritura, y, por otra, el instante supremo de la comunión siempre es ajeno al acto de escribir. En el consiguiente proceso de traducción que trata de dar forma a la experiencia mística reside simultáneamente la ambición del proyecto y la conciencia de su futilidad. De hecho, la opacidad del instante proviene de que éste conlleva la disolución del sujeto necesario para la escritura. Como ha dicho Susan Sontag, "Contemplation, strictly speaking, entails self-forgetfulness on the part of the spectator: an object worthy of contemplation is one which, in effect, annihilates the perceiving subject" (461). La gran ironía del sistema contemplativo surge de que en el momento en el cual se alcanza la totalidad, el sujeto se disuelve: pasa de ser el centro a ser la periferia, desapareciendo. Así puede comprenderse que el vocabulario utilizado en dichos momentos tenga que atender simultáneamente al campo semántico de la plenitud y al del vacío. El poeta de sujeto penetrante pasa a ser objeto penetrado en virtud de la vacuidad del "yo" que permite tanto la experiencia como la transferencia analógica de lo inefable. Es esta ambivalencia la que permite invertir las categorías entre lo interno y lo externo del proceso de aprehensión. Uno de los vínculos utilizados en este caso concreto es el puente trazado por el cromatismo.

Evidentemente, este énfasis implica que el sujeto, garante de la coherencia del discurso, se convierta en médium mediante el que se conectan macro y microcosmos. Un sujeto que, no lo olvidemos, es simultáneamente sacerdote místico y drogadicto puesto que su escritura es heredera de una larga tradición que ha conectado ambas categorías. La experiencia verdadera e inequívocamente mística se obtiene, como ha sido explicado, a través del impulso que se recibe a través del contacto entre la pequeñez de quien percibe y lo desmesurado, frente a la ausencia de toda diferencia o límite, frente a la sublimidad de la naturaleza.[41] Lo único que tiene la conciencia para asirse en la orgía cromática del azul son algunos hitos espaciales, pero éstos incluso están sometidos a los mismos tintes cromáticos: "Como las nubes del ocaso, el racimo que maduraba en el parral de mi huerto mostraba en el azul profundo de sus granos maduros, la sucesión de sus metamorfosis, hasta el verde agraz" (1: 1916). No sólo todo aparece azul, sino que este color permite adelantarse hacia el pasado ofreciendo un modo de llegar al verde, o sea, el producto final contiene implícito el germen del principio y viceversa. Asimismo, es un medio de relacionar el microcosmos –los granos de la parra– con el macrocosmos –las nubes– en un verde que pronostica el azul y un azul que guarda la memoria del verde. Es un vehículo, una vez más, que posibilita expresar el desleimiento propiciado por las cadenas analógicas. El color es el elemento que facilita dicha conexión y, además, es uno de los eslabones que, de alguna manera, conecta mundos.

Resumiendo, puede decirse que el uso del color en este fragmento produce y es consecuencia de la abolición de las diferencias, la desaparición de las fronteras. Consecuentemente, la expresión de lo inefable y la conciencia de un cosmos ligado con los vínculos y los ecos de la analogía se expresa a través del color. El azulado éxtasis es, entonces, el medio que permite transferir la experiencia mística a la voz narrativa a través del punto de vista escogido. Así, por un lado, el color permite trascender la experiencia humana y, por el otro, propicia el deseo de unión y el alcance de la disolución en el cosmos. Lo que en realidad esconde este deseo es un anhelo de autoaniquilación, el impulso de Thanatos que permite al sujeto, a ese "yo" que prácticamente abre el fragmento, identificarse con el objeto y diluir su conciencia. Al mismo tiempo, la embriaguez cromática envuelve tanto al sujeto como al objeto proyectando a uno hacia el exterior y el otro hacia el interior. Así, la forma de trascender el presente y el pasado es asociarse, compararse y unirse con todo aquello que no tiene un ser, o sea, con la naturaleza. La búsqueda

---

[41] La imaginería de lo sublime también aparece implícita en los paisajes de Valle. Ésta tiene una honda raigambre romántica, empezando por los estudios de Kant y de Burke al respecto. Remitimos a la nota 4 del prólogo acerca de la recepción de Burke en España.

final se plantea como la posibilidad de dejar de existir efectivamente en el mundo temporal, en la dualidad inherente de la presencia y del lenguaje, para pasar a la eternidad de la obra de arte en la que la característica principal del ser humano, esa vida que sólo se puede concebir limitadamente desde el punto de vista del sujeto y de su dualidad respecto al mundo, sería eliminada.[42] A este respecto, es sintomático que en el momento pleno de la visión, cuando el presente del azul prefigura el pasado del verde, cuando los colores son más fuertes y lo cubren todo, que el lenguaje se quiebre, no se pueda hablar, y la voz narrativa adquiera la conciencia de su finitud al romperse en la expresividad no semántica de un "gran sollozo" terminando por ver el rostro de la divinidad. Del mismo modo que San Juan de la Cruz manifestaba la imposibilidad de expresarse a no ser con un "no sé qué que queda balbuciendo" (46) en el vértice mismo de la cacofonía y de la quiebra del proceso de expresión, la voz detiene su relato y su exposición: ahora solamente el silencio puede representar este instante.[43] Ése es el límite también de la escritura, la que puede trabajar con colores para aproximarse a la representación, al camino que conduce a la experiencia; aunque, al mismo tiempo, se desmorona en el mismo instante cuando se ve incapacitada para expresar la plenitud del éxtasis.

Dentro de este sistema paradójico, el uso de los valores cromáticos es polifuncional. A la vez que enfatiza el talante especial del escritor, al subrayar la condición de hiperestésico que valida su discurso autorial, permite que la escritura muestre la autoconsciencia característica de los textos modernistas. Las analogías suscitadas por epifanías artificiales o por experiencias seudo-místicas, se unen implícita o explícitamente como garantes textualizados del proceso. El cromatismo, como se ha visto, dialoga implícitamente con esa tradición esotérica y teosófica que da legitimidad al proceso de escritura y que, además, repercute en el discurso literario estético al conectarlo con las diferentes tradiciones de las que bebe el Modernismo. La ironía latente en *La lámpara maravillosa*

---

[42] La tendencia al deseo de aniquilación, según Paul de Man, ("The Double") es una de las características del Simbolismo francés ejemplificado por Mallarmé.

[43] Ya se ha esbozado el tema del silencio en la poética modernista al hablar de *Flor de santidad*, pero se continuará persiguiendo al hablar de *La medianoche* y de *Tirano Banderas*. Al respecto, la ponencia de Paola Escobar representa un posible acercamiento al mismo tema en *La lámpara maravillosa*.

será explícita en un proyecto fallido iniciado el mismo año en el que el tratado de estética ve la luz, aunque publicado al siguiente. Así, en vida de Valle-Inclán el plan de escribir *Un día de guerra*, será parcialmente recogido en forma de volumen con el título de *La medianoche: visión estelar de un momento de guerra.*

Capítulo V

Radicalizaciones cromáticas y primitivismo vanguardista en *La medianoche*

Los años alrededor de la publicación de *La lámpara maravillosa* son especialmente difíciles para don Ramón. A la muerte de su hijo de cuatro meses, Joaquín María, sucedida el 29 de septiembre de 1914, se une el fallecimiento de su querido Rubén Darío el 6 de febrero de 1916.[1] Dos días más tarde se fija el colofón de su tratado de estética y tres meses después, durante la primavera de ese año, visita el frente francés de la Primera Guerra Mundial.[2] El mismo año ve la luz *Crítica profana*, ensayo

---

[1] Según Robert Lima el 6 de febrero, día de la muerte de Darío en Nicaragua, a Valle se le comunica el fallecimiento (*Valle-Inclán* 118; también menciona este dato Darío Villanueva, "El 'modernismo'" 22). Dos días después de su muerte, el 8 de febrero, se pone colofón a la primera edición de *La lámpara*. Lima narra en su biografía de Valle el momento en el que a éste se le transmite la noticia del fallecimiento de Rubén (118-20). Por su parte *Corpus Barga*, el que a la sazón acompañará al escritor arousano en parte del viaje que hace por Francia y que dará como fruto *La medianoche*, cuenta que en París "lo que más le oprimía [a Valle] solía ser alguna huella que le señalaban de su amigo fraterno Rubén Darío" (288). Juan Antonio Hormigón ha recogido en sendos volúmenes, por una parte, los poemas que el autor nicaragüense dedica a Valle (*Valle-Inclán* 505); y, por la otra, la correspondencia entre ambos escritores (*Valle-Inclán. Biografía* 3: 107-09; véase también en Darío, *Cartas de Rubén Darío* 70-71 y 184-90). También Allen Phillips ha contribuido a trazar los vínculos entre los dos autores en el artículo "Rubén Darío y Valle-Inclán: historia de una amistad literaria". La desaparición del escritor nicaragüense, es interpretada por José Rubia Barcia como una liberación de tipo estético: "Con la muerte de Rubén Darío, Valle-Inclán va a liberarse de la más sostenida, quizás, de las influencias que han pesado sobre él" (218), aunque el poeta reaparecerá, como es sabido, en la escena decimocuarta de *Luces de bohemia* al lado del Marqués de Bradomín (2: 943-47).

[2] Melchor Fernández Almagro refiere que la visita al frente sucede en mayo de 1916 (*La vida* 167) y así lo confirma una entrevista publicada en el diario *España* por Cipriano Rivas Cherif días antes de la partida de Valle (Dougherty, *Un Valle-Inclán olvidado* 74-82); Lima ha narrado la estancia en París y en el frente (121-25) y *Corpus Barga* nos ha ofrecido un relato de primera mano del viaje a Francia titulado "Valle-Inclán en la más alta ocasión". Respecto a la fecha de regreso del viaje, una nota de prensa publicada

donde Julio Casares vierte el ataque estético más despiadado que se le dedica en vida a Valle-Inclán, acusándolo de falsear su biografía, de repetir las mismas obras con diferente título y, finalmente, de plagio.[3] A pesar de que los textos que componen *La medianoche* se publican, en su mayor parte, hacia finales de ese mismo año en *El Imparcial*, el volumen no aparecerá hasta el año siguiente y sin aquéllos que componen su segunda parte, *En la luz del día.* Si exceptuamos estos últimos fragmentos publicados entre enero y febrero de 1917, Valle-Inclán no publicará nada nuevo durante ese año, exceptuando el sucinto prólogo para *El Versolari* de Fernando de la Quadra-Salcedo. Solamente reiniciará la producción hacia mediados de 1918 con poemas que luego entrarán en *La pipa de Kif* (1919).

Esta pausa vital y creativa podría interpretarse como la confirmación de una crisis estética representada por el binomio formado entre *La lámpara* y *La medianoche.* De hecho y como explícitamente reconoce José Rubia Barcia al precisar el sentido de los textos escritos a raíz de la experiencia en la vanguardia y la retaguardia de la Gran Guerra, "Hasta entonces, Valle-Inclán, no tiene cabida plena en la 'generación del 98'" (*Mascarón* 218). De ese modo en ciertas interpretaciones críticas este hiato se convierte en una reorientación estética que cambia por completo el arte valleinclaniano y que retoma el vínculo con la idea del noventaiochismo. Si al tratar de la problemática del noventaiochismo en el primer capítulo ya se había observado esta dualidad en la bibliografía acerca de Valle, permítase añadir que el principal gozne cronológico sobre el que gira dicha idea es este período. Más concretamente, la publicación de *La pipa de Kif* (1919) marca para Pedro Salinas la aparición de "lo *esperpéntico*" (3: 263) y "Por el esperpento ingresa Valle-

en *La Correspondencia Gallega* el 7 de junio de 1916 afirma: "Dentro de un mes aproximadamente llegará a Galicia" (*Entrevistas* 169).

[3] Públicamente Valle no se defiende de modo inmediato del ataque y sólo comienza a hacer referencias a estos "plagios" en 1922 (*Entrevistas* 230 y 236). Esa técnica, cuya raíz es la misma que la del *collage* o la del montaje, se defiende explícitamente en 1930: "Cuando escribía yo la *Sonata de primavera*, cuya acción pasa en Italia, incrusté un episodio romano de Casanova para convencerme de que mi obra estaba bien ambientada e iba por buen camino. El episodio se acomodaba perfectamente a mi narración. Shakespeare pone en boca de su Coroliano discursos y sentencias tomados de los historiadores de la antigüedad; su tragedia es admirable, porque, lejos de rechazar esos textos, los exige" (*Entrevistas* 434).

Inclán en el 98, en España, en la mejor tradición, en el santo ruedo ibérico. Desengañado de martelos con las princesas de similar, vuelve, hijo pródigo del 98, al solar paterno, a su patria, a sus angustias, a la gran tragedia de España" (3: 278). La visión sacralizada y esencializada de la nación, entronca de esta forma con la estética provocando una escisión en el entendimiento crítico de la obra valleinclaniana agudizado por la retórica y los valores noventaiochistas.

La medianoche. Visión estelar de un momento de guerra ve la luz, según el colofón que la orna, el 30 de junio de 1917, un poco más de un año después de que el escritor hubiera visitado el frente francés de la guerra.[4] Para esa fecha, varios críticos consideran que está cerrado el ciclo simbolista de la producción del autor en el que se integra *La lámpara maravillosa*.[5] Dadas estas circunstancias se ha dicho que la publicación de *La medianoche* "representa el tránsito hacia un segundo Valle-Inclán" (Villanueva, "El 'modernismo'" 22).[6] Tras dicha fecha, existe la apreciación de que se ha abierto un nuevo ciclo, el que dará sus mayores frutos con la publicación de las obras de teatro recogidas bajo el epígrafe de

[4] Como ya se ha introducido, la obra se publica en fragmentos en los folletones de *El Imparcial* durante los meses de octubre, noviembre y diciembre de 1916 (Serrano 78). Sobre las fechas exactas de publicación, las variantes y la reorganización a la que Valle somete los fragmentos, véase la introducción que López Casanova ha escrito para la obra (50-55).

[5] Suscriben esta opinión Emilio González López ("Na percura" 183), Alfredo Matilla Rivas ("*La medianoche*" 460) y Darío Villanueva ("El 'modernismo'"). El último señala, en otro lugar, que la obra es un puente "entre sus dos etapas tan íntimamente ligadas a la evolución de las ideas políticas de Valle" ("*La medianoche*" 307). En esta misma línea afirma Lyon: "*La medianoche* has generally been considered by critics as a key work for the understanding of the author's transition from a heroic to an anti-heroic vision of life" ("*La medianoche*" 135); tras esta afirmación, en seguida señala que la obra no le parece un cambio tan radical. Anthony Gooch (345) coincide con todos ellos al decir que este libro supone una transición hacia el esperpento.

[6] Esta postura dualista, en la crítica de la obra valleinclaniana, puede verse claramente en el clásico libro editado por Anthony Zahareas *et al.*, *Ramón del Valle-Inclán: An Appraisal of His Life and Works*, donde se divide la producción de Valle en un período temprano (que abarca de 1890 a 1919) y uno de una nueva orientación (entre 1920 y 1936). Un balance crítico que considera, sopesa y enfrenta estas dos posturas lo ha hecho Margarita Santos Zas ("Estéticas de Valle-Inclán") en el monográfico que *Ínsula* dedica al escritor en 1991.

esperpentos:[7] *Luces de bohemia* (1920), *Los cuernos de don Friolera* (1921), *La hija del capitán* (1927) y *Las galas del difunto* (1930) –previamente publicada en forma narrativa en 1926 bajo el título *El terno del difunto*–. En breve, y utilizando una terminología que cuestionamos, la relación entre el Valle-Inclán modernista –en el limitado sentido que el noventaiochismo clásico daba al término– y el esperpéntico es más una oposición que una interdependencia solidaria y complementaria. Nuestro punto de vista, sin embargo, quisiera matizar levemente esta interpretación crítica ya que en la creación valleinclaniana son más las líneas que continúan que las que se abandonan. De hecho, creemos que lo que puede verse en esta ocasión es, simplemente, una modulación de aspectos implícitamente esbozados en las obras ya estudiadas.

Por estos motivos y a pesar de que la relación entre *La lámpara* y *La medianoche* se ha concebido por parte de la crítica en términos dialécticos, vamos a ver cómo ambas obras guardan una fuerte relación estilística, a pesar de que la segunda supone, en ciertos aspectos, un deslizamiento, radicalización e, incluso, problematización del punto de vista epistemológico adoptado por la primera.[8] En *La medianoche* el papel de

---

[7] Xavier Vila, en su libro sobre el teatro de Valle, ya ha observado que este enfrentamiento entre dos etapas ha afectado el estudio de la producción anterior a la esperpéntica (3). Oponen la etapa modernista a la de los esperpentos María Eugenia March (17-19), Gaspar Gómez de la Serna (121) y Rodolfo Cardona y Anthony N. Zahareas (12). Por su parte también se han manifestado al respecto Ricardo Doménech en su distribución entre un Valle simbolista y uno esperpéntico, Sumner Greenfield distinguiendo entre una etapa de preguerra y otra de posguerra (*Valle-Inclán* 17), y, finalmente, Guillermo Díaz-Plaja (*Las estéticas de Valle-Inclán*) dividiendo entre una primera etapa dual, compuesta de una visión mítica y una irónica, y una segunda caracterizada por una visión degradadora. Aquéllos que defienden esta postura se encuentran, a veces, en aprietos para adecuar las obras a los períodos descritos. Por ejemplo, María Ester Pérez afirma que *Luces de bohemia* representa la ruptura definitiva con el Modernismo (115) aunque se ve obligada a afirmar que las *Comedias bárbaras* (*Romance de lobos* [1914] y *Águila de blasón* [1915]) ya la anunciaban. Otro factor que es necesario tener en cuenta en la gestación de esta dualidad es la misma influencia de declaraciones públicas de Valle como, por ejemplo, "Estoy haciendo algo nuevo, distinto de mis obras anteriores. Ahora escribo teatro para muñecos. Es algo que he creado y que yo titulo 'Esperpentos'" (*Entrevistas* 201).

[8] Hay otros críticos que sostienen la identidad de la obra valleinclaniana; un título como "Huellas del modernismo en *Luces de bohemia*" de Gustavo Umpierre, aunque incide en la distancia entre ambas estéticas, apunta en esta dirección. Antes de él, Antón

las drogas, la visión y el cromatismo obedece al mismo contenido implícito que ya hemos descrito para *La lámpara* y para *Flor de santidad*: expresividad, suplementaridad, epítesis, representación de la trascendencia y manifestación de una genealogía estética. Pese a esta importante deuda también se debe puntualizar que existe cierta tensión entre ambos textos producida por una reevaluación de determinados mecanismos perceptivos que el ensayo estético ilustraba. Esta reconsideración se debe principalmente a dos motivos: en primer lugar, es consecuencia de explicitar aquellas tensiones entre la analogía y la ironía presentes en *La lámpara*; en segundo y como resultado, es producto de una radicalización estética de su autoconciencia. Si se nos permite realizar un símil fotográfico, la luz de *La lámpara* proyectada a través del negativo de *La medianoche* nos ofrece una imagen más coherente de las tensiones, yuxtaposiciones y paradojas que el Modernismo, en su afán por buscar y representar la trascendencia, trata de resolver. En este sentido, no podemos olvidar que la edición definitiva –ampliada y modificada– de *La lámpara* data de 1922, lo que implica que Valle estuvo revisando y modificando durante varios años su contenido y que seguía aceptando sus presupuestos como válidos incluso dentro de la denominada "etapa esperpéntica". Por todas las anteriores razones, el campo cromático de *La medianoche* es similar en alcance, pero es distinto en cuanto al énfasis, lo que causa una impresión cualitativamente diferente. Ésta es la que produce, por contrapartida, la sensación de encontrarnos aparentemente ante una manifestación artística tan distante, estética que no cronológicamente, de *La lámpara.*

Por ejemplo, es obvio que las dos obras comparten la invocación a la lámpara como un símbolo epistemológico del conocimiento. Los

---

Risco afirmaba que "ambas direcciones, aparentemente contradictorias, no representan sino la cara y la cruz de la misma estética. De una a otra tendencia ha habido, desde luego, un proceso de selección y de condensación de elementos, e incluso importantes cambios en los procedimientos. Pero ambas obedecen, en el fondo, a la misma concepción artística" (*El Demiurgo* 65; véase del mismo autor *La estética de Valle-Inclán* 11). De forma parecida, Iris Zavala (*La musa funambulesca*) observa, desde un punto de vista bajtiniano, que esa supuesta segunda etapa "no se trata de un corte con la así llamada etapa 'modernista', sino de una intensificación dialógica progresiva que se alimenta en un vaivén de tradición y novedad de múltiples tradiciones" (58). John Lyon tampoco acepta la división en períodos y habla de evolución (*The Theatre* 8-9) como tampoco la acepta Clara Luisa Barbeito (9-10 y 216).

Ejercicios espirituales abren su primer apartado, "Gnosis", expresando que, respecto a la belleza, "La lámpara que se enciende para conocerla es la misma que se enciende para conocer a Dios: la Contemplación" (1: 1907-08). Esa lámpara no es otra que la *maravillosa*, cuya gnosis se va a desarrollar mediante un texto que se y nos ilumina. No es difícil conectar esta idea con el clásico libro de M. H. Abrams, *The Mirror and the Lamp* (1953), basado en la idea de que si el espejo es el correlato del arte hasta el siglo XVIII al enfatizar sobre todo la mímesis, a lo largo de esta centuria, y con mayor evidencia en el XIX, éste se sustituye por la lámpara y otros análogos que expresan mejor la idea de arte y la nueva epistemología que lo nutre. Paralelamente la transición se completa con el paso de la imitación a la expresión reflejando un cambio también en el modo mediante el que se conceptualiza el proceso de aprehender la realidad: "The change from imitation to expression, and from the mirror to the fountain, the lamp, and related analogues, was not an isolated phenomenon. It was an integral part of a corresponding change in popular epistemology –that is, in the concept of the role played by the mind in perception which was current among romantic poets and critics" (57). Esta relación confirma nuevamente no sólo la honda raigambre romántica del Modernismo, sino también su pervivencia en la estética valleinclaniana claramente explicitada en las dos obras que tratamos.[9]

Si bien hemos caracterizado la prosa modernista en base a ese objetivo expresivo que en la cita anterior Abrams considera como uno de los paradigmas del arte romántico, no es menos cierto que el símbolo de la lámpara se convierte en una reflexión tanto cognitiva como metaartística. Así, desde esta perspectiva complementaria, analiza el filósofo francés Gaston Bachelard la distancia que oponía la luz de la bombilla a la llama de la lámpara en una de sus últimas obras, *La Flamme d'une chandelle* (1962):

> La flamme isolée est le témoignage d'une solitude, d'une solitude qui unit la flamme et le rêveur. Grâce à la flamme, la solitude du rêveur n'est plus la solitude du vide. La solitude, par la grâce de la petite lumière, est devenue con-

---

[9] Como ya se ha mencionado en el capítulo anterior, Mercedes Comellas ha dedicado un ensayo a tratar la genealogía romántica de *La lámpara maravillosa* al compararlo con el *Heinrich von Ofterdingen* de Novalis.

> crète. La flamme illustre la solitude du rêveur ; elle illumine le front pensif. La chandelle est l'astre de la page blanche [...] Nous croyons que la flamme d'une chandelle est, pour beaucoup de rêveurs, une image de la solitude. (13)

Estas referencias que unen bajo su esplendor la lámpara, epistemología, expresión, páginas en blanco, la soledad de la creación y el ensueño estético, forman parte constituyente de *La lámpara maravillosa*[10] y también son un componente en *La medianoche*, aunque su función es más polivalente en el segundo caso. Concretamente, tras el introito de la obra, se necesita un segundo marco contextual, un párrafo de raigambre ocultista que vuelve a retomar en los mismos términos expresivos y metaartísticos la idea de la lámpara: "*Filo de media noche encendí la lámpara. Me puse delante, y mi sombra cubría el muro. Abrí el libro y deletreé las palabras con que se desencarna el alma que quiere mirar el mundo fuera de geometría. Después apagué la lámpara y me acosté sobre la tierra con los brazos en cruz como el libro previene*" (1: 905; énfasis en el original). Este breve fragmento enmarcado por la incierta y solitaria luz de la lámpara que permite leer las palabras y, a través de su poder, alcanzar la disolución del sujeto, podría enmarcarse, del mismo modo que el subtítulo del tratado estético, bajo el epígrafe de un verdadero ejercicio espiritual. Las páginas del volumen de Artephius a la luz de la sutil llama también abren el camino a la narración, ya que, cuando ésta comienza "Son las doce de la noche" (1: 907). Sin embargo, al empezar a leer, lo que nos vamos a encontrar no es un mundo sintético y orgánico, sino uno analítico y artificial; no la noche iluminada por la intimidad y la unicidad de la lámpara, sino la noche quebrada por los cohetes (1: 908, 909, 910, 926, 928), las linternas (1: 919, 928, 929 [por duplicado]), los reflectores (1: 908, 909 [por duplicado], 910, 911 [duplicado], 926, 936) junto a su lostrego (1: 908, 910). En este cosmos donde predomina la destrucción difícilmente se podría encontrar la trascendencia cósmica de la analogía, aunque sobrevive bajo su aparente ironización.

Hemos visto con anterioridad que Octavio Paz, en las conferencias dadas en la Universidad de Harvard en 1972 y recogidas luego bajo el

---

[10] Recordemos que entre las ilustraciones que José Moya del Pino prepara para la primera edición de *La lámpara*, se encuentran tanto dos lámparas de aceite orientales, como una menorá judía. Virginia Garlitz ha estudiado estas ilustraciones en su artículo "Moya del Pino's Illustrations for *La lámpara maravillosa*".

título *Los hijos del limo*, concebía la analogía como uno de los polos en el que se asentaban las poéticas literarias modernas. El análisis de los mecanismos de la analogía, su historia y las consecuencias de su aplicación en un plano estético guiaron, precisamente, la discusión en el capítulo previo. Nuestra conclusión enfatizaba que los elementos cromáticos aparecían relacionados con una epistemología conformada por la supervivencia del pensamiento analógico y que representaban uno de los medios utilizados por la voz narrativa para trascender los límites de lo físico. De hecho, el impulso básico que buscaba la comunión con el objeto, como hemos visto en *La lámpara maravillosa*, nacía precisamente de la conciencia de la lucha por alcanzar la disolución analógica en el cosmos, pero, al mismo tiempo, era un claro testimonio de la imposibilidad de esa unión en términos expresivos. La paradójica situación implicaba, como consecuencia, que el instante de comunión era ajeno al acto de escritura, por lo cual apuntaba hacia una autorreflexión, hacia un cuestionamiento de las posibilidades efectivas que tenía el arte para alcanzar su objetivo: la escritura modernista aspira a la trascendencia, pero, al mismo tiempo, es incapaz de representarla de una manera plenamente satisfactoria. Así, la expresión de lo inefable es siempre una posibilidad, una potencia dentro del sistema estético modernista, pero, debido a la dificultad de formalizar lo absoluto, lo que nos encontramos en la mayoría de las ocasiones es que la obra manifiesta sus propios límites, aquello que no puede alcanzar, sino solamente sugerir. De ahí mana, precisamente, la característica reflexión metaartística que tiñe las creaciones del Modernismo. Si la obra de arte no puede expresar el ideal que busca, pero sí puede expresar el camino que a él le conduce; si no puede formalizar la trascendencia, aunque puede explicar aquello que quiere conseguir; su fin último es la continua exploración de las paradojas que genera y en las que se ve insertada. Esa conciencia del fracaso que supone la tarea de la escritura es una de las manifestaciones de la ironía que recubre parte de la producción modernista y que transforma, y en ocasiones se opone, a la conciencia analógica que todavía aparece plenamente vigente.

Como consecuencia, el precario equilibrio que se establece entre la analogía y la ironía produce un mundo inestable de contrastes en continua oposición y revolución, ya que las relaciones que una crea son automáticamente reevaluadas y cuestionadas por la otra. Esta vorágine estética ha sido expresada por Octavio Paz de la siguiente manera:

> Ironía y analogía son irreconciliables. La primera es la hija del tiempo lineal, sucesivo e irrepetible; la segunda es la manifestación del tiempo cíclico: el futuro está en el pasado y ambos en el presente. La analogía se inserta en el tiempo del mito, y más: es su fundamento; la ironía pertenece al tiempo histórico, es la consecuencia (y la conciencia) de la historia. La analogía convierte a la ironía en una variación más del abanico de las semejanzas, pero la ironía desgarra el abanico. La ironía es la herida por la que se desangra la analogía; es la excepción, el accidente fatal, en el doble sentido del término: lo necesario y lo infausto. (*Los hijos del limo* 109)[11]

A pesar de esta oposición entre historia y mito, entre una cronología basada en la idea lineal del progreso y una basada en la circularidad del tiempo, el Modernismo trata de realizar una síntesis entre ambas. Debido a este balance entre las relaciones que establece la analogía y el cuestionamiento irónico de las mismas, si el cromatismo de *La lámpara* representaba, y permitía, la unión entre lo concreto y lo abstracto sustentando la transferencia analógica entre lo físico y lo espiritual, dicho sistema entra en una crisis explícita en *La medianoche*. Como resultado, vamos a ser testigos de la existencia de una fractura en la prosa vallein-

---

[11] El sentido que Paz da a la ironía en cuanto fuerza metafísica más que figura retórica proviene, una vez más, de la teoría estética urdida por el Romanticismo. Es Friedrich Schlegel quien reconfigura la noción de ironía otorgándole un sentido meta-rreflexivo y cósmico en el que son ideas clave el distanciamiento crítico y la ruptura de la ilusión mimética. Sobre esta noción tan importante, a pesar de que la influencia directa del término "ironía romántica" haya sido marginal, véanse los libros de D. C. Muecke y Ernst Behler, contrastándolos con la noción más retórica estudiada por Wayne Booth. Asimismo consúltese el capítulo V (87-113) de Pierre Schoentjes, quien, no sorprendentemente, termina examinando la noción de ironía que Ortega y Gasset esboza en *La deshumanización del arte* (1925). De hecho Ortega, como señala Schoentjes (112), menciona a los románticos germanos diciendo: "Después de todo no es esto completamente nuevo como idea y teoría. A principios del siglo XIX, un grupo de románticos alemanes dirigido por los Schlegel proclamó la Ironía como la máxima categoría estética y por razones que coinciden con la nueva intención del arte. Éste no se justifica si se limita a reproducir la realidad, duplicándola en vano. Su misión es suscitar un irreal horizonte. Para lograr esto no hay otro medio que negar nuestra realidad, colocándonos por este acto encima de ella. Ser artista es no tomar en serio al hombre tan serio que somos cuando no somos artistas" (3: 873-74). Schoentjes recalca que la diferencia fundamental entre el irónico "antiguo" y el "moderno" reside en que, para el último, existe una "moral de la ironía" (113). De esta manera regresamos, una vez más, a las cuestiones éticas y estéticas que el Modernismo proyecta sobre las formas, al mismo tiempo superficiales y profundas, de su propuesta artística.

claniana que afecta a su representación y acaba modulando determinados aspectos de la escritura modernista para evidenciar sus propias carencias. Esta conciencia irónica que socava las asunciones previas acerca de la relación entre el mundo visible y el invisible, cuya raigambre ocultista y narcótica ya se han explorado previamente, no significa, sin embargo, que el Modernismo abandone las ideas trascendentalistas que sustentan su epistemología. Lo que sucede es que, simplemente, el arte se vuelve todavía más autoconsciente porque paralelamente a la trascendencia, vamos a tener su cuestionamiento producto de la inclusión de una exacerbada visión irónica: si, como se ha visto, la primera plantea un cosmos y una escritura que son correlato de la lámpara, la segunda, sin abandonar el pabilo que la ilumina, lo yuxtapone a las linternas, reflectores y cohetes. *La lámpara* ya suponía un ejemplo de metaliteratura; *La medianoche* no hace más que radicalizar dicho discurso metaartístico mediante la ironización de la posibilidad de alcanzar la trascendencia a través del ejercicio de la escritura. Desde este punto de vista se puede comprender que la voz autorial se enfrente a su propio texto y afirme en la breve noticia que sirve de prólogo:

> Estas páginas que ahora salen a la luz no son más que un balbuceo del ideal soñado. Volveré a Francia y al frente de batalla para acendrar mi emoción, y quién sabe si aún podré realizar aquel orgulloso propósito de escribir las visiones y las emociones de UN DÍA DE GUERRA. (1: 904)

La distancia que aleja ese balbuceo del ideal es la misma que separa la analogía de la ironía. Siguiendo las palabras autoriales parece que nos encontramos ante un texto fallido e inacabado ya que éste solamente se aproxima a su objetivo sin llegar a alcanzarlo quedando, en el camino, incompleto: "Era mi propósito" (1: 903) son las palabras que abren el libro y lo obligan a permanecer indefinidamente en la duración del imperfecto. Este tipo de manifestación solamente puede llevarse a cabo a través de una extremada conciencia que se distancia respecto de la propia actividad de la escritura. De hecho, la redacción de *La medianoche* puede explicarse como la crónica de un fracaso, puesto que, según Antón Risco, "es más interesante en su propósito que en su resultado" (*El Demiurgo* 243). A pesar de que Arcadio López Casanova haya afirmado que Valle-Inclán "ha visto cumplido su anhelo de perfección" (55) en la obra, el mismo Valle se da cuenta de que su proyecto no ha resultado todo lo satisfactorio que esperaba y expresamente lo reconoce.[12] Al respecto, compárense las palabras del prólogo ya citadas con las declaraciones que Cipriano Rivas Cherif recoge antes de que Valle salga de Madrid rumbo a París el 11 de mayo de 1916:

> Yo quisiera dar una visión total de la Guerra; algo así como si nos fuera dado el contemplarla sin la limitación del tiempo y del espacio. Yo sé muy bien que la gente que lee periódicos no sabe lo que es la fatalidad de esta Guerra, la continuación de la historia y no su interrupción como creen todos los parlamentarios, algunos cronistas de salones y tal o cual literata. Lo que sucede es que no ven, no saben ver sino lo que pasa en su rededor y no tienen capacidad para contemplar el espectáculo del mundo fuera del accidente cotidiano, en una visión pura y desligada de contingencias frívolas. (Dougherty, *Un Valle-Inclán olvidado* 78; *Entrevistas* 165)[13]

Las palabras de Valle enfatizan contenidos que nos son familiares porque se encontraban ya esbozados en *La lámpara*: la trascendencia y la consideración de que el artista es un vidente porque posee una visión más profunda o superior a la de los otros seres humanos y, a causa de ese mismo motivo, tiene la responsabilidad de señalarles el camino.[14] Además del tono profético que adquieren sus palabras, el papel de visionario viene asociado a otro complejo temático comentado con anteriori-

---

[12] En este sentido también se ha manifestado Eva Llorens (*Valle-Inclán* 111). En cambio, nuestra opinión se acerca más a la de Fernández Almagro, quien acepta las palabras de la introducción como válidas (*La vida* 171).

[13] La entrevista entera puede leerse en las páginas 74-82 de *Un Valle-Inclán olvidado* y en 163-68 de *Entrevistas*. En otra entrevista publicada en el diario *Le Temps* de París el 26 de mayo de 1916 Valle todavía consideraba su proyecto como viable: "Cette vision [...] je la ferai revivre dans le livre que je vais écrire où j'évoquerai à la fois dans une seule action tout ce que j'ai vu de la France" (Dougherty, *Un Valle-Inclán olvidado* 84).

[14] La imagen que Valle-Inclán cultiva en público está directamente relacionada con su "condición" de profeta. Por ejemplo, el periodista Francisco Lucientes entrevista a Valle el 20 de noviembre de 1931 y entre veras y burlas consigue que el escritor manifieste "–Zeñores [sic]: voy a hacer de profeta" (*Un Valle-Inclán olvidado* 219) y, tras analizar la política española y caricaturizar la nueva República, concluye preguntándole al periodista "–¿Cree usted que hay ya bastantes profecías?" (227). En otras entrevistas (ésta sucede en junio de 1911) se obtienen de don Ramón "frases videntes que el reportero lograse con preguntas" (*Entrevistas* 69). La ya citada entrevista que Rivas Cherif le hace antes de partir para el frente es un buen ejemplo de lo asumida que Valle tenía su faceta profética en su vertiente pública. Reléase, también, la nota anterior

dad: la perspectiva artística nace de un cuestionamiento de los límites espacio-temporales que determinan tanto la percepción como la expresión lingüística de la deixis. En este caso, se busca adoptar un punto de vista superior que en *La lámpara* ya se expresaba como "visión de altura" (1: 1952).[15] Dicho enfoque elevado explora la superación de la contingencia para indagar las fronteras de lo esencial, purificar la historia de elementos accesorios y sustituir tanto los trastornos de la cronología como los hitos de las crónicas por la continuidad de lo eterno.[16] El proyecto de escritura, así visto, es similar al que nos presenta *La lámpara maravillosa*: ambas obras responden a un intento de sobrepasar lo individual y, así, superar lo accidental, sondeando la verdad que subyace tras la apariencia.

A pesar de que *La medianoche* cuenta, básicamente, con los mismos elementos que apuntalan una concepción del mundo anclada en relaciones analógicas, aunque vistas ahora a través de un cedazo irónico propiciado por el prólogo, la obra es considerada como un texto menor, casi espurio, por el propio autor. Ha sido mencionado previamente cómo en el prólogo la voz autorial declara la intención de terminar el libro titulado *Un día de guerra*, aunque deja abierto el proyecto a la probabilidad: de hecho, al ser publicados en *El Imparcial*, los textos se presentan con los títulos de "Un día de guerra. (Visión estelar) Parte Primera. *La medianoche*" y "Un día de guerra. (Visión estelar) Parte Segunda.

---

[15] Ésta es la visión estelar que busca don Ramón en *La medianoche*. Para una lectura narratológica de la "visión estelar" léase a Darío Villanueva, quien afirma "la *visión astral* trae consigo un distanciamiento que germina en objetividad" ("*La medianoche*" 323). De modo similar se expresaba Rubia Barcia, quien, aunque consideraba *La medianoche* como "un comentario superficial de los aspectos externos de la guerra" (224), veía en ella un "intento fallido de expresar realistamente una objetividad buscada" (224). Transcribimos su opinión, aunque no estamos muy de acuerdo con esa observación que relaciona perspectiva artística con objetividad. Por su parte, Emma Susana Speratti Piñero comenta el término desde el punto de vista ocultista (*Ocultismo* 152-61) y Robert Lima lo hace desde presupuestos gnósticos ("The Gnostic"). Véase sobre el tema también José Caamaño Bournacell (297).

[16] Santiago Díaz Lage ha visto en la obra una contradicción entre un tiempo mítico, tradicional y cíclico frente a uno histórico, achacando esta contradicción a que "Valle-Inclán mantiene la primera forma residual de su tradicionalismo" (66).

En la luz del día" (Serrano, *Bibliografía* 78-79).[17] El carácter inconcluso del texto se ve confirmado por otras circunstancias relativas a los avatares de su publicación. En primer lugar, el prometido libro titulado *Un día de Guerra* no vio nunca la luz, ya que la segunda parte publicada en *El Imparcial* bajo el título de *En la luz del día* permaneció olvidada tras esa edición en el periódico hasta que Roberta Salper de Tortella la recuperó en 1968 ("Valle-Inclán in *El imparcial*").[18] Así, *La medianoche* es solamente un fragmento de *Un día de Guerra.* En segundo lugar, este libro únicamente ve una edición en vida de Valle-Inclán, hecho realmente extraño si tenemos en cuenta la constante reelaboración, refundición y republicación sistemáticas a las que el escritor sometía sus textos; una edición que, además, solamente incluye la primera parte, a pesar de que la segunda, *En la luz del día,* ya había sido publicada en enero y febrero de 1917. Y, en tercer lugar, frente al lugar privilegiado que el autor le reserva a *La lámpara* en su obra completa, *La medianoche* no vio ninguna edición dentro del ciclo editorial de la *Ópera Omnia.*[19]

Por estos motivos, este texto resulta un buen espejo en el que contemplar la cara oculta del Modernismo. Es decir, si *La lámpara maravillosa* supone la exploración y el triunfo de una estética del Modernismo basa-

---

[17] De hecho, los editores de la obra completa de Valle han tomado la ecuménica decisión de, por una parte, no incluir los fragmentos de *En la luz del día* en el volumen II dedicado a los artículos publicados en periódicos; y, por otra parte, los han reunido con *La medianoche* reconstruyendo la ficticia unidad de *Un día de guerra,* sin hacer referencia a dicho título unitario. Peor suerte ha corrido *La cara de Dios,* la que, por otras circunstancias, nunca fue incluida en la lista de la *Ópera Omnia* ni tampoco en la *Obra completa.*

[18] *Un día de guerra* no es el único proyecto descartado por Valle-Inclán. Otros son la composición de una obra de teatro para Margarita Xirgú titulada *Pan divino* (Madrid 346) y una novela titulada *Hernán Cortés* (*Un Valle Inclán olvidado* 116), pero, a diferencia de lo que ocurre con *Un día de guerra,* éstas se quedaron solamente en títulos. Dru Dougherty ha defendido en *Guía para caminantes* que *Tirano Banderas* borra el proyecto de escribir *Hernán Cortés* aunque también especula con la posibilidad de que sea un texto olvidado (31-32).

[19] La edición de 1922 de la *Sonata de primavera* recoge veintinueve títulos escritos por Valle. Ni dentro de los veinte que forman la colección de la *Ópera Omnia,* ni dentro de los nueve fuera de colección aparecen ni *Un día de guerra* ni *La medianoche.* En cambio, el listado de la *Obra completa* recogido en la edición de *Sonata de invierno* de 1924 recoge veintiún títulos. De éstos, el vigésimo es *Un día de guerra,* pero se advierte que está en prensa. Dicho título, según la bibliografía manejada, nunca se llegó a editar.

da en la trascendencia, *La medianoche* supone la problematización de este sistema desde su propio interior; el reverso irónico que perturba su faz aparente: un cierto cuestionamiento, en definitiva, de la conciencia que regía aspectos concretos de la epistemología anterior, pero que subyacían implícitamente en dicho sistema. Si *La lámpara* da luz con sus colores, sus ocasos y sus paisajes; *La medianoche* es un mundo básico y primitivo estilísticamente hablando, un mundo reducido a lo esencial y de acusados contrastes cromáticos. En *La lámpara* tenemos la experiencia de un relato sin historia, sin tiempo cronológico, encerrado en las abstracciones del recuerdo, mientras en *La medianoche* nos hallamos, frente a frente, con la densidad de la historia –idea que volveremos a encontrar, en cierta medida, en *Tirano Banderas* y, definitivamente, en las novelas que forman el incompleto ciclo de *El ruedo ibérico*–. Esto, insistimos, no supone un abandono del proyecto modernista, sino que, como veremos, supone una extremada conciencia de sus propios límites ya expresamente enunciados desde la breve noticia que sirve de pórtico a la obra.

La complicada relación entre ambos textos es comprensible desde el momento en que *La lámpara* pretende elevar el recuerdo de la vida del narrador a ejemplo: su objetivo es reconstruir el pasado y ofrecerlo al presente bajo la organización de un relato que sucede en un tiempo indeterminado, un tiempo en el que se funden lo narrado, la narración y la lectura. Además, recordemos que el tratado de estética valleinclaniano recoge y sintetiza textos publicados y tramados a lo largo de diferentes años. El objetivo de *La medianoche*, sin embargo, es el de narrar el presente prácticamente contemporáneo e inmediato. Por esto John Lyon ha afirmado que "It constitutes Valle's first attempt to come to terms with a subject entirely of his own time, his first literary skirmish with his historical present" ("*La medianoche*" 135).[20] Consecuentemente, diferentes objetivos de contenido y diferentes objetivos temáticos pro-

---

[20] Ya hemos visto cómo el libro se publica más de un año después de la visita a los campos de batalla. Los fragmentos publicados en la prensa, en cambio, comienzan a aparecer a partir del 11 de octubre de 1916, entre tres y cuatro meses después de haber regresado de Francia. Caamaño Bournacell ha documentado la composición, concluyendo que Valle escribe una vez que ya ha regresado del frente desde la localidad pontevedresa de Cambados. Dada la distancia que media entre los hechos y la composición, podemos concluir que en *La medianoche* el aspecto documental es tan importante como la recreación evocada de los acontecimientos.

ducen cambios estilísticos que afectan a la representación. Así, el mundo trascendente del primer libro es sometido a una reevaluación señalando, hasta cierto punto, una crisis de representación que obliga a reconsiderar, sin abandonarlas, algunas de las tesis, elementos y efectos defendidos previamente. Dicha reevaluación señala simultáneamente dos direcciones: por un lado, es testimonio directo de la idea perfeccionista que Valle tenía del arte y, por otro, actúa en consonancia con la idea moderna de una estética en perpetua consolidación.

Significativamente, el cuestionamiento del proyecto no es algo que se haga explícito en el cuerpo del texto, sino que se realiza desde elementos paratextuales. De este modo, la conciencia de la derrota domina, engloba y prologa la obra afectando nuestra recepción ya que es la propia voz del narrador-autor la que nos está avisando sobre su fracaso. Pero, al mismo tiempo, ese juicio se ha trasladado al exterior presionando, desde esa posición liminar, el cuerpo de la obra. Así, la principal diferencia entre el narrador de *La lámpara* y el de *La medianoche* estriba en que, si para el primero hasta la experiencia narcótica era una de las razones que le permitían ver, percibir y, consecuentemente, escribir; para el segundo, incluso las drogas, parecen no servirle en su propósito tal y como se afirma en la nota de introducción: "He fracasado en el empeño, mi droga índica en esta ocasión me negó su efluvio maravilloso" (1: 904).[21] La ironización del proyecto modernista, en la que la

[21] En la nota 3 del capítulo III y en la 28 del capítulo IV se recordaba la conferencia que Valle había dado en el Teatro Nacional de Buenos Aires acerca de los excitantes en la literatura. Alfonso Reyes, en sus "Apuntes sobre Valle-Inclán" (4: 276-86) –contenidos en la cuarta serie de *Simpatías y diferencias* que lleva por título *Los dos caminos* (1923)– le apoda "amigo del chocolate y la marihuana" (4: 279) y, en *Ancorajes* (1951), al relatar el desgraciado destino de cuatro adictos durante los días de la Revolución en su artículo "Breve visita a los infiernos" (21: 69-73), rememora que "Valle-Inclán os habrá contado algo sobre los maravillosos efectos de la yerba" (21: 69). También Robert Lima (*Valle-Inclán* 60-62) ha señalado que Valle descubre la marihuana en su primer viaje a América. Por su parte, García-Velasco (33) documenta la siguiente cita en "La niña Chole" de *Femeninas*: "las horas untadas de opio [...] constituían la vida a bordo del *Dalila*" (*Obra completa* 1: 50). No en vano Alfonso Reyes decía que la América representada en *La pipa de Kif* mediante "esa Jalapa, esa Campeche, esa Tlaxcala entrevistas a través del humo de la marihuana, como lindos monstruos de alucinación y recuerdo, no se olvidan más" (4: 284). De hecho, en su segunda visita a México y tras una feliz juntanza con el colombiano Ricardo Arenales/Porfirio Barba Jacob, bien conocido por sus excesos, Valle pudo

"droga índica" es una correspondencia de la escritura, alcanza así un momento de inflexión, aunque creemos que se debe señalar que esa autoconciencia no implica un abandono, sino solamente cierto grado de distancia. A lo más que se llega es a manifestar la experiencia de un límite que no se va a cruzar: no hay, en consecuencia, una reevaluación sino un cuestionamiento que, al ser demasiado explícito, produce un rechazo desde la periferia que repercute directamente en el corazón de la obra. Las consecuencias son, como ya se ha mencionado con anterioridad, que la propuesta realizada en *La medianoche* se convierta en la inexistente obra *Un día de Guerra*, relegada y olvidada en su publicación.

No podemos evitar relacionar esta crisis representativa con el contenido de la obra en cuestión, ya que ésta trata de relatar la vivencia de una experiencia traumática como lo fue la Gran Guerra. Ante la violenta, cruel y desgarradora realidad, suponemos que el ideal artístico de la

---

salir del país con "una silla de obispo con el respaldar y el asiento rellenos de marihuana. Unos dicen que el relleno se lo regaló el presidente Obregón; otros que Arenales" (Vallejo 194). Dada la relación que el propio Valle estableció entre su creación, su vida y el consumo de narcóticos, el tema es recurrente en las entrevistas hechas al escritor: "–¿Qué tal? –le pregunté. –Bien –me respondió–; me he sentido un poco indispuesto, pero es porque algunas veces sufro los trastornos fisiológicos del extracto de tintura de cáñamo índico. –¿Cómo es eso?... –Sí; yo lo tomo en píldoras. –Pero eso, ¿qué es? –Es *hachís*... lo que toman los fakires en la India... –¿Pero usted?... –¡Ah! Sí señor... Y eso me produce una exaltación de la fantasía que me permite comprender muchas cosas... El *Karma*, por ejemplo" (*Entrevistas* 127 [julio 1913]). De hecho, en alguno de los conflictos que don Ramón tiene a lo largo de su vida a veces se esgrime el consumo de narcóticos para desacreditarlo. En 1921, al llegar a México y hacer unas declaraciones (el 14 de noviembre) en los diarios locales que ofenden a la colonia española, Wenceslao Blasco, redactor de *ABC*, responde airado: "llamo a las puertas de la colonia española en pleno, para que sin pérdida de tiempo acuda a la Legación de España, a expresar igual protesta por las palabras pronunciadas por un degenerado, *marihuano* y mal español" (Dougherty, *Un Valle-Inclán olvidado* 137; énfasis nuestro). En otras ocasiones, el periodista que firma la crónica trata el tema de los estupefacientes con cierta sorna: "Píntase a don Ramón fumador de raras plantas exóticas. No cabe ya duda de que el autor de esos cuadros siniestros que hacen de Galicia un país de negras leyendas, es hombre de muchos humos. Los cuales –¡cosas de la superioridad única!– debieron subírsele a la cabeza" (*Entrevistas* 330 [1926]). *Corpus Barga* relata que en París Augusto Breal comentaba: "eso es lo malo de tomar *hacschich* [*sic*]" (299) en referencia al fracaso que representaba *La medianoche*, a lo que añade el autor del artículo: "ignoro yo si Valle-Inclán ha tomado alguna vez el *hacschich* en serio, yo sólo le visto hacer como que lo tomaba" (299).

trascendencia encontraba dificultades para ser representado a no ser que el conflicto, como de hecho sucede, se deshumanizara. Al hablar de estas dificultades Valle se centra curiosamente en cuestiones formales, diciendo que el problema radica en que la secuencialidad unida a la cronología de la escritura destruyen el objetivo de expresar la simultaneidad: "Todos los relatos están limitados por la posición geométrica del narrador" (1: 903); y por eso, solamente "una cifra de todos, en una visión suprema, casi infinita, de infinitos ojos" (1: 903) podría acercarse al ideal soñado. A este respecto si el vocabulario es el mismo de *La lámpara*, junto a sus visiones y cifras, pareciera como si la materia textual no pudiera adaptarse al molde exigido por la escritura modernista y se rebelara provocando una cierta clausura de ella. Esto es debido, entre otras razones, a que la Historia tiene demasiada densidad en el proyecto como para poder ser obviada o superada, a que los cuerpos mutilados y sanguinolientos acercan al sujeto no a la frontera de la trascendencia, sino al vacío y al silencio de la muerte.

No obstante, las repercusiones que se van a manifestar tras la experiencia no significan que en la producción modernista se abandone la idea de la trascendencia. Todo lo contrario. La problematización produce un mayor énfasis en el anhelo por alcanzarla a causa de la constante dialéctica entre analogía e ironía. Uno de los resultados de esta tensión implica que, a través de la conciencia de la radicalización irónica, se llega a producir un dislocamiento, aún mayor, en la categoría de mímesis. El mundo del Modernismo, el mundo que crean *Flor de santidad* y *La lámpara maravillosa*, es un lugar donde se cuestionan los límites de la percepción problematizando la aprehensión del referente a través de la saturación del campo semántico de lo sensitivo; el mundo de *La medianoche*, además de perseguir el mismo fin, marca una diferencia de grado: si las primeras ya jugaban con una idea de la obra de arte inorgánica al fragmentar su desarrollo en breves capítulos, estancias o partes, la última se astilla en multitud de fragmentos mínimos que adquieren una singular relevancia al tener como punto de referencia las obras anteriores. Ahora la experiencia perceptiva se concentra en breves *flashes* que intensifican la recepción –una técnica que será llevada al extremo en *Tirano Banderas*–. Dicha rotura, ya desde la nota introductoria, amenaza la posibilidad de escribir con éxito y provoca, tanto una distorsión del referente, el que siempre había sido depurado, como de la forma artística. En consecuencia, el cuestionamiento de la mímesis se radicaliza, proponiendo un arte todavía más alejado de la copia realista, pero más cercano al rompecabezas sensitivo de la Modernidad. El resultado es testimonio de que una de las maneras válidas que tiene el arte del siglo XX de observar el mundo es ironizarlo, quebrando la experiencia del referente y de la recepción, e ironizarse, hacia una representación cada vez más atomizada.

Un mundo ironizado es, sin duda, el que da lugar al nacimiento de las vanguardias artísticas. Estilísticamente, la problematización mencionada llevará a formas cada vez más depuradas, más alejadas del concepto clásico de la mímesis y de la retórica clásica que aspira a la copia del mundo, pero, al mismo tiempo, estas formas serán cada vez más opacas causando las deformaciones del Expresionismo, el absurdo del Dadaísmo o la irracionalidad, supuestamente autónoma, del Surrealismo. Alrededor del año 1916, el año de la visita de Valle a las trincheras, se está tejiendo en Europa la presencia de los movimientos de vanguardia. Ya se habían anunciado el Fauvismo,[22] el Expresionismo,[23] el Cubis-

---

[22] Su nacimiento se data en 1905. Henri Matisse, el principal representante, visitó España durante 1910-1911 y expuso en Madrid en 1927 (Bonet 411). De hecho, según Ricardo Baroja, el pintor francés frecuentó el café de Levante donde se reunía la tertulia de Valle (*Gente del 98* 50). Lourdes Cirlot identifica las peculiaridades del movimiento pictórico diciendo: "El carácter innovador del fauvismo residía precisamente en no ser un arte imitativo, así como en subrayar la autonomía del color con respecto a la forma" (14). El mismo Matisse declaraba en el texto teórico que expresa su idea de la pintura: "Bajo esta sucesión de momentos que componen la existencia superficial de los seres y de las cosas y que los reviste de apariencias cambiantes, pronto desvanecidas, es posible descubrir un carácter más verdadero, más esencial, en el que el artista debe aplicarse para obtener una interpretación más duradera de la realidad" (véase "Notas de un pintor" incluido en la edición de Lourdes Cirlot 19). En la cita anterior puede verse hasta qué punto la deuda con las ideas de Baudelaire expuestas en "Le Peintre de la Vie Moderne" es manifiesta en el discurso de las vanguardias.

[23] El primer grupo de expresionistas alemanes, *Die Brücke* (El Puente), surge en Dresde en 1905 (Lourdes Cirlot 27-28), a los que se unen poco después los que forman *Der Blaue Reiter* (El Jinete Azul) en Munich alrededor de 1911 (Behr 31). Consúltese además el capítulo segundo de *Historia de las literaturas de vanguardia* de Guillermo de Torre (195-235). El pintor August Macke, uno de los artistas más representativos de *Der Blaue Reiter*, enfatizaba la interpretación trascendentalista que el Expresionismo daba a la forma del siguiente modo: "Ideas inconcebibles se expresan en formas concebibles. Concebibles a través de nuestros sentidos, como estrella, trueno, flor; como forma.

mo[24] y el Futurismo;[25] el Dadaísmo[26] está bebiendo de las mismas fuen-

La forma es para nosotros un misterio, porque es la expresión de fuerzas misteriosas... Los sentidos son para nosotros el puente entre lo inconcebible y lo concebible" ("Las máscaras" 31-32). Otro ejemplo de este mismo tipo de retórica lo podemos encontrar en la obra *Sobre lo espiritual en el arte* de Wassily Kandinsky, en la que se propone un triángulo dividido en partes como la figura geométrica que representa la vida espiritual: "En cualquier parte del triángulo hay artistas. Todo aquel que puede ver más allá de los lindes de su sección es un profeta para los que lo rodean y contribuye en el lento movimiento del carro. Si, en cambio, no posee esa mirada visionaria o renuncia a ella, sus pares lo apoyarán y celebrarán" (15). A pesar de que se ha dicho que "[e]n España no hubo una escuela expresionista propiamente dicha" (Bonet 234), la obra pictórica de José Gutiérrez Solana guarda asombrosos paralelos estilísticos con la obra de los expresionistas alemanes. De hecho, recientemente ha sido calificada de "expresionista" (Morales y Marín 626 y 636).

[24] El inicio del Cubismo se propone en 1907 cuando Picasso realiza y expone *Las señoritas de Avignon* (Bonet 184). Léase el capítulo tercero de *Historia de las literaturas de vanguardia* de Guillermo de Torre (237-316) en relación con éste. Del mismo autor consúltese su artículo "Apología del cubismo y de Picasso". Decía Guillaume Apollinaire al escribir sobre "Los pintores cubistas": "Pero, el pintor debe ante todo ofrecerse el espectáculo de su propia divinidad y los cuadros que exhibe ante la admiración de los hombres le conferirán la gloria de ejercer también y momentáneamente su propia divinidad. Para ello abarquemos de un vistazo: el pasado, el presente y el futuro. El lienzo debe presentar esta unidad esencial que por sí sola provoca el éxtasis" (61-62). La cita ilustra fácilmente algunos de los tópicos del arte modernista que venimos señalando relacionados con la prosa de Valle: la trascendencia, el papel de la visión en la obra de arte o el artista como visionario.

[25] El capítulo primero de *Historia de las literaturas de vanguardia* de Guillermo de Torre trata sobre el futurismo (105-94). Se suele dar la fecha de 1909 como la de su inicio ya que Tomasso Marinetti publica en dicho año el *Manifiesto del futurismo* donde afirma: "¡Nosotros estamos en el promontorio extremo de los siglos! [...] ¿por qué deberíamos mirar a nuestras espaldas, si queremos tirar las misteriosas puertas de lo Imposible? El Tiempo y el Espacio murieron ayer. Nosotros vivimos ya en el absoluto, porque hemos creado ya la eterna velocidad omnipresente" (80-81). Marinetti visita ese mismo año España (Bonet 260) donde conoce a Ramón Gómez de la Serna, de hecho Ramón publica el manifiesto futurista en su revista *Prometeo* dicho año (Buckley 12).

[26] Dadá aparece en Zurich en 1916, aunque pronto se extiende por Berlín, Hanover y Colonia (Cirlot 97-99). Según Juan Manuel Bonet aspectos del Dadaísmo fueron anexionados por el movimiento ultraísta defendido por Vicente Huidobro (188). En el "Manifiesto 1918" de Tristán Tzara encontramos afirmaciones como "Amo una obra antigua por su novedad. Sólo el contraste nos une al pasado" (104) o "Abolición de los profetas: DADA; abolición del futuro: DADA" (109); "Libertad: DADA DADA DADA

tes alrededor de ese año y el Surrealismo[27] se halla en avanzado estado

---

aullido de dolores crispados, entrelazamiento de los contrarios y de todas las contradicciones, de lo grotesco, de las inconsecuencias: LA VIDA" (109). El artista dadaísta es el prototipo del creador rebelde que se opone a todo control y a toda idea trascendentalista con la idea de ir más allá y de superar todo límite expresivo preconcebido para acabar con la idea misma de arte: la trascendencia es expresada a través de su propia negación. En realidad, Dadá, desde nuestro punto de vista, no es sino la exasperación de las potencialidades irónicas del Modernismo. Sobre el Dadaísmo léase el cuarto capítulo de *Historia de las literaturas de vanguardia* de Guillermo de Torre (317-60).

[27] El primer manifiesto surrealista se publica en París en 1924. Al año siguiente Louis Aragon aparece en España (Bonet 584) y, de hecho, da una conferencia en la emblemática Residencia de Estudiantes el 18 de abril de 1925 (García de la Concha, "Introducción" 13). En ese "Primer manifiesto surrealista" André Breton dice: "Creo en la futura armonización de esos dos estados, aparentemente tan contradictorios, que son el sueño y la realidad, en una especie de realidad absoluta, en una sobrerrealidad o surrealidad, si así se le puede llamar" (136). El manifiesto de Breton ha sido comentado por Ricardo Gullón ("¿Hubo un surrealismo español?" 119-21). Transcribimos unas palabras del gran hispanista procedentes de ese artículo debido a la pertinencia que tienen para el tema que estamos desarrollando: "Si el surrealismo es un estupefaciente, una droga que suscita en quien lo ejerce 'un estado de necesidad', ello se debe a sus 'efectos misteriosos y goces peculiares'. De tales gozos pocos tan notables (tratándose de poetas) como los conseguidos a través de la imagen poética. Se asimilan estos efectos a los producidos por el opio" (120). Han enfatizado que el Surrealismo surge de Dadá: Ricardo Gullón (*Balance del surrealismo* 38-44), Francisco Aranda (31-34), Francisco Calvo Serraller (6-8), Jesús García Gallego (23-25), Paul Ilie (*Surrealist Mode* 277), Octavio Paz ("El surrealismo" 37) y Víctor García de la Concha ("Introducción" 14-15). Sobre la presencia del Surrealismo en España véanse los textos seleccionados por Francisco Calvo Serraller y Ángel González García aunque en la introducción ellos mismos niegan la existencia de una tradición surrealista en la península por no haber una tradición vanguardista (15). También Anna Balakian ve tanto en Hispanoamérica como en España manifestaciones seudo-surrealistas ("Latin-American Poets" 12). El extremo opuesto lo ocupan críticos como Jesús García Gallego que afirman que en el período entre 1909 y 1924 la importación a España de elementos vanguardistas fue continua (11). Para una visión del Surrealismo en España e Hispanoamérica véanse los libros editados por Víctor García de la Concha (*El surrealismo*) y por Peter G. Earle y Ricardo Gullón. El último afirma en "¿Hubo un surrealismo español?" que en España se toman aspectos del Surrealismo, pero no se someten a sus dictados; una tesis similar la defiende Víctor García de la Concha ("Introducción" 21). Para solucionar el problema del Surrealismo español *sui generis* Paul Ilie ha postulado no un movimiento, sino un "modo del movimiento surrealista" ("El surrealismo" [111]); el mismo autor, sin abandonar la idea del modo surrealista, en otro lugar afirma la existencia de un Surrealismo español a

de gestación. En los ámbitos hispanoamericano[28] y peninsular se está viendo también la génesis del Creacionismo[29] y el Ultraísmo.[30] Todos

---

causa del "consenso de temas e ideas" (*Surrealist Mode* 276) que pueden verse en las obras por él estudiadas, entre las que se encuentra *Tirano Banderas* (198).

[28] Harald Wentzlaff-Eggebert ha editado una bibliografía sobre *Las literaturas hispánicas de vanguardia.* Un acercamiento a la prosa vanguardista en Latinoamérica y España puede encontrarse en el libro editado por Fernando Burgos. Resulta imposible comprender la vanguardia tanto en España como en Latinoamérica sin apreciar la influencia que tiene el poeta chileno Vicente Huidobro como divulgador de sus doctrinas (Videla, *El Ultraísmo* 101-06 y *Direcciones* 32). Para una antología de textos vanguardistas españoles véase el libro editado por Ramón Buckley y John Crispin; una antología de textos vanguardistas hispanoamericanos aparece en Videla, *Direcciones* y en el volumen editado por Domingo Ródenas de Moya.

[29] Vicente Huidobro es el principal artífice del movimiento creacionista. Él mismo ha dado las fechas de 1912 y 1916 como las que señalan el inicio del movimiento (Videla, *Direcciones* 246). Según sus propios manifiestos: "La primera condición del poeta es crear; la segunda crear, y la tercera crear" ("El Creacionismo" 246) y también concibe el "artista como creador absoluto... Artista-Dios" ("La creación pura" 243). Sobre este tema léase a Francisco Aranda 35-36, el artículo de Raúl Silva Castro "Vicente Huidobro y el creacionismo" y el de Guillermo de Torre titulado "La polémica del creacionismo. Huidobro y Reverdy". El poeta chileno llega de París a Madrid cargado de revistas, obras de arte e ideas vanguardistas en 1918 (Videla, *Direcciones* 32) influyendo definitivamente en el ambiente cultural contemporáneo. Sobre su obra e influencia consúltense los ensayos incluidos en el volumen editado por René de Costa.

[30] El movimiento ultraísta o "Vltra" publica su manifiesto en otoño de 1918 en *Prensa de Madrid* y lo vuelve a publicar en el número XI de la revista *Grecia* el 15 de marzo de 1919 (véase el primer manifiesto en Videla, *Ultraísmo* 33-35; otros documentos y manifiestos asociados con el grupo se incluyen en 173-215; también Francisco Aranda [17-22] ha recogido testimonios relacionados con el movimiento). Ultra nace sin un objetivo fijo a no ser el sincretismo de todas las tendencias de vanguardia: "Nuestro lema será *ultra*, y en nuestro credo cabrán todas las tendencias sin distinción, con tal que expresen un anhelo nuevo" (Videla, *Ultraísmo* 33; han enfatizado su sincretismo también Ramón Buckley y John Crispin [9]). En una entrevista con César Arconada celebrada en 1929 Cansinos Assens se declara fundador del Ultraísmo en 1919 (véase Cansinos Assens, *El movimiento V. P.* 266), pero, polemizando con él, Guillermo de Torre afirma que "Cansinos Asséns se posesionó del término" (*Historia* 536). Ramón Buckley ha establecido diferencias entre los vanguardistas y los ultraístas (19). Guillermo de Torre, invirtiendo la lógica cronológica dice que el creacionismo es una rama desgajada del ultraísmo ("La polémica" 145) mientras que, por su parte, Víctor García de la Concha ha insistido en la diferencia entre los dos diciendo que del primero surge la Generación del 27 ("Introducción" 10-11). Además de éstos, consúltese el volumen de Ricardo Gullón titulado *Balance del ultraísmo.*

estos movimientos, todos estos *ismos*, germinan a partir del Simbolismo, el que cuestiona la posibilidad de formalizar el mundo directamente y sólo aspira a sugerirlo. Consecuentemente, el camino hacia la posibilidad de una expresión abstracta queda abierto a través de esta poética.[31]

La gran actividad vanguardista que gira alrededor de esos años tiene, al igual que *La medianoche*, como uno de sus inevitables puntos de referencia históricos la guerra del 14. Cada una a su manera, las vanguardias participan en el desasosiego social, económico y político que invade la época y que prefigura el estallido del conflicto armado. Al mismo tiempo que los discursos artísticos son influidos por este ambiente, también influyen en él. Sin embargo, conservan vivo en diversas medidas el tópico del artista como visionario y elegido que ostenta su diferencia en contra del resto del mundo y que, mediante esta disconformidad, adopta una postura que trata de trastornar los valores de la sociedad burguesa. Las críticas dirigidas a la inmoralidad de la prosa modernista y por extensión a sus escritores encuentran una modulación diferente, aunque con la misma raíz. Así, los artistas de los movimientos de vanguardia tienden a actuar y comportarse como iluminados y profetas de un nuevo orden ya sea artístico, ya sea social y, a menudo, ambos simultáneamente.[32] Eso se debe a que el Modernismo ha predeterminado estos discursos estéticos con él relacionados, ya que, en cierta medida, y pese a sus aparentes diferencias, todos aspiran a objetivos similares utilizando medios expresivos semejantes.

---

[31] Sobre la influencia del Simbolismo en las vanguardias, Derek Harris ha dicho: "The continuing dominance of French influence brought a number of writers to the later stages of symbolism where words themselves had come to take increasing importance, acquiring something of the autonomy that the avant-garde would finally liberate. This increasing freedom and arbitrariness of language would also help to prepare the climate for avant-garde experiments" (4). Como él Matei Calinescu (103-05), Art Berman (60-63) y Astradur Eysteinsson (153-54) han afirmado que la vanguardia no es sino un Modernismo radicalizado y que lo que la primera hace es potenciar elementos latentes en el segundo. La idea de que todas las vanguardias son hijas en mayor o menor medida del Romanticismo ha sido señalada por Paz (*Los hijos* 145) e Ilie (*Surrealist Mode*, 18). Por otro lado Ivan Schulman ha enfatizado los nexos entre el Modernismo y la vanguardia en su artículo "Las genealogías secretas".

[32] En su novela paródica, *El movimiento V. P.*, publicada en 1921 Cansinos Assens hacía decir al Poeta de los mil años que guiaba a sus compañeros vanguardistas en la experimentación artística: "El estado de poesía es un estado de locura" (18).

De ninguna manera queremos sugerir que Valle-Inclán estuviera influido por todos y cada uno de estos movimientos –o incluso alguno de ellos específicamente–; lo que pretendemos inferir es que tanto uno como los otros pertenecen a una manera similar de comprender y, sobre todo, de representar el mundo.[33] Un modo que, Theodor Adorno, en su *Teoría estética*, ha denominado "el ideal de lo Negro":

> Para poder subsistir en medio de una realidad extremadamente tenebrosa, las obras de arte que no quieran venderse a sí mismas como fáciles consuelos, tienen que igualarse a esa realidad. Arte radical es hoy lo mismo que arte tenebroso, arte cuyo color fundamental es el negro. Mucho de la producción contemporánea se descalifica por no querer darse cuenta de ello, por querer alegrarse infantilmente con colores. El ideal de lo negro es por su contenido uno de los más poderosos impulsos de la abstracción. (60)

En otras palabras, el arte que niega el espectro cromático, reduciéndolo y quedándose con los extremos, es una expresión que historiza la obra de arte y radicaliza su relación con el mundo a través de la abstracción. Este acercamiento nos ofrece una posible explicación del motivo por el cual existe esa diferencia cromática cualitativa entre las obras que estudiamos. De hecho las palabras de Adorno podrían explicar por qué Valle nunca publicó en forma de libro *En la luz del día* y sí publicó, en cambio, *La medianoche*, a pesar de considerarlo un texto no plenamente logrado. La guerra parece necesitar del color negro y de la noche, de la negación de todos los colores para ser representada de un modo efectivo y convincente. Esta relación para Flynn tiene que ver,

---

[33] La relación de Valle con las vanguardias dista de ser fácil y unívoca. El 19 de abril de 1927 en La Habana, declaraba: "La novela nunca podrá estar en crisis, esos jóvenes que se llaman de vanguardia y que quiere dirigir Ortega y Gasset, no tienen idea, los pobrecitos… Creen que para escribir hay que ir a buscar a Francia la última moda, y que una etiqueta, un programa, una escuela, un nombre, son atributos suficientes para llamarse original y de vanguardia" (*Entrevistas* 342). Y en Buenos Aires, el 28 de enero del año siguiente responde así al comentario del periodista: "–A los jóvenes escritores de la Argentina interesará extraordinariamente su opinión sobre el dadaísmo y demás modalidades literarias de vanguardia. –Siento no poder opinar, porque no estoy enterado de semejantes modalidades" (*Entrevistas* 372). Se ha hablado mucho acerca de la posible influencia de las vanguardias en textos valleinclanianos, principalmente en *La pipa de Kif* y en *Tirano Banderas*. Véanse los artículos de Carmen Barbosa-Torralbo e Ignacio Soldevilla-Durante en referencia a este tema.

precisamente, con el enfrentamiento bélico y así lo expresa: "This is the way to capture the quintessence of war: focus on the blackness and penetrate the veil with a beam" (*The Aesthetic* 49). El resultado es que en esta obra de Valle el negro a menudo contrasta con el blanco para sugerir un mundo primario y reducido a impresiones cromáticas opuestas.

Indudablemente, en virtud de su ambientación nocturna, en *La medianoche* se modula el mencionado contraste entre la luz y las tinieblas o, en términos cromáticos, el blanco[34] frente al negro[35] y en un par de ocasiones aparece la significativa mezcla de ambos: el gris.[36] Fijémonos además que en la obra los seres humanos han perdido su color y apare-

---

[34] El blanco es el color más citado en *La medianoche* aunque lo denotan diferentas palabras. Así aparece como "blanco" en "luces rojas, verdes y blancas" (1: 908); "las trincheras tienen una cresta blanca" (1: 909); "turbantes blancos" (1: 919); "corredor blanco" (1: 920); "ropa blanca" (1: 921); "sala grande, blanca, cuadrada, fría" (1: 921); "La madre es blanca" (1: 922); "blanca y fina de tez" (1: 922); "lechos, blancos como altares" (1: 923); "Sala de operaciones, blanca e iluminada" (1: 924); "blanquean los turbantes" (1: 937); "sonrisa blanca" (1: 937); "La frente, de una gran blancura" (1: 938). También se formaliza como "pálido" en "rostro pálido" (1: 912); "dos muchachas pálidas" (1: 917); "palidez lunaria" (1: 922); "Salió de aquel estado pálida" (1: 922); "heridos leves, pálidos" (1: 923); "Palidecen las estrellas del alba" (1: 930); "rostro en gran palidez" (1: 930); "pálidos" (1: 931); "Palidecen las estrellas" (1: 937). En los siguientes casos es "lividez": "la lívida llanura" (1: 917); "rostros lívidos" (1: 919); "una mano, que muestra su lividez" (1: 923); "mano lívida" (1: 929); "lívido tránsito de la noche al día" (1: 930); "fría lividez" (1: 931). Excepcionales son el caso de "albo talud de las zanjas" (1: 909) y el de "bigotes canos" (1:938).

[35] Los ejemplos del negro son también numerosos para una obra de estas dimensiones: "negros bosques" (1: 912); "sangre negra" (1: 913); "botas negras" (1: 914); "lacras amoratadas, casi negras" (1: 916); "negras y destripadas, humean las casas" (1: 917); "negro vaporoso" (1: 918); "rígido, negro, enorme" (1: 918); "ojos negros" (1: 922); "negra llanura sin hombres" (1: 924); "la negrura del foso" (1: 928); "botas negras" (1: 929); "agua negra" (1: 929); "negros trenes" (1: 930); "Las casas, negras del incendio" (1: 930); "flamea sobre el cielo negro el resplandor de tres aldeas en llamas" (1: 933); "flameando sobre el cielo negro" (1: 933); "negras oleadas" (1: 934); "negros garabatos" (1: 936); "melena negra" (1: 938); "negras pipas"(1: 941).

[36] Los ejemplos hallados son: "Este momento frío y gris… es el más deprimente de la guerra" (1: 930-31); "caos gris de la niebla" (1: 932). Es inevitable traer a colación las siguientes oraciones de *La Voluntad* de *Azorín*: "¡Soy un hombre de mi tiempo! La inteligencia se ha desarrollado a expensas de la voluntad; no hay héroes; no hay actos legendarios; no hay extraordinarios desarrollos de una personalidad. Todo es igual, uniforme, monótono, gris" (1: 966). Ése es el gris de la indeterminación ontológica.

cen caracterizados por el blanco sugiriendo una equiparación entre lo animado y lo inanimado, entre lo humano y el paisaje, todos esencializados y transfigurados, todos reducidos e igualados a una exánime presencia fantasmal. Estas características producen una sensación de reducción cromática que acaba por afectar la propia constitución estilística de *La medianoche*.

El uso del blanco y el negro parece apuntar hacia una cierta tendencia de las vanguardias tal y como lo expresaba Adorno en las palabras citadas un poco más arriba. El crítico alemán no es el único que ha señalado esta conexión, ya que dicha apreciación aparece incluso en testimonios más cercanos en el tiempo a *La medianoche*. Por ejemplo, podemos documentarla en la obra de Wassily Kandinsky, el artista ruso emigrado a Alemania y miembro del grupo expresionista *Der Blaue Reiter*. En 1912, Kandinsky publica una de sus más importantes obras teóricas donde describe, desde perspectivas muy cercanas al Teosofismo y al Ocultismo (Behr 33), el propósito de la actividad artística como expresión de la trascendencia.[37] Estas fuentes arcanas, similares a las que Valle utiliza para la composición de *La lámpara maravillosa*, son las que producen *Sobre lo espiritual en el arte* con pocos años de diferencia. Aquí Kandinsky expresa los contenidos asociados con el negro y el blanco:

> el blanco, considerado a veces un *no color* (principalmente por la acción de los impresionistas, que *no encuentran blanco en la naturaleza*), es el emblema de un mundo en el que se [ha] extinguido el color como atributo sustancial. Ese mundo está tan distante de nosotros que no nos llega ninguno de sus sonidos, sólo recibimos de él un gran silencio, que representado materialmente sería como un muro frío e infranqueable, infinito e indeleble. Es por esto que el blanco influye sobre el espíritu como un silencio inmenso. Suena interiormente como un *no sonido*, comparable a las pausas musicales que sólo interrumpen temporalmente el desarrollo de una frase o un contenido, sin concluir el proceso definitivamente. No es un silencio inerte sino, en cambio, cargado de poten-

[37] La Teosofía y los elementos esotéricos están muy presentes en *La medianoche* no solamente a través del tema del viaje astral conectado con la visión que se busca en el prólogo, sino también a través de la breve nota que se incluye entre éste y el cuerpo de la obra. Es muy significativo que la presencia del Ocultismo se haya trasladado del interior de la obra, en *La lámpara maravillosa*, a elementos paratextuales, en *La medianoche*. En el próximo capítulo veremos cómo *Tirano Banderas* se enfrenta a la presencia del Ocultismo y la Teosofía.

> cialidades, suena como un silencio que súbitamente puede llegar a ser comprendido.
> Es la nada primitiva, la nada previa al inicio, al alumbramiento. Tal vez sea el sonido de la tierra en los tiempos blancos de la era glacial.
> El sonido interno del negro es, en oposición, la nada sin oportunidades, la nada inerte luego de apagarse el sol, un silencio eterno sin porvenir y sin expectativas [...] El negro está muerto como una hoguera quemada; es algo inerte como un cadáver, indolente y frío. Es como el cenit de la vida, el silencio del cuerpo después de la muerte. Exteriormente es el color más insonoro; a su lado cualquier otro color suena con energía y certeza, incluso los de menor resonancia. (56; énfasis en el original).

Aparte del uso de imágenes sinestésicas y símiles, la cita específica que ambos colores son vistos como referencias enfrentadas y reflejadas: ambos opuestos, pero ambos relacionados con la totalidad porque son, cada uno a su manera, manifestaciones de ella. El blanco es el infinito antes de la vida, la pura posibilidad, mientras el negro es el infinito después del fin, la negación de la potencialidad. Por otro lado, es necesario destacar que el silencio se ha duplicado para referirse a esa totalidad: uno preñado, con futuro, y otro agotado, sin porvenir. La ausencia de cualquier tipo de ruido tiene, de este modo, la capacidad de englobar los contrastes suscitados por la aparición de los dos colores haciendo uso de connotaciones sinestésicas. Curiosamente, la sinestesia, los símiles y el silencio están también presentes en *La medianoche.* Como se tratará del paradójico silencio de la guerra más adelante, permítasenos aludir a ejemplos como "frías pestilencias" (1: 907), "fragancia húmeda" (1: 918), "pensamiento oscuro" (1: 923), "caliente olor" (1: 925), "fría lividez" (1: 931) o "Cantan los clarines con claras voces" (1: 940).[38]

---

[38] Ejemplos de símiles son "como pastores" (1: 909); "estalla como una cohetada" (1: 910); "como una centella" (1: 911); "como una expresión matemática" (1: 911); "como en el fuerte muro" (1: 914); "como niños" (1: 915); "como estrellas errantes" (1: 918); "como una alfombra" (1: 920); "como hace el vino con los borrachos" (1: 921); "como las águilas" (1: 921); "como altares" (1: 923); "como féretros" (1: 923); "como la piedra de un molino" (1: 923); "como artífices" (1: 925); "como las almas tienen hermandad" (1: 925); "como sombras" (1: 926); "como si viniesen de muy lejos" (1: 926); "como si tomase la forma quebrada" (1: 929); "como virutas" (1: 929); "como el canto victorioso del gallo" (1: 934); "como puñales" (1: 935); "como un instinto" (1: 935); "como una vida" (1: 936); "como en los eclipses de sol" (1: 937); "como figuras de un friso" (1: 937); "como el ala del cuervo" (1: 938); "como una tribu salvaje" (1: 939); "como los del marino" (1: 941).

Al lado de las sinestesias, los símiles, el blanco y el negro y aunque su ocurrencia sea minoritaria con relación a éstos, encontramos también otros colores que ya se utilizaban en *La lámpara maravillosa*. Lo que sucede es que éstos se asocian, ahora, con la violencia, lo artificial y, por consiguiente, aparecen alejados de la anterior experiencia idílica del mundo. De ellos, el rojo es el más utilizado en consecuencia con la representación de bombas, llamas, reflectores, incendios y explosiones, que lo conectan a la destrucción y a la muerte.[39] Las apariciones de otros colores sí que ya son, francamente, ocasionales: el azul,[40] el verde,[41] el morado,[42] el amarillo y el pardo.[43] La mencionada ocurrencia minoritaria no excluye que su uso no se dirija hacia el mismo objetivo que el rojo, el blanco y el negro puesto que son colores relacionados con una función descriptiva y expresiva pero que, de algún modo, superan el fin puramente mimético al crear asociaciones y connotaciones que cuestionan la experiencia perceptiva del lector en un mundo atenazado por la oscuridad. Dicho efecto se enfatiza a veces a través de adjetivos o nombres que expresan aspectos cromáticos y que radicalizan la experiencia cotidiana al ser suplementados por sus modificadores: "luz azul" (1: 940), "verde triste" (1: 930), "amarillentas aguas" (1: 907), etc. En consonancia con esta esencialización, incluso el horizonte, el que en *La lámpara* aparecía bañado por la totalidad del azul y que abría una posibilidad de abstraerse y meditar sobre la trascendencia, ahora es una línea informe: "el horizonte rizado y sin fondo" (1: 915); "la vasta línea

---

[39] Los ejemplos textuales son: "luces rojas, verdes y blancas que se abren en los aires de la noche oscura, esclareciendo brevemente aquel vasto campo de batallas" (1: 908); "esqueletos rojos y humeantes" (1: 912); "Cruz Roja" (1: 914, 923); "luz roja de los aviones" (1: 918); "rostro enrojecido" (1: 922); "rojos reflejos" (1: 926); "tres grandes hogueras rojean sobre la llanura" (1: 926); "rojas golas" (1: 936); "rojo resplandor de los incendios" (1: 937); "rojo mostacho" (1: 941).

[40] Ofrecemos los siguientes ejemplos: "cielos azules" (1: 907, 908); "llama azul" (1: 910); "medias azules" (1: 912); "lenguas azules" (1: 924); "claro azul" (1: 938); "azulados bosques" (1: 940); "luz azul" (1: 940).

[41] Ejemplos: "verde plana" (1: 907); "luces [...] verdes" (1: 908); "verde triste" (1: 930); "verdosos y nebulosos ríos" (1: 940); "los carros verdeantes" (1: 941).

[42] El morado aparece representado en dos ocasiones: "cadáveres amoratados" (1: 914), "lacras amoratadas" (1: 916).

[43] Encontramos solamente una mención de cada uno en el texto: "amarillentas aguas" (1: 907) y "pardas mantas" (1: 923).

del horizonte se abre con el relámpago de los cañones, son tantos, que su claridad se enlaza, y parece un enorme pestañeo de la tierra en tinieblas" (1: 924). Esa línea espectral llega incluso a desaparecer espectralmente al decir "No tiene término en la noche la lívida llanura" (1: 917). De esta forma, se enfatiza un cosmos en el que reina un vacío ontológico, pero que no propicia la disolución mística del sujeto, sino que lo amenaza con extremos igualmente problemáticos.

La simplificación tonal acompañada de esa radicalización expresiva aparece implícitamente relacionada con cierto primitivismo formal. El propósito es esencializar la oposición cromática mediante una reducción al mínimo de las sensaciones, asociada, a su vez, a una extrema intensificación de las mismas. No resulta sorprendente esta correspondencia si la cotejamos con la investigación, ya mencionada en el capítulo III, llevada a cabo por Brent Berlin y Paul Kay en el ámbito lingüístico.[44] En dicho estudio se conceptualizan siete etapas que describen y clasifican cómo diferentes lenguas manejan y segmentan el espectro cromático. Las que están en la primera etapa, son lenguas pertenecientes a sociedades primitivas, mientras que las que están en la séptima pertenecen a sociedades industrializadas (16-45):

> Stage I in the evolution of lexical color categories is represented by just two terms: *black* plus most dark hues, and *white* plus most light hues (17) [...]
>
> Stage VII systems include all eight-, nine-, ten-, and eleven term systems [black, white, red, green, yellow, blue, brown, purple, pink, orange, grey]. (23)

El español y el inglés pertenecen a lenguas del séptimo sistema, ya que sus términos básicos para hablar de colores son once. En *La medianoche* encontramos casi todos los once[45] pero, sin embargo, el elevado predominio porcentual del negro y del blanco genera una simplificación cromática que en varias ocasiones se enmarca en un franco contraste denotativo o connotativo: "[Los carros de municiones] ruedan con los faroles apagados, informes bajo las estrellas, sumidos unas veces

[44] Véase la nota 12 de ese capítulo.

[45] Quedan por citar los ejemplos del rosa, aunque los encontrados aluden tanto a la flor como al color (algo que sucedía también en *La lámpara*): "[l]os cohetes de las trincheras abren sus rosas en el aire, los reflectores exploran la campaña y la esclarecen hasta el confín lejano de bosques y montes" (1: 908); "los cohetes abren sus rosas" (1: 909, 910, 926).

en la sombra de las arboledas, y otras destacando su línea negra por alguna carretera blanquecina y desnuda" (1: 908); "A través de la selva nevada huye la sombra" (1: 911); "ráfagas de luz en la negrura del foso" (1: 928). Este recurso expresivo ha sido descrito por Emilio González López como "a técnica da silueta, de persoaxes proxeitadas sobre dun fondo de luces incertas, e o emprego do contraste de luces e sombras" ("Na percura" 186).[46] Dicho efecto de luz parece remitirnos a un estado sensitivo que produce la correspondiente impresión de primitivismo recalcado por las oposiciones cromáticas.

A pesar de que los hallazgos de Berlin y Kay han sido reevaluados y en algunos casos rechazados, no creemos que esta equivalencia entre reducción cromática y primitivismo sea casual debido a que en el artículo de Valle, ya citado en varias ocasiones y titulado "El modernismo", el escritor observaba que "En los idiomas primitivos apenas existen vocablos para dar ideas del color. En vascuence, el pelo de algunas vacas y el color del cielo se indican con la misma palabra: *artuña*" (2: 1463). *La medianoche* se dirige, de un modo plenamente consciente, hacia una depuración del ámbito lingüístico de lo cromático, y en general de lo sensitivo, para radicalizar y esencializar la experiencia perceptiva de la lectura. También en esta predisposición a primitivizar el discurso literario Valle-Inclán se encuentra en franca relación con otros movimientos artísticos contemporáneos. Así, Kandinsky en *Sobre lo espiritual en arte* observaba en 1912 dicha predilección en varias expresiones artísticas: "los reformadores actuales de la danza posan su vista en formas anteriores para buscar auxilio en ellas. De esta manera surgió el lazo que ha tejido Isadora Duncan entre la danza griega y la danza futura. Sus motivaciones son idénticas a las que han llevado a los pintores a ir en busca del arte primitivo" (75). Incluso retrocediendo cronológicamente, la mencionada tendencia ya había sido forjada en la pintura a principios del siglo XIX por los esfuerzos de los nazare-

[46] No es difícil ver en estas imágenes a contraluz un preludio de lo que serán los autos para siluetas de don Ramón. Estos textos están basados en una escenografía que aplica el contraste entre la claridad y la oscuridad para ofrecer un mayor efecto dramático y emocional. Véanse *Ligazón, auto para siluetas* (2: 1095-1109) y *Sacrilegio, auto para siluetas* (2: 1191-1203) en *Retablo de la avaricia, la lujuria y la muerte.* Sobre estas obras, véase el libro de Elena Cueto.

nos,[47] continuada a mediados de siglo por los prerrafaelistas[48] y en la década de 1890 por los viajes de Paul Gauguin a Tahití.[49] También conectan con esta predisposición las influencias africanistas en Picasso y Braque,[50] así como la influencia del gótico en el arte expresionista.[51] Otro dato que aportar a esta conexión estética tiene que ver con el resurgir del grabado y sus oposiciones cromáticas básicas, coincidiendo con la revalorización de la equivalencia entre artista y artesano.[52]

---

[47] Los nazarenos forman la Hermandad de San Lucas (el santo patrón de los pintores medievales) el 10 de julio de 1809 y, a continuación, se trasladan de su tierra natal, Alemania, a Roma donde viven y trabajan en un ambiente monástico que mezcla arte y religión. Ellos son "those painters who had sought to revive historical and religious art by a return to the principles of the time of Dürer and Raphael" (Vaughan 163), es decir, es una de las primeras estéticas modernas que reaccionan contra la Modernidad. Consúltese el capítulo octavo del libro de Vaughan (163-90) y las páginas 31-61 de Finke.

[48] La hermandad prerrafaelista se funda en septiembre de 1848 en Londres. Elizabeth Prettejohn afirma en referencia al nombre elegido: "In their choice of name, then, the Pre-Raphaelites Brotherhood declared allegiance to the notion of the 'primitive' The P.R.B. [Pre-Raphaelites Brotherhood] is thus comparable to other 'primitivist' movements in modern art" (18). También ella ha explorado las conexiones vitales entre los nazarenos y los prerrafaelistas (26).

[49] Véase Bernard Myers (29) y los capítulos 7 (145-78) y 9-10 (199-250) del libro de Yann Le Pichon que tratan de las dos estancias de Gauguin en Tahití y otra en las islas Marquesas en los años 1891-1893, 1895-1901 y 1901-1903 respectivamente.

[50] Véanse Juan Eduardo Cirlot 158 y Anatoly Podoksik 75-76. Éste último explica la evolución de Picasso de la siguiente forma: "This development prompts comparison with that of Arthur Rimbaud, who through the 'deregulation of all senses' heroically broke out of his own body and time in an attempt to become clairvoyant, that is, to acquire the power and freedom of the creative spirit, unfettered by the routine forms of poetic vision" (76). Las cartas de Rimbaud a las que se refiere Podoksik ya han sido citadas y comentadas en la nota 15 del capítulo anterior. Han afirmado la genealogía que conecta a Rimbaud con la vanguardia mediante el tópico del artista vidente: Anna Balakian ("Latin-American" 14), Ricardo Gullón (*Balance del surrealismo* 38-44), Videla (*Ultraísmo* 92 y *Direcciones* 36-40) y Guillermo de Torre ("Apología" 150).

[51] La influencia de lo primitivo en el Expresionismo puede verse en Peter Selz 12. Por su parte afirma Bernard Myers: "It is to these older arts that the modern painter and sculptor turns in search of his past, to Romanesque late medieval, African, Polynesian, and others. From them he derives additional sources of strength" (43).

[52] En el libro de Georges Duplessis, *La historia del grabado*, traducido al español en 1880, se señala que los únicos grabadores españoles dignos de mención son José Ribera y Goya (75); la misma idea la recoge la obra de Arthur Hind publicada en 1927 y

Estas referencias que en apariencia son distantes cronológica y geográficamente de Valle-Inclán, forman parte del ambiente contemporáneo de las tertulias. En el círculo de amistades y conocidos del escritor que frecuentaban la del café Levante[53] aparecían, como es sabido, variados artistas: José Moya del Pino,[54] Ricardo Baroja,[55] Julio Romero de

reimpresa en 1963 (252). Linda C. Hults ha señalado, por su parte, que el Expresionismo supone el resurgir del grabado que ya se había iniciado con la obra de Gauguin (581-640). Ella también ha estudiado la influencia del grabado en la estética de la vanguardia, prestando especial atención a Picasso (649-54) y al Dadaísmo junto al Surrealismo (678-88). En España también se produce un auge de la técnica de grabado en la obra de artistas como Ricardo Baroja, Gutiérrez Solana y otros. A este respecto las cuidadas ediciones que Valle realiza de algunas de sus obras tienen como uno de sus elementos fundamentales la inclusión de grabados realizados por los mejores artistas de la época. Entre estas ediciones destacan los grabados de Moya del Pino para *La lámpara maravillosa* y el equipo que ilustra *Voces de gesta*. Para las relaciones entre la obra de Valle y la imprenta véase el libro de Joaquín del Valle-Inclán. Las ilustraciones hechas por Aurelio Arteta, Ricardo Baroja, José Moya, Anselmo Miguel Nieto, Rafael Penagos y Julio Romero de Torres para *Voces* han sido estudiadas por María Pilar Veiga. De hecho, el aguafuerte pasa a convertirse metafóricamente en escritura a juzgar por el artículo de Jordi Sánchez donde se estudian "los aguafuertes narrativos" (303) en *Luces de Bohemia*.

[53] Véase un testimonio acerca de quienes acudían a la cita en *Un Valle-Inclán olvidado* (Dougherty 60). Nos ofrecen una perspectiva de primera mano y multitud de anécdotas tanto Ricardo Baroja en *Gente del 98*, como Ramón Gómez de la Serna en *Don Ramón María del Valle-Inclán* (104-11). Aquí se afirma, precisamente, que a raíz de la Gran Guerra y la división que surgió entre germanófilos y aliadófilos, la tertulia del café de Levante se tuvo que disolver (49-50). *Corpus Barga* ha hablado de la oposición entre partidarios de Alemania –Jacinto Benavente y Pío Baroja– y partidarios de las tropas aliadas –Valle-Inclán, *Azorín*, Unamuno, Maeztu, Juan Ramón Jiménez y Antonio Machado– como uno de los puntos de fricción entre los intelectuales del momento ("Valle-Inclán" 293-94).

[54] Moya del Pino realiza grabados tanto para *Voces de Gesta* como para la primera edición de *La lámpara maravillosa*. Véase el ya citado artículo de Virginia Garlitz "Moya del Pino's Illustrations for *La lámpara maravillosa*".

[55] Sobre la obra pictórica de Ricardo Baroja véase Colorado 45 y 50-51. La relación entre Valle-Inclán y Ricardo Baroja está bien documentada, puesto que no solamente Valle prologa la novela *El pedigree* en 1926 (véase en Hormigón, *Valle-Inclán* 443-47 y en *Obra completa* 2: 1745-48), sino que también publica un artículo dedicado al hermano de don Pío Baroja en la serie "Notas de la exposición de Bellas Artes de 1908" (*Artículos* 248-31; *Obra completa* 2: 1505-06). Sabemos también, según las descripciones que hacen de la casa de Valle los periodistas que lo entrevistan, que en ella el escritor

Torres[56] y José Gutiérrez Solana,[57] entre otros. Las conexiones estilísticas y, en algunos casos, temáticas que muestran son notables, sobre todo si observamos los oscuros cuadros de Solana o los aguafuertes de Baroja. De hecho, cuando en 1908 Valle-Inclán escribe las notas a la exposición de Bellas Artes de ese año alude a los grabados del hermano de don Pío en los siguientes términos: "Cierto que en sus admirables agua-fuertes la manera alucinante y expresiva, con el desdibujo exaltado de emoción

---

tenía cuadros de Baroja (*Un Valle-Inclán* 28 [4 de noviembre de 1911]) y que también poseía aguafuertes (*Un Valle-Inclán* 20 [27 de diciembre de 1910]) del mismo autor. Ricardo Baroja ha convertido a Valle-Inclán en uno de los personajes que pueblan su *Gente del 98* y Julio Caro Baroja nos ha dejado un testimonio de primera mano sobre las relaciones que la familia Baroja mantuvo con Valle.

[56] Es conocida la relación entre Romero de Torres y Valle-Inclán. Valle le dedica al pintor cordobés un artículo en la serie "Notas a la exposición de Bellas Artes de 1908" publicada por *El Mundo* en mayo, junio y julio del mismo año (*Artículos* 231-33; *Obra completa* 2: 1494-512) y otro en la serie "Notas de la exposición de Bellas Artes de 1912" publicada en mayo y junio de dicho año (*Artículos* 257-58; *Obra completa* 2: 1557-64). Ha hablado de la relación entre el pintor y el escritor, incluyendo en su artículo la publicación de un texto de Valle desconocido hasta la fecha, Margarita Santos Zas ("Valle-Inclán de puño y letra"). Sobre el pintor cordobés léanse las páginas 60-63 del libro de Arturo Colorado.

[57] La relación entre José Gutiérrez Solana y Valle-Inclán es más difícil de especificar que las anteriores. Sabemos que el pintor frecuentaba el café de Levante (véanse las páginas 44-45 de *Gente del 98* de Ricardo Baroja), aunque muy pronto se cambió a la tertulia del Pombo liderada por Ramón Gómez de la Serna. De hecho, este último en su biografía homenaje al pintor dice: "Así Solana ya va consagrado al Café de Levante de la calle del Arenal, donde no le acaban de comprender aunque le admitan. Le hacen rabiar. Valle-Inclán a veces se ensaña con él y a veces le deja hablar y le admira –admiración que se reflejará después en el estilo de sus esperpentos" (*José Gutiérrez-Solana* 33). El mismo Ramón alude a la presencia de Solana en su otra biografía dedicada a Valle-Inclán (*Don Ramón* 106). A pesar de esa relación ambigua, resulta francamente acertada la conexión estilística entre ambos artistas debido a las similitudes temáticas y, hasta cierto punto, formales que los conectan. También existen unos versos del poema "El crimen de Medinica" (2: 1297-99) incluido en *La pipa de Kif* que dicen: "Un bandolero –¡qué catadura!– / cuelga la faja de su cintura / Solana sabe de esta pintura" (2: 1299). Estos versos atestiguan no sólo la familiaridad de Valle con la obra de Solana, sino también el préstamo estético que se produce entre obras paralelas. Sobre Solana, además del libro de Ramón Gómez de la Serna, véanse los de Manuel Sánchez Camargo, Arturo Colorado (60-63) y las páginas que le dedica Ricardo Gullón (*De Goya* 47-59). Paul Ilie, por su parte, ha señalado concomitancias entre Solana y el Surrealismo (*Surrealist Mode* 54-65).

de las cosas góticas, triunfa de un modo exclusivo del sereno clasicismo" (2: 1505). Por una parte Valle observa en estos grabados la influencia del gótico, lo que, como ya hemos visto, entronca directamente con el neoprimitivismo presente en parte del arte moderno, tanto dentro como fuera de la vanguardia, pero también enfatiza su "manera alucinante y expresiva". Resultaría difícil y arriesgado afirmar que el segundo adjetivo tiene algo que ver con el expresionismo, aunque señalamos, cuando menos, su ambivalencia.[58] Sin embargo, no consideramos casual la conjunción de ambos adjetivos, especialmente cuando en el mismo artículo se califica el rostro de Baroja como "expresivo" (2: 1505) con un sentido y en un contexto diferente.[59] Por otra parte la alucinación entronca directamente con la representación de un estado alterado de consciencia que disloca la percepción cotidiana del mundo: una perspectiva alucinada para un mundo alucinado; un mundo que sólo puede ser visto a través de un foco que problematice su propia configuración quebrándose en múltiples fragmentos y puntos de vista simultá-

[58] La relación entre el teatro de Valle-Inclán y el expresionismo dramático alemán es un tema abierto a la polémica. Han hablado de este tema Herald Wentzlaff-Eggebert ("Las *Comedias*"), Emilio González López, Alfredo Matilla Rivas (*Las "Comedias Bárbaras"*), Juan Carlos Esturo Velarde y Juan Antonio Hormigón (*Ramón del Valle-Inclán* 66). Véase además el libro de Carlos Jerez Farrán monográficamente dedicado al expresionismo en Valle. Antón Risco en *La estética de Valle-Inclán* va un poco más allá que los anteriores cuando afirma: "El expresionismo procede del simbolismo. Es en el fondo un simbolismo exasperado y agresivo. Y Valle inició su carrera imitando a los epígonos de ese movimiento, aunque ya desde una perspectiva expresionista, que fue radicalizando hasta llegar a esa magnífica invención del esperpento" (275).

[59] Según Shulamith Behr "the term 'expression' was an imported phenomenon [to Germany] having been widely used in the studio of Matisse in Paris" (7). Y, de hecho, cuando Henri Matisse publica sus "Notas de un pintor" en 1908, el mismo año en el que Valle publica su artículo sobre Ricardo Baroja, afirma: "Aquello que persigo por encima de todo es la expresión... Para mí, la expresividad no reside en la pasión que está a punto de estallar en un rostro o que se afirmará por un movimiento violento. Se encuentra, por el contrario, en toda la distribución del cuadro; el lugar que ocupan los cuerpos, los vacíos a su alrededor, las proporciones, todo tiene un papel propio que representar" (17). Este significado del término "expresión" parece muy similar al utilizado por Valle en su citado artículo sobre Baroja. Claro que, con el tiempo este uso específico se fue ampliando hasta que "en la segunda década del siglo el epíteto 'expresionista' se aplicaba indiscriminadamente a todo el arte de vanguardia que surgía en oposición al del siglo anterior" (Jerez 46).

neos; un mundo expresado artísticamente en blanco y negro para tratar de reproducir el conflicto bélico. Por estos motivos, resulta inevitable ver en este cosmos basado en efectos de contraste, reducido a opuestos y que representa un estado primitivo de sensaciones, el mismo impulso que genera cuadros como *Los fusilamientos del tres de mayo* y los *Desastres de la guerra* de Goya o el mismo *Guernica* de Picasso.[60]

La representación de la experiencia de la guerra parece necesitar no solamente del contraste entre blanco y negro, sino que parece exigir una cierta fragmentación formal en el irónico mundo de las vanguardias. En *La medianoche* significativamente ya no tenemos las organizaciones paralelísticas y circulares que pueden hallarse en *La lámpara maravillosa.* Sin embargo, ambos textos hacen gala de una evidente fragmentación: una combina los títulos de sus partes y los breves apartados con las máximas que los concluyen y los resumen; en la otra, los capítulos aparecen igualmente quebrados y dislocados, sin títulos ni epígrafes. Aquí, el orden trascendente se halla amenazado ya que la fábula no supone una totalidad; aspira a ella, pero se muestra frustrada por no alcanzarla. La obra es y se manifiesta conscientemente en pequeñas esquirlas narrativas, como pequeños elementos paralelos a la simplificación cromática y levemente conectados. Es cierto que existen relaciones entre algunos apartados que constituyen un hilo tenue de la acción. Por ejemplo los capítulos XIV, XV, XVI, XVIII y XIX comparten algunos personajes, pero en seguida la acción se desvía a otros lugares buscando un protagonista abstracto. A pesar de estas limitadas conexiones, lo que nos encon-

---

[60] Eva Llorens en *Valle-Inclán y la plástica* ha hablado de la simplificación tonal en *Los cuernos de don Friolera* relacionándola con el *Guernica* (111-12). Haciendo uso de la misma simplificación, Gutiérrez Solana publica en 1920 un libro titulado *España negra* que retoma el título de aquel *La España negra* publicado a medias entre el pintor Darío Regoyos y el poeta francés Émile Verhaeren en 1899. Significativamente, esta depuración es similar a la que encontramos en las sugerencias escenográficas que Federico García Lorca escribe para *La casa de Bernarda Alba* diciendo "El poeta advierte que estos tres actos tienen la intención de un documental fotográfico" (117) y situando la acción en una "Habitación blanquísima" en el primer acto (118), una "habitación blanca" en el acto segundo (147) y, finalmente, "Cuatro paredes blancas ligeramente azuladas" (177). Recordemos, asimismo, que el tono negro en la obra de Lorca lo dan las mujeres al estar vestidas de luto contrastando vivamente con la cal de las paredes. El primero en identificar y estudiar el contraste cromático de *La casa de Bernarda Alba* fue el hispanista Sumner Greenfield en "Poetry and Stagecraft in *La casa de Bernarda Alba*".

tramos básicamente son ilustraciones que en la práctica son independientes y que son precariamente superpuestas en una sucesión de imágenes que recalcan el espacio o el gran silencio que las separa. De hecho, esta técnica ha sido descrita analógicamente como una especie de "montaje cinematográfico" (Díaz Lage 56).[61]

Al final, uno de los efectos principales que transmite *La medianoche* es la paradójica experiencia de un enorme silencio que aparece en el tránsito entre los breves capítulos y escenas e incluso dentro de la misma narración. En este sentido resulta singular que como secuela del ruido de los cañones, las ametralladoras, las granadas y las bombas, el sentido del oído quede afectado puesto que "El sonido se esfuma a intervalos en las ráfagas del viento y la lluvia, tiene repliegues profundos como si tomase la forma quebrada del terreno: Se revela de pronto, y de pronto se amengua, en una línea llena de dramatismo" (2: 929). Ese ruido fluctuante, estratificado y quebrado crea imágenes como "un abeto viene a tierra con sordo rumor de marejada" (1: 910), "Caen sordamente los muros y las techumbres" (1: 912), "El cabo explora el camino con una linterna sorda" (1: 928), "el sordo rumor de su marcha" (1: 928). Avanzando por la misma línea hacia los límites de la perceptibilidad se nos dice que los aviones "aterrizan en silencio" (1: 909), que "la playa permanece silenciosa, mirando al horizonte" (1: 915) y que "Hay parajes llenos de ardor, de ira y de tumulto, que repentinamente quedan en silencio" (1: 931). Este mutismo circunstancial de los aeroplanos y del paisaje se convierte ocasionalmente en una verdadera afasia que afecta, sobre todo, a las tropas. Reiteradamente el texto insiste en que "Los soldados guardan silencio" (1: 927), "A lo largo de las líneas hay un silencio lleno de recelos" (1: 927), "Una silenciosa escuadra de peludos avanza en línea india" (1: 928), "Los dieciséis hombres de la escuadra trabajan en silencio" (1: 928), "Los soldados que tornan de las trincheras caminan en silencio" (1: 930), "las escoltas, repartidas a uno y otro lado, marchan en silencio" (1: 941). Los diálogos entrecortados, insultos y exclamaciones que deforman las escasas conversaciones que se representan, encuentran asimismo un importante paralelismo en la dis-

[61] La importancia del montaje para la teoría de la obra vanguardista la establece el influyente libro de Peter Bürger, *Teoría de la vanguardia*. Véanse, especialmente, las páginas 137-49.

posición formal del texto.[62] Los breves capítulos son como los atisbos del negro sobre el blanco, de la noche sobre la luz de la guerra, de la escritura sobre el espacio silencioso que la rodea, con el que convive y que necesita para manifestarse. El contraste ofrecido entre los sonidos y los silencios del conflicto bélico, unido a los espacios textuales que los separan y aíslan, ofrece una dimensión efectiva de lo que significa la experiencia de la vanguardia en los dos sentidos: el artístico y el militar. Por estos motivos, resulta muy significativo que Adorno haya observado:

> El empobrecimiento de medios propio del ideal de lo Negro, aunque no le priva de exactitud, empobrece, sin embargo la poesía, la pintura, la composición; las artes más progresistas lo realizan ya al borde del silencio total. Sólo los ingenuos creerían posible que el mundo, que según el verso de Baudelaire ha perdido su aroma y sus colores, los pudiera recuperar desde el arte. (60)

Dicha manifestación es el punto máximo al que tiende el arte de vanguardia y, por supuesto, el Modernismo: la paradójica búsqueda de la expresión mediante el ejercicio del silencio y la comunicación al borde de los signos inteligibles, la incorporación y la asimilación de la ironía dentro de la analogía que crea una armonía de contrarios y una

---

[62] Tanto en *La vida altiva* de Francisco Madrid, como en el volumen de *Entrevistas* se encuentran las siguientes palabras de Valle pronunciadas en 1929: "A la importancia que asume el escenario, antes referida, es preciso ahora añadir la del grito. Ambas exigencias entroncan con nuestra tradición más legítima y son hoy más imperiosas que nunca, si es que madura el esfuerzo renovador entre nosotros. Concretemos la fórmula que tiene por delante el dramaturgo español: escenarios y gritos" (*Entrevistas* 410; en Madrid [350] la última oración dice "Concretamos" en lugar de "Concretemos"). Comentando las palabras de Madrid, Sumner Greenfield observa que "Lo más legítimo de la tradición teatral española eran para Valle-Inclán 'el grito' y la diversidad escénica, y en estos elementos también veía don Ramón la revitalización del teatro nacional" (28). Gonzalo Sobejano, a su vez comentando a Madrid y a Greenfield, reflexiona de la siguiente manera: "Pienso que Valle-Inclán [...] hubo de comprender (mucho antes de 1929) que una forma de renovación auténtica podía ser lo que aquí llamo el 'diálogo a gritos', y esto sin perjuicio de las sugestiones que hubieron de venirle del guiñol y del expresionismo contemporáneo" (118). A juzgar por *La medianoche* parece que ese diálogo no pertenece exclusivamente al drama, ni tampoco a lo español, sino a una condición humana más abstracta, aunque, evidentemente, se podría argumentar que *La medianoche* es una proyección de características que Valle consideraba nacionales, a un entorno francés.

melodía de la disonancia. El silencio que en *Flor de santidad* ayudaba a configurar la acción hurtándole significado explícito, pero enriqueciendo las posibilidades connotativas; que en *La lámpara* era el límite y la frontera de la escritura, conduce en *La medianoche* a un arte empobrecido, pero, al mismo tiempo, cuanto más desolado, circunspecto y agotado se hace, más auténtico resulta. Es un arte radical porque quiere estar más cerca de la quintaesencia de la raíz y porque se ha reducido a la mínima expresión significativa. Para éste, la clave reside precisamente en ese esfuerzo consciente que se aproxima irónicamente al decir algo callándose.

El silencio, el que ya habíamos comentado líneas más arriba en referencia a Kandinsky y su *Sobre lo espiritual en el arte*, aparece conjurado por la dialéctica entre el blanco y el negro y repercute de alguna manera misteriosa en la conformación epistemológica del propio texto, lo orgánico y lo inorgánico se dan la mano en un cosmos humanizado y, al mismo tiempo, deshumanizado. El empobrecimiento consciente o inconscientemente aparece relacionado con sus rasgos cromáticos y provoca repercusiones en una estructura que tiende hacia la fragmentación, la inconexión dentro de la obra y, consecuentemente, produce el fracaso del proyecto que la voz autorial admite y asume.

La medianoche se revela, de esta manera, como una obra que expresa motivos y preocupaciones constantes a lo largo de la producción de Valle, aunque también refleja la visión de un abismo. En ella, la rotura de los moldes miméticos formales y estilísticos supone una reevaluación que problematiza y lleva al extremo algunas de las concepciones del Modernismo, pero que no las abandona. Si *Tirano Banderas* (1927) es, en cierta medida, una obra menos radical que *La medianoche*, sobre todo en cuanto no es un proyecto fallido, también es cierto que tematiza en la ficción los elementos prototípicos de la escritura modernista, haciendo que ésta se alimente de sí misma.

CAPÍTULO VI

Emblemas fragmentados e incertidumbres alegóricas en *Tirano Banderas*

En 1926, a la pregunta "–¿Qué labor prepara?", Valle-Inclán contesta: "–Una [novela] sobre América, con vocabulario y modismos americanos, con una sensación casi física de calor, de color y de aroma; se titulará *Tirano Banderas*" (*Entrevistas* 311).[1] En esta respuesta clarifica los

[1] La entrevista se publica en *La Novela de Hoy* el 3 de septiembre de 1926. Sin embargo, la primera edición de *Tirano Banderas* deberá esperar algo más de tres meses para ver la luz. En concreto, su colofón data del 15 de diciembre de 1926; la segunda edición, y definitiva, aparece menos de un año más tarde: el 10 de diciembre de 1927. La obra incorpora textos previamente publicados entre 1925 y 1926 en *El Estudiante* así como un folleto titulado *Zacarías el cruzado o agüero nigromante* (Serrano, *Bibliografía* 90-94), aunque, como el mismo Valle reconoce en una carta a Alfonso Reyes (Hormigón, *Valle-Inclán: Biografía* 309), ya en 1923 estaba trabajando en ella. Esos textos, pre-textos y sus variantes han sido estudiados y contrastados por Emma Susana Speratti Piñero tanto en su artículo "Evolución de *Tirano Banderas*", como en su libro *La elaboración artística en* Tirano Banderas (40-70 y 130-46). Sobre las circunstancias de publicación de la obra, véanse las páginas de Dougherty (*Guía* 31-47) y de Varela Jácome ("El vigoroso" 273). La obra fue un éxito de publicación a juzgar por los datos ofrecidos por Luis Fernández Cifuentes (360-61), aunque Dru Dougherty los ha relativizado (*Guía* 44-47). Sobre las fuentes que han conformado el universo de la novela, ya en 1928, Melchor Fernández Almagro ("Un fantasma") señalaba concomitancias intertextuales entre la figura histórica de Lope de Aguirre dada por los cronistas de Indias y la composición del tirano. Tras sus pasos, han caminado Ignacio Elizalde, Juan Murcia y, complementando las observaciones de este último, Emma Susana Speratti Piñero ("Acerca" y *La elaboración* 12-39). Por su parte, Obdulia Guerrero Bueno ha señalado relaciones con la novela *Los Marañones* de Ciro Bayo, la que narra el episodio histórico de la expedición de Lope de Aguirre. Dicho intertexto literario ya había sido señalado con anterioridad por Joseph Silverman. Complementando a todos los anteriores, Benito Varela Jácome ha dedicado unas páginas del estudio "El vigoroso expresionismo de Valle-Inclán" a las fuentes de la novela (274-76; también en "*Tirano*" 45-46). Dejando de lado a Lope de Aguirre y las crónicas de Indias, José Extramiana ha señalado concomitancias textuales con un libro de viajes escrito por el norteamericano Brantz Mayer en el siglo XIX y Dru Dougherty ha identificado huellas del *Facundo* ya que, desde su punto de vista, la tensión entre civilización y

tres impulsos básicos sobre los que esta novela se construye y que centrarán la exposición de este capítulo: una expresión que no trata de representar sensaciones, sino de crearlas; un intento de asimilar y reducir la multiplicidad de la realidad a una incierta unidad; y, finalmente, una obra cuyo lenguaje sintetiza aquello que Valle ya había denominado previamente "el 'sermo' hispanoamericano" (*Entrevistas* 282). De este modo, *Tirano Banderas*, por una parte, representa un ejemplo de escritura modernista radicalizada; y, por la otra, revela una fascinación por el continente americano que no es demasiado común en un escritor peninsular coetáneo a Valle-Inclán y que, además, enmarca la práctica totalidad de su vida adulta. Lo cierto es que el escritor gallego representa un caso singular en este contexto ya que su relación con Hispanoamérica va más allá del interés por encontrar nuevos mercados para su producción literaria.[2] Sus viajes por diferentes países de la América hispana así lo atestiguan, como también lo manifiestan los vínculos que mantu-

---

barbarie del texto de Sarmiento es duplicada e invertida en la obra valleinclaniana –véase el artículo "Sarmiento y Valle-Inclán" así como el capítulo VII de *Guía para caminantes en Santa Fe de Tierra Firme* (149-61)–. Por último, Luis T. González del Valle, ha establecido relaciones intertextuales con la novela *Del Cesarismo* escrita por el dominicano Rafael Damirón, mientras Paz Battaner Arias ha hecho algo similar con *Todo un pueblo* del venezolano Miguel Eduardo Pardo.

[2] El artículo "La Generación del 98 e Hispanoamérica" de Gonzalo Torrente Ballester ha analizado las relaciones entre los escritores coetáneos a Valle y la América hispana. A pesar de que el tema americano aparece ocasionalmente en Unamuno y Maeztu, Torrente dice que "Valle-Inclán utiliza la vida y la historia americanas –no sólo su paisaje– como materia prima literaria, y es una de sus grandes originalidades" (505). Asimismo, Francisco Durán ha escrito que "De los cuatro miembros de la Generación del 98 [Unamuno, Baroja, *Azorín* y Valle], fue don Ramón del Valle Inclán [sic], quien más se interesó por América y lo americano" (348). Ya en 1928, César Barja publicaba un artículo en *Bulletin of Hispanic Studies* donde percibía una oposición entre "los del 98" y Valle en los siguientes términos: "Esta vejez prematura es una de las cosas que más se destacan en la obra de la tan llevada y traída generación [del 98], y es una característica que pesa sobre ella como una losa de plomo, con pesadez monótona [...] La obra de Valle-Inclán, por el contrario, ha venido rejuveneciéndose, y completamente rejuvenecida se nos presenta hoy" (67-68). La relación entre todos ellos, pero invirtiendo la valoración, todavía era percibida en 1966 por Pedro Rocamora al decir que Valle-Inclán "Es el escritor del 98 más deliberadamente artificial" (32). Si en el capítulo anterior observábamos que *La medianoche* y la serie de esperpentos hacían de Valle, en palabras de Pedro Salinas, el hijo pródigo del 98, parece que *Tirano Banderas* vuelve a enfatizar su excentricidad.

vo con varios escritores de ese origen, en especial con Rubén Darío y Alfonso Reyes.[3] De hecho, a través de la mediación de este último, el gobierno de México invita a Valle a realizar una visita al país en 1921 que resultará determinante para la escritura de *Tirano*. Si el primer viaje a México como emigrante en el período 1892-1893 había producido la *Sonata de estío* el segundo tendrá como una de sus consecuencias la creación de la *novela de Tierra Caliente*. En este sentido, América ha proporcionado a Valle la materia poética para una creación estética que concretamente representa un sumario de trazos captados en sus estancias como emigrante, conferenciante o invitado en Hispanoamérica.[4]

---

[3] La amistad entre Rubén Darío y Valle ha quedado delimitada en la nota 1 del capítulo anterior. A la bibliografía previamente mencionada, añadimos el artículo de Thomas Franz ("Una disputa") centrado en la relación entre Darío y Valle frente a Unamuno. Guían su discusión las siguientes palabras dichas por el prestamista Quintín Pereda en *Tirano Banderas*: "Que si no andáis con plumas, se lo debéis a España" (1: 1044). Según Franz, dichas palabras son una reelaboración de la expresión unamuniana "a Darío se le veían las plumas" (García Blanco 60). Refiere la anécdota Domingo García-Sabell (320-21) también conectada a aquellos recuerdos de Valle transcritos en 1921 (*Entrevistas* 197) y confirmados por Francisco Madrid (292). En *Tirano Banderas*, el propio Darío es recordado en la conversación entre el Ministro del Uruguay y el del Ecuador: "¡Lírico, sentimental, sensitivo, sensible, exclamaba el Cisne de Nicaragua!" (1: 1133). Por su parte, Alfonso Reyes –véase, también la nota 21 del capítulo V– ha dedicado dos artículos a su relación con Valle incluidos en la cuarta, *Los dos caminos* (1923), y en la quinta, *Reloj de sol* (1926), series de *Simpatías y diferencias*. En "Apuntes sobre Valle-Inclán" (4: 276-86) narra la invitación que cursó en nombre del gobierno de su país con ocasión de celebrar las fiestas del Centenario de la Independencia Mexicana; y en "Algo más sobre Valle-Inclán" (4: 405-06) recoge un par de cartas, una abierta y una privada, de 1923. Por otra parte, en la serie *Cartones de España*, luego incluida en *Las vísperas de España* (1937), recoge sus impresiones de una conferencia acerca del quietismo estético (2: 84-87).Véase, también al respecto, la presentación que Reyes elaboró para la recopilación de textos periodísticos valleinclanianos hecha por William Fichter, *Publicaciones periodísticas anteriores a 1895* (7-9). La correspondencia entre Valle y Reyes la ha incluido Luis Mario Schneider en *Todo Valle-Inclán en México* (93-98) y, recientemente, Juan Antonio Hormigón en su edición del epistolario de Valle-Inclán –véase, además de las transcripción y la reproducción de las cartas, la introducción y las valiosas notas que Hormigón incluye en las páginas 3: 307-22–. Asimismo, en relación a la amistad entre ambos, véase el libro de Bárbara Aponte, *Alfonso Reyes and Spain*, especialmente el capítulo "Ramón del Valle-Inclán (1866-1936)" (63-90).

[4] Sobre las relaciones entre Valle y América, se han pronunciado, entre otros, Manuel Ramírez, Agustín del Saz, E. Barco Teruel, Francisco Sánchez-Castañer, Guiller-

En consecuencia *Tirano Banderas* nace con un pie en cada orilla del Océano Atlántico, de ahí la posición liminar que ocupa respecto a la tradición literaria peninsular y respecto a la tradición hispanoamericana.[5] Esa excentricidad ya se hizo palpable en las primeras recepciones críticas a la obra, las que demuestran una cierta ambivalencia hacia ella. En los lectores hispanoamericanos hay una respuesta tibia, a veces francamente negativa, a causa de la esencialización que Valle hace de elementos lingüísticos y sociales de la América hispana (Dougherty, *Guía* 56-58).[6] De hecho, Rufino Blanco Fombona, a pesar de escribir un

---

mo de Torre ("Valle-Inclán en Buenos Aires"), Salvador Bueno, Enrique Segura Covarsí, Jorge Campos ("Tierra"), Rafael Valle, Fernando Campos Harriet, Francisca de la Fuente y Margarita Santos Zas ("Valle-Inclán y la prensa cubana"). Específicamente sobre las estancias del escritor en México véase el volumen recopilado por Luis Mario Schneider, *Todo Valle-Inclán en México*, y los artículos de Juan Climent, Andrés Iduarte, Luis de Tavira y Dru Dougherty ("El segundo viaje a México de Valle-Inclán").

[5] El caso de *Tirano Banderas* no aparece aislado en la literatura hispánica, ya que *La gloria de don Ramiro* (1908) del argentino Enrique Larreta comparte con la obra de Valle el honor de ser literatura sin fronteras. Es evidente que uno de los factores que producen esta reacción es el contenido temático de ambas: una situada en una América quintaesenciada y la otra, más que nada, en el Toledo de Felipe II. El otro factor tiene que ver con la disonancia que produce que un escritor de un país, sitúe la acción en unas coordenadas socio-culturales que le son, en principio, ajenas. Estos factores son los que han hecho que ambas se sitúen en una especie de tierra de nadie. En relación con este tema, Guillermo de Torre en 1961 afirmaba: "Todavía hoy parece existir en este continente una marcada resistencia a considerar *Tirano Banderas* como una 'novela americana' con los debidos matices diferenciales, por supuesto, de las oriundas, pero con menos reservas de las que han existido siempre en España para tener por española una novela como *La gloria de don Ramiro*" ("Ángulos" 22-23). Reveladoramente la obra de Larreta generó una sostenida oposición, reflejada en el ataque que *Luis Vila y Chaves*, seudónimo de Martín Aldao, realizó en el panfleto *El caso de* La gloria de don Ramiro publicado simultáneamente en Madrid y en Buenos Aires en 1913. Este pequeño panfleto recoge la oposición a la estética modernista que ya hemos caracterizado, pero la dilata en el tiempo, hasta la fecha de 1943 cuando se realiza una versión definitiva y ampliada.

[6] Sobre la recepción de la obra en Hispanoamérica véanse las páginas 51-62 del libro de Dru Dougherty, *Guía para caminantes en Santa Fe de Tierra Firme* y el artículo, base de ese capítulo, "La primera recepción de *Tirano Banderas*". Manuel Durán incide en que las reacciones de algunos americanos fueron reservadas (53). Todavía a finales de los años 80 Herbert Espinoza criticaba la visión de síntesis "que se manifiesta en una visión homogénea de América Latina, [ya que] corresponde típicamente a la muy en boga percepción capitalista-burguesa de considerar a los países del tercer mundo como un todo regular" ("Lope de Aguirre" 42). Frente a él Ricardo Díez ha afirmado que

comentario positivo sobre la novela, afirma que "Ramón del Valle-Inclán ha cumplido con respecto a América la obra de todo el romanticismo respecto a España. Él sólo –tanta es su fuerza– ha creado, en *Tirano Banderas,* una América de pandereta" ("*Tirano*" 150). Curiosamente, las reticencias a la obra no se dirigen solamente a su contenido, sino también a sus elementos formales. En la península, Antonio Espina en una reseña publicada en 1927 en la *Revista de Occidente* señalaba como uno de los defectos de la obra que "La estructuración psicológica se apuró tanto en la novela, que hubieron de desecharse, por estorbantes, los colores, las luces, y todos los afeites de la cromía" (275). Así parece, por lo tanto, que la intención valleinclaniana recogida en la cita que abre este capítulo se pone en su contra: la buscada sensación física del color es un elemento que se opone a la eficacia de la novela. Es más, resulta ser un lastre que perjudica su escritura. Inesperado, aunque revelador, es el hecho de que una reacción similar también la tuvo Juan Ramón Jiménez, puesto que el poeta de Moguer sigue aplicando los mismos tipos de criterios negativos que ya habíamos mencionado al hablar de la primera recepción del Modernismo. Juan Ramón le dice significativamente a Valle-Inclán:

> Usted sabe cuánto admiro yo su prosa en muchos de sus libros trájicos, trajicómicos o cómicos. Desde *La Celestina* nadie en España ha alcanzado en ese orden mayor plenitud de bella dicción y de acento. *Tirano Banderas* es del otro tipo de libros de usted, que me gusta menos, del preciosista y amanerado. Demasiado mosaico y demasiado esmalte. (Hormigón, *Valle-Inclán: Biografía* 3: 254)

Resulta significativo que Juan Ramón ponga esta obra en relación con otras pertenecientes al corpus de Valle marcando una filiación común y no una ruptura. Parafraseando la cita, la novela se ve perjudicada por el excesivo esmalte, el que, además, ni siquiera resulta ser unitario ya que se fragmenta en las múltiples teselas de un mosaico. Consecuentemente, la novela solamente es apariencia y superficialidad preciosista y, por si fuera poco, tiende hacia el amaneramiento.[7] Todavía

---

"La novela caracteriza con especificidad la dinámica de la problemática social e historia de América Latina" (335). Las críticas a la novela y a la representación del continente americano también las ha emitido Giuseppe Bellini diciendo que "adolece de una evidente superficialidad en la interpretación del drama y la condición americana" (34).

[7] Resulta singular que el mismo Juan Ramón en 1920 le escribiera a Valle sobre *Divinas palabras* diciendo: "Estoy volviendo a leer la maravillosa trajicomedia, una de las

aquí en este comentario se vuelven a manifestar los valores retóricos, éticos y estéticos que se han utilizado para caracterizar artística y moralmente la escritura modernista.

En consecuencia, tanto las recepciones peninsular y americana respecto al Modernismo y a *Tirano Banderas*, así como la lectura de la ambigüedad inherente en la misma estética, duplican la cautela con la que esta novela se recibió, a pesar del relativo éxito editorial que supuso (Dougherty *Guía* 44-47). Así, al retóricamente cuestionable estrato estético conformado por la escritura modernista se superpone el de que la obra se sitúe a caballo de dos tradiciones literarias percibidas geográfica, estatal o culturalmente como independientes.[8] Así, se podría observar que *Tirano Banderas* opera de modo especular respecto a la segunda edición de *Azul...* previamente comentada en nuestro capítulo segundo. La obra de Darío cruzaba el Océano introduciendo la estética del Modernismo a España, la obra de Valle devuelve a América una manera de narrar y, a juzgar por el criterio de gran parte de las interpretaciones críticas, una temática específica: la novela de dictador.[9]

---

obras de usted que más me gustan y, desde luego, por su revuelta fuerza de invención, por su multiforme pasión interna, por sus colores, por su lenguaje y estilo, sintéticos de la jerga total española" (*Cartas* 230-31). ¿Cómo puede ser que los colores y la síntesis de *Divinas palabras* sean valorados tan positivamente y los de *Tirano Banderas* tan negativamente? Especulamos que un factor quizá sea el americanismo de la última ya que en la carta sobre la primera Jiménez manifiesta "Galicia es, no hay duda, la tierra de sus raíces" (*Cartas* 232). Otro factor puede ser el cambio que se produce en la obra de Juan Ramón con la aparición de poemas como "Vino, primero, pura" incluido en *Eternidades* (1917) en donde se opone una estética de superficies a una de profundidades. Este cambio aparente, según argumentamos, se debe a un proceso de depuración y esencialización prototípico del Modernismo.

[8] Martín Luis Guzmán decía en 1927 que desde el punto de vista hispanoamericano la obra era "una síntesis admirable de la América esencial", mientras que desde el punto de vista español solamente se valoraría "la caricatura" (196). Juan Lisciano alude a esta paradoja con las siguientes palabras: "ce fut un européen, un Espagnol qui publia en 1926 le premier roman moderne et en même temps profondément hispano-américain sur le thème de la dictature" (182). Emma Susana Speratti Piñero también se posiciona respecto al tema diciendo: "*Tirano Banderas* es la interpretación en América de un problema español" (*La elaboración* 128 y "Apéndice" 709). Y, por su parte, Michele Sarraílh describe la obra como un biombo que "Es de dos hojas de vistoso color local: la americana y la ibérica" (57).

[9] Sobre las relaciones entre *Tirano Banderas* y la novela de dictador, véanse los artículos o volúmenes de Mary K. Addis, Giuseppe Bellini, Juan Bruce-Novoa, Eduardo

Por todos estos motivos, la novela existe en cierta manera en un lugar utópico constituido, ya sea por los principios de la historiografía literaria que adoptan la nación como criterio geográfico y conceptual de enajenación cultural, ya sea por sus propios principios estéticos basados en la síntesis. *Tirano Banderas* induce una lectura desde esta perspectiva debido a los mecanismos que la conforman y la impulsan, puesto que, como ya el mismo Valle-Inclán reconoce en una carta que escribe a Alfonso Reyes en 1923, existe un objetivo sintético en su configuración:

> Estos tiempos trabajaba en una novela americana: *Tirano Banderas*. La novela de un tirano con rasgos del Doctor Francia, de Rosas, de Melgarejo, de López, y de Don Porfirio. Una síntesis el héroe, y el lenguaje una suma de modismos americanos de todos los países de lengua española, desde el modo lépero al modo gaucho. La República de Santa Trinidad de Tierra Firme es un país imaginario, como esas cartas europeas que pinta en algún libro Abel Hermant. (Hormigón, *Valle-Inclán: Biografía* 3: 309-10)

Aunque al final, Santa Trinidad se transformará en Santa Fe, dicho ejercicio de condensación caracterizado lingüística,[10] temporal[11]

Calvillo, Raúl Chavarri, Gonzalo Díaz Migoyo (183-203), Margaret Ekstrom, Herbert Espinoza ("Síntesis vs. análisis" y "Valle y el narcisismo"), Gustavo Fabra Barreiro, Pamela Finnegan, María Angélica Molinari, Russell Salmon, Luis Vélez Serrano ("Apuntes" y "Estudio"), Bernardo Subercaseaux, y Wlodzimierz Skymaniak. Desde un punto de vista más amplio, Sol Villaceque y Ricardo Díez han señalado la influencia y la importancia de *Tirano Banderas* para la narrativa moderna hispanoamericana. Por último, Teresa Huerta, desde un punto de vista comparativo, ha establecido semejanzas con *Nostromo* de Joseph Conrad y *The Plumed Serpent* de D. H. Lawrence.

[10] Ya en 1928 Ángel del Río pedía un análisis de los diferentes americanismos que tenía la obra (63). Como ha dicho Manuel Durán, "el léxico de la novela presenta dificultades tales que resultan casi insuperables, no solamente para un español, sino también para un hispanoamericano" (54). Dicho análisis ha sido hecho por Emma Susana Speratti Piñero en su artículo "Los americanismos en *Tirano Banderas*" y en su libro *La elaboración artística en* Tirano Banderas (105-27 y 151-89). Mencionan la síntesis lingüística en la obra los siguientes críticos: Juan Lisciano 182, Juan Velasco 73, Benito Varela Jácome ("El mundo narrativo" 77 y "El vigoroso expresionismo" 277-78), Gonzalo Torrente Ballester 511, Jorge Campos 11 y David Lagmanovich 275-76. Unas notas del léxico en la obra han sido esbozadas por Leda Schiavo ("Apuntaciones críticas").

[11] La representación del tiempo en la novela es descrita por Robert Spires de la siguiente forma: "The situation represented in the novel inextricably draws into conflict synchronic and diachronic processes; the circular theme of tyranny and revolution is

y espacialmente[12] no hace sino enfatizar una falta de referencia concreta y transformarla en una serie de esencias más abstractas. De hecho, el cuestionamiento de categorías como la tradición literaria, la identidad lingüística, la referencialidad geográfica o cronológica, se ven contrarrestadas por la búsqueda de una trascendencia prototípicamente modernista que supere los límites circunstanciales de una representación mimética para depurarla de su contingencia. Este delicado equilibrio nos informa de las diferentes maneras mediante las cuales la novela se relaciona con la utopía, la Modernidad y el Modernismo;[13] sin embargo, a causa de su situación liminar y de su misma pluralidad conceptual, el texto es refractario a cualquier intento de someterlo unívocamente a una estabilidad conceptual o significativa. En concreto, sus mayores defectos pueden transformarse en sus mayores virtudes

---

undermined by the linear development of a specific rebellion, and each in turn is subverted by a twist that turns the novel back to its own epicenter" (106). Sobre la síntesis temporal David William Foster ha señalado la atemporalidad de la acción (47) y Juan Villegas se queja de que todo el mundo se fije en ese aspecto de síntesis (299); por su parte, Ricardo Gullón dice que la novela "parece desarrollarse en un tiempo vasto" ("Técnicas de Valle-Inclán" 33). Evidentemente, la cuestión del tiempo en la novela está relacionada de modo directo con su rígida estructura compositiva estudiada por Oldrich Belic y reducida al número tres por Mónica Marcos. Siguiéndole a él, Gloria Baamonde Traveso habla de la "estructura circular destinada a inmovilizar el universo [lo cual] es una característica de la obra de Valle y de *Tirano Banderas*" ("Tiempo" 69). Dicha estructura ha sido estudiada desde un punto de vista teosófico por Virginia Garlitz ("Teosofismo" 22) y desde uno narratológico por Luis T. González del Valle ("La prolepsis" 502). Véanse también, Spires 91-92, Baamonde Traveso, *Función* 21-53 y Emma Susana Speratti Piñero, *La elaboración* 71-76. Un sector de la crítica ha apreciado problemas de representación en cuanto la novela utiliza a la vez un tiempo histórico y uno mítico. De hecho, Dru Dougherty señala cómo "In search of clarifying frameworks, he [Valle] looked to religion (particularly to the occult) for structures that might give new form to historical experience" ("The Question" 208). Véanse al respecto Mary Addis 194, Herbert Espinoza ("Lope de Aguirre" 42-43 y "Síntesis vs. análisis" 24) y Luisa Elena Delgado 543.

[12] La síntesis espacial es mencionada por Jorge Mañach, Susana Speratti Piñero (*La elaboración* 115-18), David Lagmanovich 268-69, Manuel Durán 52, Obdulia Guerrero 77, Juan Orbe 80, Mary Addis 194 y Gloria Baamonde Traveso, *Función* 54-79.

[13] Sobre las relaciones entre el mundo moderno y las utopías literarias, véase el apartado "Modernidad, muerte de Dios y utopía", en *Cinco caras de la modernidad* de Calinescu (72-81). Asimismo consúltese el ensayo "Varieties of Literary Utopias" del canadiense Northrop Frye.

dependiendo de la perspectiva desde la que se juzgue. Por ejemplo, la síntesis que Valle hace de léxico, modismos y cultura puede constituir al mismo tiempo uno de sus mayores logros (Speratti, *La elaboración* 105-27) y uno de sus problemas más acuciantes (Bellini 21 y Grana 77). El mismo lenguaje de la novela aparece actuando no con la transparencia de un cristal o como el reflejo de un espejo, sino enfatizando la opacidad de su escritura, en cuanto declara ser un puro ejercicio textual. En términos prácticos, si tanto para un lector peninsular como para uno hispanoamericano se hace indispensable un glosario suplementario para completarla, su lectura supone un reto que no se supera con facilidad. Así lo ha expresado Christina Karageorgou-Bastea: "La palabra panhispánica de la novela se transforma en una máquina mezquina y hostil para el lector, no porque agrupa lo diverso, sino porque lo enajena de sus contextos vivos, para teñirlo de una dimensión acrónica y atópica de la que su lector carece. Por lo mismo, sin embargo, la alienación producida en el seno del discurso no atañe a los personajes" (41). La conseguida armonía textual entre los heterogéneos elementos lingüísticos de la diégesis, se transforma en disonancia a los ojos de un lector que se ve transformado ante un texto proteico y fluido, aunque refractario. Ya Francisco Madrid comentaba irónicamente que en el momento de su publicación, "Casi todas las primeras actrices españolas, tan reacias a la lectura, agarraron el volumen de la edición original, y, sin comprender gran parte del lenguaje valle-inclaniano, doblaron las páginas del magnífico libro" (*La vida* 113). Además de la ardua comprensión que se extiende a todos los que la semántica del texto, al igual que a las actrices, nos repudia, a pesar de que no ser reacios a la lectura, esta impenetrable relación textual implícita engendra la existencia de un desequilibrio entre escritura y referente que libera a la primera del naturalismo mimético al que trata de someterla el segundo. Este texto se alimenta explícitamente de otros textos, se apoya en ellos y los necesita.[14] Al mismo tiempo se aísla y se independiza de una realidad factual en la que no cree, pero de la que trata de revelar sus más recónditos engranajes, sus cadencias más íntimas.

---

[14] Susana Speratti (*La elaboración* 103-104), y siguiéndola a ella Leonardo Grana (77), han señalado cómo algunos elementos de las *Sonatas* –la referencia al jardín de la virreina, la relación entre Concha y Xavier– son parodiados en *Tirano Banderas*.

En consonancia con esta profunda ambivalencia, *Tirano Banderas* nos ofrece una solución diferente al planteamiento de los mismos conflictos que venimos persiguiendo: la escritura modernista, el cromatismo, la analogía y su hermana, la ironía, además de los complejos temáticos relacionados con la visión y las drogas. Todos ellos, como es habitual en las obras en las que nos hemos centrado, siguen siendo fundamentales tanto desde el punto de vista formal como compositivo. Pero, en este caso, nos vamos a encontrar con que la obra, desde su nivel diegético, está dramatizando o escenificando dichas cuestiones, las que pasan a formar parte constituyente de la materia narrativa.[15] Es decir, el sistema teórico de *La lámpara maravillosa*, el fracaso de lo trascendente en *La medianoche*, siempre unidos a la epítesis suplementaria de *Flor de santidad*, pasan en *Tirano Banderas* a formar parte de la misma ficción creando un monstruoso metatexto que ofrece un comentario estético enfocado sobre sí mismo. Paralelamente, la prosa es sometida a un radical proceso de fragmentación irónica que ya habíamos visto anunciado por *La medianoche* sin dejar de abandonar su anhelo analógico de fusión.[16] Pare-

---

[15] Resulta difícil hablar de *Tirano* sin utilizar metáforas relacionadas con la teatralidad quizá debido al continuo juego entre apariencia y esencia que se establece en la novela. Michelle Sarrailh observa que "*Tirano Banderas* es una acción dramática con acotaciones escénicas más o menos desarrolladas" (62). Han mencionado la teatralidad Emma Susana Speratti Piñero (*La evolución* 99-102), Ricardo Gullón ("Técnicas de Valle-Inclán" 37), Dante Liano 41 y Gloria Baamonde Traveso (*Función* 2-15). Bernardo Subercaseaux habla del "estilo de acotación teatral" (326) de la prosa de la obra.

[16] Hablar de la fragmentación es inevitable en *Tirano Banderas*. Dicha característica es uno de los principales problemas en las adaptaciones de la novela para el teatro, tanto en la versión de Enrique Buenaventura realizada en 1977 (Castilla), como, por una parte, en la de Enrique Llovet y José Tamayo de 1974 y, por otra, la de Lluís Pasqual de 1992 (Taller 373 y 376). Asimismo, el guión elaborado por Rafael Azcona para la versión cinematográfica de 1993 (Juan Bolufer 377-78) se enfrentó al mismo problema. Por su parte Margaret Ekstrom señala la "múltiple fragmentación del discurso" (71) y, en un plano más general, Gloria Baamonde Traveso dice en *Función del esperpento* que la fragmentación es una de las técnicas constantes en la creación de Valle-Inclán (12). Robert Spires (90) e Ignacio Soldevilla Durante (377) han relacionado dichas técnicas con la vanguardia. En su misma línea de pensamiento Manuel Durán señala la desarticulación, el montaje y los *collages* que caracterizan la narración (53). Al analizar los múltiples elementos paratextuales de la novela que inciden en esta fragmentación, Dru Dougherty ha defendido la existencia de una entidad que media entre el autor y el narrador responsabilizándola de dichos índices ("El diseñador"). El artículo concluye

cería como si la novela de Valle ya no pudiera huir de esa problemática consciencia de la ironía en cuanto elemento subversivo dentro de un sistema basado en correspondencias y ligaduras. El texto, consecuentemente, opta por hacer añicos todas esas líneas de tensión y adscribirlas a diferentes elementos, a menudo opuestos, que la están representando textualmente. Por la obra caminará la alucinación cromática de la visión narcótica, unida a una explosión caleidoscópica de la incertidumbre significativa.

Por consiguiente, cuando Guillermo de Torre describe *Tirano Banderas* como una "sucesión de cuadros" ("Ángulos" 20) no hace sino enfatizar las tensiones centrípetas y centrífugas que la gobiernan. Cada uno de esos "cuadros" o elementos que la forman se relaciona con los otros en un movimiento secuencial que, al mismo tiempo que los une, les permite comportarse de una manera aislada. Es por ello que podemos ver ya desde su configuración externa que el discurso textual se basa en la atención simultánea hacia la interdependencia y la singularidad de cada una de las partes. Gloria Baamonde Traveso ha podido señalar que "la discontinuidad [...] [está] representada en el texto por cortos espacios en blanco" ("Tiempo" 74), lo que resulta otra versión de esa poética del silencio implícita en la obra modernista que ya habíamos señalado previamente tanto en *Flor de santidad* como en *La lámpara* y que en *La media-noche* relacionábamos directamente con la experiencia de la vanguardia.[17] De hecho, a los fragmentos que componen la textualidad de *Tira-*

---

que, a través de estos títulos y subtítulos, este "diseñador" actúa como guía hermenéutico y orientador de la ficción.

[17] Considerando las alusiones que el propio texto hace a términos vanguardistas, la crítica ha relacionado *Tirano* con varias de esas corrientes. De hecho, Benito Varela Jácome afirma que "No hay duda que Valle-Inclán conoce distintas estéticas vanguardistas" ("El mundo" 76 y "*Tirano*" 48) y Robert Spires ha señalado las "Avant-garde techniques" (90) de la obra. Abundando sobre la relación con la vanguardia, para Ricardo Gullón, "La estructura de *Tirano Banderas* es comparable a la del cuadro cubista, según Valle lo entendía: acumulación de fragmentos, fuerzas en pugna y en equilibrio" ("Técnicas de Valle-Inclán" 29). Ignacio Soldevilla-Durante ha dilucidado la relación entre la novela y el Cubismo en "Valle-Inclán y las vanguardias literarias: la composición de *Tirano Banderas* como novela cubista", así como también lo ha hecho Nicole Schmölzer. Han hablado de Cubismo Manuel Durán 52, Ricardo Gullón, "Técnicas de Valle-Inclán" 29 y Obdulia Guerrero Bueno 77; de Expresionismo, David Foster y Benito Varela Jácome, "El vigoroso expresionismo"; y, finalmente, de Estridentismo, Khena Wong Savioni.

no se le podrían aplicar las mismas palabras con las que Umberto Eco describe la poética de Mallarmé:

> Blank space surrounding a word, typographical adjustments and spatial composition in the page setting of the poetic text all contribute to create a halo of indefiniteness and make the text pregnant with infinite suggestive possibilities. ("The Poetics" 12)

A pesar de que Eco se refiere al efecto visual y a la presencia del poema en la página, en el caso de *Tirano,* la rígida estructura estudiada por Oldrich Belic, así como la alternancia entre silencio y ruido, entre libros, capítulos y partes, es un efecto buscado conscientemente para condensar cualitativamente la presencia del fragmento. Por estos motivos en la obra modernista es tan importante el ruido de la palabra escrita superpuesto al silencio que la rodea en la página y que le da un contexto donde solidificar materialmente su presencia y proporcionarle una característica densidad. Ésta, a su vez, es representativa tanto de lo que se dice, como de lo que se calla o se borra. La obra juega simultáneamente con ambos extremos con el propósito de expandir sus posibles significados sin limitarlos de manera alguna y con el objetivo principal de conformar una obra abierta. Por eso es tan importante dejar esos espacios en blanco, conceptuales o compositivos, que juegan con la idea del vacío y con la de una construcción a base de piezas o elementos que a la vez que están conectados sintagmáticamente, manifiestan una considerable independencia que los proyecta como elementos de un paradigma similar.[18] Indudablemente, todos estos factores son manifestacio-

---

También se han señalado entre las cualidades de la prosa su "puntillismo" (Manuel Durán 54) y su "impresionismo" (Emma Susana Speratti Piñero, *La evolución* 77-81, Ángel del Río 61 y Benito Varela Jácome, "El vigoroso" 279).

[18] Precisamente, una de las características principales de la obra valleinclaniana es que ésta se concibe como un conjunto abierto, siempre en proceso de formación. Por eso está sujeta a un constante ejercicio de escritura y reescritura. De ahí, en parte, las constantes reediciones, republicaciones, cambios, reescrituras y absorciones que el autor puede imponer a todos sus textos ya que, en cierta medida, cada una de las partes o fragmentos es susceptible de ser recontextualizada en otro lugar. Joaquín del Valle-Inclán Alsina ha afirmado que, ante algunos de los cambios textuales que aparecen en las obras de su abuelo, "cabe pensar, como mantiene la crítica al uso, que esta variante es imputable al afán estilístico de Valle-Inclán, a su perfeccionismo [...], pero si se analiza debidamente no hay otra causa que la normativa tipográfica" (13).

nes de que la obra de arte aparece relacionada con una reflexión acerca de su propia actividad: en otras palabras, no se limita a actuar, sino que piensa en lo que hace mientras actúa. En este ámbito metarreflexivo es donde se inserta la representación del color.

En *Tirano Banderas* tenemos la continuidad de una filiación representativa establecida en nuestra argumentación por el punto de referencia que supone *Flor de santidad*, junto a significativas dislocaciones de esa línea. Específicamente, se simultanean los mismos colores con otras tonalidades nuevas aplicadas metafóricamente con mayor o menor grado de sinonimia y como variaciones de otras impresiones básicas. Así, además de los que se comentarán más por extenso, aparecen el barcino, el gris, el azabache, el ébano, el morado, el arrebol, el dorado, el opalino, el canela, el azafrán en contextos en mayor o menor medida descriptivos.[19] El caso del blanco y sus variantes es, sin embargo, más complicado de categorizar en base solamente a una característica, ya que combina descripción con indeterminación metafórica en "los ojos huevones, casi blancos" (1: 980) de Benicarlés; en la calavera "blanca de luna" (1: 1012) del General Banderas; y en "el guante blanco del Doctor Polaco" (1: 1142). Por su parte Lupita, la daifa, tiene "vuelto el blanco de los ojos sobre el misterio" (1: 1145) y "el blanco de los ojos siempre vuelto sobre el misterio" (1: 1146). Se buscan determinados contrastes al decir que Filomeno Cuevas "se enjugó la frente, encendida y blanca entre mechones endrinos y tuestes de la cara" (1: 1063) y al mencionar que su suegra era "renegrida, blanco el moñete" (1: 1064). Un efecto similar aparece al decir "Las sombras de los murciélagos agitaban con su triángulo negro la blancura nocturna de la ruina" (1: 1006). Por su parte, la luz de luna, la que hace resaltar el color de la ruina, destaca

[19] Por ejemplo: "en la campa barcina del convento" (1: 969) y "la campa barcina" (1: 1103); "entre la gris retícula de las bayonetas" (1: 1034), "con el crespo vellón griseante" (1: 1102); "figura redonda, azabachada" (1: 1122); "agitados los rizos de ébano" (1: 1122); "la sombra morada del convento" (1: 970), "en el morado de la boca, una sonrisa recalmada" (1: 1065), "en la boca prieta, color de moras" (1: 1083), "los labios como dos viras moradas" (1: 1134); "el grasiento arrebol de una sonrisa" (1: 974); "tallas, dorados y sedas" (1: 979), "turbando la dorada simetría de espejos" (1: 979), "doradas lámparas" (1: 992), "la penumbra dorada" (1: 1112); "opalinos faros" (1: 1133); "patillas color de canela" (1: 979), "rubicundo entre las patillas de canela" (1: 980), "entre las patillas de canela" (1: 1114), "las patillas de canela" (1: 1127); "el azafranado Conde Chrispi" (1: 1123), "bigote de azafrán" (1: 1124).

unos "claustros luneros" (1: 1145) y también un "terradillo blanco de luna" (1: 1146). Otras palabras utilizadas para describir el mismo color se usan en ejemplos como "la albura de los dientes" (1: 1134) del Ministro del Japón y, sobre todo, la descripción caracterizadora de algunos seres humanos ya sea debida a un exceso de estudio, ya sea a cambios psicológicos manifestados en la fisonomía: los estudiantes son "pálidos" (1: 991), el Licenciado Sánchez Ocaña también está "un poco pálido" (1: 1000), "El estudiante había palidecido intensamente" (1: 1086) y se vuelve a insistir en la "insomne palidez del estudiante" (1: 1087). Además se observa que "Nachito estaba pálido" (1: 1096) al comprobar su impertérrita suerte con las cartas y que el Doctor Atle tenía "la frente pálida" (1: 1098).

Si bien en los casos anteriores el texto nos ofrece implícita o explícitamente todas las etapas del deslizamiento metonímico, en otros solamente tenemos el resultado final, lo que produce una incertidumbre que redunda en una imagen cuya significación resulta, a pesar de ser opaca, mucho más expresiva y, por esto mismo, más significativa. Por ejemplo, expresiones como "lívidos lujos de hambre" (1: 1024), "perfil lívido de sorpresa" (1: 1031), "lívida ventana" (1: 1032), "livideces tumefactas" (1: 1083), "un relieve lívido" (1: 1119) o "lívido pasmo" (1: 1144) nos presentan con una evidente disonancia en la predicación que se ve transformada en un contenido más figurativo que referencial.

Lo que resulta evidente en el caso del blanco, y en otros que se discutirán más adelante, es que en *Tirano Banderas* la expresión de lo cromático encuentra serios problemas para mantenerse estable.[20] En esta novela la palabra aparece predeterminada por una serie de asociaciones dinámicas, que siempre están desplazando su significado y desestabilizándolo. Por eso, la representación de los colores todavía explora de un modo más evidente los procesos de formación significativa: se halla al límite de un proceso semántico entendido como una relación directa

---

[20] Según Gloria Baamonde Traveso en relación con los términos de color en la obra tenemos "dos tipos de significación: descriptiva y simbólica o connotativa. En *Tirano Banderas* los colores rara vez poseen únicamente un valor descriptivo; lo más frecuente es que a su valor primario se superpongan otros secundarios de carácter simbólico" (*Función* 77). No creemos que lo cromático pueda reducirse a esos dos valores ya que, como veremos, también hay significados alegóricos, metonímicos, sinecdóquicos y metafóricos asociados con ellos.

entre un significante y un significado. Nunca se comporta como un elemento esencial, con identidad propia, sino que obedece, más que a consideraciones pragmáticas, a factores contextuales con una identidad en mayor medida relacional. Más que señalar la consolidación de un sistema o una estructura, apunta hacia su cuestionamiento, aunque, paradójicamente, su misma presencia y su repetición consolidan el conjunto. Aquí, los signos se suceden, se superponen, se cuestionan pero ni tienen un contenido estable ni expresan relaciones coherentes entre unos y otros, ya que son tratados con tal independencia que, prácticamente, aparecen flotando en el vacío de la página.

La obra de arte del Modernismo enfatiza constantemente su artificialidad, es decir, una existencia exclusivamente discursiva y textual y, por lo tanto, se crea a través de la sucesión de la cadena lingüística en cada una de sus actualizaciones: de hecho, gran parte de su atractivo reside en esa capacidad de abstracción y de relación equívoca con el referente. Uno de sus objetivos principales es demostrar la creación de un proceso de significación y por eso, cuando los colores se presentan, lo hacen a través de efectos de relación y correlación que se apoyan los unos en los otros pero que, singularmente, manifiestan una considerable independencia semántica. En cierta manera, son como ecos de los cuales solamente percibimos determinadas cadencias repetidas pero que están perennemente disociadas de un valor, contenido o significado semánticamente concreto. Es decir, están al límite de lo inteligible y bordeando la indeterminación.

En general, la prosa de *Tirano Banderas* tiende hacia dos movimientos contradictorios. Por un lado, se inclina constantemente hacia la amalgama del fenómeno cromático; por el otro, disgrega dichas impresiones en pequeños elementos que perturban la estabilidad de la condensación anterior. Al primer impulso obedece la continua caracterización en conjunto de sensaciones que buscan la concentración en una totalidad amorfa y sin diferenciación. Así, podemos encontrarnos expresiones como "globos de colores" (1: 970), "arrequives de colorines" (1: 1068), "una luminosa palpitación cromática" (1: 1072), "un cromático dinamismo" (1: 1073), una "crueldad cromática" (1: 1073) y "un ruedo de colores" (1: 1125). Como decimos, esa tendencia a la generalización abstracta se ve complementada y contrastada por una tendencia al análisis, ya que, al mismo tiempo, tenemos multitud de descripciones que prestan atención exclusivamente a elementos específicos que actúan individualmente y quiebran el efecto de síntesis. De este modo, el texto aparece jugando constantemente con ambas perspectivas: una totalizante y otra atomizadora. Ésta se injerta en la continuidad de aquélla produciendo una disonancia melódica y la interrupción de la conciencia analógica que apunta a la totalidad. Este proceso incluso puede verse funcionando al mismo tiempo en descripciones como la siguiente:

> La ciudad se encendía de reflejos sobre la marina esmeralda. La brisa era fragante, plena de azahares y tamarindos. En el cielo, remoto y desierto, subían globos de verbena, con cauda de luces [...] La ciudad, pueril ajedrezado de blancas y rosadas azoteas, tenía una luminosa palpitación, acastillada en la curva del Puerto. La marina era llena de cabrilleos, y en la desolación azul, toda azul, de la tarde, encendían su roja llamarada las cornetas de los cuarteles. El quitrí del gachupín saltaba como una araña negra, en el final solanero de Cuesta Montenses. (1: 977)

La continuidad del azul macrocósmico de la "marina esmeralda" y de la "desolación azul, toda azul, de la tarde" se ve puntualizada, interrumpida y desequilibrada por elementos microcósmicos, como las "blancas y rosadas azoteas", el "quitrí [...] negro", o la sinestesia de la "roja llamarada de los clarines". Es por eso que la dinámica obsesiva entre lo puntual y lo contextual señala una dualidad que podría describirse como un autocuestionamiento perceptivo. Es como si el punto de vista no pudiera mantenerse fijo y necesitara moverse continuamente entre dos planos para representar y cuestionar la superación de un movimiento unívoco y teleológico entre el perceptor y lo percibido. Se está intentando problematizar de una manera activa una recepción pasiva con el objetivo de desintegrar la idea de un foco único y estable que está describiendo y narrando. El lector se ve asaltado por sensaciones múltiples que, en lugar de organizar la asimilación del texto y la descripción, tienden a una desestabilización perceptual. En este sistema, el papel del color, en cuanto sirve de mediación subjetiva entre la conciencia del narrador y la del lector, se ve afianzado.

Esa tarde "azul" que en *Flor de santidad* sirve de marco cromático y conceptual donde insertar a Ádega (1: 632, 660), y que en *La lámpara* (1: 1915) y *Tirano Banderas* (1: 977) se convierte en "toda azul", permite en el tratado estético la epifanía del sujeto a través de la contemplación de la naturaleza, mientras, ahora, se ve interrumpida y puntualizada por una miríada de pequeñas sensaciones específicamente localizadas. Como ya se ha adelantado esto no quiere decir que la novela se oponga a la epistemología analógica ya descrita, sino que la somete a un radical proceso de ironización.[21] Por ejemplo, el azul típicamente modernista, recordatorio de la profundidad ideal, se sigue conservando cuando se habla del cielo en ejemplos como "azul remoto y luminoso del cielo" (1: 1081), "azul transparencia" (1: 1083) y "remoto azul" (1: 1086), o del mar como en "azules minas" (1: 1088) y el "azul telón de la marina" (1: 1134). Pero, al mismo tiempo, ese color contiene una fuerte carga irónica al enfatizar la lejanía inherente, su alienación respecto al sufrimiento de los seres humanos que lo contemplan y su teatralidad al calificarlo de "telón". Por esto se puede llegar a crear yuxtaposiciones extremas como en la "turquesa del día orfeonaban su ruido los marranos" (1: 1067) y también señalar que esta misma turquesa muestra una "cruel indiferencia" (1: 1083) hacia los presos políticos. Al mismo tiempo, tanto el azul del cielo como su turquesa se ven manchados o puntualizados también por los "pájaros negros" (1: 1083, 1086) o por su "negro vuelo" (1: 1067) que interrumpen la continuidad analógica.[22]

---

[21] Juan Murcia habla de la "conciencia de ironía" (118) que aparece en la obra, en referencia al último capítulo. Y Guillermo de Torre, refiriéndose a lo mismo, señala que a partir de 1920 Valle-Inclán en su obra "Nos descubre la ironía como contrapunto de lo trágico" ("Ángulos" 16). Curiosamente, Benito Varela Jácome ha expresado este cambio utilizando el color: "La suave nebulosa de color, se altera, primero, con el contraste de vivos matices, y termina transformándose en una masa chillona, llameante, de color" ("El vigoroso" 270). Ya Ángel del Río en 1928 decía que era necesario establecer las "diferencias entre la nueva modalidad y las obras anteriores del autor" (63) en referencia a *Tirano Banderas* y a *La corte de los milagros.* El mismo Valle, a juzgar por las palabras recogidas por Francisco Madrid, afirmaba que "Lo que he escrito antes de *Tirano Banderas* es musiquilla de violín" (113) y, tras escuchar las objeciones de sus oyentes, recalcaba "Les digo a ustedes que 'musiquilla' y mala musiquilla de violín. *Tirano Banderas* es la primera obra que escribo. Mi labor empieza ahora" (114). El mismo año, César Barja oponía el arte "decadente" e "impasible" de las *Sonatas* al arte "inquieto" de este segundo Valle-Inclán (68-69). Dicha concepción es compartida por Víctor Ouimette en 1989, cuando sigue hablando en un "segundo estilo de Valle-Inclán" (233), y por Edna Parra en 2003. Como ya venimos defendiendo, tanto explícita como implícitamente en estas páginas creemos que esa división es aparente ya que la obra de Valle sólo puede comprenderse al postular una continuidad.

[22] *Tirano Banderas* ha sido leída como una burla del Modernismo. José Extramiana alude en la nota 68 de su artículo que la obra usa el estilo de las *Sonatas* y repite versos de

Por otro lado, este azul celestial pasa a formar parte de una cadena textual que expande su capacidad de crear relaciones y alusiones. Así, aparece relacionado con una especie de degradación o desnaturalización a través del "corpiño de muselinas azules" (1: 1024) de la hija del Ciego Velones. De todas formas, esa degradación se nos presenta simultáneamente a expresiones como "azules enredaderas" (1: 1051), las que, a través de asociaciones o procesos sinecdóquicos exploran las fronteras de la mímesis y siguen hablando de posibles conexiones analógicas o problemáticas significaciones difíciles de desentrañar. Pero, la semántica de este color prototípicamente modernista no se agota ahí, sino que está presente, además, en los ojos de un "azul desvaído" (1: 981) o "casi blancos, apenas desvanecidos de azul" (1: 980) del Barón de Benicarlés. Un color que ya no es totalmente la manifestación de lo infinito, sino que se ve sujeto a una disolución que acentúa cierto carácter esencialmente problemático. Esto puede verse en otros ejemplos como: "destello de orgullo en la azul porcelana de las pupilas" (1: 1117) y "maliciosa suspicacia en el azul de los ojos" (1: 1121). Simultáneamente, los ojos del personaje enfatizan la rotura de la distancia entre lo externo y lo interno, entre lo orgánico y lo inorgánico al describirse su "azulino horizonte de sus ojos huevones" (1: 1111) y "azul horizonte de los ojos huevones" (1: 1115). En esos casos la degradación del color a través de la asociación es evidente, sobre todo si no se olvida aquel horizonte del mismo color que en *La lámpara maravillosa* era

---

Darío preguntándose si esos usos "¿no constituyen una condena del Modernismo, como teoría del arte por el arte?" (486). Una lectura similar la hacen Emma Susana Speratti Piñero (*La evolución* 103-04) y Teresa Kirschner ("La descripción"). Yendo más allá, Michelle Sarraílh afirma tajantemente que "*Tirano Banderas* no es mera crónica: es evocación de la *ilusión* modernista, denuncia del injerto monstruoso, del absurdo del simbolismo francés" (55). Frente a estos, y superando estas visiones reduccionistas del Modernismo hispánico, traemos la opinión de Mary Addis para quien "Valle-Inclán's novel must be situated [in] Western modernism" (199). También se puede argumentar que, incluso en obras donde la ironía parece condensarse, como en *La medianoche* y en *Tirano Banderas*, encontramos breves refugios en un cosmos basado en correspondencias analógicas. En el primer caso, podemos señalar un ejemplo como "Se oye el rumor del agua que baja al barranco. El soldado murmura" (1: 929); en el segundo, "La voz lívida, en la lívida iluminación de la sala desierta" (1: 1018) o "La calle tenía súbitos guiños concertados con el rumor y los ejercicios acrobáticos del viento en las cuerdas de los farolillos" (1: 1136).

representación objetiva, límite conceptual y expresión trascendente de la epifanía mística.

Como se puede comprobar en los ejemplos anteriores, en la presencia del cromatismo siguen vigentes todavía las observaciones que se han hecho al tratar de *Flor de santidad* sobre la denotación y la connotación, sobre las repeticiones epitéticas y las suplementaridades que realzan la expresividad del texto. De nuevo, el rojo se puede nombrar directamente al hablar de "el rojo de un pañuelo" (1: 1017), "el rojo de los cigarros" (1: 1017), "la cortinilla roja" (1: 1042), la "solada de un rojo polvoriento" (1: 1102) o las "lenguas rojas" (1: 1146) del fuego. También se presenta epitéticamente al decir que "Las tierras del rancho, cuadriculadas por acequias y setos, se dilataban con varios matices de verde y parcelas rojizas recién aradas" (1: 1051) y, poco después, volver a fijarse en las "rojas parcelas recién aradas" (1: 1062) del rancho de Filomeno. Se puede connotar metafóricamente al aludir al "el lápiz rojo" (1: 995) de la censura y al describir "el corazón de su boca pintada" (1: 1027) o su quiasma "el pintado corazón de la boca" (1: 1032) trasladando la forma y el color del órgano al pintalabios y a la boca de la prostituta. Por último "Las percalinas rojas y gualdas de la bandera española" (1: 1073), pueden desgastarse sinecdóquicamente y transformarse en toda una alegoría de la presencia de la colonia española en Santa Fe de Tierra Firme. Por esto, acompañados de una rotura sintáctica, los "Amarillos y rojos mal entonados, colgaban los balcones del Casino Español" (1: 991) y, por el mismo motivo, don Celes "discernía como un deshonor rojo y gualda el epistolario del Ministro de Su Majestad" (1: 1114).[23]

Estas considerables multiplicaciones de lo cromático son paralelas a las variadas focalizaciones que la voz narrativa adopta en el relato, aunque lo más singular de todo este sistema es que la presencia del color es un atributo que pertenece fundamentalmente a la voz del narrador y que se manifiesta en la mayor parte de las ocasiones en la estasis de la

[23] El rojo también es aludido a través de palabras como "rubicundo": "rubicundo entre las patillas de canela" (1: 980), "El Casino Español [...] estallaba rubicundo y bronco" (1: 992), "los rubicundos cachetes" (1: 1052), "[Nachito] rubicundo" (1: 1126); "enrojecer": "al rico gachupín se le enrojeció la calva" (1: 975); "colorado": "llevaba pantalones corolados de uniforme" (1: 1082); "sonrojo": "el sonrojo de su calva panzona" (1: 1114); o, finalmente, "bermejo": "Tenía el rostro encendido de bermejo cándido" (1: 1121).

descripción. A pesar de que la actividad descriptiva y caracterizadora son las funciones propias y exclusivas de la función narrativa, aquí ésta también aparece fragmentada como si hubiera múltiples voces que se superponen para realizarla. En otras palabras, la rotura de la singularidad del foco provoca la impresión de que hay varias instancias narrativas que actúan con total independencia.[24] La multiplicidad aparente de conciencias explica los deslizamientos significativos a los que son sometidos los elementos del relato y que ofrecen sólo una coherencia textual y no conceptual. Sin embargo, esta cohesión también puede entrar en crisis y puede observarse concretamente en el uso mayoritario que la narración hace de una sintaxis basada en concatenaciones paratácticas. A través de la parataxis se subraya la independencia de los diferentes elementos que forman la predicación y se rompe todavía más una secuencialidad ya de por sí comprometida por el desorden cronológico y la fragmentación textual. Por consiguiente, para contrarrestar la tendencia a quebrar e independizar las relaciones entre los vínculos, resulta necesario crear otros factores analógicos que unifiquen sus constituyentes en una delicada proporción. Paradójicamente, la inestabilidad significativa que nos encontramos en la obra juega a favor de la cohesión, ya que permitirá aplicar el color a cualquier elemento haciendo gala de evidentes mecanismos metonímicos de enlace que cumplen la función de trabar el texto. Al mismo tiempo, el énfasis continuo en el desplazamiento y la traslación tendrá como consecuencia una expresión enigmática que cuestiona el supuesto equilibrio metonímico.

El movimiento tropológico de la metonimia es una de las cualidades más evidentes de los colores representados en *Tirano Banderas.* Un

---

[24] Dru Dougherty, siguiendo la división tripartita que Valle-Inclán hacía entre las diferentes posibilidades de relación que existían entre los autores y los personajes, afirma que en *Tirano Banderas* las tres ocurren simultáneamente. La narración adopta, dependiendo del personaje, un punto de vista degradado, uno sincero y uno elevado ("The Question"). Elaborando de nuevo sobre dicha multiplicidad y simultaneidad en la obra, el mismo crítico ha dicho posteriormente que existen tres discursos narrativos que se suceden: "una relación cronística que pretende ser objetiva, una subversión airada cuya violencia vengativa no se esconde, y una ironía fría, esteticista y autocomplaciente. La tensión entre ellos está presente en casi todos los párrafos narrativos del texto" (*Guía* 81). Este "caso radical de heteroglosia" (Dougherty, *Guía* 86) enfatiza las cualidades proteicas de la representación –sobre la heteroglosia en la obra véase también Mary Addis 198–.

ejemplo de esta facilidad discursiva lo tenemos en los usos de "endrino". Se comienza hablando de "los bandos endrinos del peinado" (1: 1019) de Lupita, la Romántica, "el mechón endrino de la frente" (1: 1027) del Coronel de la Gándara y, superando los límites referenciales de la descripción, de "cierta emoción fina y endrina de sombra chinesca" (1: 1121) que caracteriza al Ministro del Ecuador, Doctor Aníbal Roncali. El "endrino" también sirve para caracterizar a Filomeno Cuevas, de quien se nos dice que "era endrino y aguileño" (1: 1053). Páginas después se menciona su "mirada endrina" (1: 1052, 1054) y, más tarde, sus "ojos endrinos" (1: 1055) y sus "mechones endrinos" (1: 1063). El color negro azulado que comienza caracterizando toda su figura se traslada metonímicamente a sus ojos, su mirada y su color de pelo confirmando la primera caracterización totalizadora de su figura, pero haciéndola añicos. Este tipo de desplazamiento semántico puede documentarse en otros casos. Por ejemplo, se habla del "retinto garabato del bigote" (1: 970) del Mayor Abilio del Valle, se dice que Cuevas es "retinto de mostacho y entrecejo" (1: 1053) y en el fuerte de Santa Mónica el narrador se detiene para observar la "mirada retinta del centinela" (1: 1084). Si en los casos anteriores la traslación es implícita, resulta, en cambio, explícita en la secuencia "ese canto de verdugos y ajusticiados, parece más negro que un catafalco" (1: 1021) donde el desplazamiento semántico que permite el símil aparece simultáneamente asociado a relaciones sinestésicas y metafóricas.[25] Esa expresividad nos enfrenta directamente

[25] Si hay un dato objetivo que diferencie la prosa de *Tirano Banderas* de la de las narraciones anteriores, es, sin duda alguna, la disminución numérica y porcentual de la presencia de símiles. En esta novela son los siguientes: "como ganado inquieto por la mosca" (1: 973), "como candelabros de Jerusalén" (1: 977), "como aquella virreina que se miraba en el espejo de su jardín" (1: 978), "como si no tuviese dinero" (1: 979), "como las diplomacias neutrales en año de guerras" (1: 979), "como dos globos de cristal" (1: 980), "como un grito bélico" (1: 983), "como en un entierro" (1: 989), "como si se tratase de una función de circo" (1: 997), "como lunas" (1: 1016), "como truco de melodrama" (1: 1030), "como el jinete sobre la montura" (1: 1030), "como una liebre" (1: 1054), "como si tuviese vista en el luto de las uñas" (1: 1069), "como cuando se tira el toro a la mangana" (1: 1071-72), "como si estuvieses socavando el cimiento" (1: 1083), "como algo lógico e irremediable en aquella cárcel" (1: 1086), "como los entierros de mojiganga con que fina el antruejo" (1: 1087), "como en una resurrección" (1: 1089), "como bajo un sudario" (1: 1089), "como una simiente sagrada" (1: 1090), "como en una escarpia" (1: 1093), "como cuando mi vieja me tostaba el maíz" (1: 1098), "como

al enigma que supone el color y que, por extensión, los textos modernistas presentan a menudo.[26] En consonancia con el énfasis en las "cifras" como correlatos del acto y la palabra poéticos en *La lámpara maravillosa*, en *Tirano Banderas* la opacidad del enigma se discute dentro de la ficción y también fascina al narrador.[27] Aparece continuamente explicitado en la "mueca enigmática" (1: 973) de Banderas, el "enigma cruel [de] su máscara de ídolo" (1: 1013), e incluso en "El arcano de bellos enigmas [que] recogía el dolor de su alma tétrica" (1: 989). El mismo Tirano llega a preguntarle directamente al Doctor Polaco durante la sesión magnética que sella su destino, "¿Qué enigma descifra usted,

---

bulldogs trascendidos a expresión matemática" (1: 1105), "como una injuria la metálica estridencia" (1: 1105), "como acentos benévolos la censura de las cláusulas" (1: 1107), "Un pesimismo sensual y decadente [...] retocaba, como otro afeite, el perfil psicológico del carcamal diplomático" (1: 1111), "como la quinta militar" (1: 1112), "como dama de tablas que corta el verso en la tramoya de candilejas, bambalinas y telones" (1: 1113), "como el pavo real la fábula de su cola" (1: 1113), "como en todas partes" (1: 1120), "como palabras cabalísticas" (1: 1120), "como si oyese el siseo de aquella vieja pintada" (1: 1123), "como un hecho fatal" (1: 1133), "como aquellos éticos antiguos" (1: 1133), "como dos viras moradas" (1: 1134), "como rabos de lagartijas" (1: 1135). Esta parquedad del símil, en contraste con la proliferación presente en *La lámpara maravillosa* –véase la nota 24 del capítulo IV–, es balanceada por la omnipresente metáfora que en la obra anterior era minoritaria. En ese cambio reside, si no nos equivocamos, una de las posibles manifestaciones de la radicalización expresiva presente en la escritura modernista.

[26] Erich Auerbach, en el último capítulo de su magna obra, *Mímesis: la representación de la realidad en la literatura occidental*, observa, sobre las obras literarias modernas, que "En casi todas ellas es común lo velado e indefinible del sentido, aquel simbolismo indescifrable que se encuentra también en otros géneros artísticos de la misma época" (520). En la cita se está refiriendo a obras como el *Ulysses* de James Joyce y *To the Lighthouse* de Virginia Woolf; pero ¿acaso estas mismas cualidades enigmáticas no son similares a las que encontramos explícitamente nombradas en la prosa de *Tirano Banderas* e implícitamente evocadas en *Flor de santidad*?

[27] De hecho, coincidimos con Dru Dougherty cuando afirma que "La 'mueca enigmática' del Tirano viene a ser [...] una metáfora cuya sugestión se extiende por la novela entera" (*Guía* 88) ya que ese efecto se produce tanto en la mueca como en la problematización de un significado. Al mismo tiempo, actúa como emblema de Santos Banderas y la novela –de hecho, para Dante Liano, Santos Banderas debido a su posición que le permite contemplar y dominar la ciudad desde lo alto puede considerarse una figura análoga a la del autor (44)–.

Señor Doctor Mágico?" (1: 1145).[28] Esa pregunta sin respuesta se desliza por toda la opaca superficie textual de *Tirano Banderas*. Por eso, cuando el prisionero que comparte celda con don Roque Cepeda le pregunta "¿Y el enigma, tampoco le anonada?", obtiene como respuesta "Procuro olvidarlo" (1: 1090). Del mismo modo, el lector necesita olvidar el enigma que plantea en ocasiones la prosa de *Tirano Banderas* para poder continuar su lectura.

Roger Cardinal ha señalado que la sensibilidad artística moderna está directamente relacionada con ese proceso de velar u ocultar un significado, al mismo tiempo que se promete uno (44). Ésa es la característica principal del enigma: "The work of enigma could be defined as a mechanism whose paramount function is to promote this expectation of meaning, while at the same time maintaining a steady embargo on the transmission of meaning" (45). El texto de Valle une a esta disolución del significado, la fragmentación y, paralelamente, la experiencia del vacío o del silencio. Como resultado, aquí no hay un proceso previo o contenido explícito que apoye los elementos que forman parte de la significación y, así, el texto se manifiesta, en ocasiones, como una superficie impenetrable cuya semántica está siempre en proceso de formación y se expresa como potencialidad. Como resultado, la palabra tiende hacia la independencia discursiva y busca una autonomía propia basada en mecanismos relacionales connotativos más que en aquéllos basados en el significado referencial. No es difícil ver en esta tensión la descripción que Roland Barthes hace de la escritura moderna en *Le degré zéro de l'ecriture*:

> L'écriture moderne est un véritable organisme indépendant qui croît autour de l'acte littéraire, le décore d'une valeur étrangère à son intention,

---

[28] Recordemos que en *La lámpara maravillosa* el narrador intentaba desvelar "el enigma místico del mundo" (1: 1914) y enfatizaba: "¡Así el poeta cuanto más oscuro, más divino! La oscuridad no estará en él pero fluirá del abismo de sus emociones que le separan del mundo. Y el poeta ha de esperar siempre en un día lejano donde su verso enigmático sea como diamante de luz para otras almas de cuyos sentimientos y emociones sólo ha sido precursor" (1: 1021). Este estilo oracular o visionario está directamente relacionado, por una parte, con la sugestión de la poética del Simbolismo; por la otra, alude a la tendencia moderna hacia velar el conocimiento del referente. Fijémonos que, según se dice en *La lámpara*, el poeta escribe para sus futuros lectores con lo que la posibilidad de establecer una comunicación es diferida y relativizada.

> l'engage continuellement dans un double mode d'existence, et superpose au contenu dus mots, des signes opaques qui portent en eux une histoire, une compromission ou une rédemption secondes, de sorte qu'à la situation de la pensée, se mêle un destin supplémentaire, souvent divergent, toujours encombrant, de la forme. (1: 222)

Ese destino suplementario basado en la superficie de la forma, la que, a su vez, elude el contenido referencial y semántico remitiendo al insondable abismo donde se gesta la significación, se evidencia tanto en la prosa de *Tirano Banderas,* así como, cierto que en grado menor, en las obras tratadas anteriormente. No creemos errar al señalar que esta cualidad de la escritura modernista aparece relacionada con los mecanismos de la sinestesia que ya hemos mencionado con anterioridad. A través de esta figura, la que, según Gloria Baamonde Traveso, "reproduce una sensación subjetiva del personaje o del autor" (*Función* 74), las limitaciones miméticas, y sus tajantes diferencias sensoriales, son superadas en busca de la trascendencia. Lógicamente, la sinestesia no busca mimar el referente, sino que está constantemente creando su propia realidad alternativa al ser enunciada. En *Tirano Banderas,* el Ciego Velones "araña lívidas escalas" musicales (1: 1018) y, su hija, la chiquilla que lo acompaña, tiene una "voz lívida, en la lívida habitación" (1: 1018). Más adelante, podemos leer un "cromático dinamismo de pregones, guitarras, faroles, gallardetes" (1: 1073), un "grito luminoso" (1: 1136) hasta desembocar en el oxímoron del "vasto y sonoro silencio" (1: 1067). En todos esos ejemplos, las asociaciones significativas originales enfatizan que la palabra no está sujeta a un sentido concreto y estable, ya que la yuxtaposición cuestiona la singularidad de cada uno de los elementos, los que tomados por separado crean una imagen radicalmente textualizada. Todos estos ejemplos, y otros muchos, aluden a la búsqueda de una independencia total respecto al referente en la escritura modernista y, como confirma Alfonso Reyes en *Tres puntos de exegética literaria* (1945) al relacionar la audición coloreada y la sinestesia, "Esta translación de las sensaciones –modalidad de la sinestesia, la cual más bien armoniza y no traslada– nos hemos atrevido a explicarla como un efecto de la droga sobre el ritmo perceptivo del hombre" (14: 290-91).[29]

---

[29] Otros ejemplos de sinestesias son: "encendían su roja llamarada las cornetas de los cuarteles". (1: 977), "La voz del ciego desgarraba el calino silencio" (1: 977), "música

Como se tratará de los narcóticos en *Tirano* y sus efectos en la prosa un poco más abajo, sólo se dejará apuntada esta idea aquí.

Tanto en el caso de la traslación metonímica, como en el uso continuado de la sinestesia, lo que subyace bajo este entramado es un mundo que tiende simultáneamente hacia una fragmentación infinitesimal que lo conecta y lo desconecta. Ése es uno de los objetivos a los que aspira el texto y que se refleja también, como ya ha sido dicho, tanto en la estructura de pequeños capítulos, partes y libros como en la sintaxis paratáctica de la narración. En *Tirano Banderas* la subordinación es rara, los períodos tienden hacia la brevedad y la concisión máxima y amenazan con independizarse: sus relaciones están creándose siempre a través de los espacios en blanco que los separan. Por otro lado, la rotura del relato en pequeñas viñetas nos hace ver que el macrocosmos estructural de la novela se ha construido, explícita e implícitamente, teniendo como referencia el microcosmos sintáctico de la novela. A ese nivel la analogía sigue funcionando como un factor de cohesión textual aunque, irónicamente, sea una analogía que expresa la fragmentación. Ésta es, en definitiva, una estética basada en la acumulación, en la simultaneidad y en la ausencia de una jerarquía entre los elementos que la conforman. Por eso cada significante tiende, en la práctica, hacia un valor único, aunque relacional, que en sí mismo tiene la capacidad de actuar de un modo independiente, puesto que puede acoplarse a cualquier otro en virtud a unos vínculos que, frecuentemente, le son hurtados al lector.

Incluso cuando estos enlaces se reconocen explícitamente, son, en ocasiones, espejismos. Por ejemplo, la primera vez que Zacarías aparece en la historia lo encontramos trabajando y percibiendo una serie de signos funestos que prefiguran la detención de su esposa y, más tarde, la muerte de su hijo. Mientras está trabajando recuerda que un zopilote

brillante y ramplona" (1: 979), "un gesto frío" (1: 982), "bajo el grito nocturno del guaita de la torre" (1: 989), "puesto el hito de su elocuencia en deslumbrar" (1: 993), "apagando la procelosa voz" (1: 996), "Traía el viento un apagado oleaje de clamores y aplausos" (1: 997), "meloso cuchicheo tropical" (1: 1024), "un fosco rosmar" (1: 1025), "Las calles tenían un cromático dinamismo de pregones, guitarras, faroles, gallardetes" (1: 1073), "con apagado murmullo" (1: 1091), "su gesto fláccido y amarillo de vejiga desinflándose" (1: 1094), "La voz tenía una modulación maquinal, desviada del instante, una tónica opaca" (1: 1102), "blando rumor de eses laudatorias" (1: 1122), "el viento del mar, traía los opacos estampidos de una fusilada" (1: 1137).

apareció "azotándole con un negro aleteo" (1: 1036), en cuanto índice de un mal presagio y premonición. Además, su trabajo de alfarero se combina también con el de pintor al aludir ambos, aunque en mayor grado el trabajo telúrico de modelar barro, a actos creativos. A continuación el narrador, adoptando la focalización del Cruzado, advierte: "Otro signo funesto, las pinturas vertidas: El amarillo, que presupone hieles, y el negro, que es cárcel, cuando no llama muerte, juntaban sus regueros" (1: 1036). Aunque esta significación puede obedecer a la focalización del personaje y no al ancoraje de la ficción narrativa, esa pista semántica acerca de la hermenéutica de los colores, debe aceptarse con cautela, ya que no es que ambos colores adopten unívocamente esta significación en la novela, sino que adquieren un significado provisional y contingente en dicho contexto. Si dicha estabilidad fuera unívoca no sería difícil interpretar, aparte de los amarillos y los gualdas de la ajada bandera española que ya hemos citado (1: 991, 1073, 1114), los "amarillos lagartos" (1: 984) que corren por las tapias donde el tirano juega a la rana, "el reflejo amarillo del candil" (1: 1024) en el Congal de Cucarachita, el mismo tirano como "momia amarilla" (1: 987) o las "hopas amarillas" (1: 1150) que cubren su cadalso.[30] El problema es que sería complicado asumir que en los casos anteriores el amarillo presuponga hieles debido a su carácter descriptivo, expresivo y suplementario. En contraste a esta posible significación estable, aparece igualmente el ademán de un prisionero que juega con Nacho Veguillas a las cartas calificado como "gesto fláccido y amarillo de vejiga desinflándose" (1: 1094), donde se puede ver el claro deslizamiento metonímico que lleva el amarillo de la vejiga a asociarse al gesto. Por último, quizá no exista mayor prueba de la inconsistente e imposible semántica de este color que los "guantes amarillos" de don Celes (1: 1118), también puestos por el Ministro de Brasil (1: 1121, 1122) y que centran, en un momento, las conversaciones de la fiesta diplomática:

> –El colega brasileño se ha venido con unas terribles lubas de canario.

---

[30] El amarillo se aplica al pelo, las plumas o el material. Aparece en "su magro perfil de loro rubio" (1: 994), "Una peluca con rizos rubios, otra morena" (1: 1006), "La rubia" (1: 1019), "un maltés vejete y rubiales" (1: 1073), "el monóculo de concha rubia" (1: 1132). También se menciona a "dos peponas amulatadas" y "El barro melado de sus facciones" (1: 1018).

Explicó el Primer Secretario de la Legación Francesa, que actuaba de Ministro:

–Son crema. El último grito en la Corte de Saint James. (1: 1122)

El amarillo de los guantes es lo que les permite ser "de canario", pero, frustrando las expectativas del lector, descubrimos que no son de tal color, sino crema. A pesar de que ambos términos pueden referirse al mismo color básico, la rectificación es notable y obliga a reconstruir y reconstituir analépticamente las observaciones previas. En esta ambigua referencialidad el texto muestra una absoluta capacidad de fragmentación paralela al cuerpo del hijo del Cruzado. De hecho, su cadáver, es uno de los múltiples emblemas que aparecen por doquier en la novela y que se relacionan con su propia constitución ficcional y, de alguna manera, la comentan.[31] El indio –quien, recordemos, se dedica a modelar barro y a pintar– encierra "en su saco aquellos restos" (1: 1067) tramando su venganza. El saco como continente y los restos de su hijo como contenido actúan como *leitmotiv* del destino de la novela y, según Zacarías, son el amuleto que permitirá el triunfo de la revolución: "No más cargando estos restos, gané en los albures para feriar guaco, y tiré a un gachupín la mangana y escapé ileso de la balasera de los gendarmes. Esta noche saldré bien en todos los empeños" (1: 964). Ese saco garantiza la unidad de los restos del niño y actúa como un amuleto que ayuda a unir causalmente el desarrollo de la acción; así como los otros restos, los del dictador, serán desperdigados por toda la geografía de Santa Fe tras haber sido reconstruidos por la ficción narrativa.

Esa síntesis o simplicidad de lo complejo es la misma que puede explicitarse en el análisis de la representación cromática. Concretamente, el caso del color negro ocasiona más problemas de síntesis que el amarillo, aunque es cierto que su semántica es en apariencia más estable.[32] Por ejemplo, es empleado en función descriptiva en ejemplos

---

[31] Las cualidades emblemáticas en la prosa de la obra han sido mencionadas por Michelle Sarrailh. Desde su punto de vista, "Los emblemas vienen a cumplir aquí la misma función de los disfraces tradicionales del teatrillo menor del guiñol" (64). A pesar de que se debería matizar un poco esta observación basada en una oposición entre una estética de esencias y una de apariencias, creemos que es importante señalarla en referencia a las cualidades estilísticas de la novela.

[32] Gloria Baamonde Traveso, al contrario que nosotros, enfatiza la estabilidad significativa de ambos colores de la siguiente forma: "El amarillo, [...] según el presenti-

como "negros fusiles" (1: 970), "araña negra" (1: 977), "bayeta negra" (1: 1018), "la guayabera de dril con manguitos negros" (1: 1058), "una vieja de sangre italiana, renegrida" (1: 1064), "hule negro" (1: 1070), "nubes de moscas ennegrecían el saco" (1: 1071), "pájaros negros" (1: 1083, 1086), "cláusulas de negros espejos" (1: 1117), "cobra negra" (1: 1144) y "piano negro" (1: 1146). La relación metonímica o sinecdóquica asociada con los desplazamientos semánticos puede verse en "las sombras de los murciélagos agitaban con su triángulo negro la blancura nocturna de la ruina" (1: 1006), "negro vuelo de zopilotes" (1: 1067)", "negra tenaza de los brazos" (1: 1120) y "negro perfil de su arquitectura" (1: 1136). Curiosamente, hay una relación metafórica en la significación de este color cuando es utilizado por los personajes en ejemplos como "el día más negro" (1: 1097) y "La tormentona más negra de mi vida" (1: 1078). Sin embargo, es metafórica y metonímica en boca del narrador cuando califica al tirano de "negro garabato" (1: 987). Una semejante función despersonalizadora puede verse cuando el texto se fija en "el luto de las uñas" (1: 1069) del ciego Velones y las "manos enlutadas" (1: 996) de un personaje con clara ascendencia romántica. Este personaje, el Vate Larrañaga, aparece en el Circo Harris "con revuelo de zopilote, negro y lacio" (1: 999), donde no sabemos si el negro se predica del zopilote, del revuelo o del propio Vate, aunque en realidad se esté refiriendo a todos simultáneamente. En otras ocasiones esa complejidad predicativa puede apreciarse más claramente. En ejemplos como "negra expresión dramática" (1: 970), "negra ingratitud" (1: 1012) y "negro aleteo" (1: 1036) el texto se aproxima a la independencia significativa y a la expresividad evocativa de la sinestesia.

Todavía existe una cuestión más a tratar cuando se habla del color negro y el amarillo en *Tirano Banderas*, ya que ambos están claramente asociados a las tensiones raciales que alimentan parte del ideario revolucionario que lucha contra la dictadura. Indudablemente para Santos Banderas es retóricamente conveniente tratar a la colonia española de "los hermanos de raza" (1: 971), cuando los miembros de la colonia, como don Celes, experimentan "todo el desprecio del blanco por el

---

miento de Zacarías, *presupone hieles* [y] anticipa acontecimientos desgraciados [...] [, en] otras ocasiones remite a la muerte [...] El negro se reitera con un simbolismo constante de malos presagios, de desgracia y muerte" (*Función* 77; énfasis en el original).

amarillo" (1: 982). Para el tirano, "el ideario revolucionario es el peligro amarillo en América" (1: 975) a pesar de que él mismo confiesa ser "indio por las cuatro ramas" (1: 1129).[33] Él no cree en la igualdad racial ya que "La Humanidad, para la política de estos países, es una entelequia con tres cabezas: El criollo, el indio y el negro" (1: 976). En esta opinión acerca de los ideales de igualdad coincide con los "gachupines" ya que también ellos, en sus conversaciones, utilizan un discurso racista codificado cromáticamente. Don Teodosio afirma: el indio "[e]s más flojo, trabaja menos y se emborracha más que el negro antillano. Yo he tenido negros, y les garanto la superioridad del moreno sobre el indio" (1: 994). A esas palabras responde el yanqui Mister Contum diciendo "Si el indio no ser tan flojo, no vivir mucho demasiado seguros los cueros blancos" (1: 994) aludiendo a dicha situación con la misma expresión que previamente habíamos oído en labios de Banderas: "peligro amarillo" (1: 994). En directa contraposición al discurso racista que emana de los focos de poder, la potencial fuerza de los "pueblos amarillos" (1: 1001) es expuesta por el Licenciado Sánchez Ocaña en el mitin del circo Harris y luego, al informar a Banderas de la reunión, el Coronel Inspector explicita que el tema de la reunión política era la "Fraternidad de las razas amarillas" concluyendo que son "¡Macanas!" (1: 1005).[34]

Resulta extraordinariamente significativo que todo ese discurso que relaciona raza, color y función social sea asumido por los personajes del relato. Frente a ellos la voz del narrador adopta uno basado en el

[33] Mary Addis señala que haciendo al dictador un indio de pura raza se causa un problema de representación ya que "In his desire to criticize the pernicious results of the Spanish presence in America and to elevate the Amerindian, Valle-Inclán falls back on a language of race" (200). Sobre el racismo en la novela, consúltese el artículo de Ernest Rehder, "Raza y racismo en *El militarismo mejicano* de Blasco Ibáñez y *Tirano Banderas* de Valle-Inclán", Juan Rodríguez, "La máscara torva de Zacarías el Cruzado" y Francisco Durán, "El dictador frente al espejo". Igualmente, recuérdese el poema "¡Nos vemos!" en el que Valle incita al "Indio mexicano" diciéndole "¡Rebélate y quema las trojes de trigo! / ¡Rebélate hermano! /[...] Lo primero / Es colgar al Encomendero, / y después segar el trigo" (2: 1835).

[34] Roberta Johnson ha estudiado la conformación del poder en *Tirano Banderas*, *Amalia* y *El señor Presidente* desde la perspectiva de Michel Foucault en su artículo "El juego del poder en *Tirano Banderas*". En una línea similar, Carlos Marcelo Topuzian se centra en la circulación de los discursos en la novela.

color como representación física de la diferencia racial. Éste es un dato caracterizador importante puesto que los hace participar de un sistema jerárquico tanto de inclusiones como de exclusiones sociales. Por dicho motivo se especifica tanto en los principales como en los secundarios: "un negro juntaba rueda de oyentes" (1: 968), "negro catedrático" (1: 968), "mulata entrecana" (1: 973), la hija del tirano es de "pulido bronce" (1: 1013), el Coronelito de la Gándara "Era negrote, membrudo" (1: 1017) y el Roto es el "amarillo compadre" (1: 1094) de Nacho Veguillas. Incluso a veces se nos ofrecen simplemente tonalidades de piel que pueden obedecer a características raciales: "ojos y cejas de tan intensos negros, con ser muy morena la cara, parecen en ella tiznes y lumbres" (1: 1033). Al lado de esas referencias individuales tenemos, en ocasiones, descripciones en grupo como "dos mucamas cobrizas" (1: 1062) y "plebe cobriza" (1: 1015, 1073, 1101). Así puede verse que el texto sigue siendo consistente en la alternancia tanto entre lo general y lo concreto como en los procesos de deslizamiento metonímico. Un ejemplo más específico de lo primero puede ser el momento en el que se habla del conductor del coche de don Celes describiéndolo como el "moreno del quitrí, que con otros morenos refrescaba bajo los laureles" (1: 982); un ejemplo del segundo, puede ser la referencia al "ébano de las cabezas" (1: 1018) en las prostitutas del Congal de Cucarachita, que añade a la sinécdoque un matiz de despersonificación.

Tras lo dicho, puede verse cómo el color está obedeciendo a una multiplicidad de funciones que cuestionan la posibilidad de establecer una síntesis semántica o hermenéutica. Éste se convierte en un medio idóneo para centrar nuestra atención en procesos que limitan y cuestionan la construcción de un significado estable. Así, la opacidad semántica del hecho cromático deriva de sus múltiples funcionamientos y de la representación de un complejo juego de relaciones: ahora es un elemento descriptivo ahora no lo es, en ocasiones es un elemento mimético y en ocasiones es alegórico o metafórico, etc. Todo este complejo significativo se añade a la inherente evasividad de la representación cromática ya que incluso en las descripciones más referenciales, obedece consistentemente a una lógica situada más allá de la simple transcripción o caracterización de un referente. Ésta es una poética que Marjorie Perloff describe con las siguientes palabras:

> the symbolic evocations generated by words on the page are no longer grounded in a coherent discourse, so that it becomes impossible to decide which of these associations are relevant and which are not. This is the "undecidability" of the text (18).[35]

A pesar de que no estaríamos de acuerdo con Perloff al llamar "símbolo" a estas evocaciones –a no ser en el sentido específico que el Simbolismo le otorgaba–, sí creemos que su acercamiento a la multiplicidad significativa del texto es apropiado. *Tirano Banderas* a través de sus múltiples niveles de significación, alguno de los cuales está simplemente apuntando al vacío semántico suplementado por la plenitud expresiva, también se nutre, en cierta manera, de esa tendencia a la indeterminación. Consecuentemente está cuestionando una percepción unívoca y un objetivo mimético para la escritura: su propósito es más básico, aunque a la vez más ambicioso.[36] Así, del tirano se puede decir que "parece una calavera con antiparras negras" (1: 969) y páginas más adelante se puede afirmar que lleva puestas sus "verdosas antiparras" (1: 972). Las gafas de Santos Banderas son ora verdes, ora negras: están coloreadas, pero son mutaciones de un color distinto. Parece como si a través de la ambivalencia, se estuviera enfatizando no las características de las gafas, sino su propia identidad. Es decir, la variedad en la adjetivación produce una palabra, un objeto textualizado, más denso que no recrea, sino

---

[35] En su libro, *The Poetics of Indeterminacy*, Marjorie Perloff sostiene que el Modernismo en la poesía anglo-norteamericana está formado por dos corrientes: una representada por el modo simbolista de Baudelaire y otra por el modo de la indeterminación representado por Rimbaud (véanse vii y 3-49). Asimismo recordemos que Barthes, en *Le degré zéro de l'ecriture*, afirmaba que la poesía moderna se fundaba en la obra de Rimbaud y no en la de Baudelaire (1: 197).

[36] Si José Extramiana y María Angélica Molinari conciben la novela como una obra realista, Susan Kirkpatrick y Víctor Ouimette contradicen dicha perspectiva. Herbert Espinoza afirma que la obra rompe con la mímesis en la literatura en cuanto ésta es concebida como "representación de la realidad" ("Valle" 346). Por su parte, David William Foster afirma que "es en su obra donde vemos más nítidamente el rechazo de los últimos vestigios del Realismo y su adhesión a las formas y a la estructura de la novela 'objetiva'" (44). Evidentemente, la obra de Valle se contextualiza dentro de los debates acerca de la "deshumanización del arte" –sobre este tema véanse las páginas de 94-101 de Dougherty, *Guía*–. Precisamente, César Barja señalaba en 1928 que el segundo Valle-Inclán creaba obras impopulares o antipopulares y añadía que "es no menos, por otra parte, si no un arte exactamente realista, sí de un realismo esencial" (70).

que crea. La importancia de esta observación, a su vez, se deriva de que resulta extremadamente significativo que el personaje del tirano esté formado a través de un complejo semántico asociado con el acto de ver y algunos emblemas que hacen referencia a éste. Ya desde el primer momento que lo vemos en su cuartel general está "en una remota ventana, atento al relevo de guardias" (1: 969) porque, tal y como ha afirmado Ricardo Gullón, "La vida del Tirano se concentra en la mirada y su principal actividad consiste en mirar" ("Técnicas de Valle-Inclán" 48). Sin embargo, y a pesar de que está continuamente escudriñando, mirando o caminando como una "rata fisgona" (1: 988, 1003, 1004, 1149), dicha actividad se manifiesta problemática para él ya que el obstáculo principal del dictador es su incapacidad para ver a través de la constante inconsistencia de sus gafas. Para el tirano su mundo es también opaco y, pese utilizar varios instrumentos para escudriñar el enigma que se oculta bajo las apariencias, éstos distorsionan su percepción.

Para representar dicha relación entre personaje y sus acciones, se utilizan diferentes tipos de instrumentos ópticos que textualizan su relación con la visión. Aparte de las gafas de color incierto, Banderas utiliza otro instrumento para sus contemplaciones: "Desplegando un catalejo de tres cuerpos reclinóse en la arcada… y se absorbió en la contemplación del cielo" (1: 1010). Esa absorta contemplación quisiera ser similar a la que el narrador de *La lámpara maravillosa* sugiere como método epistemológico, pero al tirano de poco le sirve, o quizá le perjudica, la mediación de dichos instrumentos. Sin embargo, como ya se ha anticipado, es necesario advertir que en cierto sentido éstos se convierten, en virtud de su posible significación, en emblemas textuales y ficcionales que caracterizan al personaje. Este uso emblemático ha sido descrito por Oswald Ducrot y Tzvetan Todorov de la manera siguiente:

> Un procedimiento de caracterización particular es el uso del *emblema*: un objeto que pertenece al personaje, una manera de vestirse o de hablar, el lugar donde vive, se evocan cada vez que se menciona al personaje, asumiendo así la función de señal distintiva. Es un ejemplo de utilización metafórica de las metonimias: cada uno de esos detalles adquiere valor simbólico. (264; énfasis en el original)

Aunque seguimos resistiéndonos a aplicar el término de *símbolo* a estas referencias, sí creemos que la construcción textual del tirano nos remite no sólo a su telescopio, sino a otros procedimientos epitéticos y emblemáticos. De la misma manera, al calificarlo de "momia" (1: 973, 1009 [por duplicado], 1108, 1130), y al añadir a esta palabra progresivos matices que la complementan, como "taciturna" (1: 970), "del tirano" (1: 986, 1078), "amarilla" (1: 987), "indiana" (1: 987, 989, 1103, 1144), "enlevitada" (1: 1105 [por duplicado]); al fijarse en la "máscara" (1: 1013, 1108) "del Tirano" (1: 1143), "de ídolo" (1: 1013), "indiana" (1: 1106) y "verdina" (1: 1070); o, finalmente, al hablar no de su cabeza, sino de su "calavera" (1: 1007, 1012), el narrador utiliza la propia palabra como categoría más emblemática que semántica.[37] Su catalejo también cumple la misma función en expresiones como "El Tirano corría por el cielo el campo de su catalejo" (1: 1012). De hecho, su catalejo le sirve tanto para vigilar lo que ocurre en las estrellas como lo que sucede en la ciudad (1: 1137) continuamente buscando los signos del porvenir a través de la mediación del instrumento y encerrado en su particular abstracción contemplativa.[38]

Como es sabido el emblema refleja una correspondencia entre una representación visual y una escrita que se retroalimentan mutuamente. Ambas construyen una relación alegórica que se transforma en

---

[37] Una caracterización similar aparece al tratar de Domiciano de la Gándara y de su "vientre rotundo de ídolo tibetano" (1: 967), también descrito como "vientre rotundo y risueño de dios tibetano" (1: 1017), como "rotunda la panza de dios tibetano" (1: 1054) o simplemente "el vientre rotundo" (1: 1024) o "pancista" (1: 1052). Sucede lo mismo con la calva de don Celes, la que "resplandecía como búdico vientre" (1: 974) y, o bien se le adjudica una "calva panzona" (1: 979), o una "frente panzona" (1: 980). En este sentido la insistencia en los "ojos huevones" (1: 980, 1118, 1111, 1115) de Benicarlés hace que cuando se hable de sus "ojos" (1: 981, 1121) o de sus "pupilas" (1: 1117) la asociación sea automática.

[38] La importancia del Ocultismo no sólo como trasfondo temático, sino como factor estructural es señalada por el clásico estudio de Oldrich Belic. También lo han señalado Virginia Garlitz ("Teosofismo en *Tirano Banderas*") y Dru Dougherty ("The Question" 212). Asimismo, véanse tanto las páginas del libro de Emma Susana Speratti Piñero, *El ocultismo en Valle-Inclán*, dedicadas específicamente a esta obra (136-38; 143-47; 149-52), como lo que Ricardo Gullón señala en relación a la superstición y el satanismo ("Técnicas de Valle-Inclán"). Frente a ellos, Roberta Johnson opina que en la novela "la filosofía teosófica [...] parece totalmente ridícula y fuera de lugar" ("El juego" 60). También María Angélica Molinari, en una interpretación que podría interpretarse como excesivamente parcial, dice que el tema ocultista se pone "para señalar un carácter costumbrista y negativo de los pueblos de América Hispana y para resaltar el estado de ignorancia y de apego a la superstición en que viven" (120).

un vínculo entre imagen y palabra, enriqueciendo la expresión y, al mismo tiempo, manifiestando la suplementaridad de lo escrito y lo visual: los dos son forzados obligatoriamente a significar en conjunto. Ha sido Walter Benjamin quien, al trazar los orígenes del drama trágico alemán, llama la atención sobre el rechazo de esta forma de representación diciendo:

> Estos autores [como Yeats] no suelen tener más que una vaga noción de los documentos auténticos de la concepción alegórica del mundo en su manifestación más moderna: las obras emblemáticas, literarias y gráficas, del Barroco [...] La alegoría [...] no es una técnica gratuita de producción de imágenes, sino expresión, de igual manera que lo es el lenguaje, y hasta la escritura. En esto precisamente consistía el *experimentum crucis.* Pues precisamente la escritura se presentaba como el sistema de signos por excelencia. Schopenhauer no es el único que cree haber despachado la alegoría señalando el hecho de que no se distingue esencialmente de la escritura. (*El origen* 155)

Si la alegoría no difiere esencialmente de la escritura, su uso y su presencia no hace más que volver a enfatizar la convencionalidad del sistema de signos. De esta forma, la alegoría, sobre todo si es escrita, no es más que un *mise en abîme* que regresa a la escritura: duplicándose en una expresión construida sobre la misma expresión. La cita de Benjamin no se trae para ilustrar, una vez más, las relaciones estéticas entre el Barroco y el Modernismo, sino para, en lugar de mirar hacia el pasado, ir un paso

---

[39] Véanse las notas 1 y 13 del capítulo II respecto a Góngora y el Modernismo. Por su parte, Renato Poggioli señala en su *Teoría del arte de vanguardia* "la imposibilidad de reconocer un vanguardismo en potencia o anticipado en el arte barroco" (216). Curiosamente, para él, el inicio de la vanguardia se encuentra en el Romanticismo e incluso incide en "la errónea creencia de que el arte moderno haya superado o liquidado completamente el Romanticismo" (61). Al final, su idea de "modernismo" (222) coincide por una parte en la interpretación limitada contra la que nos hemos expresado en el Capítulo I: "programa positivo y enseña particular de un movimiento literario español, o más bien, hispanoamericano, de principios de siglo" (222). Si bien esta noción limitada del sentido del Modernismo lo limita a lo hispano, Poggioli, como ya se ha dicho en la nota 3 del primer capítulo, no puede evitar reconocer "que paradójicamente se distingue como una de las tendencias vanguardistas más discretas, tímidas o moderadas que hayan aparecido desde fines del siglo pasado. Pero la índole del movimiento genérico es todo lo contrario de tímida, moderada o discreta: precisamente porque naturalmente llevada a la exageración y al desequilibrio, acaba definiéndose como una inconsciente parodia de la Modernidad, como su involuntaria caricatura. El Modernismo conduce

más allá y mirar hacia el futuro.[39] De hecho, cuando Peter Bürger se enfrenta al reto de construir su propuesta teórica sobre la vanguardia, acude a Benjamin y a su caracterización de la alegoría como el concepto que le permite analizar la técnica del montaje. Así, de las cuatro ideas clave propuestas por el autor de *El origen del drama barroco alemán*, Bürger subraya dos de ellas de importancia capital para teorizar la vanguardia:

> 1. Lo alegórico arranca un elemento a la totalidad del contexto vital, lo aísla, lo despoja de su función. La alegoría es, por tanto, esencialmente un fragmento, en contraste con el símbolo orgánico [...] 2. Lo alegórico crea sentido al reunir esos fragmentos aislados de la realidad. Se trata de un sentido dado, que no resulta del contexto original de los fragmentos. (*Teoría* 131)

La estética vanguardista se concibe, pues, como un poética basada en la proliferación alegórica y en la múltiple fragmentación, en la desconexión entre los términos y en la reconfiguración de su sentido original a través de un proceso acumulativo. Los heterogéneos emblemas cromáticos y visuales en *Tirano Banderas* inciden en una escritura modernista despojada de un afán mimético que escondería una imaginada organicidad del lenguaje. La liberación de una supuesta naturalidad del discurso, incidirá en un arte en apariencia más deshumanizado, pero definitivamente más consciente de su propia desnudez al haber mordido la manzana de la sabiduría.

El tirano no es el único asociado al emblema generado por "ver" en la novela, aunque sí que es el único que sufre las consecuencias de su falta de visión, a pesar de contar con sus gafas polícromas y su catalejo. Según Robert Spires, Santos Banderas tiene como opuesto a don Roque, aunque, ambos personajes están relacionados al creer en un orden superior que los predetermina. Al mismo tiempo, Roque Cepeda aparece relacionado con Lupita la Romántica ya que ambos son, cada uno a su manera, videntes. Videntes que, en diferentes grados, afectan con sus acciones u omisiones el devenir de los acontecimientos puesto que tanto el "santo campesino" (1: 1089, 1107) Roque, como la prostituta Lupita son dos de los catalizadores de la revolución en Santa Fe de

hasta más allá de todo lo que el espíritu moderno tiene de más frívolo y vano, de más caduco y enfermo" (222-23). Como a lo largo de estas páginas hemos matizado nuestro acercamiento, dejamos que se extraigan conclusiones acerca de la pertinencia o el acierto de estas palabras, así como la retórica de la enfermedad del Modernismo.

Tierra Firme. De hecho, don Roque solamente está de acuerdo en una cosa con uno de los prisioneros con los que comparte celda: "El revolucionario es un vidente" (1: 1090). Vamos a verlo con mayor concreción.

En primer lugar, es necesario considerar que la detención de don Roque actúa como detonante de la insurrección de Filomeno Cuevas. El ranchero viaja a la capital "para oír la palabra de don Roque Cepeda" (1: 1051), asiste al revuelo del circo Harris y afirma: "he visto con mis ojos conducir esposado, entre caballos, a Don Roque Cepeda. ¡He visto la pasión del justo y el escarnio de los gendarmes!" (1: 1052). La imaginería crística y el vocabulario de resonancias evangélicas son evidentes en la "visión" de Filomeno y, de hecho, conducen a que el ranchero acabe por decirle a su mujer: "Esta noche he visto conducir entre bayonetas a Don Roquito. Si ahora me rajo y no cargo un fusil, será que no tengo ni sangre ni vergüenza" (1: 1054-55). En este sistema no basta solamente con escuchar, leer o hablar, ya que ver es el paso previo e ineludible para actuar tal y como manifiesta Filomeno con sus palabras. Ya hemos mencionado que el tirano, a pesar de utilizar gafas y un telescopio como implementos a su visión, no está capacitado para actuar.

Resulta singular que cuando en *Tirano Banderas* todos los personajes se caracterizan por su continua itinerancia, Don Roque, en cambio, aparezca encerrado en la cárcel. Sabemos que él era uno de los oradores que tenían que hablar en la reunión del circo Harris, pero ésta es disuelta antes de que él pueda subir al estrado (1: 1005). Apresado allí por las autoridades es directamente conducido al Fuerte de Santa Mónica y allí encerrado. Más allá del evidente sentido alegórico que tiene su situación en la prisión es necesario subrayar que don Roque no hace, él habla. Singularmente, su capacidad verbal está directamente relacionada con efectos sinestésicos que ya hemos comentado con anterioridad, puesto que el texto afirma: "Hablaba con la luz fervorosa de los agonizantes" (1: 1089) y "Su predicación revolucionaria tenía una luz de sendero matinal y sagrado" (1: 1092).[40] Como en el caso del narrador, ahí reside parte de su fuerza genésica.

---

[40] Resulta muy significativo que el otro orador que tenemos en la novela, el Licenciado Sánchez Ocaña, esté representado desde una óptica menos estática y digna. Esto es evidente en el discurso que da en el Circo Harris donde se lo describe "con afectación teatral" (1: 1000), observando que "con saludo de tenor remontose en su aria" (1: 1001). Por el contrario, Roque Cepeda, según Virginia Garlitz, es un "apóstol iluminado

No solamente don Roque es asociado a la instancia del narrador, sino que también se produce dicha relación en el caso de la prostituta. Como afirma Virgina Garlitz, "los ojos de Lupita, la clarividente, nos [...] [dan] un punto de vista semejante al del autor" ("Teosofismo" 28).[41] Gracias a sus dotes de vidente, el Coronelito de la Gándara huye y se pasa a los rebeldes en contra del tirano. La Romántica se queda "abstraída mirando las luces de sus falsos anillos" (1: 1022) –a diferencia de la luz crepuscular de *La lámpara maravillosa* ahora uno puede abstraerse mirando luces de piedras falsas–. Es decir, la degradación del objeto no implica la degradación de la experiencia. Por si fuera poco, el texto nos ofrece una especie de escisión especular en dos Lupitas diferentes: una es la Romántica y la otra, la rabona.[42] A pesar de no tener ninguna relación que las ligue en el relato, ambas, en conjunto, provocan, a través del movimiento causal que ponen en marcha, la caída de Santos Banderas:[43] la primera es, a juicio de Nacho Veguillas, una "sierpe biomagnética" (1: 1028) y la segunda, según el narrador, tiene "ojos oblicuos de serpiente sabia" (1: 985).[44]

[...] [que] escapa a las técnicas deshumanizantes que degradan a los demás personajes" ("Teosofismo en *Tirano Banderas*" 21). Ricardo Gullón confirma esta visión del personaje relacionándolo con la estética modernista al decir "El Santo, o Cristo, de Valle-Inclán no podía menos de responder a la ideología modernista. Don Roque es Teósofo" ("Técnicas de Valle-Inclán" 62).

[41] En esta línea, Susan Kirkpatrick afirma que Lupita "es la encarnación interna del objetivo del novelista, si ella es una médium en el mismo sentido en que la estructura de la novela es el médium de su visión, esto también sugiere las limitaciones del modo en que Valle comprende la realidad" (468).

[42] Sobre las dos Lupitas, véanse Virgina Garlitz ("Teosofismo en *Tirano Banderas*" 25), Christopher Soufas ("With this ring" 227) y Díaz Migoyo ("*Tirano*" 341-42).

[43] Christopher Soufas ("With this ring") ha notado que son ellas dos las que ponen en marcha la causalidad que lleva al derrocamiento del tirano. Por su parte, Frank Durand indica que el trance de Lupita "will cause a chain of events of extreme importance to the downfall lf [*sic* = of] *Tirano Banderas*" (230). La rígida construcción causa-efecto que domina la novela ha sido mencionada y estudiada por Susan Kirkpatrick ("*Tirano Banderas*" 454-56) y Luisa Elena Delgado ("Palabras contra palabras" 542-43). Paralelamente, Luis T. González del Valle ha afirmado que la obra es "determinista" ("La prolepsis" 504) contradiciendo el punto de vista de Kirkpatrick y Díaz Migoyo (*Guía* 134). Junto al determinismo aparece la consideración de la acción novelesca como regida por un *fatum* que se cierne sobre los personajes (Gullón, "Técnicas de Valle-Inclán" 78 y Juan Velasco 73).

[44] Virginia Garlitz ha interpretado esta doble ocurrencia de la "sierpe" desde un punto de vista teosófico ("Teosofismo" 25).

No es ésta la única relación especular que se puede establecer con relación a la Romántica. También existe otro paralelismo con el Ministro de España. La primera tiene una "camisa rosa" (1: 1027, 1029, 1034) y unas "ligas rosadas" (1: 1028) mientras el segundo luce un "camisón de seda rosa" (1: 1109). No solamente la prostituta y el homosexual son paralelos en indumentaria, sino que lo son, también, en afeites. El texto nos dice que la daifa tiene "su boca pintada" (1: 1027) y nos presenta al "Barón de Benicarlés, perfumado, maquillado, decorado, vestido con afeminada elegancia" (1: 1118). Dicha relación entre ambos todavía se explicita con mayor énfasis en el momento en el que el Ministro del Ecuador es saludado por Benicarlés:

> El Doctor Aníbal Roncali experimentó un vivo deseo de libertarse de la mano que insistentemente le retenía el Ministro de España: Se inquietaba con una repugnancia asustadiza y pueril: Recordó de la vieja pintada que le llamaba desde una esquina cuando iba al Liceo. (1: 1123)

No sólo las palabras del Barón le recuerdan a Roncali "el siseo de aquella vieja pintada" (1: 1123), sino que la voz del narrador pone un continuo énfasis en el maquillaje del Ministro al afirmar, por ejemplo, que "el gozque faldero, le lamía el colorete" (1: 1109). No resulta sorprendente que David Bary haya afirmado que "El ministro de España [...] es un personaje de la época de las 'Sonatas' visto desde las perspectivas esperpénticas" (1), ya que hemos visto que el colorete, el afeite y el maquillaje funcionan como alegorías de la escritura modernista –recordemos las palabras de Juan Ramón Jiménez a comienzos de esta sección, así como lo expuesto en el segundo capítulo–. Al igual que sucede en la escritura modernista, los colores, los afeites y el maquillaje son imágenes de un mundo cuyos vínculos son extraordinariamente tenues, puesto que funcionan a base de conexiones más superficiales y extrínsecas que conceptuales e intrínsecas: un mundo que está siempre al borde de la disolución en virtud de su propia constitución retórica ya que representa esencias a través de apariencias. Dicha relación, inherentemente contradictoria, crea un movimiento hacia la manifestación explícita de sus propias carencias constitutivas como un medio de contrarrestar el efecto disgregador de su estética. La escritura modernista se manifiesta en el espacio de un cosmos que se agrieta constantemente porque vive y se nutre de paradojas. Así, cuando Benicarlés le comunica a don Celes que las autoridades han robado las cartas donde se hace evidente la relación homosexual que mantiene con Currito Mi-Alma, el narrador dice "el colorete, abriéndose en grietas, tenía un sarcasmo de careta chafada" (1: 1115) y, líneas más abajo, vuelve a enfatizar: "el colorete seguía abriéndose, con nuevas roturas" (1: 1115). Ese color fragmentado, qué es sino una representación metatextualizada que alude a la propia prosa de *Tirano Banderas*. Ésta, al mismo tiempo que utiliza los recursos retóricos, temáticos y estéticos del Modernismo intentando consolidarse a través de procesos analógicos, deja ver a través de los espacios que éstos no cubren un mundo que tiende a la fragmentación irónica y a la proliferación de emblemas.

En ningún otro color pueden verse tan claramente las múltiples consecuencias de estos procesos como en el verde.[45] Prácticamente todos los espacios y los personajes de *Tirano Banderas* aparecen teñidos de un modo singular por dicho color, aunque alterne entre un ambiguo sentido referencial y uno todavía más incierto. En el fuerte de Santa Mónica están las "verdosas espumas de la resaca" (1: 1084) y los "disipados verdes que formaba la resaca" (1: 1084). Este color, en ocasiones, simplemente se transforma en "verdes mares" (1: 1046) a través de una metonimia. Las tierras de Filomeno tienen "varios matices de verde" (1: 1051) y el "verde de los oscuros naranjales" (1: 1062) tiñe su hacienda. En la tienda de Quintín Pereda hay "una lámpara con enagüillas verdes" (1: 1073) y el jardín de la casa de Benicarlés tiene "penumbras de verdes acuarios" (1: 1116). El texto vuelve a insistir en dicho cromatismo de ese espacio al señalar "Trepaban el jardín verdes de una enredadera, y era detrás de los cristales toda la sombra verde del jardín" (1: 1117). En este universo "todos los seres se decoran con el verde manto de la Deidad" (1: 1126), según Nacho Veguillas, aludiendo, simultáneamente a la esperanza y a la naturaleza. Sin embargo, también vemos "la pulgona frazada que en las cárceles hace de tapete verde" (1: 1093), el lugar

[45] Para Bernardo Subercaseaux, el verde "es símbolo de [el] hálito mortífero" (328) del tirano y del mismo modo se ha expresado Panela Finnegan. Para Gloria Baamonde Traveso "el verde, además de denotar el color de la coca, simboliza [...] [el] aspecto cadavérico y repugnante" (*Función* 77) del tirano. Finalmente, Juan Villegas, quien dedica un breve estudio al verde en la obra, afirma que su uso es "polifacético" ("Nota" 201) aunque sus dos sentidos predominantes sean la muerte, en relación con el tirano, y la lascivia, en relación con el Congal.

sobre el que se juegan los juegos de azar manifiesta la suerte, en sus varias acepciones, de Veguillas. El juego por excelencia de la novela es el juego de la ranita que está "recién pintado de verde" (1: 984) cuando lo visita el tirano. Quizá ahí, en algún lugar entre la necesidad de la esperanza y el azar de un juego, o muy probablemente en ambos al mismo tiempo, se produzca toda la acción de la novela.

Si las interpretaciones anteriores tienden hacia un fragmentado mundo analógico, existen, en la obra, al mismo tiempo las fuerzas estabilizadoras de la ironía. Dada la exposición que ha guiado la argumentación de este libro, no es sorprendente que la ironía se relacione con una experiencia narcótica representada textualmente dentro de la ficción: de fuente de especulación estética ha pasado a ser materia ficcional. El general Santos Banderas tiene "la costumbre de rumiar la coca, por donde en las comisuras de los labios tenía siempre una salivilla de verde veneno" (1: 970). Dicho color caracteriza alegórica y emblemáticamente su expresión, a través de iteraciones como "verde salivilla en el canto de los labios" (1: 971), "manchados de verde los cantos de la boca" (1: 973) o "salivando venenosos verdes" (1: 1149). Las ocurrencias expresivas más frecuentes son "verde mueca" (1: 989, 1010, 1107) y, la quiásmica, "mueca verde" (1: 989, 1125 [en el título de la Séptima Parte y también en la narración], 1137, 1143, 1147), aunque también nos encontramos con otras tales como "la mueca dolorosa y verde" (1: 1010) y "Tenía una verde senectud la mueca" (1: 1142). De hecho es tal la cantidad de veces que se realiza la asociación que este color se acaba animando al decirse que "el verde mohín trituraba las letras" (1: 1114), y se termina expandiendo metonímicamente como en los ejemplos "la boca verdosa" (1: 986) y "su boca rasgábase toda verde" (1: 984). Lógicamente, en virtud de los procesos mencionados que afectan la constitución de la prosa de *Tirano Banderas*, el color acaba por extenderse a toda su cara enfatizando "su verde máscara indiana" (1: 976) e, incluso, trasladarse a Zacarías el Cruzado y su "máscara verdina" (1: 1070).[46]

El verde no sólo se asocia con la coca, sino que se aplica a otros términos, llevándose con él sus indeterminadas asociaciones alegóricas y emblemáticas. El libro primero de la tercera parte adquiere el título de

---

[46] Víctor Ouimette incide en el paralelismo entre el tirano y Zacarías: "Santos Banderas, el indio traicionero, renegado; y Zacarías, el indio víctima, estoico" (239).

"La recámara verde" (1: 1015, 1016, 1017, 1031, 1021, 1026, 1027, 1034) –en una ocasión se usa la forma "verde recámara" (1: 1032)– ya que así se nombra la habitación en el prostíbulo de Cucarachita donde se desarrolla la primera experiencia magnética de la novela.[47] En ese espacio todo adquiere esta sensación cromática desde el "raso verde" (1: 1018) a la "verdosa penumbra" (1: 1027). Hasta hay "en el ébano de las cabezas pimpantes de peines y moñetes, un drama oriental de lacres y verdes" (1: 1018). Ahí es donde Lupita, la Romántica, lee en el pensamiento de Nacho Veguillas la orden de apresamiento que causa la huida del coronel de la Gándara. Como ya se ha dicho, el verde también está directamente relacionado con las "verdosas antiparras" (1: 972) del tirano y su catalejo para contemplar el, en palabras del narrador, "cielo verde de luceros" (1: 991, 999). Dicha coloración es, por si fueran pocos los contenidos y contextos asociados a ella, un elemento metaartístico ya que el texto explicita que "El cielo tenía una luz verde, como algunos cielos del Veronés" (1: 1119-20) e, incluso, en uno de los claustros de San Martín de los Mostenses hay una pintura apocalíptica con "demonios verdes" (1: 1010). Ese color en el cielo y en la obra de arte, ya sea la prosa de *Tirano Banderas*, en el cielo de Santa Fe, o en "los cielos del Veronés", es el mismo que percibe el Barón de Benicarlés después de haberse puesto la inyección de morfina, tras la cual "Las imágenes tenían el valor aislado y extático, un relieve lívido y cruel, bajo el celaje de cirros, dominado por media luna verde" (1: 1119).[48]

De esta forma el verde de la coca que abre el círculo con su pigmento, es cerrado por la alucinación narcótica de la morfina. Una vez más, el texto nos enfrenta simultáneamente a factores de cohesión y de

[47] En el Congal, según Baamonde Traveso, este color resulta "un fondo apropiado de la irrealidad alucinada, entre soñada y vivida realmente" (*Función* 77). Para Juan Villegas, en cambio, es el color de la lascivia (202).

[48] El trance narcótico está directamente asociado al monólogo interior desde la conciencia del Barón de Benicarlés. El primero en señalar dicha coincidencia fue Ricardo Gullón en 1966 ("Técnicas de Valle-Inclán" 71-78). Tras sus pasos han caminado Manuel Durán (52) y Olga Kattan. A diferencia de ellos, Gloria Baamonde Traveso califica esta forma de "discurso regio", descrito con las siguientes palabras: "Se trata de soliloquios que adoptan una fórmula próxima al monólogo interior pero no llegan a la expresión desordenada e incongruente del pensamiento a estar mediatizados por la voz del narrador" (*Función* 115).

disolución para superar, en cierta medida, la fija estructura causal (Díaz Migoyo 97-111) que predetermina y conduce los acontecimientos de la novela. El verde alucinado es resultado tanto de un cromatismo afectado por el consumo de drogas, como por una prosa que trata de representar dicha percepción alterada. Una descripción como "El pensamiento, diluyéndose en una vaga emoción jocosa, se trasmodaba en sucesivas intuiciones plásticas de un vigoroso grafismo mental y una lógica absurda de sueño" (1: 1118) se refiere tanto a los efectos del narcótico en Benicarlés como a la drogada mímesis que la misma escritura del texto realiza.[49] Sucede que en ocasiones el texto mismo nos da la clave de la relación entre prosa y narcótico, como en "Formas, sombras, luces se multiplican trenzándose, promoviendo la caliginosa y alucinante vibración oriental que resumen el opio y la marihuana" (1: 998). Esa escritura nerviosa, acumulativa, paratáctica en su brevedad sugerente y en su capacidad expresiva de evocación, se repite en otras circunstancias como "El tiempo parece haber prolongado todas las acciones, suspensas absurdamente en el ápice de un instante, estupefactas, cristalizadas, nítidas, inverosímiles, como sucede bajo la influencia de la marihuana" (1: 1032). Sin embargo, en otras, el texto nos ofrece descripciones en las que el elemento narcótico está ausente explícitamente, aunque el resultado estético de la descripción sea exactamente el mismo:

> Las calles tenían un cromático dinamismo de pregones, guitarros, faroles, gallardetes. En el marasmo caliginoso, adormecido de músicas, acohetaban repentes de gritos, súbitas espantadas y tumultos. [Zacarías] El Cruzado esquivaba aquellos parajes de mitotes y pleitos. Ondulaba bajo los faroles de colores la plebe cobriza, abierta en regueros, remansada frente a bochinches y pulperías. Las figuras se unificaban en una síntesis expresiva y monótona, enervadas en la crueldad cromática de las baratijas fulleras. Los bailes, las músicas, las cuerdas de farolillos, tenían una exasperación absurda, un enrabiamiento de quimera aluci-

---

[49] Ricardo Gullón ha recalcado el "carácter alucinatorio de la acción" ("Técnicas de Valle-Inclán" 34). También mencionan este dato Olga Kattan (188) y Benito Varela Jácome ("El mundo narrativo" 77). Por su parte Nikki Beidleman relaciona la droga con la estética de la vanguardia: "Al detener el tiempo la droga nos da la simultaneidad del cubismo y la degradación humana del expresionismo a la vez que produce un distanciamiento, un salirse y aislarse de la realidad para esperpentizarla visual y temporalmente" (221).

nante. Zacarías, abismado en rencorosa y taciturna tiniebla, sentía los aleteos del pensamiento, insistente, monótono, trasmudando su pueril paralelismo:

–¡Señor Peredita, corrés de mi cargo! ¡Corrés de mi cargo, Señor Peredita! (1: 1073)

La irrealidad de todo lo que sucede en la novela solamente puede fijarse en imágenes conjuradas por las palabras del Cruzado que enfatizan un paralelismo quiásmico cercano a la tautología. Solamente a través del reflejo de un reflejo se puede llevar a cabo con éxito el proyecto que plantea la escritura modernista al sustituir una lógica estable y referencial por una poética y alusiva. Solamente la mediación de una epistemología analógica basada en la trascendentalidad y los vínculos que ésta crea pueden contrarrestar y equilibrar de una manera eficaz un mundo que tiende hacia la rotunda disgregación de la ironía.

El juego entre lo macrocósmico y lo microcósmico, los deslizamientos metonímicos y las ambigüedades enigmáticas de la escritura modernista nos remiten a una revolución que observa con desconfianza y suspicacia cualquier idea de mímesis. El texto plantea y resuelve parcialmente sus propios conflictos y sus propias indeterminaciones, aunque siempre queda espacio ganado para la expresión enigmática y para los emblemas alegóricos que fragmentan la prosa y traban su deslizamiento. En este sentido, la autonomía de la obra de arte se radicaliza. Al mismo tiempo, la escritura constituye un objeto que demanda un rol activo del lector convirtiéndose en proceso potencial y en desarrollo efectivo: la significación está en quien ejerza la lectura. Las innumerables preguntas que plantean, sin embargo, ofrecen muy pocas respuestas explícitas. Dentro de este mundo *Tirano Banderas* muestra su capacidad absoluta para representar una encrucijada de tradiciones, discursos, estéticas y filiaciones que la configuran, finalmente, como una obra que aparece en un estado permanente de autoconstrucción. Al igual que los colores que la forman, si todos tienen una esencia o característica propia, ésta es, sin duda alguna, la falta de una. Los colores ya han dejado definitivamente de ser un índice de descripción realista para independizarse creando un tejido textual que produce sus propias relaciones y las clausura. El precio que paga la obra de arte es que esas mismas fuerzas centrípetas que la consolidan, debido a su intrínseca independencia semántica, crean un movimiento centrífugo que tiende a diluirlas. Ésa es la paradoja final que nos plantea el Modernismo mediante la característica evanescencia de su escritura. Así es como la orgía sensual cromática propone textos que seducen y cautivan a los lectores para introducirlos a una forma diferente de leer, de percibir y de reconstituir el mundo.

Conclusiones

La escritura modernista de Valle-Inclán: orgía de colores trata de recuperar para la discusión sobre el Modernismo su radical ruptura con la retórica del clasicismo, su revolución estética y, sobre todo, su consigna libertaria e individualista en su acercamiento al hecho estético. Igualmente, frente a una contextualización del proyecto vanguardista como un simple *a posteriori* cronológico y superador del Modernismo, se ha optado por enmarcar al primero dentro de esa batalla que comienza a librarse a finales del siglo XIX, como una reacción, con muchas ambivalencias y ambigüedades, ante los discursos positivistas generados por la Modernidad.

La obra de Valle-Inclán, y específicamente la prosa, supone un microcosmos en el que estudiar los conflictos terminológicos, estéticos, ideológicos y éticos que contienen la interpretación del Modernismo hispánico. Tradicionalmente, ésta ha sido vista como un monstruo con dos cabezas: una de ellas esteticista y la otra esperpéntica; una disociada, cuyo objetivo es la evasión, y otra crítica, comprometida con la realidad de su país. Esa dualidad, la que conlleva una oposición bipolar de por sí jerarquizada en un extremo negativo y en otro positivo, ha permitido a ciertos sectores de la crítica dar predominancia a la segunda etapa situando en un segundo plano la primera. Nuestra lectura, compartida con los muchos valleinclanistas a quienes hemos hecho referencia a lo largo de estas páginas, sin embargo, opta por afirmar que ambas están siempre ligadas y no se pueden entender por separado, ya que lo único que las diferencia es una serie de elementos implícitos en un primer momento y luego desarrollados. Quizá el problema de base sea establecer una frontera, saber en qué momento un fenómeno estético comienza a perfilar unas características que lo diferencian de manifestaciones anteriores y también posteriores. El lugar excéntrico que parte de la obra de Valle-Inclán tiene tanto si se adopta una interpretación reducida del Modernismo hispano, como si se opta por una interpretación noventaiochista o vanguardista, sugiere la necesidad de teorizar un vínculo común. Es decir, no habría habido esperpento, si no hubiera habido cierta sublimación previa.

Nos hemos centrado en la prosa debido a que en sus características formales, en su elección de palabras e imágenes se hace patente, incluso con mayor claridad que en la poesía, esa tendencia hacia la vaguedad expresiva y el reemplazamiento de una escritura denotativa por una connotativa basada, ahora, en la indeterminación del sentido. La aparición de la prosa poética, algo impensable en el sistema referencial y objetivista de la lengua clásica, es quizá la manifestación más evidente de este cambio. De todas las innovaciones que el Modernismo incluye en su desarrollo, se ha escogido el cromatismo debido a la constante presencia de caracterizaciones negativas promulgadas por sus detractores. El uso y abuso de este tipo de impresiones, algo que para un lector actual ya ha sido asimilado como un rasgo formal de escuela, fue percibido como la demostración de una sensibilidad ácrata, antiburguesa y marginal. Su significación más profunda, sin embargo, era la gestación de una escritura que había problematizado la naturalidad del discurso y que percibía desde un contundente escepticismo y una sana cautela todo discurso de poder. Al caer de su estatus de inocencia perpetua, la escritura pasó de ser un medio a ser un obstáculo material con el que había que luchar y al que había que doblegar para poder extraer sus secretos más valiosos y sus quintaesencias más preciadas. Esa escritura modernista centrada en sí misma, en constante pugna con su propia significación y latiendo con ritmos desacompasados –ya sea dilatándose en el aura de la imprecisión, ya sea concentrándose en la solidez fónica del signo– desbroza el camino hacia la expresión abstracta y hacia la imagen irracional. Uno de los principales emblemas que representa contundentemente ese cambio es la presencia de una sensación cromática que se libera del mimetismo, escoge un simbolismo que no ha sido codificado culturalmente por la tradición y se convierte en una reivindicación de modernidad estética.

Para alcanzar estos objetivos, en primer lugar, hemos dedicado el primer capítulo al estudio y caracterización de lo que supone el Modernismo hispánico como categoría crítica. Éste resulta ser un concepto problemático ya que plantea un debate entre una tendencia nacionalista y una universalista dentro de la historiografía literaria. Como proyecto estilístico, el Modernismo es recibido de una forma escéptica –cuando no francamente negativa– durante los últimos años del siglo XIX y los primeros del XX a los dos lados del océano. En Hispanoamérica ha representado un primer paso hacia una incipiente independencia literaria mientras en España se ha optado por la segregación del grupo modernista frente a una literatura más tradicional de orientación realista y nacionalista que representaba el noventaiochismo. En ambos casos, una lectura de la primera recepción del Modernismo enfatiza que éste resulta problemático por lo que tiene de aceptación de una estética considerada foránea en un momento en el que están culminando los procesos nacionalistas decimonónicos.

En oposición y como contrapunto a estas descripciones que, como hemos defendido, nos parecen demasiado limitadas, hemos intentado demostrar hasta qué punto esa interpretación reduccionista del Modernismo ha ocultado todo aquello que esta estética tiene de ruptura y de nueva forma de escribir más allá de los contenidos temáticos y de las construcciones culturales identitarias. Dicha novedad se ha visto devaluada por el conflicto terminológico que concibe un Modernismo hispánico, un Modernismo occidental y una Modernidad. Si bien se han utilizado los mismos términos, la valoración y sobre todo el contenido, asociados a cada uno de ellos varía según la escuela crítica que los utiliza. Por esto, como las relaciones entre dichos conceptos no han sido manejadas unidireccionalmente debido a sus variadas interpretaciones y aplicaciones, se ha tratado de clarificar el marco teórico en el que este proyecto se ha insertado.

Creemos que el Modernismo mantiene una relación cuando menos ambigüa respecto a la Modernidad, puesto que problematiza y subvierte algunas de las jerarquías sobre las que ésta se asienta: confianza ciega en la ciencia y la tecnología, preocupación con el tiempo como un valor sujeto a las leyes del mercado –un tiempo mesurable que obedece a la sempiterna destrucción del progreso–, el pragmatismo como método de evaluación de los acontecimientos y, finalmente, el positivismo y la experimentación como únicos métodos válidos de conocimiento. Esas jerarquías implícitas son sometidas a examen y son cuestionadas en el Modernismo porque, a través de un énfasis en las apariencias, éste intenta desarticular un mundo de esencias. Por eso, ciertas características son leídas, al unísono, como un hecho ético y estético. Lo cromático, lo artificial, lo exótico, lo banal, lo afectado, lo aristocratizante, lo sensual y lo intrascendente atentan contra la base misma de lo que es el proceso que genera la Modernidad entendida en los términos antes expresados. El Modernismo señala hasta tal punto la indisolubilidad entre lo formal y lo temático que ambos constituyen una interdependencia imposible de romper convirtiéndose en diferentes expresiones, solamente en apariencia, de un fenómeno único. A través de ésta se produce un radical cuestionamiento de la percepción y, por lo tanto, de las relaciones que el sujeto mantiene con el objeto. Por eso, tras las primeras manifestaciones modernistas hispánicas, la escritura abandona la asunción de la naturalidad del discurso, de donde surge su obsesión con todo lo que se relacione con la reflexión metaartística.

El segundo capítulo se ha dedicado a la recepción del Modernismo hispánico partiendo del prólogo dual que Rubén Darío le pone a *Azul...* en su segunda edición de 1890. Aquí se puede ver que las tensiones descritas en el Modernismo ya aparecen prefiguradas por los dos prologuistas –el chileno Eduardo de la Barra y el español Juan Valera– poco después de que Darío comience a poner en práctica su heterodoxa propuesta estética. Ante todo, interesa enfatizar hasta qué punto el mismo título del libro provocaba en los prologuistas una actitud de rechazo a la estética del Modernismo que se repetiría hasta la saciedad en años posteriores: el Modernismo es una estética cromática, cosmética, afeminada, homosexual y prostituida. Esa conclusión, significativamente, se extrae a través de los rasgos formales y temáticos del Modernismo, los que son interpretados como síntomas de la ausencia de una dimensión ética. De este modo se confirma que esta estética formalista representa un cambio mucho más profundo que transforma la superficie expresiva en vehículo portador de significación. Por este motivo, los términos de la discusión superaban la caracterización del Modernismo como un simple estilo o lengua. Tomando la definición de escritura que Roland Barthes establece en *Le degré zéro de l'ecriture* concluíamos que el Modernismo es, precisamente, un tipo de escritura que problematiza las relaciones entre el sujeto y el objeto a través del cuestionamiento de una percepción unívoca y universal. El énfasis dado a los elementos cromáticos en esta estética obedece a un intento de replantear, a veces subrayando y a veces sugiriendo, los efectos que la obra de arte provoca en su receptor. Con mayor especificidad, la escritura modernista se preocupa por el color porque, implícitamente, éste es un elemento que puede evidenciar una relación cuestionable entre un significante y un significado, rompiendo la unidad del signo y proyectándolo a un espacio de libertad expresiva sin condicionantes.

Al dinamitar dicha relación estable y gracias a la independencia que otorga al fenómeno cromático, la escritura va a superponer a las significaciones tradicionales de los signos toda una serie de significaciones más problemáticas de dilucidar. Ese otro tipo de sentidos actúa como un contrapunto irónico respecto a la tendencia a la analogía y, por lo tanto, lo que tenemos es que se produce la rotura de un significado simbólico unívoco. De símbolo codificado culturalmente pasamos a la irreductible emancipación de la palabra. El texto modernista crea redes de relaciones que no son estables sino dinámicas y, así, adopta el discurso de la analogía, pero, al mismo tiempo, opta por otro más irónico que subvierte y cuestiona al anterior. La alternancia entre ambos fomenta un resultado ambivalente, proteico, enigmático y, en consecuencia, fragmentario, alegórico, emblemático y autoconsciente.

Pasando a hablar más específicamente de la obra de Valle-Inclán en el tercer capítulo, este tipo de escritura se ha explicitado al hablar de *Flor de santidad*. El análisis de la presencia cromática arroja luz sobre una estética concebida bajo el objetivo de la expresividad estética. Las repeticiones, las duplicaciones y los ecos textuales crean una escritura cuyo destino final es la suplementaridad, la cadencia concentrada de sus mismos hallazgos significativos. De este modo, la antítesis, la paradoja de proclamar la superioridad de la connotación sobre la denotación se contrarresta por la creación de un cosmos sin profundidad aparente, aunque firmemente ligado a través de las diferentes relaciones analógicas que lo imbrican.

El cuarto capítulo, dedicado a *La lámpara maravillosa* en cuanto tratado teórico sobre estética, ha seguido profundizando en los límites de este arte basado en la analogía. La creación de redes analógicas para sugerir un orden trascendental que articula las relaciones entre el mundo visible y el invisible es la base sobre la que se construye la reflexión artística. Aquí se han rastreado los orígenes de esta experiencia para comprobar cómo en ella se conjuga una tradición ocultista y otra tradición que se apoya en el consumo de narcóticos. Ambas se complementan para sugerir la existencia de una cohesión en la aprehensión del referente que valida el discurso textual. Con la ayuda de las dos tradiciones, el sujeto podía ir más allá de las apariencias en virtud de la extremada sensibilidad de la que hacía gala y que se concretaba en el uso de la sinestesia. Sin embargo, tras la superficie de un mundo creado a partir de vínculos analógicos, existe la conciencia de que la trascendencia solamente puede alcanzarse efectivamente a través del ejercicio del silencio. Es decir, el momento de epifanía y de disolución del sujeto, resulta ajeno al acto de escribir.

El capítulo dedicado a *La medianoche* explora específicamente la crisis a la que es sometido el sistema anterior a raíz del intento de transformar en una narración la experiencia vivida en el frente de la Primera Guerra Mundial. La introducción de una extremada conciencia irónica que deshace y cuestiona las relaciones que crea la analogía parece querer eliminar la última, pero el texto opta, en cambio, por una alternancia ambivalente entre ambas. En otras palabras, las limitaciones de la trascendencia que aparecen implícitas en *La lámpara* se hacen ahora manifiestas. El cromatismo que en la primera obra, por una parte, permitía y causaba la experiencia de la visión y, por la otra, aludía a un idilio entre el sujeto y el objeto se ve sometido a una reducción y a una esencialización que demuestran efectivamente cómo esa conciencia irónica o de crisis se ha trasladado desde el foro del escenario a la embocadura. Consecuentemente, el texto no renuncia a explicitar motivos relacionados con el orden trascendente del mundo y con una percepción del referente alterada por los narcóticos, sino que los interroga autoconscientemente y termina por asumir su propio fracaso. A la vez, puede comprobarse que esta problemática es similar a la de los movimientos de vanguardia, los que están eclosionando alrededor de las mismas fechas de la publicación de *La medianoche,* a través del énfasis en el artista visionario, en una representación que trata de emular la percepción alterada por los narcóticos, en su esencialización radicalizada de lo cromático y, finalmente, en una estética que tiende hacia una silenciosa autodestrucción y a un primitivismo básico. Dicha relación permite trazar un vínculo explícito entre una interpretación reduccionista del Modernismo hispánico –que nosotros hemos rechazado por ser demasiado limitada y estéril– y las vanguardias artísticas. El lenguaje que utilizan ambas es el mismo: la escritura modernista.

Finalmente, el sexto capítulo, dedicado a *Tirano Banderas*, comprueba cómo la escritura ya ha asumido dicha tensión contradictoria entre la analogía y la ironía. La alternancia entre ambas genera un texto que está en todo momento jugando con elementos que mantienen entre sí tenues relaciones significativas, pero con un valor expresivo y estructural considerable. De ahí surge una obra poliédrica y proteica cuyas articulaciones tienden tanto hacia la independencia como hacia la interdependencia. Los colores de la obra señalan, de una manera evidente, esta dualidad que transmite una experiencia que cuánta mayor fragmentación muestra, asume, a la vez, una mayor autoconsciencia. Dicha característica puede verse en cómo la trama adopta las tensiones que alimentan la escritura modernista al ficcionalizarla. De ahí una obra que mientras narra ofrece un comentario de lo que hace y que, de hecho, adopta como material narrativo, aquellas características que definen la escritura modernista. El cromatismo de esta obra supone una atomización de sus posibilidades semánticas, al mismo tiempo que profundiza su capacidad de transformación retórica al vincular alegoría, emblema y expresión vanguardista.

La dinámica que hemos establecido entre las cuatro obras discutidas representa un movimiento introspectivo que tiende hacia la concentración diegética al mismo tiempo que evidencia con mayor y mayor obviedad las tensiones que las constituyen en cuanto obras literarias. Entre ellas se forma una línea ascendente de autoconsciencia y fragmentación paralela a la destrucción de un foco estable que produzca la narración. En otras palabras, aquello que se pone en práctica en *Flor de santidad*, es motivo explícito de reflexión para la voz narrativa de *La lámpara* y se traslada al exterior de la obra en *La medianoche.* La primera es praxis y herencia de varias tradiciones decimonónicas cuyos rasgos autorreflexivos sólo se comienzan a reconocer directamente en la segunda. En la última se puede ver un punto de inflexión al enfocarse en sus propias frustraciones desde elementos marginales al texto, desde las notas que preceden a la narración propiamente dicha –casi los expulsa del texto al situarlos en la periferia, en el margen–. Por último, *Tirano Banderas* resituaba dicha reflexión en la diégesis de la obra asumiendo la contradicción, pero, a cambio, creaba una prosa que tendía a expresarse en unidades sintácticas mínimas que se organizaban en estructuras paratácticas. De un modo similar, la voz narrativa centralizada de las obras anteriores se iba rompiendo sucesivamente en varias instancias que actuaban con simultaneidad. El foco estable de la primera obra se desequilibraba en la segunda a través de un texto polifónico y polifacético, ensayo y narración, tratado y ficción. En la narración bélica, la dinámica establecida entre la voz narrativa y la autorial presente en el prólogo escudriñaba con mayor claridad su fragmentación, para, en la última obra que hemos estudiado, multiplicar el número de instancias narrativas.

Al margen de estas breves conclusiones han quedado muchas preguntas sin responder. Quizá la más urgente sería tratar de historizar el Modernismo. Es decir, ¿en qué momento cronológico la escritura modernista ha dejado de existir y se ha transformado en otra estética diferente? Responder esta pregunta conduciría a reconsiderar, principalmente, la posible relación que este término teórico mantiene con su hermano, el postmodernismo, pero estudiosos más capaces que nosotros como Calinescu y Frisby ya han tratado del tema y a ellos nos remitimos. Solamente, y como conclusión abierta, podemos apuntar la idea de que no podemos señalar todavía el final de un proceso que se abrió y que todavía vive en el tenso silencio sugerido y mantenido por los puntos suspensivos sin término de un breve libro de poemas y prosas titulado *Azul...*

Obras citadas

ABASTADO, CLAUDE. "The Language of Simbolism". *The Symbolist Movement in the Literature of European Languages.* Ed. Anna Balakian. Budapest: Akadémiai Kiadó, 1982. 85-99.

ABRAMS, M. H. *The Mirror and the Lamp: Romantic Theory and the Critical Tradition.* Oxford: Oxford UP, 1953.

ADDIS, MARY K. "Synthetic Visions: The Spanish American Dictator Novel as a Genre". *Critical Studies* 3 (1991): 189-219.

ADORNO, THEODOR. *Teoría estética.* Madrid: Taurus, 1980.

ALAS, LEOPOLDO, *Clarín. Mezclilla.* Barcelona: Lumen, 1987.

———. *Nueva Campaña.* Barcelona: Lumen, 1990.

———. *Obra olvidada; artículos de crítica.* Madrid: Júcar, 1973.

———. *Paliques.* Ed. Carlos Dorado. Madrid: Ayuntamiento de Madrid, 2003.

ALDAO, MARTÍN, *Luis Vila y Chaves. El caso de* La gloria de don Ramiro. Buenos Aires: Atlas, J. Belmonte, 1943.

ALONSO, AMADO. *Materia y forma en poesía.* Madrid: Gredos, 1955.

ALONSO, DÁMASO. *Estudios y ensayos gongorinos.* Madrid: Gredos, 1955.

ALLEGRA, GIOVANNI. "Introduzione". *La lampada meravigliosa.* Lanciano: R. Carabba, 1982. 5-37.

———. "*La lámpara maravillosa*: lumbres y vislumbres en la estética de Valle-Inclán". *Ínsula* 517 (1990): 1-2.

———. *El reino interior: premisas y semblanzas del modernismo en España.* Madrid: Encuentro, 1985.

———. "Sobre unas claves 'históricas' y teóricas de la gnosis modernista". *La Chispa'85. Selected Proceedings.* Nueva Orleans: Tulane UP, 1985. 27-38.

ANDERSON, BENEDICT R. O'G. *Imagined Communities: Reflections on the Origin and Spread of Nationalism.* 2ª ed. Londres: Verso, 1991.

ANDRÉS FERRER, PALOMA y MIGUEL JIMÉNEZ MOLINA. "El vampirismo, mito decadente en *Jardín Umbrío* y *Flor de santidad*". *Valle-Inclán y el fin de siglo.* Eds. Luis Iglesias Feijoo *et al.* Santiago de Compostela: U de Santiago de Compostela, 1997. 257-62.

APOLLINAIRE, GUILLAUME. "Los pintores cubistas". *Primeras vanguardias artísticas. Textos y documentos.* Ed. Lourdes Cirlot. Barcelona: Labor, 1993. 59-73.

APONTE, BÁRBARA BOCKUS. *Alfonso Reyes and Spain: His Dialogue with Unamuno, Valle-Inclán, Ortega y Gasset, Jiménez and Gómez de la Serna.* Austin: U of Texas P, 1972. 63-90.

ARANDA, FRANCISCO. *El surrealismo español.* Barcelona: Lumen, 1981.

ARGÜELLO, SANTIAGO. *Modernismo y modernistas.* Guatemala: Tipografía Nacional, 1935.

ARISTÓTELES. *The Art of Rhetoric.* Londres: W. Heinemann, 1926.

———. *On Poetics. The Works of Aristotle. Great Books of the Western World.* Vol. 8. Ed. Mortimer J. Adler. Chicago: Encyclopedia Britannica, 1990. 679-99.

ASHHURST, ANNA WAYNE. *La literatura hispanoamericana en la crítica española.* Madrid: Gredos, 1980.

ASUNCIÓN SILVA, JOSÉ. *Obra completa.* México: Consejo Nacional para la Cultura y las Artes, 1992.

AUERBACH, ERICH. *Mímesis: la representación de la realidad en la literatura occidental.* Trad. I. Villanueva y E. Imaz. México: Fondo de Cultura Económica, 1950.

Azorín. Véase Martínez Ruiz, José.

BAAMONDE TRAVESO, GLORIA. *Función del esperpento en* Tirano Banderas. Kassel: Reichenberger, 1993.

———. "Tiempo y estructura narrativa en *Tirano Banderas*". *Archivum* 33 (1983): 67-76.

BACHELARD, GASTON. *La flamme d'une chandelle.* París: P U de France, 1962.

BAL, MIEKE. *Teoría de la narrativa: una introducción a la narratología.* Madrid: Cátedra, 1990.

BALAKIAN, ANNA. "Latin-American Poets and the Surrealist Heritage". *Surrealismo/surrealismos: Latinoamérica y España.* Eds. Peter G. Earle y Ricardo Gullón. Philadelphia: Department of Romance Languages-U of Pennsylvania, 1977. 12-19.

———. *Literary Origins of Surrealism: A New Mysticism in French Poetry.* Nueva York: King's Crown P, 1947.

———. *El movimiento simbolista.* Madrid: Guadarrama, 1967.

BARBEITO, CLARA LUISA. *Épica y tragedia en la obra de Valle-Inclán.* Madrid: Fundamentos, 1985.

BARBOSA-TORRALBO, CARMEN. "*La pipa de Kif*: entre el modernismo y la vanguardia". *Suma valleinclaniana.* Ed. John Gabriele. Barcelona: Anthropos; Santiago de Compostela: Consorcio de Santiago, 1992. 321-31.

BARCO TERUEL, E. "América en Valle-Inclán". *Cuadernos Hispanoamericanos* 157 (1963): 120-31.

BARJA, CÉSAR. "Algunas novelas españolas recientes". *Bulletin of Hispanic Studies* 5 (1928): 67-74.

BARK, ERNESTO. *Modernismo.* Madrid: Biblioteca Germinal, 1901.

BAROJA, PÍO. *Camino de perfección.* Madrid: Renacimiento, 1913.

———. "Las vocales de colores". *El modernismo visto por los modernistas.* Ed. Ricardo Gullón. Barcelona: Labor, 1980. 183-84.

BAROJA, RICARDO. *Gente del 98.* Barcelona: Juventud, 1952.

BARON-COHEN, SIMON y JOHN E. HARRISON, eds. *Synaesthesia: Classic and Contemporary Readings.* Cambridge, MA.: Blackwell, 1997.

BARRA, EDUARDO DE LA. *Rimas chilenas.* París: Garnier Hermanos, 1890.

BARROS, FERNANDO. "O pensamento hermético en *La lámpara maravillosa*". *Grial* 21 (1983): 453-67.

BARTHES, ROLAND. *Œuvres complètes.* 5 vols. París: Seuil, 2002.

BARY, DAVID. "¿Quién es el Barón de Benicarlés?" *Ínsula* 266 (1969): 1, 12.

BATISTE MORENO, JOSÉ FRANCISCO. "Iniciadores e iniciados: el cannabis como vía de trascendencia en Valle-Inclán". *Valle-Inclán en el siglo XXI.* Actas del Segundo Congreso Internacional, celebrado los días 20, 21 y 22 de noviembre de 2002 en la Universitat Autónoma de Barcelona. Eds. Manuel Aznar Soler y Mª Fernanda Sánchez-Colomer. Sada: Ediciós do Castro, 2004. 363-84.

BATTANER ARIAS, PAZ. "*Todo un pueblo* en *Tirano Banderas*". *Con Alonso Zamora Vicente (Actas del Congreso Internacional 'La lengua, la Academia, lo popular, los clásicos, los contemporáneos...).* Vol. 2. Eds. Camern Alemany Bay *et al.* Alicante: U de Alicante, 2003. 411-22.

BAUDELAIRE, CHARLES. *Oeuvres complètes.* 2 vols. París: Gallimard, 1975.

BÉCQUER, GUSTAVO ADOLFO. *Rimas.* Ed. Rafael Montesinos. Madrid: Cátedra, 2004.

BEESON, MARGARET E., *et al. Hispanic Writers in French Journals: an Annotated Bibliography.* Manhattan, KS.: Society of Spanish and Spanish-American Studies, 1978.

BEHLER, ERNST. *Irony and the Discourse of Modernity.* Seattle: U of Washington P, 1990.

BEHR, SHULAMITH. *Expressionism.* Cambridge, MA.: Cambridge UP, 1999.

BEIDLEMAN, NIKKI M. "Espejos y matemáticas en *Tirano Banderas*". *Actas do Segundo Congreso de Estudios Galegos.* Ed. Antonio Carreño. Vigo: Galaxia, 1991. 217-26.

BELIC, OLDRICH. *La estructura narrativa de* Tirano Banderas. Madrid: Ateneo, 1968.

BELLINI, GIUSEPPE. "Visión del dictador en la literatura hispanoamericana contemporánea". *Urogallo* 2 (1970): 31-40.

BENJAMIN, WALTER. *Haschisch.* Madrid: Taurus, 1990.

———. *Iluminaciones II: Baudelaire. Un poeta en el esplendor del capitalismo.* Trad. Jesús Aguirre. Madrid: Taurus, 1972.

———. *El origen del drama barroco alemán.* Madrid: Taurus, 1990.

———. *Selected Writings.* 4 vols. Cambridge, MA.: Belknap P, 1996-2003.

BERLIN, BRENT y PAUL KAY. *Basic Color Terms: Their Universality and Evolution.* Berkeley: U of California P, 1991.

BERMAN, ART. *Preface to Modernism.* Urbana: U of Illinois P, 1994.

BERMAN, MARSHALL. *Todo lo sólido se desvanece en el aire: la experiencia de la modernidad.* México: Siglo XXI, 1988.

BERNAL MUÑOZ, JOSÉ LUIS. *La generación española de 1898: ¿invento, o, realidad?* Valencia: Pre-Textos, 1996.

BEYRIE, JACQUES. "De *Flor de Santidad* a *La lámpara maravillosa.* Valle-Inclán et la problématique du 'círculo inmutable'". *Mélanges offerts à Maurice Molho.* Eds. M. F. Delport y J. C. Chevalier. Vol. 2. París: Ed. Hispaniques, 1988. 27-36.

BHABHA, HOMI. *The Location of Culture.* Londres: Routledge, 2006.

BIRREN, FABER. *Color: A Survey in Words and Pictures.* Nueva York: University Books, 1963.

BLAKE, WILLIAM. *Poetry and Prose.* Ed. Geoffrey Keynes. Nueva York: Random House; Londres: Nonesuch P, 1927.

BLANCO-AGUINAGA, CARLOS. "On Modernism from the Periphery". *Modernism and Its Margins: Reinscribing Cultural Modernity from Spain and Latin America.* Eds. Anthony L. Geist and José B. Monleón. Nueva York: Garland, 1999. 3-16.

BLANCO FOMBONA, RUFINO. *El modernismo y los poetas modernistas.* Madrid: Mundo Latino, 1929.

———. "*Tirano Banderas*". *Motivos y letras de España.* Madrid: Renacimiento, 1930. 149-57.

Blasco Pascual, Francisco Javier. "La imaginación modernista en las crónicas de Gómez Carrillo". *El Modernismo.* Eds. Tomás Albaladejo, Javier Blasco y Ricardo de la Fuente. Valladolid: U de Valladolid, 1990. 13-30.

———. "De 'Oráculos' y de 'Cenicientas': la crítica ante el fin de siglo español". *¿Qué es el modernismo? Nueva encuesta, nuevas lecturas.* Eds. Richard Cardwell y Bernard McGuirk. Boulder: Society of Spanish and Spanish-American Studies, 1993. 59-86.

———. "Pero... ¡Todavía el 98!" *Ínsula* 613 (1998): 3, 6.

Blavatsky, H.[elena] P.[etrova]. *Collected Writings.* 11 vols. 2ª ed. Madras: The Theosophical Publishing House, 1975.

Bobadilla, Emilio, *Fray Candil. Crítica y sátira.* La Habana: U de La Habana, 1964.

———. *Grafómanos de América (patología literaria).* Madrid: Victoriano Suárez, 1902.

———. *Muecas: crítica y sátira.* París: Sociedad de ediciones literarias y artísticas, 1908.

Bonet, Juan Manuel. *Diccionario de las vanguardias en España (1907-1936).* Madrid: Alianza, 1995.

Booth, Wayne C. *A Rhetoric of Irony.* Chicago: U of Chicago P, 1974.

Bradbury, Malcolm and James McFarlane. *Modernism 1890-1930.* 1976. Londres: Penguin Books, 1991.

Breton, André. "Primer manifiesto surrealista". *Primeras vanguardias artísticas. Textos y documentos.* Ed. Lourdes Cirlot. Barcelona: Labor, 1993. 125-51.

Breuilly, John. *Nationalism and the State.* Chicago: U of Chicago P, 1994.

Bruce-Novoa, Juan. "*Tirano Banderas* y la novela de la dictadura latinoamericana". *Ramón del Valle-Inclán (1866-1936).* Ed. Harald Wentzlaff-Eggebert. Tubinga: Niemeyer, 1988. 219-32.

Brusatin, Manlio. *A History of Colors.* Trads. Robert H. Hopcke y Paul Schwartz. Boston: Shambhala, 1991.

Buckley, Ramón y John Crispin. *Los vanguardistas españoles.* Madrid: Alianza, 1973.

Bueno, Salvador. "Presencia cubana en Valle-Inclán". *La letra como testigo.* Santa Clara: U Central de Las Villas, 1957. 91-114.

Bugliani, Américo. "Un palimpsesto valleinclaniano: páginas antológicas de *Flor de santidad*". *Leer a Valle-Inclán en 1986.* Dijon: U de Dijon, 1987. 73-90.

Bürger, Peter. *Teoría de la vanguardia.* Barcelona: Península, 1987.

Burgos, Fernando, ed. *Prosa hispánica de vanguardia.* Madrid: Orígenes, 1986.

Burke, Edmund. *A Philosophical Enquiry into the Origin of Our Ideas of the Sublime and the Beautiful.* Londres: Routledge, 1958.

Butt, John. "Modernismo y *Modernism*". *¿Qué es el modernismo? Nueva encuesta, nuevas lecturas.* Eds. Richard Cardwell y Bernard McGuirk. Boulder: Society of Spanish and Spanish-American Studies, 1993. 39-58.

Caamaño Bournacell, José. "Los dos escenarios de *La medianoche*". *Papeles de Son Armadans* 127 (1966): 135-50.

Cacho Viu, Vicente. "Ortega y el espíritu del 98". *Revista de Occidente* 48-49 (1985): 9-53.

Cadalso, José de. *Cartas marruecas. Noches lúgubres.* Barcelona: Crítica, 2000.

Calinescu, Matei. *Cinco caras de la modernidad: Modernismo, Vanguardia, Decadencia,* Kitsch, *Postmodernismo.* Madrid: Tecnos, 2002.

Calvillo, Eduardo. "*El otoño del patriarca* y *Tirano Banderas*: dos determinaciones lingüísticas del poder". *La palabra del poder y el poder de la palabra: aproximaciones a las relaciones entre el discurso político y el narrativo.* Eds. Rubén D. Medina y José R. Valles Calatrava. México: UNAM; Almería: U de Almería, 1999. 45-62.

Calvo Serraller, Francisco y Ángel González García. *Surrealismo en España: textos y documentación teórica.* Madrid: Galería Multitud, 1975.

Campo, Roberto. *Ronsard's Contentious Sisters: The Paragone Between Poetry and Painting in the Works of Pierre de Ronsard.* Chapel Hill: U of North Carolina P, 1998.

Campos, Jorge. "'El bramadero', luz de esperpento". *Ínsula* 199 (1963): 11.

———. "Tierra Caliente: la huella americana en Valle-Inclán". *Cuadernos Hispanoamericanos* 67 (1966): 407-38.

Campos Harriet, Fernando. "Trascendencia americana de Valle-Inclán". *Atenea* 447 (1983): 143-48.

Cansinos Assens, Rafael. *El movimiento V.P.: novela.* Madrid: Peralta, 1978

———. *La nueva literatura.* 2 vols. Madrid: V. H. de Sanz Calleja, s.f.

———. "Preciosistas y Arcaizantes". *La nueva literatura.* Madrid: Páez, 1925.

Cardinal, Roger. "Enigma". *20th Century Studies* 12 (1974): 42-63.

Cardona, Rodolfo y Anthony N. Zahareas. *Visión del esperpento: teoría y práctica en los esperpentos de Valle-Inclán.* Madrid: Castalia, 1970.

Cardwell, Richard A. "Bohemios, raros y liliales: la complicada historia del artista finisecular". *Bohemios, raros y olvidados.* Ed. Antonio Cruz Casado. Córdoba: Diputación Provincial, 2006. 25-66.

———. "Degeneration, Discourse and Differentiation: *Modernismo frente a noventa y ocho* Reconsidered". *Critical Essays on the Literatures of Spain and Spanish America.* Eds. Luis T. González del Valle y Julio Baena. Boulder: Society of Spanish and Spanish-American Studies, 1991. 29-46.

———. "'Una hermandad de trabajadores espirituales:' los discursos del poder del modernismo en España". *¿Qué es el modernismo? Nueva encuesta, nuevas lecturas.* Eds. Richard Cardwell y Bernard McGuirk. Boulder: Society of Spanish and Spanish-American Studies, 1993. 165-98.

———. "Rubén Darío y Salvador Rueda: dos versiones del modernismo". *Revista de Literatura* 43.89 (1983): 55-72.

Carilla, Emilio. "Rubén Darío y Góngora". *Estudios sobre Rubén Darío.* México: Fondo de Cultura Económica, 1968. 320-31.

Carnero, Guillermo. "La ruptura modernista". *Anales de Literatura Española* 15 (2002): 13-25.

Caro Baroja, Julio. "Recuerdos valleinclanesco-barojianos". *Revista de Occidente* 45-46 (1966): 302-13.

Carter, Boyd G. "La *Revista azul.* La resurrección fallida: *Revista azul* de Manuel Caballero". *El Modernismo.* Ed. Lily Litvak. Madrid: Taurus, 1975. 337-58.

Casares, Julio. *Crítica profana (Valle-Inclán, 'Azorín', Ricardo León).* Madrid: Renacimiento, 1931.

Castilla, Alberto. "*Tirano Banderas.* Versión teatral de Buenaventura". *Latin American Theatre Review* 10 (1977): 65-71.

Castillejo, Cristóbal de. *Obra completa.* Ed. Rogelio Reyes Cano. Madrid: José Antonio de Castro, 1998.

Cattaneo, María Teresa. "Desviación de un tratado autobiográfico: *La lámpara maravillosa*". *Genio y virtuosismo de Valle-Inclán.* Ed. John Gabriele. Madrid: Orígenes, 1987. 115-24.

Cejador y Frauca, Julio. *Historia de la lengua y literatura castellana.* 14 vols. Madrid: Tip. de la "Rev. de arch., bibl., y museos", 1915-22.

Celma Valero, María Pilar. "El modernismo visto por sus contemporáneos: las encuestas en las revistas de la época". *¿Qué es el modernismo? Nueva encuesta, nuevas lecturas.* Eds. Richard Cardwell y Bernard McGuirk. Boulder: Society of Spanish and Spanish-American Studies, 1993. 25-38.

———. *Literatura y periodismo en las revistas del fin de siglo: estudio e índices (1888-1907).* Madrid: Júcar, 1991.

———. *La pluma ante el espejo.* Salamanca: U de Salamanca, 1989.

Cerezo Galán, Pedro. "El 98 y la crisis de fin de siglo". *La crisis española de Fin de Siglo y la Generación del 98: Actas del Simposio Internacional, Barcelona, noviembre de 1998.* Eds. Antonio Vilanova y Adolfo Sotelo Vázquez. Barcelona: U de Barcelona, 1999. 75-98.

———. *El mal del siglo.* Granada: U de Granada, 2003.

Cerutti Vian, Lucia. "Unamuno e Valle-Inclán: ipotesi per un confronto". *Novantotto e modernismo: dal disastro spagnolo alla rinascita modernista.* Eds. Dante Liano y Lidia Bonzi. Milán: Vita e pensiero, 2000. 25-36.

Chasca, Edmund de. *El arte juglaresco en el* Cantar de Mío Cid. Madrid: Gredos, 1967.

Chatman, Seymour. *Story and Discourse: Narrative Structure in Fiction and Film.* Ithaca: Cornell UP, 1978.

Chavarri, Eduardo L. "¿Qué es el modernismo y qué significa como escuela dentro del arte en general y de la literatura en particular?" *El Modernismo.* Ed. Lily Litvak. Madrid: Taurus, 1975. 17-20.

Chavarri, Raúl. "Las cinco fronteras de la literatura hispanoamericana". *Cuadernos Hispanoamericanos* 67 (1966): 439-44.

Cirlot, Juan Eduardo. *Picasso: Birth of a Genius.* Nueva York: Praeger Publishers, 1972.

Cirlot, Lourdes, ed. *Primeras vanguardias artísticas. Textos y documentos.* Barcelona: Labor, 1993.

Clarín. Véase Alas, Leopoldo.

Climent, Juan. "México y Valle-Inclán". *América* 56 (1948): 155-59.

Coester, Alfred. *The Literary History of Spanish-America.* Nueva York: Macmillan, 1916.

Colorado Castellary, Arturo. *El arte en el noventa y ocho.* Madrid: Celeste, 1998.

Coll, Pedro Emilio. "Decadentismo y americanismo". *El modernismo visto por los modernistas.* Ed. Ricardo Gullón. Barcelona: Labor, 1980. 82-90.

COMELLAS AGUIRREZÁBAL, MERCEDES. "*La lámpara maravillosa* de Valle-Inclán y el *Heinrich von Ofterdingen* de Novalis o la poética como 'camino de perfección'". *Revista de Literatura* 64.127 (2002): 121-50.

CONTINANZA, MARCELA. "La satisfacción esotérica de Ramón del Valle-Inclán: contemplación de la contemplación". *Otras miradas entre voces: homenaje a la generación del 98.* Buenos Aires: La Luna Que, 2000. 177-94.

CORNAGO BERNAL, ÓSCAR. "Renovación escénica y teoría teatral a principios del siglo XX: la escena a la luz de *La lámpara maravillosa*, de Ramón María del Valle-Inclán". *1898: entre la crisi d'identitat i la modernització.* Actes del Congrés Internacional celebrat a Barcelona, 20-24 d'abril de 1998. Barcelona: Publicacions de l'Abadia de Montserrat, 2000. 231-45.

————. "La renovación teatral en los años sesenta a la luz de *La lámpara maravillosa*, de Ramón María del Valle-Inclán". *Káñina* 27 (2003): 83-95.

Corpus Barga. Véase García de la Barga y Gómez de la Serna, Andrés.

COSTA, RENÉ DE, ed. *Vicente Huidobro y el creacionismo.* Madrid: Taurus, 1975.

COUSSEAU, HENRY-CLAUDE. "The Resonance of Colour". *Colour since Matisse: French Painting in the 20th Century, Selected by Henri-Claude Cousseau with Contributions from Yves Michaud and Georges Roche.* Ed. Henry-Claude Cousseau. Nueva York: Taplinger Publishing Co., 1986. 9-23.

CRUZ, SAN JUAN DE LA. *Poesías completas.* Ed. Cristóbal Cuevas. Barcelona: Bruguera, 1981.

CRUZ RUEDA, ÁNGEL, ed. *La generación del 98.* Salamanca: Anaya, 1961.

CUETO ASÍN, ELENA. Autos para siluetas *de Valle-Inclán: simbolismo y caos sobre el espejo cóncavo.* Vilagarcía de Arousa: Mirabel, 2006.

CULLER, JONATHAN. *Roland Barthes.* Nueva York: Oxford UP, 1983.

————. *Sobre la deconstrucción.* Trad. Luis Cremades. Madrid: Cátedra, 1984.

————. *Structuralist Poetics: Structuralism, Linguistics and the Study of Literature.* Ithaca: Cornell UP, 1976.

CURIEL, FERNANDO. *Tarda necrofilia: itinerario de la segunda* Revista azul. México: UNAM, 1996.

CURTIUS, ERNST ROBERT. *Literatura europea y Edad Media Latina.* 2 vols. México: Fondo de Cultura Económica, 1955.

CYTOWIC, RICHARD E. *The Man Who Tasted Shapes.* Nueva York: G. P. Putnam's Sons, 1993.

————. *Synesthesia: A Union of the Senses.* Nueva York: Springer-Verlag, 1989.

DARÍO, RUBÉN. *Cartas de Rubén Darío: epistolario inédito del poeta con sus amigos españoles.* Madrid: Taurus, 1963.

————. *Obras completas.* 5 vols. Madrid: Afrodisio Aguado, 1950-53.

————. *Obras escogidas de Rubén Darío publicadas en Chile.* Eds. Julio Saavedra Molina y Edwin K. Mapes. Vol. 1. Santiago de Chile: Universo, 1939.

DARROCH, ANN B. "Rubén Darío's 'Sinfonía en Gris Mayor': A New Interpretation". *Hispania* 53 (1970): 46-52.

DAVIDSON, NED J. *The Concept of Modernism in Hispanic Criticism.* Boulder: Pruett P, 1966.

DEBICKI, ANDREW. *Spanish Poetry of the Twentieth Century: Modernity and Beyond.* Lexington: UP of Kentucky, 1994.

Deleito y Piñuela, José. *El sentimiento de tristeza en la literatura contemporánea.* Barcelona: Minerva, 1922.

Delgado, Luisa Elena. "Palabras contra palabras: el lenguaje de la historia en *Tirano Banderas*". *Suma valleinclaniana.* Ed. John Gabriele. Barcelona: Anthropos; Santiago de Compostela: Consorcio de Santiago, 1992. 535-49.

Derrida, Jacques. *De la Grammatologie.* París: Les Éditions de Minuit, 1967.

————. *La dissémination.* París: Éditions du Seuil, 1972.

Diaconescu, Ana María. "¿Parnasiana o simbolista? Estudio comparativo de la 'Sinfonía en gris mayor de Rubén Darío'". *Anales de la Literatura Hispanoamericana: homenaje a Pablo Neruda y Miguel Ángel Asturias.* Madrid: Ciudad Universitaria, 1973-1974. 791-810.

Díaz Lage, Santiago. "Tiempo e historia en *La medianoche*". *Anales de la Literatura Española Contemporánea* 28 (2003): 539-56.

Díaz Migoyo, Gonzalo. *Guía de* Tirano Banderas. Madrid: Fundamentos, 1984.

————. "*Tirano Banderas* o la posmodernidad novelesca española". *Quimera, cántico, busca y rebusca de Valle-Inclán (Actas del Simposio Internacional sobre Valle-Inclán, mayo 1986).* Ed. Juan Antonio Hormigón. Vol 1. Madrid: Ministerio de Cultura, 1989. 339-46.

Díaz-Plaja, Guillermo. *Las estéticas de Valle-Inclán.* Madrid: Gredos, 1965.

————. *Modernismo frente a noventa y ocho.* Madrid: Espasa Calpe, 1979.

Díez, Ricardo. "*Tirano Banderas* y la nueva narrativa hispanoamericana". *Valle-Inclán: nueva valoración de su obra (estudios en el cincuentenario de su muerte).* Ed. Clara Luisa Barbeito. Barcelona: Promociones y Publicaciones Universitarias, 1988. 333-42.

Díez Taboada, María Paz. "Ecos románticos en *Flor de santidad* de Valle-Inclán". *Norte: Revista-Hispano-Americana* 394 (1996): 84-101.

————. "Introducción". *Flor de santidad.* Por Ramón del Valle-Inclán. Madrid: Cátedra, 1993. 11-112.

————. "El mito del retorno de Cristo en *Flor de Santidad*". *Mito: Actas del VII Congreso Internacional de la Asociación Española de Semiótica, celebrado en la Universidad de Zaragoza del 4 al 9 de noviembre de 1996.* Vol 2. Zaragoza: Asociación Española de Semiótica, 1998. 242-48.

Doetsch Kraus, Úrsula. *La sinestesia en la poesía española: desde la Edad Media hasta mediados del siglo XIX.* Pamplona: U de Navarra, 1992.

Doll, Eileen J. "*Flor de santidad*: A Rose by Any Other Name". *Discurso Literario* 7 (1990): 327-34.

Doménech, Ricardo. "Introducción". *Flor de santidad.* Por Ramón del Valle-Inclán. Barcelona: Círculo de Lectores, 1991. 17-68.

————. ed. *Ramón del Valle-Inclán.* Madrid: Taurus, 1988

Dougherty, Dru. "El diseñador de *Tirano Banderas*". *Valle-Inclán en el siglo XXI.* Actas del Segundo Congreso Internacional, celebrado los días 20, 21 y 22 de noviembre de 2002 en la Universitat Autónoma de Barcelona. Eds. Manuel Aznar Soler y Mª Fernanda Sánchez-Colomer. Sada: Ediciós do Castro, 2004. 21-31.

————. *Guía para caminantes en Santa Fe de Tierra Firme: estudio sistémico de* Tirano Banderas. Valencia: Pre-Textos, 1999.

————. "La primera recepción de *Tirano Banderas, novela de Tierra Caliente*". *Valle-Inclán y su obra.* Actas del Primer Congreso Internacional sobre Valle-Inclán: Bellaterra, del 16 al 20 de noviembre de 1992. Eds. Manuel Aznar Soler y Juan Rodríguez. San Cugat del Vallès: Cop d'Idees-Taller d'Investigacions Valleinclanianes, 1995. 337-46.

————. "The Question of Revolution in *Tirano Banderas*". *Bulletin of Hispanic Studies* 53 (1976): 207-13.

————. "Sarmiento y Valle-Inclán: la sombra de *Facundo* en *Tirano Banderas*". *Siglo XX/20th Century* 12 (1994): 113-27.

————. "El segundo viaje a México de Valle-Inclán: una embajada intelectual olvidada". *Cuadernos Americanos* 223 (1979): 137-76.

————. "*Sonata de Estío,* libro de viaje". *La Generación del 98 frente al nuevo fin de siglo.* Ed. Jesús Torrecilla. Ámsterdam: Rodopi, 2000. 56-70.

————. *Un Valle-Inclán olvidado: entrevistas y conferencias.* Madrid: Espiral-Fundamentos, 1983.

————. "Valle-Inclán y el sincretismo literario". *Valle-Inclán y el fin de siglo.* Eds. Luis Iglesias Feijoo *et al.* Santiago de Compostela: U de Santiago de Compostela, 1997. 341-54.

DUPLESSIS, GEORGES. *La historia del grabado.* Buenos Aires: Ceca, 1880.

DUQUE, AQUILINO. *Actualidad del 98.* Sevilla: Fundación El Monte, 1998.

DURÁN, FRANCISCO. "El dictador frente al espejo: Valle-Inclán y su tema americano". *Revista del Centro de Investigaciones* 3.12 (1999): 347-53.

DURÁN, MANUEL. "Actualidad de *Tirano Banderas*". *Mundo Nuevo* 10 (1967): 49-55.

DURAND, FRANK. "*Tirano Banderas*: Mirage, Prophecy and Revelation". *Actas do Segundo Congreso de Estudios Galegos.* Ed. Antonio Carreño. Vigo: Galaxia, 1991. 227-33.

EARLE, PETER G. y RICARDO GULLÓN, eds. *Surrealismo/ surrealismos: Latinoamérica y España.* Philadelphia: Department of Romance Languages-U of Pennsylvania, 1977.

ECO, UMBERTO. "Denotation". *On the Medieval Theory of Signs.* Ámsterdam: John Benjamins Publishing Co., 1989. 43-77.

————. *La estructura ausente. Introducción a la semiótica.* Barcelona: Lumen, 1975.

————. "How Culture Conditions the Colours We See". *On Signs.* Ed. Marshall Blonsky. Baltimore: Johns Hopkins UP, 1985. 157-75.

————. "The Poetics of the Open Work". *20th Century Studies* 12 (1974): 6-26.

EKSTROM, MARGARET V. "Interpreting Ethnicity: Differing Views of Biculturalism in Arguedas, Carpentier, Castellanos and Valle-Inclán". *Translating Latin America: Culture as Text.* Binghamton: U of Nueva York P, 1991. 173-78.

ELIZALDE, IGNACIO. "'Lope de Aguirre, traidor', en la literatura contemporánea". *Letras de Deusto* 55 (1992): 5-18.

ESCOBAR CHIMENO, PAOLA. "El silencio en *La lámpara maravillosa* de Valle-Inclán". *Valle-Inclán en el siglo XXI.* Actas del Segundo Congreso Internacional, celebrado los días 20, 21 y 22 de noviembre de 2002 en la Universitat Autónoma de Barcelona. Eds. Manuel Aznar Soler y Mª Fernanda Sánchez-Colomer. Sada: Ediciós do Castro, 2004. 193-98.

Espina, Antonio. "*Tirano Banderas*: novela por don Ramón de Valle-Inclán". *Revista de Occidente* 15 (1927): 274-79.

Espinoza, Herbert O. "Lope de Aguirre y Santos Banderas: la manipulación del mito". *Maize* 4 (1981): 32-43.

———. "Síntesis vs. análisis: un problema de historicidad en las novelas de la dictadura". *Maize* 6 (1982-1983): 7-27.

———. "Valle y el narcisismo esperpéntico latinoamericano". *Valle-Inclán: nueva valoración de su obra (estudios críticos en el cincuentenario de su muerte)*. Ed. Clara Luisa Barbeito. Barcelona: Promociones y Publicaciones Universitarias, 1988. 345-55.

Esturo Velarde, Juan Carlos. *La crueldad y el horror en el teatro de Valle-Inclán*. Sada: Ediciós do Castro, 1986.

Eysteinsson, Astradur. *The Concept of Modernism*. Ithaca: Cornell UP, 1990.

Extramiana, José. "A propósito de algunas fuentes de *Tirano Banderas* en un intento de interpretación de la novela". *Bulletin Hispanique* 69 (1967): 465-86.

Fabra Barreiro, Gustavo. "Valle-Inclán maestro de Miguel Ángel Asturias". *El discurso interrumpido*. Madrid: Akal, 1977. 69-75.

Fernández Almagro, Melchor. "Un fantasma del Dorado". *Revista de Occidente* 20.58 (1928): 45-56.

———. *Vida y literatura de Valle-Inclán*. Madrid: Taurus, 1966.

Fernández Cifuentes, Luis. *Teoría y mercado de la novela en España: del 98 a la República*. Madrid: Gredos, 1982.

Fernández Peláez, Iván. "Las contradicciones de *La lámpara maravillosa*". *Anales de la Literatura Española Contemporánea* 26.3 (2001): 57-86.

Fernández Ripoll, Luis Miguel. "Breve aproximación al símbolo de la luz en *La lámpara maravillosa*". *Valle-Inclán y su obra*. Actas del Primer Congreso Internacional sobre Valle-Inclán: Bellaterra, del 16 al 20 de noviembre de 1992. Eds. Manuel Aznar Soler y Juan Rodríguez. San Cugat del Vallès: Cop d'Idees-Taller d'Investigacions Valleinclanianes, 1995. 179-95.

Fernández Urtasun, Rosa. *Poéticas del modernismo español*. Pamplona: U de Navarra, 2002.

Ferrari, Emilio. *Discursos leídos ante la Real Academia Española*. Madrid: Ambrosio Pérez y Compañía, 1905.

Ferreres, Rafael. *Los límites del modernismo y la generación del noventa y ocho*. 2ª ed. Madrid: Taurus, 1981.

Finke, Ulrich. *German Painting from Romanticism to Expressionism*. Boulder: Westview P, 1974.

Finnegan, Pamela. "Los papeles complementarios de la sátira y la ironía en *Tirano Banderas*". *Suma valleinclaniana*. Ed. John Gabriele. Barcelona: Anthropos; Santiago de Compostela: Consorcio de Santiago, 1992. 551-69.

Flitter, Derek. "La misión regeneradora de la literatura: del romanticismo al modernismo pasando por Krause". *¿Qué es el modernismo? Nueva encuesta, nuevas lecturas*. Eds. Richard Cardwell y Bernard McGuirk. Boulder: Society of Spanish and Spanish-American Studies, 1993. 127-46.

Flynn, Gerard. *The Aesthetic Code of Don Ramón del Valle-Inclán.* Huntington: U Editions, 1994.

———. "The bagatela of Ramón del Valle-Inclán". *Hispanic Review* 32 (1964): 135-41.

Fogelquist, Donald. "Salvador Rueda y Rubén Darío". *Revista Hispánica Moderna* 30 (1964): 189-204.

Forner, Juan Pablo. *Exequias de la lengua castellana.* Madrid: Cátedra, 2003.

Foster, David William. "La estructura expresionista en dos novelas de Valle-Inclán". *Explicación de Textos Literarios* 1 (1972): 43-63.

Foucault, Michel. *Les mots et les choses.* París: Gallimard, 1966.

Fox, Inman Edward. "'La generación de 1898' como concepto historiográfico'". *Divergencias y unidad: perspectivas sobre la generación del '98 y Antonio Machado.* Ed. John P. Gabriele. Madrid: Orígenes, 1990. 23-38.

———. ed. *La voluntad.* Por José Martínez Ruiz, *Azorín.* Madrid: Castalia, 1989.

Franz, Thomas R. "Una disputa entre Unamuno y Darío en un texto de Valle-Inclán". *Crítica Hispánica* 8 (1986): 145-52.

Fray Candil. Véase Bobadilla, Emilio.

Frisby, David. *Fragmentos de la modernidad: teorías de la modernidad en la obra de Simmel, Kracauer y Benjamin.* Madrid: Visor, 1992.

Frye, Northrop. "Varieties of Literary Utopias". *The Stubborn Structure.* Ithaca: Cornell UP, 1970. 109-34.

Fuente, Francisca de la. "Expresión de América y de los personajes americanos en la obra de don Ramón del Valle-Inclán". *Humanidades* 29 (1944): 103-16.

Fuente, José Luis de la. "El cubismo y Lope de Aguirre en la síntesis americana de *Tirano Banderas*". *Valle-Inclán y su obra.* Actas del Primer Congreso Internacional sobre Valle-Inclán: Bellaterra, del 16 al 20 de noviembre de 1992. Eds. Manuel Aznar Soler y Juan Rodríguez. San Cugat del Vallès: Cop d'Idees-Taller d'Investigacions Valleinclanianes, 1995. 347-58.

Fuente, Ricardo. "Un escritor mundano". *De un periodista.* Madrid: Romero Impresor, 1897. 186-203.

Fuentes, Víctor. "Vanguardia, cannabis y pueblo en *La pipa de Kif*". *Genio y virtuosismo de Valle-Inclán.* Ed. John Gabriele. Madrid: Orígenes, 1987. 173-82.

Gage, John. *Color and Culture: Practice and Meaning from Antiquity to Abstraction.* Boston: Little Brown, 1993.

———. *Color and Meaning: Art, Science and Symbolism.* Berkeley: U of California P, 1999.

———. *Color in Art.* Londres: Thames and Hudson, 2006.

García Blanco, Manuel. *América y Unamuno.* Madrid: Gredos, 1964.

García de la Barga y Gómez de la Serna, Andrés, *Corpus Barga.* "Valle-Inclán en la más alta ocasión". *Revista de Occidente* 45-46 (1966): 288-301

García de la Concha, Víctor. "Introducción al estudio del surrealismo literario español". *El surrealismo.* Ed. Víctor García de la Concha. Madrid: Taurus, 1982. 9-27.

———. ed. *El surrealismo.* Madrid: Taurus, 1982.

García Gallego, Jesús. *La recepción del surrealismo en España 1924-1931: la crítica de las revistas literarias en castellano y catalán.* Granada: A. Ubago, 1984.

García Girón, Edmundo. "El modernismo como evasión cultural". *Estudios críticos sobre el Modernismo.* Ed. Homero Castillo. Madrid: Gredos, 1968. 75-82.

García Lorca, Federico. *La casa de Bernarda Alba.* Madrid: Cátedra, 1996.

García-Sabell, Domingo. "Valle-Inclán y las anécdotas". *Revista de Occidente* 45-46 (1966): 314-29.

García-Velasco, José. "Valle-Inclán en su camino a Damasco. El primer viaje a México". *Valle-Inclán (1898-1998): Escenarios.* Eds. Margarita Santos Zas *et al.* Santiago de Compostela: U de Santiago de Compostela, 2000. 29-71.

Garlitz, Virginia M. "El concepto de karma en dos magos españoles: don Ramón del Valle-Inclán y don Mario Roso de Luna". *Estelas, laberintos, nuevas sendas. Unamuno, Valle-Inclán, García Lorca, La Guerra Civil.* Ed. Iris Zavala. Barcelona: Anthropos, 1988. 137-49.

———. "La estética de Valle-Inclán en *La media noche* y *En la luz del día*". *Valle-Inclán. Homenaje: Revista de Estudios Hispánicos.* Ed. José Romera Castillo. Río Piedras: U de Puerto Rico, 1989.

———. "La evolución de *La lámpara maravillosa*". *Leer a Valle-Inclán en 1986.* Dijon: U de Dijon, 1987. 193-216.

———. "Fuentes del ocultismo modernista en *La lámpara maravillosa*". *Genio y virtuosismo de Valle-Inclán.* Ed. John Gabriele. Madrid: Orígenes, 1987. 101-113.

———. "*La lámpara maravillosa*: Humo y luz". *Ínsula* 531 (1991): 11-12.

———. "Moya del Pino's Illustrations for *La lámpara maravillosa*". *Selected Proceedings of the "Singularidad y Trascendencia" Conference. A Semicentennial Tribute to Miguel de Unamuno, Ramón del Valle-Inclán and Federico García Lorca.* Boulder: Society of Spanish and Spanish-American Studies, 1990. 183-206.

———. "El ocultismo en *La lámpara maravillosa*". *Valle-Inclán: Nueva valoración de su obra (Estudios críticos en el cincuentenario de su muerte).* Ed. Clara Luisa Barbeito. Barcelona: Promociones y Publicaciones Universitarias, 1988. 111-18.

———. "Los ocultistas franceses y *La lámpara maravillosa*". *Suma valleinclaniana.* Ed. John Gabriele. Barcelona: Anthropos; Santiago de Compostela: Consorcio de Santiago, 1992. 209-21.

———. "Teosofismo en *Tirano Banderas*". *Journal of Spanish Studies/Twentieth Century* 2.1 (1974): 21-29.

Garza Cuarón, Beatriz. *La connotación: problemas del significado.* México: El Colegio de México, 1978.

Gautier, Théophile. "Charles Baudelaire". *Works.* Vol. 23. Nueva York: George D. Sproul, 1903. 17-126.

———. "On the Utility of Poetry". *Works.* Vol. 23. Nueva York: George D. Sproul, 1903. 219-25.

Gellner. Ernest. *Culture, Identity, and Politics.* Cambridge: Cambridge UP, 1987.

———. *Nations and Nationalism.* Oxford: Blackwell, 1983.

Genette, Gerard. *Figuras.* Trad. Carlos Manzano. Vol. 3. Barcelona: Lumen, 1989.

GENER, POMPEYO. *Literaturas malsanas: estudios de patología contemporánea.* 1894. Barcelona: J. Llordachs, 1900.

GHIL, RENÉ. *Traité du verbe: états successifs (1885-1886-1887-1888-1891-1904).* París: Nizet, 1978.

GIBBS, VIRGINIA. *Las* Sonatas *de Valle-Inclán: kitsch, sexualidad, satanismo, historia.* Madrid: Pliegos, 1991.

GICOVATE, BERNARDO. *Conceptos fundamentales de la literatura comparada: iniciación de la poesía modernista.* San Juan: Asomante, 1962.

———. "El modernismo: movimiento y época". *Estudios críticos sobre el Modernismo.* Ed. Homero Castillo. Madrid: Gredos, 1968. 203-10.

———. "El modernismo y su historia". *Hispanic Review* 32.2 (1964): 217-26.

GOETHE, JOHANN WOLFGANG VON. *Teoría de los colores.* Madrid: Instituto de Conservación y Restauración de Bienes Culturales-Consejo General de la Arquitectura Técnica de España, 1992.

GÓMEZ AMIGÓ, CARLOS. "La teosofía en *La lámpara maravillosa*". *Valle-Inclán y su obra.* Actas del Primer Congreso Internacional sobre Valle-Inclán: Bellaterra, del 16 al 20 de noviembre de 1992. Eds. Manuel Aznar Soler y Juan Rodríguez. San Cugat del Vallès: Cop d'Idees-Taller d'Investigacions Valleinclanianes, 1995. 197-205.

GÓMEZ CARRILLO, ENRIQUE. "Lettres Espagnoles". *Mercure de France* 52 (1904): 819-27.

———. *El Modernismo.* Madrid: Tipografía Artística, 1914.

GÓMEZ DE LA SERNA, GASPAR. *Entrerramones y otros ensayos.* Madrid: Editora Nacional, 1969.

GÓMEZ DE LA SERNA, RAMÓN. *José Gutiérrez Solana.* Buenos Aires: Poseidón, 1944.

———. *Don Ramón María del Valle-Inclán.* Madrid: Espasa Calpe, 2007.

GÓMEZ MONTERO, JAVIER. "Valle-Inclán y la alquimia del recuerdo – poética y representación de la memoria en *La lámpara maravillosa* y *El Pasajero*". *Letras de la España contemporánea: homenaje a José Luis Varela.* Ed. Miguel Nicasio Salvador. Alcalá de Henares: Centro de Estudios Cervantinos, 1995. 169-83

GONZÁLEZ, ANÍBAL. *La novela modernista latinoamericana.* Madrid: Gredos, 1987.

GONZÁLEZ, MANUEL PEDRO. "En torno a la iniciación del modernismo". *Estudios críticos sobre el Modernismo.* Ed. Homero Castillo. Madrid: Gredos, 1968. 211-53.

GONZÁLEZ-BLANCO, ANDRÉS. *Historia de la novela en España desde el Romanticismo a nuestros días.* Madrid: Sáenz de Jubera, hermanos, 1909.

———. *Salvador Rueda y Rubén Darío.* Madrid: Librería de Pueyo, 1908.

GONZÁLEZ DEL VALLE, LUIS T. "Aspectos de la modernidad en la ficción breve de Valle-Inclán". *Valle-Inclán y el Fin de Siglo. Congreso internacional.* Eds. Luis Iglesias Feijoo *et al.* Santiago de Compostela: U de Santiago de Compostela, 1997. 133-64.

———. "*Augusta* y la estética de lo imperecedero". *El teatro de Federico García Lorca y otros ensayos sobre literatura española e hispanoamericana.* Lincoln: Society of Spanish and Spanish-American Studies, 1980. 139-157.

———. *La canonización del diablo: Baudelaire y la estética moderna en España.* Madrid: Verbum, 2002.

———. "*Del Cesarismo:* A Forgotten Intertextual Antecedent of *Tirano Banderas*". *Anales de la Literatura Española Contemporánea* 26 (2001): 857-64.

———. "*El embrujado* ante la modernidad, tradición e innovación en un texto dramático de Valle-Inclán". *Anales de la Literatura Española Contemporánea* 19 (1994): 273-304.

———. *La ficción breve de Valle-Inclán: hermenéutica y estrategias narrativas.* Barcelona: Anthropos, 1990.

———. "La prolepsis disonante de *Tirano Banderas*". *Hispanic Review* 61 (1993): 501-18.

González López, Emilio. "Na percura de novos horizontes: o espresionismo. *La medianoche*". *Grial* 28 (1970): 183-88.

———. *La poesía de Valle-Inclán: del simbolismo al expresionismo.* San Juan: U de Puerto Rico, 1973.

———. "Valle-Inclán y los escritores gallegos (*Flor de santidad*)". *Ramón del Valle-Inclán: An Appraisal of His Life and Works.* Eds. Anthony N. Zahareas, Rodolfo Cardona y Sumner Greenfield. Nueva York: Las Américas, 1968. 251-62.

———. "A visión epifánica de Galicia en Valle-Inclán *La lámpara maravillosa*". *Grial* 39 (1973): 1-9.

González Stephan, Beatriz. "Al filo del 900: la estética ácrata y libertaria de Pedro Emilo Coll". *Revista Iberoamericana* 55 (1989): 89-101.

Gooch, Anthony. "Valle-Inclán, *La medianoche* y la chulería militar ibérica". *Actas del Sexto Congreso Internacional de Hispanistas celebrado en Toronto del 22 al 26 de agosto de 1977.* Eds. Alan M. Gordon y Evelyn Rugg. Toronto: U of Toronto P, 1980. 344-47.

Grana, Leonardo. "*Tirano Banderas* y los discursos". *Gramma: Journal of Theory and Criticism* 16.38 (abril 2004): 76-80.

Granjel, Luis S. *La generación literaria del noventa y ocho.* Salamanca: Anaya, 1973.

Greenfield, Sumner M. "Poetry and Stagecraft in *La casa de Bernarda Alba*". *Hispania* 38 (1955): 456-61.

———. *Valle-Inclán: anatomía de un teatro problemático.* Madrid: Taurus, 1990.

Guerra, Ángel. "*Flor de santidad*". *La Lectura* 1 de febrero de 1905: 176-80.

Guerrero Bueno, Obdulia. "*Tirano Banderas*: novela de tierra caliente". *Nueva Estafeta* 28 (1981): 74-78.

Gullón, Germán. "La cultura finisecular española y el imperialismo: 1898 (Cuba, España y Norteamérica)". *La Generación del 98 frente al nuevo fin de siglo.* Ed. Jesús Torrecilla. Ámsterdam: Rodopi, 2000. 91-116.

———. *La modernidad silenciada: la cultura española en torno a 1900.* Madrid: Biblioteca Nueva, 2006.

———. "Lo moderno en el modernismo". *¿Qué es el modernismo? Nueva encuesta, nuevas lecturas.* Eds. Richard Cardwell y Bernard McGuirk. Boulder: Society of Spanish and Spanish-American Studies, 1993. 87-102.

Gullón, Ricardo. *Balance del Surrealismo.* Santander: La Isla de los Ratones, 1961.

———. *Balance del Ultraísmo.* Santander: G. Bedia, 1976.

———. *Direcciones del modernismo.* 2ª edición. Madrid: Gredos, 1971.

———. *De Goya al arte abstracto.* Madrid: Seminarios y Ediciones, 1972.

———. "¿Hubo un surrealismo español?". *Surrealismo/ surrealismos: Latinoamérica y*

España. Eds. Peter G. Earle y Ricardo Gullón. Philadelphia: Department of Romance Languages-U of Pennsylvania, 1977. 118-30.

———. *La invención del 98 y otros ensayos*. Madrid: Gredos, 1969.

———. "La leyenda y la visión". *La novela lírica*. Madrid: Cátedra, 1984. 69-77.

———. "La polémica entre Modernismo y Generación del 98". *Actas del Congreso Internacional sobre el Modernismo Español e Hispanoamericano*. Ed. Guillermo Carnero. Córdoba: Diputación Provincial, 1985. 69-82.

———. "Técnicas de Valle-Inclán". *Papeles de Son Armadans* 127 (1966): 21-86.

GUTIÉRREZ GIRARDOT, RAFAEL. *Modernismo*. Barcelona: Montesinos, 1983.

GUZMÁN, MARTÍN LUIS. "*Tirano Banderas*". *Repertorio Americano* 2 de abril de 1927: 196-97.

HABERMAS, JÜRGEN. *El discurso filosófico de la modernidad (doce lecciones)*. Madrid: Taurus, 1989.

HAGSTRUM, JEAN H. *The Sister Arts*. Chicago: U of Chicago P, 1958.

HAMILTON, RITA. "Epic Epithets in the *Poema de Mio Cid*". *Revue de Littérature Comparée* 36 (1962): 161-78.

HARDIN, C. L. *Color for Philosophers*. Indianapolis: Hackett Publishing Co., 1988.

——— y LUISA MAFFI, eds. *Color Categories in Thought and Language*. Cambridge: Cambridge UP, 1997.

HARRIS, DEREK, ed. *The Spanish Avant-garde*. Manchester: Manchester UP, 1995.

HART, STEPHEN. "Current Trends in Scholarship on *Modernismo*". *Neophilologus* 71 (1987): 227-34.

HAUSER, ARNOLD. "El impresionismo". *Historia social de la literatura y el arte*. Vol. 2. Madrid: Guadarrama, 1962. 343-92.

HEFFERNAN, JAMES A. W. "The English Romantic Perception of Color". *Images of Romanticism: Verbal and Visual Affinities*. Eds. Karl Kroeber y William Walling. New Haven: Yale UP, 1978. 133-48.

HEGEL, G.W.F. *The Philosophy of Art*. Trad. F. P. B. Osmaston. 4 vols. Nueva York: Hacker Art Books, 1975.

HELD, DAVID *et al*. *Global Transformations: Politics, Economics and Culture*. Stanford: Stanford UP, 1999.

HENRÍQUEZ UREÑA, Max. *Breve historia del Modernismo*. México: Fondo de Cultura Económica, 1954.

———. *El retorno de los galeones y otros ensayos*. 1930. 2ª edición. México: Galaxia, 1963.

HERRERA Y REISSIG, JULIO. *Nueva antología de sus poemas*. Caracas: Ayacucho, 1993.

HIND, ARTHUR MAYGER. *A History of Engraving & Etching, from the 15th century to the Year 1914*. Nueva York: Dover Publications, 1963.

HINTERHÄUSER, HANS. "El concepto de fin de siglo como época". *Actas del Congreso Internacional sobre el Modernismo español e hispanoamericano*. Ed. Guillermo Carnero. Córdoba: Diputación Provincial, 1985. 9-17.

HJELMSLEV, LOUIS. *Prolegomena to a Theory of Language*. Madison: U of Wisconsin P, 1961.

HOBSBAWM, ERIC J. *Nations and Nationalism since 1780: Programme, Myth, Reality*. Cambridge: Cambridge UP, 1992.

——— y TERENCE RANGER, eds. *The Invention of Tradition.* Cambridge: Cambridge UP, 1990.

HORACIO. *Arte poética.* Trad. Manuel Mañas Núñez. Cáceres: U de Extremadura, 1998.

HORMIGÓN, JUAN ANTONIO. *Valle-Inclán: Biografía cronológica y epistolario.* 3 vols. Madrid: Publicaciones de la Asociación de Directores de Escena de España, 2006.

———. *Ramón del Valle-Inclán: la política, la cultura, el realismo y el pueblo.* Madrid: Alberto Corazón, 1972.

———. *Valle-Inclán.* Madrid: Fundación Banco Exterior, 1987.

HOWELL, A. C. "*Res et Verba*: Words and Things". *ELH* 13 (1946): 131-42.

HUERTA, TERESA. "Modelos colectivos circulares en *Nostromo* de Conrad, *The Plumed Serpent* de Lawrence, y *Tirano Banderas* de Valle-Inclán". *Romance Languages Annual* 7 (1995): 509-14.

HUGO, VICTOR. *William Shakespeare.* París: Librairie Internationale, 1864.

HUIDOBRO, VICENTE. "El Creacionismo". *Direcciones del vanguardismo hispanoamericano.* Ed. Gloria Videla de Rivero. Pittsburgh: Instituto Nacional de Literatura Iberoamericana, 1994. 246-49.

———. "La creación pura". *Direcciones del vanguardismo hispanoamericano.* Ed. Gloria Videla de Rivero. Pittsburgh: Instituto Nacional de Literatura Iberoamericana, 1994. 241-45.

HULTS, LINDA C. *The Print in the Western World: An Introductory Story.* Madison: U of Wisconsin P, 1996.

HUYSMANS, JORIS-KARL. *À rebours.* París: Fasquelle, 1968.

IBARRA, FERNANDO. "*Clarín* y Rubén Darío: historia de una incomprensión". *Hispanic Review* 41 (1973): 524-40.

IDUARTE, ANDRÉS. "Valle-Inclán y México". *Pláticas hispanoamericanas.* México: Fondo de Cultura Económica, 1951. 154-61.

IGLESIAS FEIJOO, LUIS. "La generación del 98: tradición y modernidad". *La independencia de las últimas colonias españolas y su impacto nacional e internacional.* Ed. José M. Ruano de la Haza. Ottawa: Dovehouse, 1999. 193-211.

———. "Sobre la invención del 98". *Rilce* 15 (1999): 3-12.

———. "Valle-Inclán, el modernismo y la modernidad". *Valle-Inclán y su obra.* Actas del Primer Congreso Internacional sobre Valle-Inclán: Bellaterra, del 16 al 20 de noviembre de 1992. Eds. Manuel Aznar Soler y Juan Rodríguez. San Cugat del Vallès: Cop d'Idees-Taller d'Investigacions Valleinclanianes, 1995. 37-50.

ILIE, PAUL. "El surrealismo español como modalidad". *Surrealismo/surrealismos: Latinoamérica y España.* Eds. Peter G. Earle y Ricardo Gullón. Philadelphia: Department of Romance Languages-U of Pennsylvania, 1977. 109-17.

———. *Surrealist Mode in Spanish Literature.* Ann Arbor: U of Michigan P, 1968.

JAKOBSON, ROMAN. "On the Relation between Visual and Auditory Signs". *Word and Language.* La Haya: Mouton, 1971. 338-44.

JEREZ FARRÁN, CARLOS. *El expresionismo en Valle-Inclán: una reinterpretación de su visión esperpéntica.* Sada: Ediciós do Castro, 1989.

JESCHKE, HANS. *La generación de 1898 en España: ensayo de una determinación de su esencia.* Ed. Y. Pino Saavedra. Santiago de Chile: U de Chile, 1946.

JIMÉNEZ, JUAN RAMÓN. *Cartas (primera selección).* Madrid: Aguilar, 1962.

———. *El modernismo: apuntes de un curso (1953).* Madrid: Visor, 1999.

———. *Pájinas escojidas.* Madrid: Gredos, 1958.

———. *Prosas críticas.* Madrid: Taurus, 1981.

JITRIK, NOÉ. *Las contradicciones del modernismo.* México: El Colegio de México, 1978.

JOHNSON, ROBERTA. "Las guerras personales de la generación del '98". *Divergencias y unidad: perspectivas sobre la generación del '98 y Antonio Machado.* Ed. John P. Gabriele. Madrid: Orígenes, 1990. 39-48

———. "El juego del poder en *Tirano Banderas. Valle-Inclán, hoy. Estudios críticos y bibliográficos.* Ed. Leda Schiavo. Alcalá de Henares: U de Alcalá, 1993. 51-60.

JOSEF, BELLA. "Modernismo y vanguardia (del modernismo a la modernidad)". *Nuevos asedios al modernismo.* Ed. Ivan Schulman. Madrid: Taurus, 1987. 62-75.

JOVELLANOS, GASPAR MELCHOR DE. *Obras en prosa.* Madrid: Castalia, 1987.

JRADE, CATHY L. "Modernism on Both Sides of the Atlantic". *Anales de la Literatura Española Contemporánea* 23 (1998): 181-96.

———. *Modernismo, Modernity and the Development of Spanish American Literature.* Austin: U of Texas P, 1998.

———. *Rubén Darío and the Romantic Search for Unity: the Modernist Recourse to Esoteric Tradition.* Austin: U of Texas P, 1983.

JUAN BOLUFER, AMPARO DE. "Revisitar *Tirano Banderas*". *Lecturas: Imágenes: Revista de Poética del Cine.* Eds. Carmen Becerra *et al.* Vol. 2. Vigo: U de Vigo, 2001. 375-95.

KANDINSKY, WASSILY. *Sobre lo espiritual en el arte.* 1911. Buenos Aires: Andrómeda, 1994.

KANT, IMMANUEL. *Kant's Critique of Aesthetic Judgement.* Trad. James Creed Meredith. Londres: Clarendon P, 1911.

———. *Observation of the Feeling of the Beautiful and Sublime.* Berkeley: U of California P, 1965.

KARAGEORGOU-BASTEA, CHRISTINA. "La palabra en *Tirano Banderas*". *Valle-Inclán en el siglo XXI.* Actas del Segundo Congreso Internacional, celebrado los días 20, 21 y 22 de noviembre de 2002 en la Universitat Autónoma de Barcelona. Eds. Manuel Aznar Soler y Mª Fernanda Sánchez-Colomer. Sada: Ediciós do Castro, 2004. 33-43.

KATTAN, OLGA. "Notas sobre *Tirano Banderas*". *Cuadernos Hispanoamericanos* 235 (1969): 179-89.

KEYSER, BARBARA WHITNEY. "Science & Sensibility: Chemistry and the Aesthetics of Color in the Early Nineteenth Century". *Color Research & Application* 21.3 (1996): 169-79.

KIRKPATRICK, SUSAN. "*Tirano Banderas* y la estructura de la historia". *Nueva Revista de Filología Hispánica* 24 (1975): 449-68.

KIRSCHNER, TERESA. "La descripción subversiva del jardín de la virreina en *Tirano Banderas*". *Suma valleinclaniana.* Ed. John Gabriele. Barcelona: Anthropos; Santiago de Compostela: Consorcio de Santiago, 1992. 571-80.

KOHN, HANS. *The Idea of Nationalism: A Study in Its Origins and Background.* Nueva York: The Macmillan Co., 1994.

KRISTEVA, JULIA. *The Sense and Non-Sense of Revolt.* Nueva York: Columbia UP, 2000.

KRONIK, JOHN W. "Influencias francesas en la génesis del Modernismo: Parnaso y Simbolismo". *Actas del Congreso Internacional sobre el modernismo español e hispanoamericano.* Ed. Guillermo Carnero. Córdoba: Diputación Provincial, 1985. 35-52.

LABANYI, JO. "Nation, Narration, Naturalization: A Barthesian Critique of the 1898 Generation". *New Hispanism: Literature, Culture, Theory.* Eds. Mark I. Millington y Paul Julian Smith. Otawa: Dovehouse E Canada, 1994. 127-49.

LABOA, JUAN MARÍA. "El modernismo teológico en España". *Ínsula* 613 (1998): 21-25.

LACARTA, MANUEL. "Modernismo o 98. Esteticismo o ética". *Modernismo Hispánico: primeras jornadas, ponencias.* Madrid: Instituto de Cooperación Iberoamericana, 1988. 80-83.

LAGMANOVICH, DAVID. "La visión de América en *Tirano Banderas*". *Humanitas* 6 (1956): 267-78.

LAÍN ENTRALGO, PEDRO. *La generación del noventa y ocho.* Buenos Aires: Espasa Calpe, 1947.

LAMB, TREVOR Y JANINE BOURRIAU, eds. *Colour: Art & Science.* Cambridge: Cambridge UP, 1995.

LATOUR, BRUNO. *We Have Never Been Modern.* Cambridge, MA.: Harvard UP, 1993.

LAVAUD, ÉLIANE. *Valle-Inclán: du journal au roman (1888-1915).* París: Klincksieck, 1979.

LAVAUD-FAGE, ÉLIANE. "Valle-Inclán y la crítica genética". *Valle-Inclán y su obra.* Actas del Primer Congreso Internacional sobre Valle-Inclán: Bellaterra, del 16 al 20 de noviembre de 1992. Eds. Manuel Aznar Soler y Juan Rodríguez. San Cugat del Vallès: Cop d'Idees-Taller d'Investigacions Valleinclanianes, 1995. 227-39.

LAVAUD, JEAN-MARIE. "La acotación escénica de Valle-Inclán a la luz de *La lámpara maravillosa*". *Valle-Inclán universal: la otra teatralidad.* Málaga: Publicaciones del Congreso de Literatura Española Contemporánea, 1999. 145-69.

LAYDEN, TIMOTHY BAIRD. "Aportaciones teóricas y prácticas sobre la sinestesia y las percepciones sonoras en la pintura contemporánea". Tesis U de Barcelona, 2005.

LE MAY, ALBERT H. "Ramón del Valle-Inclán´s *Las lumbres de mi hogar* and *La lámpara maravillosa*". *Selected Proceedings of the "Singularidad y Trascendencia" Conference. A Semicentennial Tribute to Miguel de Unamuno, Ramón del Valle-Inclán and Federico García Lorca.* Ed. Nora Marval-McNair. Boulder: Society of Spanish and Spanish-American Studies, 1990. 161-82.

LEE, RENSSELAER. *Ut Pictura Poesis: the Humanistic Theory of Painting.* Nueva York: W. W. Norton & Co., 1967.

LEMLEY, BRAD. "Do You See What They See?" *Discover* (diciembre 1999): 80-87.

LE PICHON, YANN. *Gauguin: Life, Art, Inspiration.* Nueva York: Harry N. Abrams, 1987.

LESSING, G. E. *Laocoonte.* México: UNAM, 1960.

LEVENSON, MICHAEL. *The Cambridge Companion to Modernism.* Cambridge: Cambridge UP, 1999.

LIANO, DANTE. "El problema del héroe en *Tirano Banderas*". *Quaderni Ibero-Americani* 57-58 (1984-1985): 36-49.

LICHTENSTEIN, JACQUELINE. *The Eloquence of Color: Rhetoric and Painting in the French Classical Age.* Berkeley: U of California P, 1993.

LIMA, ROBERT. "The Gnostic Flight of Valle-Inclán". *Neophilologus* 78.2 (1994): 243-50.

———. "The Path to the Origin in Valle-Inclán´s *La lámpara maravillosa*". *Actas do Segundo Congreso de Estudios Galegos.* Ed. Antonio Carreño. Vigo: Galaxia, 1991. 241-50.

———. "Renaissance Esoterica in Valle-Inclán´s *La lámpara maravillosa*". *Conference on Romance Languages, Literatures and Film, Purdue University.* Eds. J. Beer, C. Camelin y A. J. Tamburry. Vol. 3. West Lafayette: Research Foundation, 1992. 484-87.

———. "The Triads of Valle-Inclán: *La lámpara maravillosa*". *Letras Peninsulares* 3.3 (1990): 309-19.

———. *Valle-Inclán: The Theatre of His Life.* Columbia: U of Missouri P, 1988.

LISCIANO, JUAN. "De Valle-Inclán a Miguel Ángel Asturias". *Europe* 36.345-346 (1958): 180-91.

LITVAK, LILY. *Erotismo fin de siglo.* Barcelona: Antoni Bosch, 1979.

———. *España 1900: modernismo, anarquismo y fin de siglo.* Barcelona: Anthropos, 1990.

———. "La idea de la decadencia en la crítica antimodernista en España (1888-1910)". *Hispanic Review* 45 (1977): 397-412.

———. *Latinos y anglosajones: orígenes de una polémica.* Barcelona: Puvill, 1980.

———. *La mirada roja: estética y arte del anarquismo español (1880-1913).* Barcelona: Ediciones del Serbal, 1988.

———. *Musa libertaria: arte, literatura y vida cultural del anarquismo español (1880-1913).* Barcelona: Antoni Bosch, 1981.

———. "Sensuality and Spirituality in the *Modernismo* of Juan Ramón Jiménez". *Renaissance and Modern Studies* 25 (1981): 83-103.

———. *Transformación industrial y literatura en España (1895-1905).* Madrid: Taurus, 1980.

LLANAS AGUILANIEDO, JOSÉ MARÍA. *Alma contemporánea. Estudio de estética.* Ed. Justo Broto Salanova. Huesca: Instituto de Estudios Altoaragoneses, 1991.

LLORENS, EVA. "Valle-Inclán y la pintura". *Quimera, cántico, busca y rebusca de Valle-Inclán (Actas del Simposio Internacional sobre Valle-Inclán, mayo 1986).* Ed. Juan Antonio Hormigón. Vol. 1. Madrid: Ministerio de Cultura, 1989. 103-08.

———. *Valle-Inclán y la plástica.* Madrid: Ínsula, 1975.

LOMBARDO, PATRIZIA. *The Three Paradoxes of Roland Barthes.* Athens: U of Georgia P, 1989.

LONGAIR, MALCOLM. "Light and Colour". *Colour: Art & Science.* Eds. Trevor Lamb y Janine Bourriau. Cambridge: Cambridge UP, 1995. 65-102.

LÓPEZ CASANOVA, ARCADIO. "Introducción". *Flor de santidad. La medianoche.* Por Ramón del Valle-Inclán. Madrid: Espasa Calpe, 1995. 46-65.

LÓPEZ DE MARTÍNEZ, ADELAIDA. "Tensiones estructurales en *Flor de santidad*". *Explicación de Textos Literarios* 9 (1980-1981): 31-39.

LORENZ, ERIKA. "Rubén Darío, el gran sinfónico del verbo, interpretación del poema 'Sinfonía en gris mayor'". *Humboldt* 29 (1967): 10-11, 16-18.

LOVEJOY, ARTHUR OCKEN. *On the Discrimination of Romanticisms.* s.l.: MCA, 1924.

LOZANO MARCO, MIGUEL ÁNGEL. "*Azorín*, forjador de la generación de 1898". *La crisis española de Fin de Siglo y la Generación del 98: Actas del Simposio Internacional, Barcelo-*

na, noviembre de 1998. Eds. Antonio Vilanova y Adolfo Sotelo Vázquez. Barcelona: Universitat de Barcelona, 1999. 185-201.

LYON, JOHN. "*La medianoche*: Valle-Inclán at the crossroads". *Bulletin of Hispanic Studies* 52.2 (1975): 135-42.

———. *The Theatre of Valle-Inclán*. Cambridge: Cambridge UP, 1983.

LYONS, JOHN. "Colour in Language". *Colour: Art & Science*. Eds. Trevor Lamb y Janine Bourriau. Cambridge: Cambridge UP, 1995. 194-224.

MACHADO, ANTONIO. *Poesías completas*. Madrid: Espasa Calpe, 1975.

———. "Proyecto de un discurso de ingreso en la academia de la lengua". *Obras*. Vol. 2. Madrid: Espasa Calpe; Fundación Antonio Machado, 1989. 1777-92.

MACHADO, MANUEL. *La guerra literaria*. Madrid: Nancea, 1981.

MACKE, AUGUST. "Las máscaras". *Primeras vanguardias artísticas. Textos y documentos*. Ed. Lourdes Cirlot. Barcelona: Labor, 1993. 30-34.

MADRID, FRANCISCO. *La vida altiva de Valle-Inclán*. Buenos Aires: Poseidón, 1943.

MAEZTU, RAMIRO DE. *Obra literaria olvidada (1897-1910)*. Madrid: Biblioteca Nueva, 2000.

MAIER, CAROL S. "*El embrujado* as a Spiritual Exercise". *Selected Proceedings of the "Singularidad y Trascendencia" Conference. A Semicentennial Tribute to Miguel de Unamuno, Ramón del Valle-Inclán and Federico García Lorca*. Ed. Nora Marval-McNair. Boulder: Society of Spanish and Spanish-American Studies, 1990. 149-60.

———. "Notas sobre la melancolía y la creación con respecto a dos narradores de Valle-Inclán: el Marqués de Bradomín y el poeta de *La lámpara maravillosa*". *Revista de Estudios Hispánicos* 15.1 (1981): 99-108.

———. "¿Palabras de armonía?: reflexiones sobre la lectura, los límites y la estética de Valle-Inclán". *Estelas, laberintos y nuevas sendas: Unamuno. Valle-Inclán. García Lorca. La Guerra Civil*. Ed. Ángel G. Loureiro. Barcelona: Anthropos, 1992. 223-49.

MAINER, JOSÉ CARLOS. "Ramón del Valle-Inclán". *Historia y crítica de la literatura española*. Ed. Francisco Rico. Vol. 6. Barcelona: Crítica, 1979. 289-97.

———. "1900-1910: New Literature, New Publics". *The Crisis of Institutionalized Literature in Spain*. Eds. Wlad Godzich y Nicholas Spadaccini. Minneapolis: Prisma Institute, c1988. 195-27.

———. "Valle-Inclán y el fin de siglo: los compromisos del hijo pródigo". *Bulletin Hispanique* 96 (1994): 497-520.

——— y JORDI GRACIA, eds. *En el 98 (los nuevos escritores)*. Madrid: Visor, 1997.

MALAGARRIGA, CARLOS C. "Letras españolas. Ramón del Valle-Inclán. *La medianoche*". *Nosotros* 27.102 (1917): 247-49.

MALDONADO MACÍAS, HUMBERTO ANTONIO. *Valle-Inclán, gnóstico y vanguardista (*La lámpara maravillosa*)*. México: UNAM, 1980.

MAN, PAUL DE. "The Double Aspect of Symbolism". *Yale French Studies* 74 (1978): 3-16.

———. "Literary History and Literary Modernity". *Daedalus* 99.2 (1970): 384-403.

MAÑACH, JORGE. "Valle-Inclán y la elegía de América". *Revista Hispánica Moderna* 2 (1935-1936): 302-06.

MARCH, MARÍA EUGENIA. *Forma e idea de los esperpentos de Valle-Inclán*. Madrid: Castalia, 1970.

Marcos Celestino, Mónica. "Aproximación numérica a *Tirano Banderas* de Valle-Inclán". *Estudios Humanísticos. Filología* 27 (2005): 341-50.

Maeztu, Ramiro de. *Obra literaria olvidada (1897-1910).* Madrid: Biblioteca Nueva, 2000.

Marías, Julián. *Ortega.* 2 vols. Madrid: Alianza, 1983.

Marinello, Juan. *Sobre el Modernismo: polémica y definición.* México: UNAM, 1959.

Marinetti, Filippo Tommaso. "Manifiesto del futurismo". *Primeras vanguardias artísticas. Textos y documentos.* Ed. Lourdes Cirlot. Barcelona: Labor, 1993. 80-84.

Martí, José. *Obras completas.* 27 vols. La Habana: Editorial Nacional de Cuba, 1963-73.

Martín del Pino, Carmen María. "El camino de la creación: imágenes platónicas en *La lámpara maravillosa*". *Valle-Inclán en el siglo XXI.* Actas del Segundo Congreso Internacional, celebrado los días 20, 21 y 22 de noviembre de 2002 en la Universitat Autónoma de Barcelona. Eds. Manuel Aznar Soler y Mª Fernanda Sánchez-Colomer. Sada: Ediciós do Castro, 2004. 199-205.

Martínez, José María. "El público femenino del modernismo: la recepción imitativa y crítica de sus lectoras especializadas". *Neophilologus* 87 (2003): 43–61.

Martínez Abad, María Luisa. "El Modernismo y la Generación del 98". *Modernismo hispánico: primeras jornadas, ponencias.* Madrid: Instituto de Cooperación Iberoamericana, 1988. 112-17.

Martínez Cachero, José María. "Algunas referencias sobre el anti-modernismo español". *Archivum* 3 (1953): 311-33.

———. "El anti-modernismo del poeta Emilio Ferrari". *Archivum* 4 (1954): 368-84.

———. "Reacciones antimodernistas en la España de fin de siglo". *Actas del Congreso Internacional sobre el modernismo español e hispanoamericano.* Ed. Guillermo Carnero. Córdoba: Diputación Provincial, 1985. 125-42.

Martínez Ruiz, José, *Azorín. Obras completas.* 9 vols. Madrid: M. Aguilar, 1947

Mateos Paramio, Alfredo. "La polémica entre latinos y anglosajones y la educación en el fin de siglo". *Ínsula* 613 (1998): 13-15.

Matilla Rivas, Alfredo. *Las* Comedias Bárbaras*: historicismo y expresionismo dramático.* Madrid: Anaya, 1972.

———. "*La medianoche. Visión estelar de un momento de guerra*". *Ramón del Valle-Inclán: An Appraisal of his Life and Works.* Eds. Anthony N. Zahareas, Rodolfo Cardona y Sumner Greenfield. Nueva York: Las Américas, 1968. 460-65.

McDermott, Patricia. "The Triumph of *Modernismo*: the *Helios* campaign 1903-1904". *Renaissance and Modern Studies* 25 (1981): 40-57.

McGrady, Donald. "Elementos folklóricos en tres obras de Valle-Inclán". *Thesaurus* 25 (1970): 49-58.

Menéndez y Pelayo, Marcelino. *Edición Nacional de las Obras Completas de Menéndez Pelayo.* 65 vols. Santander: Consejo Superior de Investigaciones Científicas, 1940-.

Michaud, Yves. "Some Remarks on Colour". *Colour since Matisse: French Painting in the 20th Century, Selected by Henri-Claude Cousseau with Contributions from Yves Michaud and Georges Roche.* Ed. Henry-Claude Cousseau. Nueva York: Taplinger Publishing Co., 1986. 37-72.

Mir y Noguera, Juan. *Prontuario de hispanismo y barbarismo.* 2 vols. Madrid: Sáenz de Jubera, hermanos, 1908.

Miró, Emilio. "Modernismo y '98': de Unamuno a Manuel Machado". *Modernismo hispánico: primeras jornadas, ponencias.* Madrid: Instituto de Cooperación Iberoamericana, 1988. 84-93.

Molina, Antonio F. *La generación del 98.* Barcelona: Labor, 1968.

Molinari, María Angélica. "Distintas expresiones de la realidad americana: Valle-Inclán, Asturias y Ayala". *Revista de la Universidad Nacional de Córdoba* 4 (1963): 117-26.

Molloy, Silvia. *La diffusion de la littérature hispano-américaine en France au XXe siècle.* París: P U de France, 1972.

———. "Too Wilde for Comfort: Desire and Ideology in Fin-de-Siècle Spanish America". *Social Text* 31-32 (1992): 187-201.

Monge, Jesús María. "El trascendentalismo de R. W. Emerson y la estética de *La lámpara maravillosa*". *Valle-Inclán en el siglo XXI.* Actas del Segundo Congreso Internacional, celebrado los días 20, 21 y 22 de noviembre de 2002 en la Universitat Autónoma de Barcelona. Eds. Manuel Aznar Soler y Mª Fernanda Sánchez-Colomer. Sada: Ediciós do Castro, 2004. 207- 20.

Monguió, Luis. "De la problemática del modernismo: la crítica y el 'cosmopolitismo'". *Estudios críticos sobre el Modernismo.* Ed. Homero Castillo. Madrid: Gredos, 1968. 254-66.

———. "Sobre la caracterización del Modernismo". *Revista Iberoamericana* 7.13 (1943): 69-79.

Monhardt, Becky Meyer. "Just Dyeing to Find Out". *Science Activities* 33.1 (1996): 28-31.

Montoro, Adrián. "*Flor de santidad*: arquetipos y repetición". *MLN* 93 (1978): 252-66.

Morales Alonso, Carlos Javier y Carlos Gil Fernández. "Modernismo y 98". *Modernismo Hispánico: primeras jornadas, ponencias.* Madrid: Instituto de Cooperación Iberoamericana, 1988. 94-103.

Morales y Marín, José Luis. "Las artes plásticas". *Historia de España Menéndez Pidal.* Dir. José María Jover Zamora. Vol 2. Madrid: Espasa Calpe, 1994. 625-74.

Moretic, Yerko. "Acerca de las raíces ideológicas del modernismo hispanoamericano". *El Modernismo.* Ed. Lily Litvak. Madrid: Taurus, 1975. 51-64.

Moriarty, Michael. *Roland Barthes.* Stanford: Stanford UP, 1991.

Muecke, D.C. *Irony and the Ironic.* Nueva York: Methuen, 1982.

Murcia, Juan I. "Fuentes del último capítulo de *Tirano Banderas*". *Bulletin Hispanique* 52 (1950): 118-22.

Myers, Bernard S. *The German Expressionists. A Generation in Revolt.* Nueva York: McGraw Hill, 1963.

Nervo, Amado. "El modernismo". *El modernismo visto por los modernistas.* Ed. Ricardo Gullón. Barcelona: Labor, 1980. 99-102.

Nickel, Catherine. "Valle-Inclán´s Polivalent Rose: *La rosa de papel* Examined in Light of *La lámpara maravillosa*". *Siglo XX/Twentieth Century* 4 (1986-1987): 26-30.

Nordau, Max. *Degeneración.* 2 vols. Madrid: Librería de Fernando Fé-Saenz Jubera, Hermanos, 1902.

Onís, Federico de. *Antología de la poesía española e hispanoamericana (1882-1932).* Madrid: Imp. de la Lib. y casa edit. Hernando, 1934.

———. "Sobre el concepto del modernismo". *Estudios críticos sobre el Modernismo.* Ed. Homero Castillo. Madrid: Gredos, 1968. 35-42.

Orbe, Juan. "Una inspección de *Tirano Banderas* como 'síntesis.'" *Genio y virtuosismo de Valle-Inclán.* Ed. John P. Gabriele. Madrid: Orígenes, 1987. 79-87.

Ortega y Gasset, José. *Obras Completas.* 10 vols. Madrid: Taurus, 2004-

Ortíz Domínguez, Efrén. "Tres poetas, una imagen: el mar en Rubén Darío, Luis G. Urbina y José Juan Tablada". *Texto Crítico* 14.38 (1988): 109-17.

Ouimette, Víctor. "El centro patético de *Tirano Banderas*". *Letras de Deusto* 44 (1989): 233-49.

Pardo Bazán, Emilia. *La cuestión palpitante.* Ed. Rosa de Diego. Madrid: Biblioteca Nueva, 1998.

Parra, María Cecilia. "Letture del colore antico tra i Savans del primo Ottocento". *Ricerche di Storia dell'arte* 38 (1989): 5-21.

Parra Cândido, Edna. "*Tirano Banderas* una estética denominada 'esperpento'". *Káñina* 27.1 (2003): 113-19.

Paz, Octavio. *Los hijos del limo.* Barcelona: Seix Barral, 1974.

———. "Literatura de fundación". *Puertas al campo.* México: UNAM, 1966. 11-19.

———. "El surrealismo". *El surrealismo.* Ed. Víctor García de la Concha. Madrid: Taurus, 1982. 36-46.

Pérez, Alberto Julián. *La poética de Rubén Darío.* Madrid: Orígenes, 1992.

Pérez, María Ester. *Valle-Inclán. Su ambigüedad modernista.* Madrid: Playor, 1977.

Pérez Firmat, Gustavo. *Life on the Hyphen: the Cuban-American Way.* Austin: U of Texas P, 1994.

Pérez López, Manuel María. "El alma castellana (preocupación nacional y sensibilidad modernista)". *Ínsula* 613 (1998): 33-36.

Pérez Petit, Víctor. *Los modernistas.* 2 vols. Montevideo: Biblioteca Artigas, 1965.

Pérez Vidal, Alejandro. "Ética y estética del Kif: Valle-Inclán, Baudelaire y Benjamin". *Valle-Inclán y su obra.* Actas del Primer Congreso Internacional sobre Valle-Inclán: Bellaterra, del 16 al 20 de noviembre de 1992. Eds. Manuel Aznar Soler y Juan Rodríguez. San Cugat del Vallès: Cop d'Idees-Taller d'Investigacions Valleinclanianes, 1995. 429-39.

Perloff, Marjorie. *The Poetics of Indeterminacy: Rimbaud to Cage.* Princeton: Princeton UP, 1981.

Perus, Françoise. *Literatura y sociedad en América latina.* México: Siglo XXI, 1976.

Petriconi, Helmut. "Góngora y Darío: en el 300 aniversario de la muerte de Góngora". *Estudios sobre Rubén Darío.* México: Fondo de Cultura Económica, 1968. 309-31.

Phillips, Allen W. "*Flor de santidad*: novela poemática de Valle-Inclán". *Temas del modernismo hispánico y otros estudios.* Madrid: Gredos, 1974. 73-112.

———. "Rubén Darío y sus juicios sobre el modernismo". *Revista Iberoamericana* 24.47 (1959): 41-64.

———. "Rubén Darío y Valle-Inclán: historia de una amistad literaria". *Revista Hispánica Moderna* 33 (1967): 1-29.

———. "Sobre la sinestesia en el modernismo hispánico". *Boletín de la Biblioteca Menéndez y Pelayo* 60 (1984): 339-84.

———. "Sobre 'Sinfonía en gris mayor' de Rubén Darío". *Cuadernos Americanos* 113.6 (1960): 217-24.

PHILLIPSON, MICHAEL. *Painting, Language, and Modernity.* Londres: Routledge & Kegan Paul, 1985.

PINEDA FRANCO, ADELA. *Geopolíticas de la cultura finisecular en Buenos Aires, París y México: las revistas literarias y el modernismo.* Pittsburg: Instituto Internacional de Literatura Iberoamericana, 2006.

PLATÓN. *Diálogos.* Trad. J. Calonge Ruiz y E. Lledó Íñigo. Madrid: Gredos, 1988.

PLUTARCO. *Plutarch's Morals.* 5 vols. Boston: Little, Brown and Co., 1874.

PODOKSIK, ANATOLY. *Pablo Picasso: The Creative Eye (from 1881 to 1914).* Bournemouth: Parkstone P, 1996.

POGGIOLI, RENATO. *Teoría del arte de vanguardia.* Madrid: Revista de Occidente, 1964.

PORTAL, FRÉDÉRIC. *El simbolismo de los colores.* Palma de Mallorca: José J. de Olañeta, 1996.

POSSE, RITA. "Notas sobre el folclore gallego en Valle-Inclán". *Cuadernos Hispanoamericanos* 199-200 (1966): 493-520.

POULLAIN, CLAUDE. "Del 'quietismo estético'al 'esperpentismo': aproximación a los problemas de tiempo y de ritmo en la obra de Valle-Inclán". *Iris* (1991): 93-109.

PRAZ, MARIO. "El opio y los poetas". *El pacto con la serpiente.* México: Fondo de Cultura Económica, 1988. 421-25.

PRETTEJOHN, ELIZABETH. *The Art of the Pre-Raphaelites.* Princeton: Princeton UP, 2000.

PY-LIEBERMAN, BETH. "The Colors of Childhood". *Smithsonian* 30 (Nov. 1999): 32.

QUINCEY, THOMAS DE. *The Collected Writings of Thomas de Quincey.* Ed. David Mason. Vol. 13. Londres: A. & C. Black, 1897.

QUINONES, RICARDO J. *Mapping Literary Modernism: Time and Development.* Princeton: Princeton UP, 1985.

QUINTILIANO, MARCO FABIO. *Instituciones oratorias.* Madrid, Librería de la Viuda de Hernando y Cía., 1887. *Biblioteca Virtual Miguel de Cervantes.* 16 mayo 2007. <*http://www.cervantesvirtual.com/servlet/SirveObras/24616141101038942754491/index.htm*>

QUIRK, RONALD J. "La creación del ambiente temporal y la parodia en *Flor de santidad*". *Hispanófila* 95 (1989): 39-46.

RAMA, ÁNGEL. *Las máscaras democráticas del modernismo.* Montevideo: Arca Editorial, 1985.

———. *Rubén Darío y el modernismo.* Venezuela, [Caracas]: U Central de Venezuela, 1970.

RAMÍREZ, MANUEL D. "América y americanismos en la obra novelística de Valle-Inclán". *Duquesne Hispanic Review* 4 (1965): 123-34.

———. "Color in the Prose Fiction of Valle-Inclán". *Romance Notes* 1 (1959): 25-29.

RAMOS, ROSA ALICIA. "Valle-Inclán y la tradición oral". Tesis. U of Pennsylvania, 1985.

RAMOS-GASCÓN, ANTONIO. "Spanish Literature as a Historiographic Invention: The Case of the Generation of 1898". *The Crisis of institutionalized literature in Spain.* Eds. Wlad Godzich y Nicholas Spadaccini. Minneapolis: Prisma Institute, 1988. 167-93.

REHDER, ERNEST C. "Historical Antecedents for the Vate Larrañaga and the Barón de Benicarlés in Valle-Inclán's *Tirano Banderas*". *Romance Notes* 22 (1981): 37-41.

————. "Raza y racismo en *El militarismo mejicano* de Blasco Ibáñez y *Tirano Banderas* de Valle-Inclán". *Discurso Literario* 6 (1988): 235-44.

Revista Azul 6.6 (12 de mayo de 1907).

REYES, ALFONSO. *Obras completas*. 22 vols. México: Fondo de Cultura Económica, 1956-.

RIBANS, GEOFFREY. "Antonio Machado y el modernismo". *Nuevos asedios al modernismo*. Ed. Ivan Schulman. Madrid: Taurus, 1987. 282-97.

RILEY II, CHARLES A. *Color Codes: Modern Theories of Color in Philosophy, Painting and Architecture, Literature, Music, and Psychology*. Hanover: UP of New England, 1995.

RIMBAUD, ARTHUR. *Lettres du voyant*. Ginebra: Droz, 1975.

————. *Œuvres completes*. Eds. Roland de Renéville y Jules Mouquet. París: Gallimard, 1954.

RIMMON-KENAN, SHLOMITH. *Narrative Fiction: Contemporary Poetics*. Londres: Methuen, 1983.

RÍO, ÁNGEL DEL. "La vida literaria en España: *Tirano Banderas* y *La corte de los milagros*". *Revista de Estudios Hispánicos* 1 (1928): 61-63.

RISCO, ANTÓN. *La estética de Valle-Inclán en los esperpentos y en* El ruedo ibérico. Madrid: Gredos, 1966.

————. *El Demiurgo en su mundo: hacia un nuevo enfoque en la obra de Valle-Inclán*. Madrid: Gredos, 1977.

————. "Leer a Valle-Inclán". *Ínsula* 531 (1991): 1-2.

RISLEY, WILLIAM. "Hacia el simbolismo en la prosa de Valle-Inclán". *Anales de la Literatura Española Contemporánea* 4 (1979): 45-90.

ROCAMORA, PEDRO. "Valle-Inclán del Modernismo al esperpento". *Arbor* 251 (1966): 49-66.

RÓDENAS DE MOYA, DOMINGO. *Los espejos del novelista: modernismo y autorreferencia en la novela vanguardista española*. Barcelona: Península, 1998.

————, ed. *Poéticas de las vanguardias históricas*. Madrid: Marenostrum, 2007.

RODÓ, JOSÉ ENRIQUE. "Rubén Darío". *Poetas y críticos de América*. Ed. C. Santos González. París: Garnier Hermanos, 1912. 423-73.

RODRÍGUEZ, JUAN. "La máscara torva de Zacarías el Cruzado". *Valle-Inclán y su obra*. Actas del Primer Congreso Internacional sobre Valle-Inclán: Bellaterra, del 16 al 20 de noviembre de 1992. Eds. Manuel Aznar Soler y Juan Rodríguez. San Cugat del Vallès: Cop d'Idees-Taller d'Investigacions Valleinclanianes, 1995. 359-67.

ROGGIANO, ALFREDO A. "Modernismo: origen de la palabra y evolución de un concepto". *Nuevos asedios al modernismo*. Ed. Ivan Schulman. Madrid: Taurus, 1987. 39-50.

ROMERO LÓPEZ, DOLORES. "*Aromas de leyenda* a la luz de *La lámpara maravillosa*". *Valle-Inclán y su obra*. Actas del Primer Congreso Internacional sobre Valle-Inclán: Bellaterra, del 16 al 20 de noviembre de 1992. Eds. Manuel Aznar Soler y Juan Rodríguez. San Cugat del Vallès: Cop d'Idees-Taller d'Investigacions Valleinclanianes, 1995. 407-17.

————. *Una relectura del "fin de siglo" en el marco de la literatura comparada: teoría y praxis*. Berna: Peter Lang, 1998.

ROSAND, DAVID. "*Ut Pictor Poeta*: Meaning in Titian's *Poesie*". *New Literary History* 3 (1972): 527-46.

RUBIA BARCIA, JOSÉ. *Mascarón de proa: aportaciones al estudio de la vida y de la obra de Don Ramón María del Valle Inclán y Montenegro.* Sada: Ediciós do Castro, 1983.

RUBIO, FANNY. "Valle-Inclán: *La lámpara maravillosa*". *Bradomín. Revista de Estudios sobre Valle-Inclán y su Tiempo* 0 (2005): 99-113.

RUBIO JIMÉNEZ, JESÚS. "El arte de la vida en Valle-Inclán. Una lectura de *La lámpara maravillosa*". *Una aproximacion al pensamiento de la generacion del 98.* Zaragoza: Ibercaja, 1998. 115-33.

RUEDA, SALVADOR. *En tropel.* 2ª edición. Madrid: Manuel G. Hernández, 1893.

RULL FERNÁNDEZ, ENRIQUE. *El Modernismo y la Generación del 98.* Madrid: Playor, 1984.

RUSIÑOL, SANTIAGO. *Obres completes.* Barcelona: Selecta, 1973.

RYLANCE, RICK. *Roland Barthes.* Nueva York: Harvester Wheatsheaf, 1994.

SABATÉ PLANES, DOLORS. "El tratamiento de lo gallego en la traducción alemana de *Flor de santidad*". *Valle-Inclán y el fin de siglo.* Eds. Luis Iglesias Feijoo *et al.* Santiago de Compostela: U de Santiago de Compostela, 1997. 355-60.

SÁEZ MARTÍNEZ, BEGOÑA. *Las sombras del modernismo: una aproximación al Decadentismo en España.* Valencia: Diputació de Valencia, 2004.

SAID, EDWARD. *The World, the Text and the Critic.* Cambridge, MA.: Harvard UP, 1983.

SALAVERRÍA, JOSÉ MARÍA. *La afirmación española: estudios sobre el pesimismo español y los nuevos tiempos.* Barcelona: Gustavo Pili, 1917.

SALINAS, PEDRO. *Ensayos completos.* 3 vols. Madrid: Taurus, 1983.

SALMON, RUSSELL. "The Structures of Personal Power: Politics and the Hispanic Novel". *From Dante to García Márquez: Studies in Romance Literatures and Linguistics.* Williamstown: Williams College, 1987. 297-312.

SALPER DE TORTELLA, ROBERTA. "Valle-Inclán in *El Imparcial*". *MLN* 83.2 (1968): 278-93.

SALVADOR, ÁLVARO. *Las rosas artificiales.* Sevilla: Fundación Genesian, 2003.

SÁNCHEZ, JORDI. "A propósito de las acotaciones de Valle-Inclán en *Luces de bohemia*: un estudio esquematizado de los aguafuertes narrativos". *Valle-Inclán universal: la otra teatralidad.* Málaga: Publicaciones del Congreso de Literatura Española Contemporánea, 1999. 303-21.

SÁNCHEZ CAMARGO, MANUEL. *Solana: pintura y dibujos.* Madrid: Afrodisio Aguado, 1953.

———. *Solana: vida y pintura.* Madrid: Taurus, 1962.

SÁNCHEZ CASTAÑER, FRANCISCO. "La proyección hispanoamericana de Valle-Inclán". *Galicia en Madrid* 19 (1986): 19-21.

SANMARTÍN BASTIDA, REBECA. "*Flor de santidad* y *La Borgoñona*: medievalismo, estética y peregrinos en Valle-Inclán y Pardo Bazán". *Hispanic Research Journal* 4.3 (Octubre 2003): 223-37.

SANTIÁÑEZ, NIL. *Investigaciones literarias: modernidad, historia de la literatura y modernismos.* Barcelona: Crítica, 2002.

SANTOS ZAS, MARGARITA. "Estéticas de Valle-Inclán: balance crítico". *Ínsula* 531 (1991): 9-10.

———. "Valle-Inclán y la prensa cubana: el viaje a La Habana de 1921". *Anales de la Literatura Española Contemporánea* 26 (2001): 901-35.

———. "Valle-Inclán de puño y letra: notas de una exposición de Romero de Torres". *Anales de la Literatura Española Contemporánea* 23.1-2 (1998): 405-50.

SANZ CUADRADO, MARÍA ANTONIA. "*Flor de santidad* y *Aromas de leyenda* (Estudio comparativo)". *Cuadernos de Literatura Contemporánea* 46 (1946): 503-38.

SARRAILH, MICHELE. "Un nuevo enfoque de *Tirano Banderas*". *Boletín de la Real Academia Española de la Lengua* 61 (1981): 53-121.

SAWA, ALEJANDRO. *Iluminaciones en la sombra.* Madrid: Alhambra, 1977.

SAZ, AGUSTÍN DEL. "Los novelistas españoles en Hispanoamérica: Valle-Inclán en Tierra Caliente". *Revista* 4 (1957): 16.

SCHAPIRO, MEYER. *Impressionism: Reflections and Perceptions.* Nueva York: George Brazilier, 1997.

SCHIAVO, LEDA. "Apuntaciones críticas al vocabulario de Valle-Inclán". *Valle-Inclán, hoy: estudios críticos y bibliográficos.* Ed. Leda Schiavo. Alcalá de Henares: U de Alcalá, 1993. 113-20.

—————. "Los paraísos artificiales de Valle-Inclán". *Boletín de la Fundación Federico García Lorca* 4.7-8 (1990): 13-24.

—————. "Una poética iluminada: *La lámpara maravillosa* de Valle-Inclán". Eds. E. M. Villarino *et al. La cultura hispánica y occidente. Actas del IV Congreso Argentino de Hispanistas.* La Plata: U Nacional de Mar del Plata, 1998. 20-26.

SCHMÖLZER, NICOLE. "El cubismo en *Tirano Banderas* de Ramón del Valle-Inclán". *Analecta Malacitana: Revista de la Sección de Filología de la Facultad de Filosofía y Letras* 20.2 (1997): 491-511.

SCHNEIDER, LUIS MARIO ed. *Todo Valle-Inclán en México.* México: UNAM, 1992.

SCHOENTJES, PIERRE. *La poética de la ironía.* Madrid: Cátedra, 2003.

SCHRADER, LUDWIG. *Sensación y sinestesia: estudios de la sinestesia y para la valoración de los sentidos en las literaturas italiana, española y francesa.* Madrid: Gredos, 1975.

SCHULMAN, IVAN. "Las genealogías secretas de la narrativa: del modernismo a la vanguardia". *Prosa hispánica de vanguardia.* Ed. Fernando Burgos. Madrid: Orígenes, 1986. 29-41.

—————. "Génesis del azul modernista". *Estudios críticos sobre el Modernismo.* Ed. Homero Castillo. Madrid: Gredos, 1968. 169-89.

—————. "Hacia un discurso crítico del modernismo concebido como sistema". *¿Qué es el modernismo? Nueva encuesta, nuevas lecturas.* Eds. Richard Cardwell y Bernard McGuirk. Boulder: Society of Spanish and Spanish-American Studies, 1993. 257-75.

—————. "Modernismo/modernidad: Metamorfosis de un concepto". *Nuevos asedios al Modernismo.* Ed. Ivan Schulman. Madrid: Taurus, 1987. 11-38.

—————. *El proyecto inconcluso: la vigencia del Modernismo.* México: Siglo XXI, 2002.

—————. "Reflexiones en torno a la definición del modernismo". *El Modernismo.* Ed. Lily Litvak. Madrid: Taurus, 1975. 65-96.

SEELEMAN, ROSA. "Folcloric Elements in Valle-Inclán". *Hispanic Review* 3 (1935): 103-18.

SEGURA COVARSÍ, ENRIQUE. "Valle-Inclán en América". *Estudios Americanos* 76-77 (1958): 1-19.

SENDER, RAMÓN J. *Valle-Inclán y la dificultad de la tragedia.* Madrid: Gredos, 1965.

SELZ, PETER. *German Expressionist Painting.* Berkeley: U of California P, 1957.

SERRANO ALONSO, JAVIER y AMPARO JUAN DE BOLUFER. *Bibliografía general de Ramón del Valle-Inclán.* Santiago de Compostela: U de Santiago de Compostela, 1995.

SERRANO, CARLOS. "Historia y relato: la crisis del 98". *La crisis española de Fin de Siglo y la Generación del 98: Actas del Simposio Internacional, Barcelona, noviembre de 1998.* Eds. Antonio Vilanova y Adolfo Sotelo Vázquez. Barcelona: U de Barcelona, 1999. 33-45.

SETON-WATSON, HUGH. *Nations and States: an Enquiry into the Origins of Nations and the Politics of Nationalism.* Boulder: Westview P, 1977.

SHAFER, BOYD C. *Faces of Nationalism; New Realities and Old Myths.* Nueva York: Harcourt Brace Jovanovich, 1972.

———. *Nationalism: Myth and Reality.* Nueva York: Harcourt, Brace and Co., 1955.

SHAW, DONALD L. "¿Qué es el modernismo?" *¿Qué es el modernismo? Nueva encuesta, nuevas lecturas.* Eds. Richard Cardwell y Bernard McGuirk. Boulder: Society of Spanish and Spanish-American Studies, 1993. 11-24.

———. *The Generation of 1898 in Spain.* Londres: Barnes & Noble, 1975.

———. "El 98 y la 'conscience malheureuse' del siglo XX". *La Generación del 98 frente al nuevo fin de siglo.* Ed. Jesús Torrecilla. Ámsterdam: Rodopi, 2000. 293-301.

———. "A propos of modernista prose style in fiction". *Iberoramania* 1 (1969): 328-34.

SILVA CASTRO, RAÚL. *Antología crítica del Modernismo hispanoamericano.* Nueva York: Las Américas, 1963.

———. "El ciclo de 'lo azul' en Rubén Darío". *Estudios críticos sobre el Modernismo.* Ed. Homero Castillo. Madrid: Gredos, 1968. 146-67.

———. "¿Es posible definir el modernismo?" *Estudios críticos sobre el Modernismo.* Ed. Homero Castillo. Madrid: Gredos, 1968. 316-24.

———. "Vicente Huidobro y el creacionismo". *El Modernismo y otros ensayos literarios.* Santiago de Chile: Nascimento, 1965. 209-40.

———, ed. *Obras desconocidas de Rubén Darío escritas en Chile y no recopiladas en ninguno de sus libros.* Santiago de Chile: Prensas de la U de Chile, 1934.

SILVA UZCÁTEGUI, R. *Historia crítica del modernismo en la literatura castellana; estudio de crítica científica. Psicopatología de los corifeos del modernismo, demostrada con los actos, las teorías, las innovaciones i las poesías de ellos mismos; obra profusamente documentada.* Barcelona: Imprenta Vda. de L. Tasso,1925.

SILVERMAN, JOSEPH. "Valle-Inclán y Ciro Bayo: sobre una fuente desconocida de *Tirano Banderas*". *Nueva Revista de Filología Hispánica* 14 (1960): 73-88.

SIRVENT RAMOS, ÁNGELES. *La teoría textual barthesiana.* Murcia: U de Murcia, 1992.

SMITH, PAUL JULIAN. "Barthes, Góngora, and Non-Sense". *PMLA* 101.1 (1986): 82-94.

SOBEJANO, GONZALO. "Auge y repudio del 98". *La crisis española de Fin de Siglo y la Generación del 98: Actas del Simposio Internacional, Barcelona, noviembre de 1998.* Eds. Antonio Vilanova y Adolfo Sotelo Vázquez. Barcelona: U de Barcelona, 1999. 15-31.

———. *El epíteto en la lírica española.* Madrid: Gredos, 1970.

———. *Nietzsche en España.* Madrid: Gredos, 1967.

———. "Poema en prosa y dimensión del recuerdo en *La lámpara maravillosa*". *La ínsula sin nombre: homenaje a Nilita Vientós Gastón, José Luis Cano y Enrique Canito.* Madrid: Orígenes, 1990. 25-39.

Soldevilla-Durante, Ignacio. "Valle-Inclán y las vanguardias literarias: la composición de *Tirano Banderas* como novela cubista". *Quimera, cántico, busca y rebusca de Valle-Inclán (Actas del Simposio Internacional sobre Valle-Inclán, mayo 1986).* Ed. Juan Antonio Hormigón. Vol 1. Madrid: Ministerio de Cultura, 1989. 373-385.

Sommer, Doris. *Foundational Fictions: the National Romances of Latin America.* Berkeley: U of California P, 1991.

Sontag, Susan. "The Aesthetics of Silence". *Twentieth Century Criticism: the Major Statements.* Eds. William J. Handy y Max Westbrok. Nueva York: Free P, 1974. 453-73.

Soriano, Ignacio. "*La lámpara maravillosa,* clave de los esperpentos". *La Torre* 16.62 (1968): 144-50.

Soufas, Christopher. "With This Ring: Woman as 'Revolutionary Inseparable' in Goya's *Caprichos* and Valle-Inclán's *Tirano Banderas*". *Ramón María del Valle-Inclán: Questions of Gender.* Eds. Carol Maier y Roberta L. Salper. Lewisburg: Bucknell UP, 1994. 222-38.

———. *The Subject in Question: Early Contemporary Spanish Literature and Modernism.* Washington, D.C.: The Catholic U of America P, 2007.

Spengler, Oswald. *La decadencia de Occidente: bosquejo de una morfología de la historia universal.* 4 vols. Madrid: Espasa Calpe, 1944.

Speratti Piñero, Emma Susana. "Acerca de dos fuentes de *Tirano Banderas*". *Nueva Revista de Filología Hispánica* 7 (1953): 536-50.

———. "Los americanismos en *Tirano Banderas*". *Filología* 2.3 (1950): 225-91.

———. "Apéndice". *Ramón del Valle-Inclán: An Appraisal of his Life and Works.* Eds. Anthony Zahareas, Rodolfo Cardona y Sumner Greenfield. Nueva York: Las Américas, 1968. 709-10.

———. "Los brujos de Valle-Inclán". *Nueva Revista de Filología Hispánica* 21 (1972): 40-70.

———. *La elaboración artística en* Tirano Banderas. México: El Colegio de México, 1957.

———. "Evolución de *Tirano Banderas*". *Nueva Revista de Filología Hispánica* 8 (1954): 389-413.

———. *El ocultismo en Valle-Inclán.* Londres: Támesis, 1974.

———. *De* Sonata de otoño *al esperpento: aspectos del arte de Valle-Inclán.* Londres: Támesis, 1968.

Spires, Robert C. "Ramón del Valle-Inclán, *Tirano Banderas*". *Transparent Simulacra: Spanish Fiction 1902-1926.* Columbia: U of Missouri P, 1988. 90-107.

Steiner, George. *Extra-territorial: Papers on Literature and the Language Revolution.* Nueva York: Atheneum, 1971.

Steiner, Wendy. *The Colors of Rhetoric: Problems in the Relation between Modern Literature and Painting.* Chicago: U of Chicago P, 1982.

Stembert, Rodolphe. "Don Ramón del Valle-Inclán y la pintura". *Cuadernos Hispanoamericanos* 311 (1976): 461-76.

Suárez Miramón, Ana. *Modernismo y 98: Rubén Darío.* Madrid: Cincel, 1980.

————. *El Modernismo: compromiso y estética en el fin de siglo.* Madrid: Laberinto, 2006.

Subercaseaux, Bernardo. "*Tirano Banderas* en la narrativa hispanoamericana (La novela de dictador, 1926-1976)". *Cuadernos Hispanoamericanos* 359 (1980): 323-40.

Swedenborg, Emanuel. *Arcana Caelestia.* Vol. 1. Nueva York: American Swedenborg Printing and Publishing Society, 1882.

————. *The Four Leading Doctrines of the New Church.* Nueva York: American Swedenborg Printing and Publishing Society, 1882.

————. *Heaven and Hell.* Nueva York: American Swedenborg Printing and Publishing Society, 1885.

Szymaniak, Wlodzimierz. "El bestiario mitico en la novela de dictador". *Monstruosidad y transgresión en la cultura hispánica.* Eds. Ricardo de la Fuente Ballesteros y J. Pérez Magallón. Valladolid: Universitas Castellae, 2003. 313-21.

Taller d'Investigacions Valleinclanianes. "Versiones teatrales de *Tirano Banderas*". *Valle-Inclán y su obra.* Actas del Primer Congreso Internacional sobre Valle-Inclán: Bellaterra, del 16 al 20 de noviembre de 1992. Eds. Manuel Aznar Soler y Juan Rodríguez. San Cugat del Vallès: Cop d'Idees-Taller d'Investigacions Valleinclanianes, 1995. 369-83.

Tavira, Luis de. "La 'x' con que México se escribe". *Quimera, cántico, busca y rebusca de Valle-Inclán (Actas del Simposio Internacional sobre Valle-Inclán, mayo 1986).* Ed. Juan Antonio Hormigón. Vol 1. Madrid: Ministerio de Cultura, 1989. 247-76.

Thody, Philip Malcolm Waller. *Roland Barthes: a conservative estimate.* Atlantic Highlands, N.J: Humanities P, 1977.

Tollinchi, Esteban. *Romanticismo y libertad.* 2 vols. Río Piedras: U de Puerto Rico, 1989.

Topuzian, Carlos Marcelo. "Discurso y simulacro en *Tirano Banderas* de Valle-Inclán". *El hispanismo al final del milenio: V Congreso Argentino de Hispanistas.* 3 vols. Eds. Mabel Brizuela *et al.* Córdoba: Comunicarte, 1999. 807-14.

Torre, Guillermo de. "Ángulos de Valle-Inclán". *Papeles de Son Armadans* 22 (1961): 9-28.

————. "Apología del cubismo y de Picasso". *La aventura y el orden.* Buenos Aires: Losada, 1947.

————. "Claves de Valle-Inclán". *Ínsula* 236-237 (1966): 3.

————. *Historia de las literaturas de vanguardia.* Madrid: Guadarrama, 1965.

————. "La polémica del creacionismo. Huibodro y Reverdy". *Tres conceptos de la literatura hispanoamericana.* Buenos Aires: Losada, 1963. 144-61.

————. "Valle-Inclán en Buenos Aires". *Vigencias de Rubén Darío y otras páginas.* Madrid: Guadarrama, 1969. 145-49.

Torrecilla, Jesús. *España exótica: la formación de la imagen española moderna.* Boulder: Society of Spanish and Spanish-American Studies, 2004.

————, ed. *La Generación del 98 frente al nuevo fin de siglo.* Ámsterdam: Rodopi, 2000.

Torrente Ballester, Gonzalo. "La Generación del 98 e Hispanoamérica". *Arbor* 11 (1948): 505-15.

————. "Viaje por lo que queda del mundo de Valle-Inclán". *Ínsula* 236-237 (1966): 7.

TZARA, TRISTAN. "Manifiesto 1918". *Primeras vanguardias artísticas. Textos y documentos.* Ed. Lourdes Cirlot. Barcelona: Labor, 1993. 100-09.

TZITSIKAS, HELENE. "Valle-Inclán: *Flor de santidad (Historia milenaria)*". *El sentimiento ecológico en la generación del 98.* Barcelona: Borrás, 1977. 179-220.

UMPIERRE, GUSTAVO. "Huellas del modernismo en *Luces de bohemia*". *Valle-Inclán nueva valoración de su obra.* Barcelona: Promociones y Publicaciones Universitarias, 1988. 219-24.

UNAMUNO, MIGUEL DE. *Obras completas.* 16 vols. Madrid: Afrodisio Aguado, 1950.

UNGAR, STEVEN. *Roland Barthes, the professor of desire.* Lincoln: U of Nebraska P, 1983.

VAJDA, GYÖRGY M. "The Structure of the Symbolist Movement". *The Symbolist Movement in the Literature of European Languages.* Ed. Anna Balakian. Budapest: Akadémiai Kiadó, 1982. 29-41.

VALLE, RAFAEL HELIODORO. "1892/1921". *Revista de la Universidad de México* 19.2 (1966): 4-6.

VALLE-INCLÁN, RAMÓN DEL. *Artículos completos y otras páginas olvidadas.* Ed. Javier Serrano Alonso. Madrid: Istmo, 1987.

———. *Entrevistas, conferencias y cartas.* Eds. Joaquín y Javier del Valle-Inclán. 2ª edición. Valencia: Pre-Textos, 1995.

———. *Jardín umbrío: historias de santos, de almas en pena, de duendes y ladrones.* Ed. Miguel Díez Rodríguez. Madrid: Espasa Calpe, 1994.

———. *La lámpara maravillosa.* Ed. Francisco Javier Blasco Pascual. Madrid: Espasa Calpe, 1997.

———. *Luces de bohemia.* Ed. Alonso Zamora Vicente. Madrid: Espasa Calpe, 1993.

———. *La medianoche. Flor de santidad. La medianoche.* Madrid: Espasa Calpe, 1995.

———. *Obra completa.* 2 vols. Madrid: Espasa Calpe, 2002.

———. *La pipa de Kif.* Madrid: Sociedad General Española de Libreros, 1919.

———. *Publicaciones periodísticas anteriores a 1895.* Ed. William Fichter. México: El Colegio de México, 1952.

———. *Retablo de la avaricia, la lujuria y la muerte.* Madrid: Espasa Calpe, 1996.

———. *Sonata de invierno.* Madrid: Renacimiento, 1924.

———. *Sonata de primavera.* Madrid: Imprenta Helénica, 1922.

———. *Tirano Banderas: novela de tierra caliente.* Ed. Alonso Zamora Vicente. Madrid: Espasa Calpe, 1999.

VALLE-INCLÁN ALSINA, JOAQUÍN DEL. *Ramón del Valle-Inclán y la imprenta [una introducción].* Madrid: Biblioteca Nueva, 2006.

VALLEJO, FERNANDO. *Barba Jacob el mensajero.* Santa Fe de Bogotá: Planeta, 1997.

VARELA JÁCOME, BENITO. "El mundo narrativo de *Tirano Banderas*". *Revista de Occidente* 50 (1986): 67-78.

———. "*Tirano Banderas*, novela renovadora". *Outeiro* 20 (1986): 45-48.

———. "El vigoroso expresionismo de Valle-Inclán". *Renovación de la novela en el siglo XX.* Barcelona: Destino, 1967. 270-88.

VAUGHAN, WILLIAM. *German Romantic Painting.* New Haven: Yale UP, 1980.

VÁZQUEZ PÉREZ, ISABEL. "Un posible precedente de *La lámpara maravillosa* de Valle-

Inclán: *El filósofo autodidacto* o *Epístola de Hayy Ibn Yaqzan sobre los secretos de la filosofía oriental*". *Literatura modernista y tiempo del 98: Actas del Congreso Internacional, Lugo, 17 al 20 de noviembre de 1998.* Eds. Javier Serrano Alonso *et al.* Santiago de Compostela: Servicio de Publicacións e Intercambio Científico, 2000. 297-312.

Veiga Grandal, María Pilar. "Las ilustraciones de *Voces de gesta*". *Anales de la Literatura Española Contemporánea* 27.3 (2002): 183-212.

Velasco, Juan. "Lo fantástico y la historia: la polémica entre *La sombra del caudillo* y *Tirano Banderas*". *Mester* 19.2 (1990): 71-81.

Vélez Serrano, Luis. "Apuntes para una gramática del personaje en las novelas del dictador: I. 'El Estudiante' en *Tirano Banderas*". *Stylistique, Rhétorique et Poétique dans les langues romanes.* Aix-en-Provence: U de Provence, 1986. 173-82.

———. "Estudio del personaje 'estudiante' en las novelas de dictador". *Crítica semiológica de textos literarios hispánicos: Actas del Congreso Internacional Sobre Semiótica e Hispanismo celebrado en Madrid en los días 20 al 25 de junio de 1983.* Vol. 2. Ed. Miguel Ángel Garrido Gallardo. Madrid: Consejo Superior de Investigaciones Científicas, 1986. 877-86.

Verlaine, Paul. *Œuvres poétiques complètes.* París: R. Laffont, 1992.

Videla de Rivero, Gloria. *Direcciones del vanguardismo hispanoamericano.* Pittsburgh: Instituto Nacional de Literatura Iberoamericana, 1994.

———. *El ultraísmo: estudios sobre movimientos poéticos de vanguardia en España.* Madrid: Gredos, 1963.

Vila, Xavier. *Valle-Inclán and the Theatre: innovation in* La cabeza del dragon, El embrujado *and* La Marquesa Rosalinda. Lewisburg: Bucknell UP, 1994.

Vila y Chaves, Luis. Véase Aldao, Martín.

Villaceque, Sol. "Lectura sociocrítica del Incipit de *Tirano Banderas*". *Leer a Valle-Inclán en 1986.* Dijon: U de Dijon, 1987. 91-108.

Villanueva, Darío. "*La medianoche* de Valle-Inclán: análisis y suerte de su técnica narrativa". *El polen de ideas. Teoría, crítica, historia y literatura comparada.* Barcelona: Promociones y Publicaciones Universitarias, 1991. 306-39.

———. "El modernism(o) de Valle-Inclán". *La crisis española de Fin de Siglo y la Generación del 98: Actas del Simposio Internacional, Barcelona, noviembre de 1998.* Eds. Antonio Vilanova y Adolfo Sotelo Vázquez. Barcelona: U de Barcelona, 1999. 169-83.

———. "El 'modernismo' novelístico de Ramón del Valle-Inclán". *Ínsula* 531 (1991): 22-23.

———. *Valle-Inclán, novelista del modernismo.* Valencia: Tirant lo Blanch, 2005.

Villegas, Juan. "La disposición temporal de *Tirano Banderas*". *Revista Hispánica Moderna* 33 (1967): 299-308.

———. "Nota sobre el verde en *Tirano Banderas*". *Atenea* 417 (1967): 199-202.

Wasserman, George Russell. *Roland Barthes.* Boston: Twayne, 1981.

Wentzlaff-Eggebert, Harald. "Las *Comedias Bárbaras* y el expresionismo dramático alemán". *Suma valleinclaniana.* Ed. John P. Gabriele. Barcelona: Anthropos; Santiago de Compostela: Consorcio de Santiago, 1992. 251-67.

———. *Las literaturas hispánicas de vanguardia: orientación bibliográfica.* Frankfurt Am Main: Vervuert Verlag, 1991.

WELLEK, RENÉ. "El concepto de Barroco en la investigación literaria". *Conceptos de crítica literaria.* Caracas: Biblioteca de la U Central de Venezuela, 1968. 61-101.

———. "The Term and Concept of Symbolism in Literary History". *Discriminations: Further Concepts of Criticism.* New Haven: Yale UP, 1970. 90-121.

WIERZBICKA, ANNA. *Semantics: Primes and Universals.* Oxford: Oxford UP, 1996.

WITTGENSTEIN, LUDWIG. *Remarks on Colour.* Berkeley: U of California P, 1977.

WONG SAVIONI, KHENA. "Elementos estridentistas en *Tirano Banderas*". *La Palabra y el Hombre* 75 (1990): 111-22.

YURKIEVICH, SAÚL. "Liróforos contra lirófagos (celebración del modernismo)". *Punto de Contacto* 1.2 (1976): 78-87.

ZAHAREAS, ANTHONY N., RODOLFO CARDONA y SUMNER GREENFIELD. *Ramón del Valle-Inclán: An Appraisal of his Life and Works.* Nueva York: Las Américas, 1968.

ZAVALA, IRIS M. *Colonialism and Culture: Hispanic Modernisms and the Social Imaginary.* Bloomington: Indiana UP, 1992.

———. *Fin de siglo: modernismo, 98 y bohemia.* Madrid: Editorial Cuadernos para el Diálogo, 1974.

———. *La musa funambulesca de Valle-Inclán (poética de la carnavalización).* Madrid: Orígenes, 1990.

———. "El punto nodal del modernismo hispanoamericano: sincronía de heterogeneidades". *En el 98 (los nuevos escritores).* Eds. José-Carlos Mainer y Jordi Gracia. Madrid: Visor, 1997. 21-34.

ZULETA, IGNACIO. *La polémica modernista: el modernismo de mar a mar (1898-1907).* Bogotá: Instituto Caro y Cuervo, 1988.

Verbum * ENSAYO

Últimos títulos publicados:

JOSÉ LEZAMA LIMA:
La posibilidad infinita *Archivo de José Lezama Lima.*
NILO PALENZUELA:
Los hijos de Nemrod. Babel y los escritores del Siglo de Oro.
ALEJANDRO HERRERO-OLAIZOLA:
Narrativas híbridas: Parodia y posmodernismo en la ficción contemporánea de las Américas.
JAVIER HUERTA CALVO, EMILIO PERAL VEGA y JESÚS PONCE CÁRDENAS (Editores):
Tiempo de burlas. En torno a la literatura burlesca del Siglo de Oro.
RICARDO MIGUEL ALFONSO (Editor):
Historia de la teoría y la crítica literaria en EE. UU.
JOSÉ MANUEL LÓPEZ DE ABIADA, HANS-JÖRG NEUSCHÄFER y AUGUSTA LÓPEZ BERNASOCCHI (Editores):
Entre el ocio y el negocio: Industria editorial y literatura en la España de los 90.
ROBERTO GONZÁLEZ ECHEVARRÍA:
La voz de los maestros. Escritura y autoridad en la literatura latinoamericana contemporánea.
WILLIAM LUIS:
Lunes de Revolución. Literatura y cultura en los primeros años de la Revolución Cubana.
ROLF EBERENZ (Editor):
Diálogo y oralidad en la narrativa hispánica moderna.
NILO PALENZUELA:
El Hijo Pródigo y los exiliados españoles.
LUIS SÁINZ DE MEDRANO (Coordinador):
Antología de la literatura hispanoamericana (Vol. I).
ISABEL GARCÍA-MONTÓN:
Viaje a la modernidad: la visión de los EE.UU. en la España finisecular.
ADRIANA MÉNDEZ RODENAS:
Cuba en su imagen: Historia e identidad en la literatura cubana.
LUIS PUELLES ROMERO:
La estética de Gaston Bachelard. Una filosofía de la imaginación creadora.
RICARDO LOBATO MORCHÓN:
El teatro del absurdo en Cuba (1948-1968).
JOSÉ LEZAMA LIMA:
Poesía y prosa. Antología.
ENRIQUE PÉREZ-CISNEROS:
El reformismo español en Cuba.
ANTONIO LASTRA (Editor):
La filosofía y el cine.
VIRGILIO LÓPEZ LEMUS:
Eros y Thanatos: La obra poética de Justo Jorge Padrón.
ANTONIO ROMÍNGUEZ REY:
Limos del verbo (José Ángel Valente).
RUTH A. COTTÓ (Editora):
La mujer puertorriqueña en su contexto literario y social.
LUIS T. GONZÁLEZ DEL VALLE:
La canonización del Diablo. Baudelaire y la estética moderna en España.
PEDRO M. HURTADO VALERO:
Eduardo Benot: Una aventura gramatical.
IRENE ANDRES-SUÁREZ, MARCO KUNZ e INÉS D'ORS:
La inmigración en la literatura española contemporánea.
ARMANDO LÓPEZ CASTRO:
Luis Cernuda en su sombra.
LEOPOLDO FORNÉS:
Cuba. Cronología.
JOSÉ SANTIAGO FERNÁNDEZ VÁZQUEZ:
Reescrituras postcoloniales del *Bildungsroman.*
MODESTA SUÁREZ:
Espacio pictórico y espacio poético en la obra de Blanca Varela.
REYES E. FLORES:
Onetti: Tres personajes y un autor.
PEDRO AULLÓN DE HARO (2ª Edición):
La obra poética de Gil de Biedma.
COMFORT PRATT:
El español del noroeste de Luisiana.
MARCO KUNZ:
Juan Goytisolo: Metáforas de la migración.
ANTONIO DOMÍNGUEZ REY:
El drama del lenguaje.
ÁNGEL ESTEBAN:
Bécquer en Martí.
JAVIER PÉREZ ESCOHOTADO:
Proceso inquisicional contra el bachiller Antonio de Medrano, alumbrado epicúreo. (Toledo 1530).
MIGUEL MARTINÓN:
Círculo de esta luz. Crítica y poética.
FEDERICO LANZACO:
Los valores estéticos en la cultura clásica japonesa.
JOSÉ MASCARAQUE:
Los ángeles desterrados.
DORA VISSEPÓ-ALTMAN TORRES:
La obra literaria de Manuel Méndez Ballester.
JOSÉ MANUEL LÓPEZ DE ABIADA y AUGUSTA LÓPEZ BERNASOCCHI:
Juan Manuel de Prada: De héroes y tempestades.
FRANCISCO MORÁN:
La Habana elegante.
JOAQUÍN P. PUJOL (Editor):
Cuba: Políticas económicas para la transición.

GUSTAVO ALFREDO JÁCOME (2.ª Edición):
Gazapos académicos en *Ortografía de la lengua española*.

A. OJEDA, A. H. DALGO y E. LAURENTIS (Editores):
Corea: tradición y modernidad.

MARIELA A. GUTIÉRREZ:
Rosario Ferré en su Edad de Oro.
Heroínas subversivas de *Papeles de Pandora* y *Maldito Amor*.

RAÚL MARRERO-FENTE (Editor):
Perspectivas trasatlánticas estudios coloniales hispanoamericanos.

JOSÉ MANUEL LÓPEZ DE ABIADA,
AUGUSTA LÓPEZ BERNASOCCHI (Editores):
Imágenes de España en culturas y literaturas europeas (siglos XVI-XVII).

ANTONIO LASTRA (Editor):
Estudios sobre cine.

ALBERTO LÁZARO:
H. G. Wells en España: Estudio de los expedientes de censura (1939-1978).

JAVIER HUERTA CALVO,
EMILIO MIRÓ GONZÁLEZ y
EMILIO PERAL VEGA (Editores):
Perfil de Cernuda.

GENEVIÈVE CHAMPEAU (Editora):
Relatos de viajes contemporáneos por España y Portugal.

JOSÉ MANUEL LÓPEZ DE ABIADA,
FÉLIX JIMÉNEZ RAMÍREZ y
AUGUSTA LÓPEZ BERNASOCCHI (Editores):
En busca de Jorge Volpi: Ensayos sobre su obra.

IRENE ANDRES-SUÁREZ (Editora):
Migración y literatura en el mundo hispánico.

SEVERINO ARRANZ MARTÍN:
Etimologías inéditas y curiosas.

LANDRY-WILFRID MIAMPIKA:
Transculturación y poscolonialismo en el Caribe.

ÁLVARO SALVADOR, ÁNGEL ESTEBAN (Editores):
Alejo Carpentier: Un siglo entre luces.

EDUARDO JIMÉNEZ MAYO:
El evangelio según Juan de Mairena.

JYTTE MICHELSEN:
Ricardo Güiraldes: un poeta del viaje.

JOSÉ GOMARIZ:
Colonialismo e independencia cultural.
La narración del artista e intelectual hispanoamericano del siglo XIX.

JAVIER ALCORIZA:
Dostoyevski y su influencia en la cultura europea.

JOSÉ MANUEL LÓPEZ DE ABIADA,
JOSÉ MORALES SARAVIA (Editores):
Boom y *Postboom* desde el nuevo siglo: impacto y recepción.

PEDRO AULLÓN DE HARO:
La sublimidad y lo sublime.

RYU TONGSHIK:
El Pungniudo y el pensamiento religioso de Corea.

IDALIA MOREJÓN, ENEIQUE SAINZ,
IVETTE FUENTES y OSMAR SÁNCHEZ AGUILERA:
Cuatro ensayos sobre poesía cubana.

ONEIDA M. SÁNCHEZ:
Vivanco, Rosales y Gil: Libro de familia.

ALEXIS GROHMANN,MAARTEN STEENMEIJER:
El columnismo de escritores españoles (1975-2005).

ANTONIO LASTRA (Editor):
Representaciones culturales.
Ensayos sobre el futurode las humanidades.

ANNE FREIRE ASHBAUGH, LOURDES ROJAS
RAQUEL ROMEU (Editoras):
Mujeres ensayistas del Caribe hispano
Hilvanando el silencio.

BRIGITTE ADRIAENSEN:
La poética de la ironía en la obra tardía de Juan Goytisolo (1993-2000)
ARABESCOS PARA ENTENDIDOS.

ARACELI TINAJERO:
El lector de tabaquería:
Historia de una tradición cubana.

ISABEL NAVAS OCAÑA:
Historia de la teoría y la crítica literaría en Gran Bretaña y Estados Unidos.

MICHELE COMETA, ANTONIO LASTRA y
PAZ VILLAR HERNÁNDEZ: (Editores):
Estudios Culturales
Una introducción.

ANTONIO LASTRA:
Emerson como educador.

JESÚS GONZÁLEZ VALLES:
Filosofía de las artes japonesas.
Artes de guerra y caminos de paz.

HUMBERTO LÓPEZ CRUZ (Editor):
Rosa María Britton ante la crítica.

CARMEN ALEMANY BAY y
REMEDIOS MATAIX AZUAR (Editoras):
Sobre Dulce María Loynaz. Una introducción (Ensayos acerca de su poesía, sus prosas y sus opiniones literarias).

JULIÁN B. SOREL:
El poscastrismo
y otros ensayos contrarrevolucionarios.

RITA DE MAESENEER,
SALVADOR MERCADO RODRÍGUEZ:
Ocho veces Luis Rafael Sánchez.

JOSÉ MANUEL PEREIRO OTERO:
La escritura modernista de Valle-Inclán: orgía de colores.